21世纪普通高校会计学系列精品教材

财务会计学

（第二版）

王秀芬　李现宗 ◎ 主　编

清华大学出版社

北　京

内 容 简 介

本书以工商企业通用财务信息的处理及其披露为内容，具体将其划分为十九章。第一章总论，主要介绍财务会计的概念、特征、财务报告概念框架、公允价值计量等财务会计基本理论；第二章至十七章，分别围绕货币资金、应收款项、存货、金融资产、长期股权投资、固定资产、无形资产与其他资产、投资性房地产、非货币性资产交换、资产减值、流动负债、非流动负债、债务重组、股份支付、所有者权益、收入、费用和利润等交易或事项的确认、计量、记录及信息披露的理论与方法进行阐述；第十八章阐述了财务报告列报的相关内容；第十九章阐述了会计政策、会计估计变更和前期差错更正以及资产负债表日后事项等会计调整事项和关联方关系及其交易。

本书适用于高等院校会计学、财务管理、审计学等本科专业的教学需要，也可作为工商企业财务会计实务界学习培训之用。

图书在版编目（CIP）数据

财务会计学 = Financial Accounting/王秀芬，李现宗主编. —2 版. —北京：清华大学出版社，2019（2022.3 重印）

（21 世纪普通高校会计学系列精品教材）

ISBN 978-7-302-52097-9

Ⅰ. ①财… Ⅱ. ①王… ②李… Ⅲ. ①财务会计－高等学校－教材 Ⅳ. ①F234.4

中国版本图书馆 CIP 数据核字(2019)第 009938 号

责任编辑：杜　星
封面设计：汉风唐韵
责任校对：王荣静
责任印制：丛怀宇
出版发行：清华大学出版社
　　网　　址：http://www.tup.com.cn，http://www.wqbook.com
　　地　　址：北京清华大学学研大厦 A 座　　**邮　　编：**100084
　　社 总 机：010-83470000　　**邮　　购：**010-62786544
　　投稿与读者服务：010-62776969，c-service@tup.tsinghua.edu.cn
　　质 量 反 馈：010-62772015，zhiliang@tup.tsinghua.edu.cn
　　课 件 下 载：http://www.tup.com.cn，010-83470332
印 装 者：北京鑫海金澳胶印有限公司
经　　销：全国新华书店
开　　本：185mm×260mm　　**印　张：**28.75　　**字　数：**693 千字
版　　次：2013 年 9 月第 1 版　2019 年 3 月第 2 版　　**印　次：**2022 年 3 月第 4 次印刷
定　　价：59.80 元

产品编号：076949-02

21世纪普通高校会计学系列精品教材

编　委　会

第一版总序

郑州航空工业管理学院是新中国成立以来较早开设会计学专业的院校，其师资力量雄厚，教学严谨，认真负责，已在会计教育方面积累了丰富的经验，在教材建设方面奠定了基础。改革开放后，为适应社会主义市场经济建设的要求和会计改革在制度与理论、实务方面发生的变化，自 20 世纪 90 年代，郑州航空工业管理学院已组织骨干教师编撰出版了多部会计专业教材，使教材建设得到显著推进。从 2010 年起，郑州航空工业管理学院又着手“21 世纪普通高校会计学系列精品教材”编撰工作。经过精心策划与组织研究，以及在全院教学骨干努力撰稿与反复修订之后，目前已全部完稿，将与清华大学出版社合作出版这套系列精品教材。这套最新系列教材在总结以往教材使用经验的基础上，全面地、具有创新性地改革了教材结构与内容，在改革中推陈出新，形成了完善的会计专业教材体系。精品教材体系涵盖了会计本科教学的全部主干课程，它由 16 本教材组成，包括《基础会计学》《财务会计学》《成本会计学》《管理会计学》《高级财务会计学》《会计学》《审计学》《会计信息系统》《财务管理学》《税务会计学》《政府与非营利组织会计》《银行会计学》《财务报表分析》《会计基础实验教程》《会计综合实验教程》《会计信息系统实验教程》。从整体上研究，这套精品教材的基本特色在于：

第一，教材体系框架设计完整，内容衔接、布局合理，体现了专业知识的全面性、系统性和层次性。精品系列教材不仅为开展会计本科专业教学提供了具有教学引导力度与科学研究深度的内容，而且还为非财会类专业学生学习提供了具有针对性、切实性的教科书。在会计专业本科教学方面，这套教材体现了三个层次的结合：一是初级、中级和高级专业课程教材的结合，如初级层次的《基础会计学》，中级层次的《成本会计学》和《管理会计学》等，和高级层次《高级财务会计学》的结合；二是体现了会计一般业务和特殊业务的结合，如讲授会计一般业务的《财务会计学》和讲授特殊业务的《政府与非营利组织会计》的结合等；三是体现了会计理论和实践教学的结合，如这套教材中包含的三本实验教程，做到了以实践实证理论，以理论指导、提高实践。

第二，教材编写定位清晰，注重于培养综合能力，契合了会计专业本科培养目标。随着市场经济改革的深入，政府与实务界对会计人才培养提出了更高的要求和期望，面向未来的会计专业学生培养不能仅仅依靠传统会计类课程的教学，而且还必须融入更多相关学科和跨学科领域知识的结合与储备，以实现学生专业能力的整合提升与兼容。这套教材以培育财经复合型实用人才为目标，注重培养学生的综合能力，采用统一、规范的教材编写体例，通过大量案例、习题和启发性思考题，为学生综合专业素质的提升进行了有益的尝试，体现了学科之间的交叉、渗透与融合，破除了就会计讲会计与研究会计问题的传统做法。

第三，教材内容丰富新颖，写作深入浅出，突出了课程的实用性和可操作性。如在引导学生研究新问题方面，基于实体经济和虚拟经济协调发展对会计学教育提出的更高要求，以及随着市场经济的深入发展，虚拟经济在市场经济中显示出来的不可忽视的重要作用，在教材中通过对虚拟经济环境下会计新问题的研究，引导学生正确认识实体经济与虚拟经济之间的关系，以此提高学生的知识面和研究新问题的能力。近些年来国际会计准则的改革和发展明显地反映与体现了虚拟经济对实体经济的影响与冲击，在这一背景下，会计作为协调经济社会发展的重要支撑力量，必须直面这些变化和趋势，做出相应调整。这套教材较好地处理了新经济问题对经济社会发展带来的影响，积极引入实务中出现的最新经济业务实例，尤其是引入了具有典型虚拟经济特征的案例与业务，正确而通俗易懂地对其进行研讨性讲解，并在教学案例和课后习题的编写上体现了这一特点。

第四，教材之间的内容组织得当，避免了重复和方便了教学。这套教材在内容设计上有合理分工，如《财务会计学》不涉及税务处理的内容，而集中在《税务会计学》中系统进行阐述；再如《会计基础实验教程》设计的实验内容侧重培养学生基本的分析和解决专业问题的能力，而《会计综合实验教程》设计的实验内容则侧重培养学生综合的分析能力，使学生熟练掌握会计核算的全部工作流程。

第五，内容新颖，兼顾稳定性与前瞻性，显示了教材的先进性。精品教材在全面、系统地介绍各门课程基础知识的同时，注重吸收国内外的最新理念，体现会计学科的发展趋势。如《基础会计学》吸收了国际财务报告准则的最新改革成果，将《财务报告概念框架：报告主体》《财务报告概念框架第一章：通用目的财务报告的目标》等内容反映其中，其他相关教材均以我国 2007 年执行的会计准则体系为指导撰写，并融入我国会计改革和发展的最新成果，使学生在系统掌握相关知识结构的基础上，能够及时了解学科发展的前沿动态。

会计教材建设是会计教育改革的重要基础性环节，没有优秀教材便不能培养出优秀的学生。我向读者推荐这套具有一定创新力度的精品教材，并衷心期望郑州航空工业管理学院今后能不断总结教材在实际教学应用中的经验，推出更多更好的专业教材，为会计教育事业的发展作出贡献！是为序。

郭道扬

2012 年 8 月于武昌南湖

第二版前言

《财务会计学》在会计学系列精品教材中是继《基础会计学》之后的一本核心专业教材，其内容涉及一般工商企业的通用业务，是会计学、财务管理、审计学专业的核心课程所用教材。

《财务会计学》教材属于"会计学""审计学"国家级特色专业建设和"财务会计学"国家精品在线开放课程、省级精品在线开放课程、省级教学团队（会计学专业核心课程教学团队）建设的重要内容之一。本教材结合相关会计准则的国际变化趋势和最新修订的国内企业会计准则及相关规定变化内容，力求借鉴相关会计理论研究的最新成果，经过全体作者的充分酝酿讨论，构建了完整的内容体系，较好地适应了企业实际和教学规律的要求。

但是，随着企业会计准则的持续修订及新准则的发布，原教材的部分内容已不适应当前的变化，为此本教材进行了全面修订。本次修订的内容主要包括以下几个方面。

（1）增加了"股份支付"一章，使本教材分为十九章。

（2）按照新修订的与金融工具、长期股权投资相关的会计准则，全面改写了第五章"金融资产"、第六章"长期股权投资"的内容。

（3）依据新发布的公允价值计量、持有待售的非流动资产、处置组和终止经营准则，修订了第一章"总论"、第八章"无形资产与其他资产"的相关内容。

（4）依据修订的职工薪酬、收入和政府补助准则，改写了第十二章"流动负债"、第十七章"收入、费用和利润"的相关内容。

（5）按照新的增值税税率和财政部《关于修订印发2018年度一般企业财务报表格式的通知》要求，改写了相关内容及第十八章"财务报告"的内容。

本次教材修订由具备多年本课程教学经验及教材编写经验的具有副教授以上职称的教师完成，王秀芬、李现宗任主编，负责教材修订的总体框架设计、编写大纲的拟定及全部书稿的审定总纂工作。各章执笔人员为：第一、十八、十九章由李现宗教授、王秀芬教授编写，第二、三、四、十五章由王会兰教授编写，第五、六章由董红星副教授编写，第七、八章由王秀芬教授编写，第九、十、十一章由刘永丽副教授编写，第十二、十六章由贾璐副教授编写，第十三、十四章由潘广伟副教授编写，第十七章由苏喜兰教授编写。

本次修订过程中，参阅了国内许多优秀教材的研究成果，在此致以诚挚的谢意！由于编者水平有限，不当和疏漏之处，恳请读者在使用中多提宝贵意见！

编　者

2019年2月

目 录

第一章　总　　论

本章学习提示

本章重点：财务会计的定义、财务会计的特征、财务报告概念框架的相关内容、公允价值计量的相关理论与应用

本章难点：有用财务信息的质量特征、公允价值的应用、公允价值估值技术

第一节　财务会计概述

一、财务会计的定义

在源远流长的会计发展史中，财务会计始终占据着重要的地位。在社会普遍发展到市场经济的今天，任何一个单位都应当是一种经济组织，因此，都离不开财务会计核算。当今社会人们一说到会计，首先想到的是财务会计。在现代会计学科体系中，相对比较成熟和完善的当属财务会计，应用最为经常、普遍、广泛的也是财务会计。由此可见，财务会计在社会经济发展中是不可或缺的，对促进社会经济发展具有重要的意义。

虽然财务会计发展得相对比较成熟，但是，随着时代列车前进的速度不断加快，"创新"成为21世纪的主流发展趋势，由此带来了新的科学技术、经济现象等不断涌现，无法预料的不确定交易和事项总是悄然而至，财务会计的不断变革成为会计界经常议论的话题，由此导致了对财务会计如何定义成为会计界的一个难题。

纵观会计定义的讨论，围绕对会计本质的理解不同，已经先后出现过"技术论""管理工具论""艺术论""商业语言论""信息系统论""管理活动论"等不断进步的理论界定。而对财务会计的定义，是在现代会计分化为外部披露会计和内部管理会计之后的相当长一段时间里，才开始引起人们的注意，并且一般都将其简单归纳为"对外报告的会计"。在已出版的有关财务会计的著作中，有些对其进行了专门定义，但有些却对其含糊说明甚至不提。我们认为，作为会计学科体系中的一个重要分支，应当对其作出科学定义，这样才能符合科学理论的要求。根据现有成熟的有关文献资料分析，在对财务会计进行定义时，需

要考虑以下几个方面的因素。

（1）财务会计的学科特性是对外报告企业财务状况、财务资源的利用及其效果（经营成果或者财务业绩）、财务状况变动的质量（现金流量）等信息的会计，是企业会计中独立于管理会计的学科分支之一。

（2）财务会计的主体限定为企业这样的营利组织，服务对象主要是企业外部的有关利益集团。

（3）财务会计的过程特征是以财务（会计）报告为中心，通过会计的确认、计量、记录等环节，对财务信息（或称会计信息）进行收集、加工、处理、汇总，最终形成对外可报送的财务信息资源，并且在这些过程中有一套严格、完整、公认的规范约束。

（4）现代财务会计的目标是提供关于报告主体（企业）的、有助于决策是否需要向企业提供资源和这些资源是否被管理层有效利用的财务信息。会计理论上所说的会计目标，实际上就是指财务会计目标。

由此，我们将财务会计定义如下：

财务会计是以对外报告与企业财务状况、经营成果和现金流量有关的财务信息为核心，依据公认的会计规范，采用会计确认、计量、记录和报告等专门程序和方法，对企业经济活动所引起的各种财务报表要素的变化及时进行加工、整理，并定期形成综合的财务报告信息，借以提供关于企业的、有助于决策是否需要向企业提供资源和这些资源是否被管理层有效利用的财务信息的一种对外报告的企业会计。

二、财务会计的特征

财务会计是会计学科的一个独立分支，与会计学科中的其他分支学科相比较，具有以下几个特征。

（1）财务会计是一门技术性、分析性和应用性很强的专门学科。虽然它有一套基本理论作指导，但其本质在于应用，即通过一系列的程序和方法，对企业发生的交易、事项进行确认、计量、记录和报告，对财务信息使用者的决策产生重要影响，相关的理论均为其实践应用所服务。

（2）财务会计的对象，就是企业经营活动中所涉及的各种财务报表要素的变化，并最终归结为财务状况、经营成果、现金流量等。财务报表要素的确定要符合企业所发生的交易、事项和其他情况的经济特征，包括资产、负债、所有者权益、收入、费用和利润。这些财务报表要素在时间上都是过去日常经营活动中发生的交易、事项和其他情况所形成的，在确认和计量上都有明确的归属和准确的数额，记录与报告的结果均为财务信息使用者所关注。这些都与管理会计、成本会计有明显的差别。

（3）财务会计目标非常明确，并且是外向的，这不同于管理会计主要服务于企业管理层的经济管理决策。

（4）财务会计的行为过程和结果需要共同遵守一套统一、公认的会计规范。这是因为，财务信息使用者具有广泛的社会性，主要是现实的和潜在的投资者、贷款人和其他债权人等，要满足他们的公共利益要求，就必须受到严格的行为规范和准则的制约，不可存在随意性或者偏向性，这是衡量有用财务信息质量的统一标准，也是国际上的统一惯例，讲究的是“合法合规”。最为直接的会计规范，在国际上一般都称为“会计准则”。而管理会计的行为过程则相当灵活机动，一切都是为了企业决策科学，能够为企业产生尽可能多的经济效益，讲究的是“合理”。

（5）财务会计的方法主要是会计核算方法，同时还贯穿着各种具体的会计确认和计量方法。这些方法基本上都是约定俗成的，系统性很强，且不具备其他学科的借用性。而管理会计、成本会计等的方法则具有较多的灵活性，并且应用数学、统计学以及其他科学的方法较多。

（6）财务信息具有很强的时效性。由于激烈和严酷的市场竞争，财务信息使用者在利用财务信息进行决策时的机会性很强，因此，必然要求财务会计报告的编制和提供应当保证及时，从而也就要求财务会计工作的每项内容应当及时快捷，没有任何理由可以使财务报告滞后拖延，否则，财务会计的目标就难以实现。

（7）财务会计必须有明确的主体限定，否则，财务信息就无从解释。该主体都能够进行独立的会计确认、计量和报告，且具有可持续性，界限分明，责任清晰。我国《企业会计准则——基本准则》规定，企业应当对其本身发生的交易或事项进行会计确认、计量和报告。

第二节 财务报告概念框架

一、财务报告概念框架的含义

财务会计是一门实践应用性很强的学科，但这种实践应用并非盲目，而是有一系列科学的概念框架作为方向性指导。正因为如此，才使财务会计成为一门非常理性的学科，认识和理解财务会计，应对其相关、系统的概念进行认真界定和分析。

概念，简单地说就是定义，是指能够把某个现象或观念与其他现象或观念加以识别、划分、归类的科学表述，以表达人们对某种事物的正确理解。概念有设想的、现实的、本身固有的、外借的、独立的、分层次系统的。概念十分有用，却极少是完整无缺的。这些概念的种类和规律性，在财务会计学科中均有不同程度的体现。

财务报告概念框架也可以称之为财务会计理论结构，是指人们在长期的财务会计实践活动中，经过不断有意识地总结、提炼、升华、抽象与概括所形成的、以财务报告为核心的一系列专门用来解释、评价、指导财务会计实践的理论结构体系。由于该理论结构体系是由鲜明的层次性、系统性和逻辑性的一系列概念所构成的，所以，人们将其称为“概念框架”。

二、财务报告概念框架的主要内容

随着社会经济发展对财务会计目标要求的不断提高，各国会计界都在积极地进行研究，试图建立一套完整的、符合时代要求的“财务会计概念框架”。1978—1985 年，美国财务会计准则委员会（FASB）将以前的各种理论成果集中整理后，陆续发布了 6 辑《财务会计概念公告》，是最早提出“概念框架”的国家。继美国之后，英国会计准则委员会于 1990 年也颁布了《原则公告》；国际会计准则委员会（IASC）1989 年 4 月批准、1989 年 7 月公布了《编报财务报表的框架》，并于 2001 年 4 月被 IASB 采纳。2004 年起，由 IASB 和 FASB 发起了对其修订联合项目，并将其更名为《财务报告概念框架》；2010 年，双方理事会发布修订的《财务报告概念框架》的“通用财务报告的目标”和“有用财务信息的质量特征”两个章节，之后该项目修订工作暂停；2012 年起 IASB 单方重启修订，直到 2018 年 3 月 29 日修订完成并发布。日本企业会计准则委员会（ASBJ）于 2004 年 9 月 24 日首次制定公布了《财务会计概念框架（讨论资料）》。我国至今没有制定专门的财务会计概念框架，但是，1992 年财政部颁布的《企业会计准则》和《企业财务通则》，在一定意义上可以看成是我国“概念框架”的雏形；2006 年 2 月 15 日修订发布为《企业会计准则——基本准则》，2014 年 7 月 23 日又对其进行修改并重新发布，虽然在名称上没有称之为“概念框架”，但从内容上来看，基本上可以称为“概念框架”，或者说是概念框架的过渡形式。

下面分别介绍 IASB《财务报告概念框架》和我国《企业会计准则——基本准则》的主要内容。

（一）IASB《财务报告概念框架》的主要内容简介

按照 IASB 和 FASB 联合修订计划，新修订的“概念框架”主要包括以下几部分内容。

1. 通用目的财务报告的目标

这是“概念框架”的基础，主要内容分为：通用目的财务报告的目标、有用性及其局限；有关报告主体的经济资源、要求权以及资源与要求权变动的信息；以应计制会计反映的财务业绩；以过去现金流量反映的财务业绩；非财务业绩导致的经济资源与要求权的变动；主体经济资源使用的信息等。

2. 有用财务信息的质量特征

有用财务信息的质量特征是告诉现实的和潜在的投资者、贷款人和其他债权人，以报告主体的财务信息为基础作出有关报告主体的决策时，能够识别哪种类型的信息最为有用。有用性财务信息的质量特征分为三个层次：第一层为基本质量特征，包括相关性和忠实陈报。在考虑相关性时，还要关注财务信息的重要性；为实现完美的忠实陈报，财务信息的描述还应具备完整、中立、无误三个特性。第二层为强化质量特征，包括可比性、可验证性、及时性和可理解性。第三层为有用财务报告的成本限制，即成本对财务报告所能提供的信息构成普遍约束，财务信息提供者不仅对财务信息的收集、处理、验证和发布需要花费成本，使用者对财务信息的分析、解释也需要花费成本，因此，准则制定者在制定特定准则时需要对其成本和效益进行比较，以评估成本是否合理。

新的“概念框架”共提出了财务信息的 14 项质量特征，也可称为质量要求，它们之间形成的逻辑关系可归纳为：财务信息若要有用，必须相关且忠实表述其所意欲表述者（基本质量特性）；财务信息若可比、可验证、及时且可理解，则可强化其有用性（强化质量特性）；财务信息不仅须表述相关的现象，还须忠实表述其所意欲表述的现象的实质，方为有用（实质重于形式）；重大性是相关性的主体特定层面；为完美忠实表述，应具备完整、中立及免于错误，中立性是由审慎性的运用所支持；一致性则有助于可比性目标的实现；成本是对财务报告所能提供的信息的普遍限制（成本限制）。

3. 财务报表和报告主体

财务报表提供符合财务报表要素定义的报告主体的经济资源、对主体的请求权、以及该资源与请求权的变动的信息。主要内容分为：财务报表的目的及范围、报告期间、财务报表所采取的观点、持续经营假设等。

报告主体是指须编制或选择编制财务报表的主体，可为单一主体或主体的部分或可由超过一个的主体所组成但并非必然为法律主体。由此出现的财务报表可能有合并财务报表（母子公司的）、未合并财务报表（母公司的）、汇总财务报表（两个以上的主体所组成但并非全以因子公司关系相连结的）。

4. 财务报表要素

财务报表要素包括反映与报告主体财务状况有关的资产、负债及权益和财务业绩有关的收益、费损，而这些都与报告主体的经济资源、请求权及经济资源与请求权的变动相关联，因此需要对其定义、特征及构成内容等做出相关界定。

5. 确认及终止确认

本部分主要围绕财务报表规定了确认程序、确认条件（主要涉及相关性、不确定性、经济效益流入或流出的低可能性、忠实表述、计量的不确定性及其他因素）、终止确认的相关要求。其中，如何连结财务报表要素进行确认，专门列示了如图 1-1。

6. 计量

主要包括历史成本和现时价值（公允价值、资产的使用价值及履约价值、现时成本）计量属性及选择特定计量属性所提供的信息的性质是否重要和计量方法；选择计量属性时考虑的因素（如相关性、资产或负债的特性、对未来现金流量的贡献、忠实表述、强化性质量特性及成本限制、初始计量的特定因素、多个计量属性的运用等）；权益的计量；基于现金流量的计量技术等。

7. 列报与披露

主要包括列报与披露作为沟通工具的相关要求；列报与披露的目的与原则；财务报表要素的分类；汇总列报要求等。

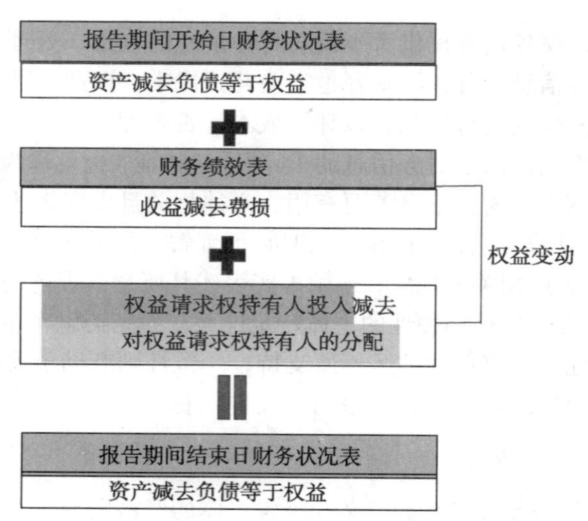

图 1-1　确认如何连接财务报表要素

8. 资本与资本保全的观念

主要包括资本观念及其选择（财务资本、实物资本）；资本保全的概念与利润决定的关系；资本保全调整（额）及其列示（以资本保全调整或重估价准备纳入权益中）。

上述“概念框架”的内容及逻辑关系可列示如图 1-2 所示。

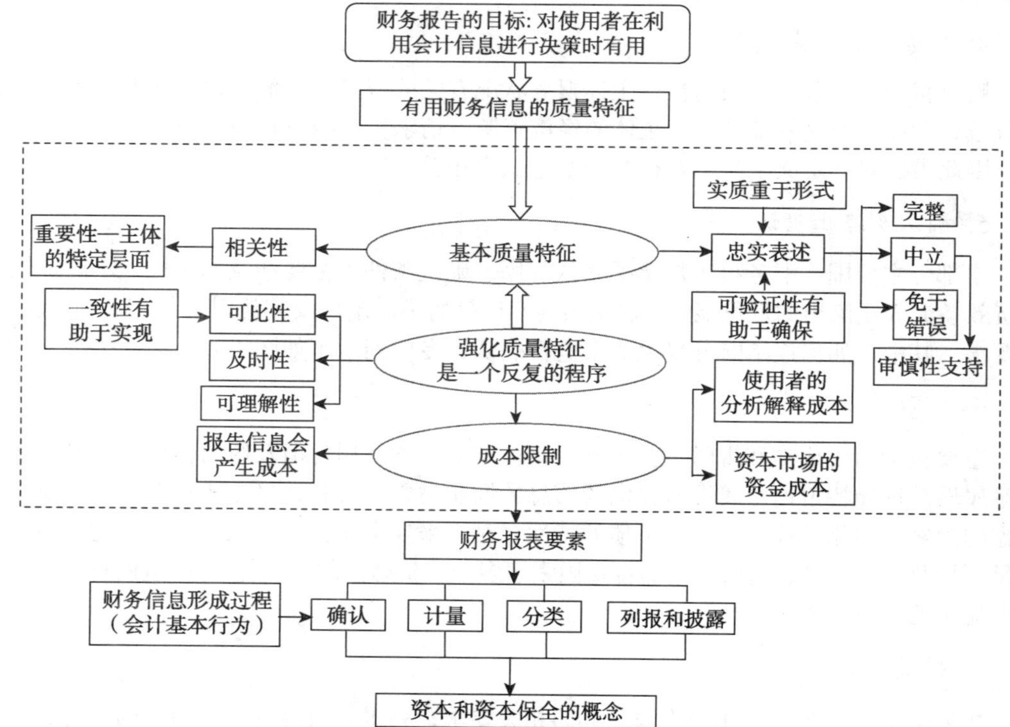

图 1-2　IASB《财务报告概念框架》内容逻辑关系图

（二）我国《企业会计准则——基本准则》的主要内容简介

我国的《企业会计准则——基本准则》，类似于 IASB 的《财务报告概念框架》，基本体现了与国际财务报告准则的趋同。它既用来指导具体会计准则的制定，又用来指导在具体会计准则没有规范的新发生交易的处理。其内容和逻辑关系若按照概念框架来理解，可归纳如图 1-3 所示。

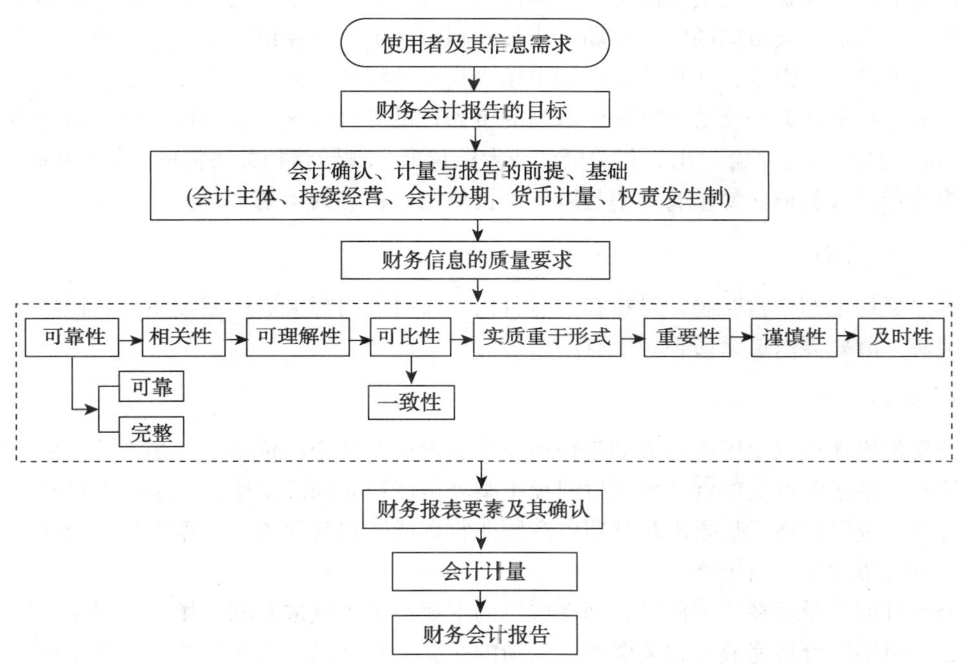

图 1-3 我国《企业会计准则——基本准则》内容逻辑关系图

第三节 公允价值计量

公允价值计量的相关理论和应用非常复杂，对初学会计者而言难度很大，因此，在《会计学原理》教材和讲授中一般只做概念性说明，但在《财务会计学》教材和内容讲授中却是一项经常用到的基础性知识，必须对其充分了解，所以，在本教材开篇章特将其专辟一节。限于篇幅，仅以我国财政部 2014 年 1 月 26 日发布的《企业会计准则第 39 号——公允价值计量》（CAS39）及应用指南为主要参考依据进行阐述。

一、公允价值的含义及公允价值计量的基本要求

公允价值，是指市场参与者在计量日发生的有序交易中，出售一项资产所能收到或者

转移一项负债所需支付的价格。该定义涉及以下三项关键内容。

1. 市场参与者

市场参与者是指在相关资产或负债的主要市场（或最有利市场）中，同时具备相互独立[不存在《企业会计准则第 36 号——关联方披露》（CAS36）所定义的关系人及关联方关系]、熟悉情况（能够根据可取得的信息对相关资产或负债以及交易具备合理认知）、有能力并自愿进行相关资产或负债的交易等特征的买方和卖方。企业应当考虑所计量的相关资产或负债、该资产或负债的主要市场（或最有利市场）以及在该市场上与企业进行交易的市场参与者情况等因素，从总体上识别市场参与者的特征。其中，主要市场，是指相关资产或负债交易量最大和交易活跃程度最高的市场；最有利市场，是指在考虑交易费用和运输费用后，能够以最高金额出售相关资产或者以最低金额转移相关负债的市场；活跃市场，是指相关资产或负债交易量及频率足以持续提供定价信息的市场。

2. 有序交易

有序交易也称正常交易，是指在计量日前一段时期内相关资产或负债具有惯常市场活动的交易。清算等被迫交易不属于有序交易。

3. 交易价格

交易价格在市场上因交易者的身份不同将会出现两种交易价格：一是换入价格，也称进场价格，是指取得某项资产所支付或承担某项负债所收到的价格。二是换出价格，也称出场价格或脱手价格，是指出售某项资产所能收到或转移某项负债所需支付的价格。公允价值计量使用的是换出价格。

公允价值计量存在三个假定，即在假定的主要市场（或最有利市场）的假定有序交易下假定采用换出价格完成了相关资产或负债的交易。在计量时应当符合下列基本要求。

（1）计量时应当考虑相关资产或负债的特征，即市场参与者在计量日对该资产或负债进行定价时考虑的特征，包括资产状况及所在位置、对资产出售或者使用的限制等。具体特征对计量所产生的影响将取决于该特征因如何被市场参与者所考虑而不同。

（2）计量的相关资产或负债可以是单项资产或负债，也可以是资产组合、负债组合或者资产和负债的组合。企业是以单项还是以组合的方式对相关资产或负债进行公允价值计量，取决于资产或负债的计量单元。计量单元，是指资产或负债以单独或者组合方式进行计量的最小单位。企业以公允价值计量相关资产或负债，应当按照相关会计准则规定的计量单元进行计量。

（3）应当假定出售资产或者转移负债的交易在相关资产或负债的主要市场进行；不存在主要市场的，应当假定该交易在相关资产或负债的最有利市场进行。在识别主要市场（或最有利市场）时需要注意两点：一是应考虑所有可以合理取得的信息，但没必要考察所有市场，通常情况下，企业正常进行资产出售或者负债转移的市场可以视为主要市场（或最有利市场）；二是应当从计量日自身可进入的角度识别主要市场（或最有利市场），但不要求于计量日在该市场上实际出售资产或者转移负债。不同企业可以进入的市场不同，对于不同企业，相同资产或负债可能具有不同的主要市场（或最有利市场）。因此，主要（或最有利）市场（以及市场参与者）应从企业的角度予以考虑，允许具有不同活动的企业间存有差异。

（4）应当以主要市场（或最有利市场）的换出价格计量相关资产或负债的公允价值，不论该价格是直接可观察或使用其他估值技术估计，都不应当因交易费用对该价格进行调整。交易费用，是指在相关资产或负债的主要市场（或最有利市场）中，发生的可直接归属于资产出售或负债转移的费用（不包括运输费用）。因其是直接由交易引起的、交易所必需的，而且不出售资产或不转移负债就不会发生的费用，因此，交易费用不属于相关资产或负债的特征，只与特定交易有关。运输费用，是指将资产从当前位置运抵主要市场（或最有利市场）发生的费用。因其会改变资产所在的位置，从而改变市场参与者在计量日确定资产价格时所需考虑的特征，如果地理位置是资产的特征，发生的运输费用能够使该资产从当前位置转移到主要市场（或最有利市场）的，企业应当根据运输费用调整主要市场（或最有利市场）的价格。

（5）当计量日不存在能够提供出售资产或转移负债的相关价格信息的可观察市场时，应当从持有资产或者承担负债的市场参与者角度，假定计量日发生了出售资产或转移负债的交易，并根据该假定交易的价格计量公允价值。

（6）计量时应假设市场参与者在对相关资产或负债定价时实现其经济利益最大化。

（7）计量时应假定市场参与者在计量日的交易是在当前市场条件下的有序交易。

二、公允价值计量的应用范围

公允价值计量是为特定资产或负债的计量而进行的，而非企业特定的计量。从准则规定的内容来看，公允价值计量主要应用于以下三个方面。

（一）应用于非金融资产

非金融资产是指除投资性融资工具（如股票、债券）和货币（包括银行存款）以外的资产，包括固定资产、无形资产、商誉、材料等。一般来说，公司持有的股票、债券等融资工具和货币为金融资产，其他为非金融资产。

1. 计量时应考虑的因素

非金融资产以公允价值计量时，应当考虑市场参与者通过直接将该资产用于最佳用途产生经济利益的能力，或者通过将该资产出售给能够用于最佳用途的其他市场参与者产生经济利益的能力等因素进行计量。

2. 最佳用途及其判断

最佳用途，是指市场参与者实现一项非金融资产或其所属的资产和负债组合的价值最大化时该非金融资产的用途。判断最佳用途时应当考虑：①法律上是否允许，即市场参与者在对资产定价时考虑的资产使用在法律上的限制，如适用于不动产的地区法规或规范。

②实物上是否可能，即市场参与者在对资产定价时考虑的资产实物特征，如不动产所处的地点或规模。③财务上是否可行，即考虑在法律上允许且实物上可能的情况下，使用该资产能否产生足够的收益或现金流量，从而在补偿使资产用于该用途所发生的成本后，仍然能够满足市场参与者所要求的投资回报。

最佳用途应当从市场参与者的角度来确定。通常情况下，非金融资产的现行用途可以视为最佳用途，除非市场因素或者其他因素表明市场参与者按照其他用途使用该资产可以实现价值最大化。企业为保护其竞争地位或基于其他理由，主观上可能不积极使用所取得的非金融资产或可能不依资产最佳用途使用该资产。例如，企业计划借此防止他人使用而防御性地使用所取得的无形资产，但是，企业仍应假设非金融资产由市场参与者作最佳用途使用来计量其公允价值。

3. 非金融资产的估值前提

以公允价值计量非金融资产时，应当基于最佳用途确定以下估值前提。

（1）市场参与者单独使用一项非金融资产产生最大价值时，该非金融资产的公允价值应当是将其出售给同样单独使用该资产的市场参与者的当前交易价格。

（2）市场参与者将一项非金融资产与其他资产（或者其他资产和负债的组合）组合使用产生最大价值时，该非金融资产的公允价值应当是将其出售给以同样组合方式使用该资产的市场参与者的当前交易价格，并且该市场参与者可以取得组合中的其他资产和负债。其中，负债包括企业为筹集营运资金产生的负债，但不包括企业为组合之外的资产筹集资金所产生的负债。最佳用途的假定应当一致地应用于组合中所有与最佳用途相关的资产。

因此，应从市场参与者的角度判断该资产的最佳用途是单独使用、与其他资产组合使用、还是与其他资产和负债组合使用，但在计量非金融资产的公允价值时，应假定按照确定的计量单元出售该资产。

（二）应用于负债和企业自身权益工具

1. 计量的一般原则

企业以公允价值计量负债或自身权益工具（如发行股票作为企业合并对价），应假定在计量日将负债或企业自身权益工具转移给市场参与者，且转移后该负债或自身权益工具均继续存在。其中对于负债，应假定由作为受让方的市场参与者履行义务；对于企业自身权益工具，应假定由作为受让方的市场参与者取得与该工具相关的权利、承担相应的义务。在计量时应遵循下列原则。

（1）存在相同或类似负债或企业自身权益工具可观察的市场报价的，应以该报价为基础确定其公允价值。

（2）不存在（1）的情况但其他方将其作为资产持有的，企业应当在计量日从持有该资产的市场参与者角度，以该资产的公允价值为基础确定其公允价值。当该资产的某些特征不适用于该计量时，应根据资产的公允价值进行调整，以调整后的价值确定其公允价值。这些特征包括资产出售受到限制、资产与所计量负债或企业自身权益工具类似但不相同、资产的计量单元与负债或企业自身权益工具的计量单元不完全相同等。

（3）不存在（1）、（2）情况的，应从承担负债或者发行权益工具的市场参与者角度，采用估值技术确定其公允价值。

2. 计量时需要考虑的因素

（1）不履约风险。不履约风险是指企业不履行义务的风险，包括但不限于企业自身的信用风险。计量负债时应当考虑不履约风险，并假定不履约风险在负债转移前后保持不变。

（2）限制转移因素。计量负债或自身权益工具存在限制转移因素时，如果公允价值计量的输入值中已经考虑了该因素，企业不应当再单独设置相关输入值，也不应当对其他输入值进行相关调整。

（3）要求即付。活期存款等具有可随时要求偿还特征的金融负债的公允价值，不应当低于债权人要求偿还时的应付金额从可以要求偿还的第一天起折现的现值。

（三）应用于市场风险或信用风险可抵销的金融资产和金融负债

1. 计量的一般原则

企业以市场风险和信用风险的净敞口为基础管理金融资产和金融负债群组的，可以以计量日市场参与者在当前市场条件下有序交易中出售净多头（即资产）或者转移净空头（即负债）的价格为基础，计量该金融资产和金融负债组合的公允价值。与市场风险或信用风险可抵销的金融资产和金融负债相关的财务报表列报，应当适用其他相关会计准则。

2. 计量要求

企业按照上述规定计量金融资产和金融负债组合的公允价值的，应当同时满足下列条件。

（1）企业风险管理或投资策略的正式书面文件已载明以特定市场风险或特定对手信用风险的净敞口为基础，管理金融资产和金融负债的组合。

（2）企业以特定市场风险或特定对手信用风险的净敞口为基础，向企业关键管理人员报告金融资产和金融负债组合的信息。

（3）企业在每个资产负债表日以公允价值计量组合中的金融资产和金融负债。

企业按照上述规定计量金融资产和金融负债组合的公允价值的，该金融资产和金融负债面临的特定市场风险及其期限实质上应当相同。如果市场参与者将会考虑假定出现违约情况下能够减小信用风险敞口的所有现行安排，还应当考虑特定对手的信用风险净敞口的影响或特定对手对企业的信用风险净敞口的影响，并预计市场参与者依法强制执行这些安排的可能性。

企业采用上述规定的，应当将其作为相关会计政策，且一经确定，不得随意变更。

三、初始确认时的公允价值计量

企业在取得资产或者承担负债的交易中，交易价格是取得一项资产所支付或者承担一项负债所收到的价格（进入价格）。企业在对其进行初始确认和计量时，通常情况下该交易价格就等于其公允价值。但如果发生交易在关联方之间（但企业有证据表明该关联方交易是在市场条件下进行的除外）、或交易是被迫的、或交易价格所代表的计量单元与按照资产或负债组合确定的计量单元不同、或交易市场不是相关资产或负债的主要市场（或最有利市场）等情况时，两者可能不相等。

在判断初始确认时的公允价值是否与其交易价格相等时，企业应当考虑相关交易性质和资产或负债的特征等因素。其他相关会计准则要求或者允许企业以公允价值对相关资产或负债进行初始计量，且其交易价格与公允价值不相等的，企业应当将相关利得或损失计入当期损益，但其他会计准则另有规定的除外。

四、公允价值计量中的估值技术

（一）估值技术的种类

企业以公允价值计量相关资产和负债时，应当采用在当前情况下适用并且有足够可利用数据和其他信息支持的估值技术，目的是估计在计量日当前市场条件下，市场参与者在有序交易中出售一项资产或者转移一项负债的价格。估值技术主要包括以下三种。

1. 市场法

市场法是利用相同或类似的资产、负债或资产和负债组合的价格以及其他相关市场交易信息的估值技术。

2. 收益法

收益法是将未来金额转换成单一现值的估值技术，包括现值技术、选择权定价模式技术、多期间超额盈余法（用以计量某些无形资产的公允价值）等。当使用收益法时，公允价值计量反映对该等未来金额的当前市场预期。

3. 成本法

成本法是反映当前要求重置相关资产服务能力所需金额（通常称为现行重置成本）的估值技术。

企业应当使用与其中一种或多种估值技术相一致的方法计量公允价值。企业使用多种估值技术计量公允价值时，应当考虑各估值结果的合理性，选取在当前情况下最能代表公允价值的金额作为公允价值。

（二）估值技术的应用

企业应用估值技术时，应当优先使用相关可观察输入值，只有在相关可观察输入值无法取得或取得不切实可行的情况下，才可以使用不可观察输入值。

输入值，是指市场参与者在给资产或负债定价时所使用的假设，包括可观察输入值和不可观察输入值。其中：可观察输入值是指能够从市场数据中取得的输入值，反映了市场参与者在对相关资产或负债定价时所使用的假设；不可观察输入值是指不能从市场数据中取得的输入值，应根据市场参与者在对相关资产或负债定价时所使用假设的最佳信息确定。

企业以交易价格作为初始确认时的公允价值，且在公允价值后续计量中使用了涉及不可观察输入值的估值技术的，应当在估值过程中校正该估值技术，以使估值技术确定的初始确认结果与交易价格相等。企业在公允价值后续计量中采用估值技术的，尤其是涉及不可观察输入值的，应当确保该估值技术反映了计量日可观察的市场数据，如类似资产或负债的价格等。

使用的估值技术一经确定，不得随意变更，但变更估值技术及其应用方法能使计量结果在当前情况下同样或者更能代表公允价值的情况除外，包括但不限于：①出现新的市场；②可以取得新的信息；③无法再取得以前使用的信息；④改进了估值技术；⑤市场状况发生变化等。

若变更估值技术及其应用的，应作为会计估计变更，并对估值技术及其应用的变更进行披露，但不需要对相关会计估计变更进行披露。

采用估值技术计量公允价值时，应当选择与市场参与者在相关资产或负债的交易中考虑的资产或负债的特征相一致的输入值，包括流动性折溢价、控制权溢价或少数股东权益折价等，但不包括与资产或负债组合规定的计量单元不一致的折溢价。企业不应考虑因其大量持有相关资产或负债所产生的折价或溢价。该折价或溢价反映了市场正常日交易量低于企业在当前市场出售或转让其持有的相关资产或负债数量时，市场参与者对该资产或负债报价的调整。

以公允价值计量的相关资产或负债存在出价和要价的，企业应当以在出价和要价之间最能代表当前情况下公允价值的价格确定相关资产或负债的公允价值。企业可以使用出价计量资产头寸、使用要价计量负债头寸，且不限制使用市场参与者在实务中使用的在出价和要价之间的中间价或其他定价惯例计量相关资产或负债。

五、公允价值的层级

（一）公允价值层级及其确定

估值技术中的输入值可以划分为三个层次，从而构成了公允价值的层级：第一层次为在计量日能够取得的相同资产或负债在活跃市场上未经调整的报价；第二层次为除第一层次外相关资产或负债直接或间接可观察的输入值；第三层次为相关资产或负债的不可观察输入值。

公允价值计量结果所属的层次，由对公允价值计量整体而言具有重要意义的输入值所属的最低层级决定。企业应当在考虑相关资产或负债特征的基础上判断所使用的输入值是否重要。公允价值计量结果所属的层次，取决于估值技术的输入值，而不是估值技术本身。

（二）公允价值层级的运用

企业应最优先使用第一层次输入值；其次使用第二层次输入值；最后使用第三层次输入值。

第一层次输入值为公允价值提供了最可靠的证据。在所有情况下，企业只要能够获得相同资产或负债在活跃市场上的报价，就应当将该报价不加调整地应用于该资产或负债的公允价值计量，但下列情况除外：①企业持有大量类似但不相同的以公允价值计量的资产或负债，这些资产或负债存在活跃市场报价，但难以获得每项资产或负债在计量日的单独的定价信息，此时企业可以采用不单纯依赖报价的其他估值模型；②活跃市场报价未能代表计量日的公允价值，如因发生影响公允价值计量的重大事件等导致活跃市场的报价不代表计量日的公允价值；③不存在相同或类似负债或企业自身权益工具可观察市场报价，但其他方将其作为资产持有的，企业应当在计量日从持有该资产的市场参与者角度，以该资产的公允价值为基础确定该负债或自身权益工具的公允价值。

企业因上述情况对相同资产或负债在活跃市场上的报价进行调整的，公允价值计量结果应当划分为较低层次。

第二层次输入值对于具有合同期限等具体期限的相关资产或负债，应当在其几乎整个期限内可观察。包括：①活跃市场中类似资产或负债的报价；②非活跃市场中相同或类似资产或负债的报价；③除报价以外的其他可观察输入值，包括在正常报价间隔期间可观察的利率、收益率曲线、隐含波动率和信用利差等；④市场验证的输入值，即通过相关性分析或其他手段获得的主要来源于可观察市场数据或者经过可观察市场数据验证的输入值等。

企业在使用第二层次输入值对相关资产或负债进行公允价值计量时，应当根据相关资产或负债的特征，对第二层次输入值进行调整。这些特征包括资产状况或所在位置、输入值与类似资产或负债的相关程度、可观察输入值所在市场的交易量和活跃程度等。企业使用重要的不可观察输入值对第二层输入值进行调整，且该调整对公允价值计量整体而言是重要的，公允价值计量结果应当划分为第三层次。

第三层次输入值（不可观察输入值）只有在相关资产或负债不存在市场活动或者市场活动很少导致相关可观察输入值无法取得或取得不切实可行的情况下，才能使用。不可观察输入值应当反映市场参与者对相关资产或负债定价时所使用的假设，包括有关风险的假设。如特定估值技术的固有风险和估值技术输入值的固有风险。企业在确定第三层次输入值时，应当使用在当前情况下可以合理取得的最佳信息，包括所有可合理取得的市场参与者假设。企业可以使用内部数据作为第三层次输入值，但如果有证据表明其他市场参与者将使用不同于企业内部数据的其他数据，或者这些企业内部数据是企业特定数据、其他市场参与者不具备企业相关特征时，企业应当对其内部数据作出相应调整。

关于采用公允价值计量的相关信息在财务报表附注中的披露，请参见 CAS39 的具体规定。

1. 你认为对财务会计应如何定义?

2. 相对于管理会计和成本会计来说，财务会计有什么特征?

3. 什么是财务报告概念框架? 财务报告概念框架是会计准则吗? 为什么?

4. 财务报告概念框架包括哪些内容? 它们之间存在什么样的逻辑关系?

5. 我国的《企业会计准则——基本准则》在准则体系中处于什么地位? 与 IASB 的《财务报告概念框架》有什么不同?

6. 什么是公允价值? 应从哪些方面理解公允价值的定义?

7. 公允价值计量存在哪些假定? 应用公允价值计量时需要遵循哪些要求?

8. 为什么说公允价值计量是为特定资产或负债的计量，而非企业特定的计量?

9. 公允价值计量主要应用在哪些方面?

10. 资产或负债初始确认时交易价格与公允价值一定相等吗? 如果不等该如何处理?

11. 公允价值中的估值技术有几种? 如何应用?

12. 公允价值的层级划分依据是什么? 如何选择应用公允价值的层级?

第二章　货 币 资 金

本章学习提示

本章重点：库存现金、银行存款、其他货币资金的管理及核算
本章难点：银行存款支付结算方式的特点、其他货币资金的核算

第一节　货币资金概述

一、货币资金的含义及其作用

货币资金是指企业生产经营过程中，以货币形态存在的那部分资产。货币资金按其存放地点和用途不同，可分为库存现金、银行存款和其他货币资金。货币资金本质上属于金融资产范畴，由于其会计处理的特殊性，本章单独进行阐述。

货币资金无须变现过程，具有最强的流动性和普遍的可接受性，是流通与交换的媒介，因此，货币资金在企业有着特殊的地位，受到了会计信息使用者的深切关注，他们习惯把企业货币资金拥有量的多少，作为衡量企业偿债能力和支付能力大小的标志，作为分析企业财务状况好坏的重要指标。但是，对于货币资金的作用应进行客观的评价。一方面，从资金运动的角度来看，货币资金是资金运动的起点和终点，在资金的循环周转过程中起着纽带作用，如果货币资金流转不畅，将会给企业的再生产活动带来较大影响。另一方面，闲置货币资金的盈利性较差，保留数额过多，不仅意味着资金的闲置浪费，也在一定程度上表明企业目前尚缺少理想的资金投向或管理者资金运作能力的欠缺。因此，企业应合理计算货币资金拥有量，使其既能满足企业的需要，又避免闲置。

二、货币资金的特征

货币资金一般具备以下几个特征。

1. 流动性强

货币资金是最具流动性的资产，在用其偿还债务时，可直接使用，因而构成企业偿还各种负债的主要资金来源。

2. 便于流通

货币资金是流通和交换的媒介，具有普遍的可接受性，因而便于流通，使用范围比较广泛。

3. 流动量大

虽然货币资金的余额可能在大多数时间里都很小，只占企业总资产的少部分，但货币资金的收支业务则发生频繁，流动量较大。

4. 易于散失、挪用和被盗

货币资金体积小，易携带，作为流通和支付手段，具有极大诱惑力，比其他资产更容易被贪污、挪用、盗窃。

三、货币资金的管理

为了适应经济发展的需要，合理组织货币资金流通，保证企业经营的正常运行和货币资金的安全完整，国务院、中国人民银行等其他相关部门对货币资金的管理提出了最基本的要求。

（一）库存现金的管理

（1）现金的使用范围。根据规定，企业可在下列方面使用现金：①职工工资，各种工资性津贴；②个人劳务报酬；③支付给个人的各种奖金；④各种劳保、福利费用以及国家规定对个人的其他支出；⑤向个人收购农副产品和其他物资支付的价款；⑥出差人员必须随身携带的差旅费；⑦结算起点以下的零星开支；⑧中国人民银行确定需要支付现金的其他支出。企业必须在规定允许的范围内使用现金，不属于现金开支范围的业务一律通过银行办理转账结算。

（2）现金的库存限额管理。库存限额即规定单位保留现金的最高数额。根据我国现行规定，企业日常零星开支所需现金数额，由开户银行根据企业的实际情况来核定。企业应该加强现金限额的管理，在银行核定的库存限额内支付现金，不得任意超过限额。

（3）企业一般不得坐支现金（从本单位的现金收入中直接支付），因特殊情况需坐支现金的，应事先报开户银行审查批准，由开户银行确定坐支的范围、数额等；未经银行批准，严禁坐支。

（4）企业不准用不符合财务制度的凭证顶替现金；不准单位之间相互借用现金；不准谎报用途套取现金；不准利用银行账户代其他单位和个人存入或支取现金；不准将单位收

入的现金以个人名义存入储蓄；不准保留账外公款（小金库）；禁止发行变相货币，不准以任何票券代替人民币在市场上流通。

（5）企业应当定期和不定期地进行现金盘点，确保现金账面余额与实际库存余额相符。

（二）银行存款的管理

（1）银行存款账户的开立。企业在银行或其他金融机构开立的存款账户分为基本存款账户、一般存款账户、临时存款账户和专用存款账户四种。

基本存款账户是企业的主办账户，企业日常经营活动的资金收付及其工资、奖金和现金的支取，应通过该账户办理。企业只能在银行开立一个基本存款账户。

一般存款账户用于办理企业借款转存、借款归还和其他结算的资金收付。该账户可以办理现金缴存，但不得办理现金支取。

临时存款账户用于办理临时机构、异地临时经营及注册验资等活动发生的资金收付。

专用存款账户用于办理基本建设资金、更新改造资金等各项专用资金的收付。

在银行开立存款户后，银行即可出售给企业各种与银行或其他单位往来的空白票据和结算凭证，用以办理银行存款的收支业务。企业应加强空白票据和结算凭证的管理，明确各种票据的购买、保管、领用、注销等环节的职责权限和程序，并专设登记簿进行记录，防止遗失和盗用。

（2）企业除了按规定留存的现金以外，所有现金都必须存入银行。单位一切收付款项，除规定可用现金支付的部分外，都必须通过银行办理转账结算。

（3）企业应当严格遵守银行结算纪律，不准签发没有资金保证的票据或远期支票，套取银行信用；不准签发、取得和转让没有真实交易和债权债务的票据，套取银行和他人资金；不准无理拒绝付款，任意占用他人资金。

（4）企业应当及时核对银行账户，确保银行存款余额与银行对账单相符。

（三）货币资金的内部控制

企业的货币资金管理，还必须重视单位内部存在的货币资金管理松弛、控制弱化问题，建立、完善企业内部的货币资金控制制度，并组织实施。

企业货币资金内部控制制度的建立，既要依据国家有关法律法规，结合本部门或系统有关货币资金内部控制的规定，也要适合本单位业务特点和管理要求，因此，该项制度具体内容将因企业而异，但其基本内容应包括以下三个方面。

1. 岗位分工

（1）企业应当建立货币资金业务的岗位责任制，明确相关部门和岗位的职责、权限，确保办理货币资金业务的不相容岗位相互分离、制约和监督。

（2）出纳人员不得兼管稽核、会计档案保管和收入、支出、费用、债权债务账簿的登记工作。

（3）不得由一人办理货币资金业务的全过程。

（4）办理货币资金业务，应当配备合格的人员，并根据企业具体情况进行岗位轮换。

2. 授权批准

（1）企业应当对货币资金业务建立严格的授权批准制度，明确审批人对货币资金业务的授权方式、权限、程序、责任和相关控制措施，规定经办人办理货币资金业务的职责范围和工作要求。

（2）审批人应当根据货币资金授权批准制度的规定，在授权范围内进行审批，不得超越审批权限。经办人应当在职责范围内，按照审批人的批准意见办理货币资金业务。

3. 监督检查

企业应当建立对货币资金业务的监督检查制度，对货币资金业务相关岗位及人员的设置情况、货币资金授权批准制度的执行情况、支付款项印章的保管情况、现金和票据的保管情况等进行监督检查，使单位的货币资金内部控制制度落到实处。

第二节 库存现金

一、库存现金的范围

库存现金属于狭义的现金概念，包括库存的人民币和外币。它由企业出纳人员专门负责掌管，存放在企业的财会部门，作为日常零星开支使用。而同样可作为零星开支使用但存放在企业内部的一些职能部门（如采购部门、销售部门等）和有关人员（如采购人员、销售人员）手中的现金，习惯上称为备用金，不属于库存现金的范围。

二、库存现金的核算

（一）库存现金核算的凭证

企业发生的任何一笔库存现金收支业务，都必须根据有关的原始凭证，经会计主管人员或指定的负责人逐笔审核后，编制收款凭证或付款凭证，作为库存现金的收付依据。企业的出纳人员根据收（付）款凭证上的数额收（付）款后，应在相应的凭证上加盖“现金收讫”（“现金付讫”）戳记，并在凭证的“出纳”项目一栏内签章，才可作为记账依据。

企业常常发生现金与银行存款之间的收付业务，如将多余现金存入银行，或从银行提取现金。这类业务对企业来说既是收款业务，又是付款业务。为避免重复，一般只根据收付业务涉及的贷方科目填制付款凭证。如将现金存入银行，只填制现金付款凭证，或从银行提取现金，只填制银行存款付款凭证。

（二）库存现金的会计处理

为了总括地反映企业库存现金的收入、支出及结存情况，应设置“库存现金”科目进行总分类核算。

【例 2-1】 A 公司将现金 1 500 元存入银行，根据企业现金缴款单，应作会计分录为：

借：银行存款　　1 500

　　贷：库存现金　　1 500

【例 2-2】 A 公司出售废品，收入现金 260 元，应作会计分录为：

借：库存现金　　260

　　贷：其他业务收入　　260

（三）现金日记账的设置和登记

为了连续、系统、全面地记录库存现金收支业务情况，还应设置现金日记账，由出纳人员根据审核无误的收付款凭证，逐日、逐笔、序时登记。每日终了应计算本日现金收入、支出合计数及结存数，并将结存数同库存现金实有数互相核对，做到日清日结，保证账款相符。有外币现金的企业，应当分别人民币和各种外币设置现金日记账进行明细核算。

三、库存现金盘点余缺的核算

企业为了加强库存现金的管理，保证账款相符，防止库存现金发生差错或丢失，还需对库存现金进行定期和不定期的清查盘点。

对库存现金的清查盘点，采用实地盘存的方法，由出纳人员每日以库存现金账面余额同实际库存现款相核对。若盘点后出现库存现金溢余或短缺，应认真查找，及时填制库存现金盘点余缺报告单，分别填明实存、账存及二者对比后的余缺数，并向会计主管人员报告，不得拖延或隐瞒。这些有待查明原因的现金短缺或溢余，应通过“待处理财产损溢”科目核算：属于库存现金短缺，应按实际短缺的金额，借记“待处理财产损溢——待处理流动资产损溢”科目，贷记“库存现金”科目；属于库存现金溢余，按实际溢余的金额，借记“库存现金”科目，贷记“待处理财产损溢——待处理流动资产损溢”科目。待查明原因后作如下处理。

（1）如为现金短缺，属于应由责任人赔偿的部分，借记“其他应收款——应收现金短缺款”或“库存现金”等科目，贷记“待处理财产损溢——待处理流动资产损溢”科目；属于应由保险公司赔偿的部分，借记“其他应收款——应收保险赔款”科目，贷记“待处理财产损溢——待处理流动资产损溢”科目；属于无法查明的其他原因，根据管理权限，经批准后处理，借记“管理费用——现金短缺”科目，贷记“待处理财产损溢——待处理流动资产损溢”科目。

（2）如为现金溢余，属于应支付给有关人员或单位的，应借记“待处理财产损溢——待处理流动资产损溢”科目，贷记“其他应付款——应付现金溢余”科目；属于无法查明原因的现金溢余，经批准后，借记“待处理财产损溢——待处理流动资产损溢”科目，贷记“营业外收入——现金溢余”科目。

此外，企业还应组织由企业、部门负责人和有关人员参加的清查小组，对库存现金进行定期或临时性突击清查盘点。清查时出纳当事人应在场，不仅要检查账实是否相符，还应检查有无违反库存现金管理有关规定的情况。盘点结束后，根据盘点结果编制库存现金盘点报告表（表 2-1）。如果发生现金溢余或短缺，应查明原因，比照上述方法进行会计处理。

表 2-1　　　　**库存现金盘点报告表**

年　月　日　　　　单位：元

实存金额	账存金额	对比结果		备注
		溢余	短缺	

部门负责人签章　　　　盘点负责人签章　　　　出纳员签章

第三节　银 行 存 款

一、银行存款的范围

银行存款是指企业存入银行或其他金融机构的货币资金，包括人民币存款和外币存款两种。

企业的银行存款不仅包括存入所开立账户的货币，还包括企业在结算中收到的银行本票、银行汇票等，但企业收到的商业汇票不作为银行存款核算。

二、银行存款的核算

（一）银行存款核算的凭证

银行是社会经济活动中各项资金流转清算的中心，企业与其他单位的款项结算都要通过银行，按规定程序完成票据、结算凭证的传递和款项的划转，银行面对的企业和单位多种多样，因此，要求企业办理每笔银行存款收付业务时，都必须使用银行统一规定的票据和结算凭证。这些票据和结算凭证不仅是开户银行进行款项划转的依据，也是企业进行银行存款核算的书面证明，是编制银行存款收款凭证和付款凭证的原始依据。银行存款收付款凭证的编制方法同库存现金收付款凭证相似，这里不再赘述。

（二）银行存款的会计处理

企业为了总括反映和监督银行存款的收支结存情况，应设置“银行存款”科目，并按

银行和其他金融机构的名称、存款种类进行明细核算。

【例 2-3】 A 公司销售 A 产品 10 件，开出的增值税专用发票上注明价款 100 000 元，增值税 16 000 元，收到对方出具的转账支票一张交银行收妥款项，应作会计分录为：

借：银行存款　　116 000
　贷：主营业务收入　　100 000
　　应交税费——应交增值税（销项税额）　　16 000

【例 2-4】 A 公司收到银行转来的电信部门委托收款凭证支付当月的电话费，取得的增值税专用发票上注明价款 3 000 元，增值税 300 元。A 公司应作会计分录为：

借：管理费用　　3 000
　应交税费——应交增值税（进项税额）　　300
　贷：银行存款　　3 300

（三）银行存款日记账的设置与登记

为了如实反映银行存款的收支和结存情况，随时掌握企业可用资金的支付能力，理清同开户银行的往来关系，企业应按开户银行或金融机构的名称和存款种类等设置银行存款日记账。

银行存款日记账由企业出纳人员根据审核无误的收付款凭证，按照业务的发生顺序，逐日、逐笔、序时登记。每日终了，应结出余额，月末结出本月收入、支出的合计数和月末结存余额。银行存款日记账要定期与银行对账单核对，至少每月核对一次。

三、银行支付结算方式

支付结算是指单位、个人在社会经济活动中使用票据（汇票、支票、本票）、信用卡和汇兑、托收承付、委托收款等结算方式进行货币给付及其资金清算的行为。为了规范结算行为，保障支付结算活动中当事人的合法权益，加速资金周转和商品流通，中国人民银行根据《中华人民共和国票据法》等有关法律法规，规定了银行结算制度和结算方式，要求境内的一切企业必须严格遵守结算制度，结合实际情况选择适当的结算方式。现行的银行支付结算方式包括：

（一）银行汇票

银行汇票是出票银行签发的，由其在见票时按照实际结算金额无条件支付给收款人或者持票人的票据。

银行汇票的主要规定及特点：①一律记名，允许背书转让；②单位和个人的各种款项结算，均可使用银行汇票；③不受结算金额起点的限制；④人到钱到，钱随人行；⑤提示付款期限自出票日起 1 个月；⑥银行汇票丧失，失票人可以凭人民法院出具的其享有票据权利的证明，向出票银行请求付款或退款。

（二）银行本票结算方式

银行本票是银行签发的，承诺自己在见票时无条件支付确定的金额给收款人或者持票人的票据。

银行本票的主要规定和特点：①一律记名，允许背书转让；②单位和个人在同一票据交换区域需要支付的各种款项，均可以使用银行本票；③提示付款期限自出票日起最长不超过 2 个月；④见票即付；⑤银行汇票丧失，失票人可以凭人民法院出具的其享有票据权利的证明，向出票银行请求付款或退款。

银行本票分为定额和不定额两种。定额本票面额为 1 000 元、5 000 元、1 万元和 5 万元，不定额本票可根据实际结算金额填写。

（三）商业汇票

商业汇票是出票人签发的，委托付款人在指定日期无条件支付确定的金额给收款人或者持票人的票据。

商业汇票按承兑人的不同分为商业承兑汇票和银行承兑汇票。

商业汇票的主要规定及特点：①一律记名，允许背书转让或向银行贴现；②在银行开立存款账户的法人以及其他经济组织之间，具有真实的交易关系或债权债务关系才可使用商业汇票；③同城和异地均可采用，并且无结算金额的限制；④必须经过承兑人承兑；⑤商业汇票的付款期限，由交易双方协商确定，但最长不得超过 6 个月。

商业汇票的背书转让：商业汇票的收款人在购买货物或接受劳务时，可将持有的未到期的商业汇票权利转让给货物或劳务的提供者。但付款人在汇票上记载“不得转让”字样的，则不得将票据转让。收款人在转让商业汇票时，应当背书，并且背书应当完整和连续。

商业汇票贴现：所谓贴现，实际上是融通资金的一种形式，即收款人将未到期的商业汇票背书转让给银行，银行从票面金额中扣除按银行贴现率计算的贴息后，将余额付给收款人。商业汇票贴现后，向付款人收取票款的权利就由收款人（贴现申请人）转移给贴现银行，票据到期时，贴现银行直接向付款人收取票款。

（四）支票

支票结算是出票人签发的，委托办理支票存款业务的银行在见票时无条件支付确定的金额给收款人或者持票人的票据。

支票可分为现金支票、转账支票和普通支票三种。现金支票只能用于支取现金，转账支票只能用于转账，普通支票可以用于支取现金，也可以用于转账。

支票的主要规定及特点：①一律记名，在批准的城市和地区可以背书转让；②单位和个人在同一票据交换区域的各种款项结算，均可使用支票；③见票即付，支票丧失时可以挂失止付；④提示付款期限自出票日起 10 日，但中国人民银行另有规定的除外；⑤签发现金支票和用于支取现金的普通支票，必须符合国家现金管理的有关规定。

（五）汇兑

汇兑是汇款人委托银行将款项汇给外地收款人的结算方式。

汇兑分为信汇和电汇两种，由汇款人选择使用。单位和个人的各种款项的结算，均可使用汇兑结算方式，并且不受结算金额起点的限制。

（六）托收承付

托收承付是根据购销合同由收款人发货后委托银行向异地付款人收取款项，由付款人向银行承认付款的结算方式。

托收承付的主要规定及特点：①办理托收承付结算的款项，必须是商品交易，以及因商品交易而产生的劳务供应的款项；②收付双方必须签有符合《中华人民共和国经济合同法》的购销合同，并在合同上订明使用托收承付结算方式。③收款人办理托收，必须具有商品确已发运的证件；④适用于异地，托收承付结算每笔的金额起点为 1 万元。

（七）委托收款

委托收款是收款人委托银行向付款人收取款项的结算方式。

委托收款的主要规定及特点：①单位和个人凭付款人已承兑商业汇票及债券等付款人债务证明办理款项的结算，可使用该种结算方式；②同城和异地均可采用，不受结算金额起点的限制；③付款期限为 3 天。

（八）信用卡结算方式

信用卡是指商业银行向个人和单位发行的，凭以向特约单位购物、消费和向银行存取现金，且具有消费信用的特制载体卡片。

信用卡按使用对象分为单位卡和个人卡；按信用等级分为金卡和普通卡。

信用卡的主要规定及特点：①凡在中国境内金融机构开立基本存款账户的单位均可领用单位卡；②单位卡不得用于 10 万元以上的商品交易、劳务供应等款项的结算；③可以透支使用，金卡最高不得超过 1 万元，普通卡最高不得超过 5 000 元，透支期限最长为 60 天；④信用卡仅限于持卡人本人使用，不得出租或转借；⑤单位卡一律不得支取现金；⑥信用卡丧失，持卡人应立即持本人身份证件或其他有效证明，并按规定提供有关情况，向发卡银行或代办银行申请挂失。

（九）信用证结算方式

信用证是指由银行开具的以银行信用为基础的保证付款文件。信用证结算方式是国际结算的一种主要方式。在我国，只有从事进出口业务的外贸企业和对外经济合作企业可采用这种结算方式。企业委托银行办理信用证时，应按规定向银行提交开证申请、信用证申请人承诺书和购销合同，并且在银行存入相应的款项。

四、银行存款的清查

为了检查银行存款记录的正确性，查明银行存款的实际结存数额，防止错账、漏账，必须定期对银行存款进行清查。

银行存款的清查一般采用核对银行账目的方法，即将企业银行存款日记账的记录，与银行签发的对账单的记录进行核对。企业的银行存款日记账和银行签发的对账单，虽然均是记载企业同一时期银行存款存取金额及结存余额的记录，但二者所列余额却经常不一致，其主要原因是开户银行和企业双方出现未达账项或错账、漏账。

当企业和开户银行任何一方或双方银行存款出现记账错误时，应对错误的记录进行调整，使得银行存款日记账和银行存款对账单无记账、计算方面的错误。

当企业和开户银行任何一方或双方银行存款出现未达账项时，需按照规定的方法进行处理。所谓未达账项，就是指票据或结算凭证在开户银行和企业之间传递时，由于传递上的时间差，使得双方收到票据或结算凭证的时间有先有后，一方收到凭证已经入账，而另一方因尚未收到凭证未能入账的款项。未达账项一般有下列四种情况。

（1）企业已经收款入账，银行尚未入账的款项。

（2）企业已经付款入账，银行尚未入账的款项。

（3）银行已经收款入账，企业尚未入账的款项。

（4）银行已经付款入账，企业尚未入账的款项。

按照现行制度规定，企业银行存款发生未达账项时，应编制“银行存款余额调节表”进行调节，待有关票据和结算凭证到达企业后，才能据以进行相应的账务处理。

【例 2-5】 A 公司 9 月 30 日的银行存款日记账账面余额为 236 400 元，开户银行开出的对账单上 A 公司存款余额为 233 200 元，经逐笔核对，发现存在以下未达账项：

（1）9 月 25 日，公司委托银行代收款项 5 500 元，银行已收妥入账，公司尚未接到银行的收账通知。

（2）9 月 28 日，银行收到电信部门的收账凭证，通知公司支付电话费 1 300 元，银行已经承付，公司尚未接到付款通知。

（3）9 月 29 日，公司销售甲产品收到转账支票 8 900 元，已登记入账，银行尚未将该笔款项计入企业银行存款账户。

（4）9 月 30 日，公司开出现金支票支付差旅费 1 500 元，持票人尚未到银行提取款项。

根据以上资料，A 公司编制银行存款余额调节表如表 2-2 所示：

表 2-2　　银行存款余额调节表

20××年 9 月 30 日　　单位：元

项目	余额	项目	余额
开户银行对账单余额	233 200	企业银行存款日记账余额	236 400
加：企业已收银行未收	8 900	加：银行已收企业未收	5 500
减：企业已付银行未付	1 500	减：银行已付企业未付	1 300
调整后银行对账单余额	240 600	调整后银行日记账余额	240 600

第四节　其他货币资金

一、其他货币资金的范围

其他货币资金是指除库存现金、银行存款以外的其他各种货币资金。就其性质看，其他货币资金是为当前必须交易结算而准备的资金，存放地点也与库存现金、银行存款不同，所以，需要单独对其进行核算。其他货币资金主要包括外埠存款、银行汇票存款、银行本票存款、信用卡存款、信用证保证金存款、存出投资款等。

二、其他货币资金的核算

为了反映和监督其他货币资金的形成、使用或转回及结余情况，企业应设置“其他货币资金”科目。该科目可按其他货币资金的内容，分设“外埠存款”“银行汇票存款”“银行本票存款”“信用卡存款”“信用证保证金存款”“存出投资款”等科目进行明细核算。

（一）外埠存款的核算

外埠存款，是指企业到外地进行临时或零星采购时，汇往采购地银行开立采购专户的款项。该专户的款项，除采购员可以支取少量现金用于差旅费外，其他支出一律转账。采购专户只付不收，付完结束账户。

当企业将款项汇往采购地开立专户时，根据汇出款项凭证，借记“其他货币资金——外埠存款”科目，贷记“银行存款”科目。

当采购人员报销用外埠存款支付材料采购等款项时，应根据有关发票、账单等报销凭证，借记“材料采购”等科目，贷记“其他货币资金——外埠存款”科目。

用外埠存款采购结束后，如果还有剩余款项，应转回当地银行，结束外埠存款账户。根据银行的收账通知，借记“银行存款”科目，贷记“其他货币资金——外埠存款”科目。

（二）银行汇票存款的核算

银行汇票存款是指企业为取得银行汇票而按照规定存入银行的款项。

企业向银行申请办理银行汇票，应先将款项交存银行，当收到银行签发的银行汇票时，借记“其他货币资金——银行汇票存款”科目，贷记“银行存款”科目；企业用银行汇票支付材料物资款时，根据有关发票账单，借记“材料采购”等科目，贷记“其他货币资金——银行汇票存款”科目；如有多余款项或因汇票超过付款期等原因而退回款项，根据开户银行转来的银行汇票第四联（多余款收账通知联），借记“银行存款”科目，贷记“其他货币资金——银行汇票存款”科目。

（三）银行本票存款的核算

银行本票存款是企业为取得银行本票而按照规定存入银行的款项。

企业向银行提交银行本票申请书，将款项交存银行取得银行本票后，根据银行盖章退回的申请书存根联，借记“其他货币资金——银行本票存款”科目，贷记“银行存款”科目；企业用银行本票支付材料物资款时，根据发票账单等有关凭证，借记“材料采购”等科目，贷记“其他货币资金——银行本票存款”科目；因银行本票超过提示付款期限等原因而要求退款时，应当填制进账单一式两联，连同本票一并送交银行，根据银行盖章退回的进账单第一联，借记“银行存款”科目，贷记“其他货币资金——银行本票存款”科目。

（四）信用卡存款的核算

信用卡存款是企业为取得信用卡而按规定存入银行的款项。

企业以转账方式将款项存入银行申请取得信用卡时，根据银行盖章退回的进账单第一联，借记“其他货币资金——信用卡存款”科目，贷记“银行存款”科目；企业持卡人凭信用卡在特约单位支付有关费用后，借记“材料采购”“管理费用”等科目，贷记“其他货币资金——信用卡存款”科目。

（五）信用证保证金存款的核算

信用证保证金存款，是指企业为取得信用证按规定存入银行的保证金。

企业向银行交纳保证金后，根据银行退回的进账单第一联，借记“其他货币资金——信用证保证金存款”科目。根据开证行交来的信用证来单通知书及有关单据列明的金额，借记“材料采购”等有关科目，贷记“其他货币资金——信用证保证金存款”和“银行存款”科目。

（六）存出投资款的核算

存出投资款，是指企业已存入证券公司但尚未进行股票、债券等投资的款项。

企业向证券公司划出资金时，应按实际划出的金额，借记“其他货币资金——存出投资款”科目，贷记“银行存款”科目；购买股票、债券等有价证券时，借记“交易性金融资产”“可供出售金融资产”等科目，贷记“其他货币资金——存出投资款”科目。

练习题 1

一、目的：练习货币资金的核算。

二、资料：A 公司 9 月份发生的有关经济业务如下：

1. 2 日，收到 D 公司投资款 800 000 元，存入银行。

2. 5 日，开出现金支票，从银行提取现金 1 000 元，以备零星支付。

3. 10 日，采用汇兑结算方式，委托开户银行将 50 000 元信汇至北京某银行开立采购专户。

4. 11 日，向本市大明工厂销售产品一批，开具的增值税专用发票上注明价款 40 000 元，增值税 6 400 元，收到对方开出的转账支票一份，当天已向银行办妥进账。

5. 13 日，职工李辉到财务科报销市内交通费 300 元，以现金支付。

6. 17 日，采购员回厂报销汇往北京外购材料款，取得的增值税专用发票上注明价款 30 000 元，增值税 4 800 元。材料已验收入库，增值税专用发票本期通过认证，余款通过银行划回。

7. 25 日，采用赊销方式销售产品一批，开具的增值税专用发票上注明价款 72 000 元，增值税 11 520 元。

8. 30 日，收到客户为清偿前欠货款而提交的银行汇票一张，汇票票面金额 84 240 元，当日持往银行办妥进账手续。

三、要求：根据上述资料编制有关会计分录。

练 习 题 2

一、目的：练习银行存款余额调节表的编制。

二、资料：A 公司 3 月 31 日银行存款日记账余额为 154 780 元，同日银行寄来的对账单余额为 141 250 元，经核对，3 月存在下列情况：

1. 公司开出的两张现金支票 3315#、3316#尚未兑现，金额分别为 3 000 元和 4 280 元；
2. 银行代收货款 16 950 元，但公司尚未接到收账通知；
3. 银行结算本公司借款利息 830 元，公司尚未接到通知未能入账；
4. 银行将 D 公司所支付货款 10 070 元，误从本公司账户支出；
5. 公司收到 B 公司支票 25 960 元，当日送存银行，但银行尚未入账；
6. 公司支付本月电费所开支票 4 350 元，在银行存款日记账上误记为 3 450 元。

三、要求：为 A 公司编制 3 月银行存款余额调节表。

第三章 应收款项

本章学习提示

本章重点：应收账款和应收票据的会计处理、应收款项减值损失的核算

本章难点：应收票据贴现的计算与核算、应收款项减值损失的核算

第一节 应收账款

一、应收账款及其管理

应收账款是指企业因赊销商品、产品或提供劳务等业务而形成的应收未收款项。应收账款的预计正常收回期一般较短，最长不超过 1 年，因而成为企业的一种短期债权，在资产负债表上列为流动资产。

若企业采用递延方式分期收款销售商品或提供劳务，实质上具有融资性质的，则不属于应收账款的范围，应划归为长期应收款。

在现代经济社会，商业信用行为已被广泛认可，使越来越多的商业活动建立在买卖双方信用的基础上，由此而产生的应收账款与日俱增。在企业的应收账款中，有些属于正常的资金暂时缓付，有些则属于非正常情况的无故拖欠，但这都会影响企业资金的正常运转，不可避免产生资金供求的矛盾，加大应收账款的管理成本、收账成本和坏账风险，因而，需要企业重视应收账款的管理工作，从源头上控制应收账款的质量，采取有效措施做好应收账款的催收，尽可能降低坏账风险。

二、应收账款的确认与计量

（一）应收账款的入账时间

应收账款入账时间与销售收入的确认密切相关。在销售成立时既确认了收入，又可以确认未收的应收账款，所以，销售收入的实现时间一般也是应收账款的入账时间。

（二）应收账款的计量

应收账款应当按照分摊至各履约义务的交易价格入账，交易价格是指企业因向客户转让商品（或提供劳务）而预期有权收取的对价金额。由于应收账款预计的收款时间不超过1年，可以不考虑合同中存在的重大融资成分。若企业在交易中存在折扣、折让等可变对价的，应收账款入账金额则需要按下列方法确定。

1. 商业折扣

商业折扣又称数量折扣，是为促进商品销售、扩大销售量而在商品标价基础上给予的价格扣除。企业在出售商品时，价目单上往往标明各种商品的价格，客户按价目单上定价扣除企业允许的商业折扣后的净额付款，所以，企业应按照扣除折扣后的发票金额确认应收账款。

2. 现金折扣

现金折扣又称销货折扣，是为鼓励客户在规定的期限内尽可能提早付款而提供的债务扣除。客户能够享受的债务扣除是多少，由客户付款时间的早晚而定。现金折扣的条件通常用一定形式的“术语”来表示，如“2/10，*n*/30”，即该销售款项的信用期为30天，若客户在10天内付款，可以享受价款2%的折扣优惠；若超过10天则要全额付款。

由于现金折扣发生在交易成立之后，在交易日，企业就必须按照一定的方法确定应收账款的入账金额。对此，会计上通常有两种处理方法，即总价法和净价法。

（1）总价法，是指按照扣除现金折扣前的总价款作为应收账款的入账金额，如果客户在折扣期内付款而获得现金折扣，则将给予客户的现金折扣在实际发生时直接计入当期销售收入。

（2）净价法，是指按照扣除最大现金折扣后的净额作为应收账款的入账金额，如果客户未在折扣期内付款而丧失现金折扣，则在实际发生时计入当期销售收入。

我国《企业会计准则第14号——收入》（CAS14）规定，现金折扣应采用净价法核算。

三、应收账款的核算

为了反映和监督企业应收账款的增加、减少及结余情况，应设置“应收账款”科目，并按赊欠客户设置明细科目，以便具体反映企业与客户间的债权发生和解除情况。应收账款的核算举例说明如下：

（1）企业发生的应收账款，在没有折扣的情况下，按应收账款的全部金额入账。

【例3-1】 A公司销售给B公司甲产品2 500件，每件售价80元，开具的增值税专用发票上注明价款200 000元，增值税32 000元，货款尚未收到。另外以银行存款支付该批产品的代垫运杂费3 000元。A公司应作会计分录为：

借：应收账款——B公司　　235 000

　　贷：主营业务收入　　200 000

应交税费——应交增值税（销项税额） 32 000
银行存款 3 000

收到货款及垫付运杂费时：

借：银行存款 235 000
贷：应收账款——B 公司 235 000

（2）企业发生的应收账款，存在商业折扣时，应按扣除商业折扣后的金额入账。

【例 3-2】 A 公司向 B 公司销售一批商品，按价目单标明的价格计算，金额为 40 000 元，由于是成批销售，同意给购货方 10%的商业折扣。假设不考虑增值税，A 公司应编制会计分录为：

借：应收账款——B 公司 36 000
贷：主营业务收入 36 000

（3）企业发生的应收账款，在既有商业折扣又有现金折扣的情况下，发生的现金折扣调整当期的销售收入。

【例 3-3】 承**【例 3-2】**，如上述销售在商业折扣的基础上还规定了现金折扣条件为 2/10，*n*/30，在折扣期内收到 29 400 元存入银行，余款在折扣期之后收回。假如不考虑相关税费，总价法与净价法的核算比较如下：

总价法			净价法		
① 赊销时：					
借：应收账款	36 000		借：应收账款	35 280	
贷：主营业务收入		36 000	贷：主营业务收入		35 280
② 在折扣期内收回银行存款 29 400 元：					
借：银行存款	29 400		借：银行存款	29 400	
主营业务收入	600		贷：应收账款		29 400
贷：应收账款		30 000			
③ 在折扣期之后收回余款：					
借：银行存款	6 000		借：银行存款	6 000	
贷：应收账款		6 000	贷：应收账款		5 880
			主营业务收入		120

第二节 应收票据

一、应收票据的性质与种类

票据是证明债权债务信用契约的存在而以一定的形式形成的书面文件，包括各种汇票、本票和支票等。企业因提供商品或劳务而收到的各种未到期、尚未兑现的票据，代表着企业未来收取款项的权利，并隐含着预期的经济利益，因而理论上都应作为应收票据处理。

但是，银行汇票、银行本票、银行支票都是即期票据，从某种意义上可以看作银行存款的证明文件，与银行存款具有类似的性质，一般作为货币资金处理。商业汇票则与这些票据的性质明显不同，它是一段时间终了时才有权利收款的票据，因而将其单独作为应收票据处理。在我国，应收票据仅指企业因销售商品或提供劳务等而收到的商业汇票，包括银行承兑汇票和商业承兑汇票。

应收票据按照期限来划分，可分为短期应收票据和长期应收票据；按照是否计息来划分，可分为不带息应收票据和带息应收票据。

二、应收票据的计价

应收票据的计价，是指如何确定从而记录应收票据的入账价值。在会计上一般有两种计价方法：一种是按票据的现值计价，即应收票据以某一特定日所收到的现金流量按交易发生时市场利率折现的价值（现值）计量。它考虑了货币时间价值的影响，在理论上较为可取，但计算比较麻烦。另一种是按票据的面值计价，即无论票据是否带息，均按其票面金额入账。它简化了核算手续，实务操作更简便，但没有考虑货币时间价值的影响，期限较短的票据一般采用这种方法计价。

我国目前使用的大都是 6 个月以内的应收票据，期限短，利息金额较小，采用现值记账不仅过于烦琐，相对来说意义也不大，因此，在我国会计实务中，不论收到的应收票据是否带息，均按面值入账。

三、应收票据到期日与到期值的计算

应收票据是付款人承诺一段时间终了时才能支付款项的票据（若为带息票据，还要另外支付利息），因此，企业必须准确计算票据的到期日与到期值，按时委托银行收取款项，保证票据资金及时回笼。

（一）到期日的计算

票据的期限可以按照日数表示，也可以按照月数表示，表示的方法不同，所计算的到期日可能有一定的差别。

如果以日数表示，规定票据于若干天后到期，此时，到期日按实际日历天数，采用“去头不去尾”的方法计算。例如，一张面值为 10 000 元、利率为 10%、90 天到期的商业承兑汇票，其出票日若为 5 月 1 日，则其到期日应为 7 月 30 日：5 月 1 日—31 日计 30 天（5 月 1 日不计入即谓“去头”，31 天 - 1 天 = 30 天）；6 月 1 日—30 日计 30 天；7 月 1 日—30 日计 30 天（7 月 30 日计入即谓“不去尾”）。

如果以月数表示，规定票据于几个月后到期，它以签发日几个月后的对日为到期日。例如，上述票据若按照月数表示为 3 个月到期，则其到期日为 8 月 1 日。如果出票日在月末，则按月数表示的到期日为到期月份的最后一天。例如，某票据出票日为 12 月 31 日，2

个月后到期，其到期日应为 2 月 28 日或 29 日。

（二）到期值的计算

不带息应收票据的到期值等于面值。带息应收票据的到期值为面值加利息，其计算公式为

$$应收票据到期值 = 面值 + 利息 = 面值 \times（1 + 利率 \times 期限）$$

四、应收票据的核算

企业为了核算商业汇票的取得、回收及结余情况，应设置“应收票据”科目，并按开出、承兑商业汇票的客户名称进行明细核算。同时，为了便于了解和分析各种票据的取得与回收等详细情况，加强对应收票据的管理，企业还应设置“应收票据备查登记簿”，逐笔登记商业汇票的种类、号数和出票日、票面金额、票面利率、交易合同号和付款人、承兑人、背书人的姓名或单位名称、到期日、背书转让日、贴现日、贴现率和贴现净额、未计提的利息，以及收款日和收回金额、退票情况等资料，应收票据到期结清票款后，应在备查簿中逐笔注销。有关应收票据业务的会计处理举例如下：

（一）应收票据的取得

企业因销售商品、提供劳务等而收到开出、承兑的商业汇票，按应收票据的面值计入“应收票据”科目。

【例 3-4】 A 公司 1 月 1 日向 C 公司销售商品一批，开具的增值税专用发票上注明价款 100 000 元，增值税 16 000 元。当日收到 C 公司开出并承兑的商业承兑汇票一张，票面金额为 116 000 元，期限为 3 个月。A 公司应作会计分录为：

借：应收票据——C 公司	116 000	
贷：主营业务收入		100 000
应交税费——应交增值税（销项税额）		16 000

【例 3-5】 A 公司 3 月 1 日收到 C 公司银行承兑汇票一张，用以抵偿前欠的货款。该票据面值为 50 000 元，期限为 2 个月，票面利率为 5%。A 公司应作会计分录为：

借：应收票据——C 公司	50 000	
贷：应收账款——C 公司		50 000

（二）应收票据计息及到期收回

企业持有的带息应收票据，其利息作为付款人对占用企业资金的补偿，应按期计提，待应收票据到期时与本金一并收回。按期计提利息时，借记“应收利息”，贷记“财务费用”；应收票据到期时，按实际收到的金额，借记“银行存款”科目，按应收票据的账面余额，贷记“应收票据”科目，按已计提的票据利息，贷记“应收利息”科目。

【例 3-6】 A 公司 3 月 1 日销售甲产品给 C 公司，开具的增值税专用发票上注明价款 50 000 元，增值税 8 000 元，C 公司当即开来一张期限为 3 个月的附息商业承兑汇票，年利

率为5%，票面金额为58 000元。A公司有关会计处理如下：

（1）收到票据时：

借：应收票据——C公司　58 000
　贷：主营业务收入　50 000
　　　应交税费——应交增值税（销项税额）　8 000

（2）3月末、4月末计提利息时：

应计利息 = 58 000 × 5% × 1/12 = 241.67（元）

借：应收利息——C公司　241.67
　贷：财务费用　241.67

（3）票据到期本息全额收回时：

借：银行存款　58 725
　贷：应收票据——C公司　58 000
　　　应收利息——C公司　483.34
　　　财务费用（最后一期利息）　241.66

（三）应收票据的背书转让

背书，是指票据的收款人或持有人在转让票据时，在票据背面签名或书写文句，以担保承担票据到期的连带付款责任的手续。经过背书，票据的所有权由背书人转给被背书人。票据背书的目的是转让，所以，票据的背书和转让是同时进行的两种行为。票据在到期日之前，可以多次进行背书转让。

企业可将持有的未到期的商业汇票作为支付手段，经背书后转让给供货单位或债权人，用以抵偿应支付的货款或所欠的债务。应收票据背书转让后，应收票据上的收款权利也随之转移。

【例3-7】 A公司向B公司购买一批材料，取得的增值税专用发票上注明价款20 000元，增值税3 200元。经协商，公司将持有的C公司无息商业承兑汇票21 000元背书转让给B公司，以抵付该批材料款，余额通过银行付讫。A公司应作会计分录为：

借：原材料　20 000
　　应交税费——应交增值税（进项税额）　3 200
　贷：应收票据——C公司　21 000
　　　银行存款　2 200

【例3-8】 A公司将持有的C公司的无息商业承兑汇票50 000元背书转让给B公司，用以抵付原欠货款50 000元。A公司应作会计分录为：

借：应付账款——B公司　50 000
　贷：应收票据——C公司　50 000

（四）应收票据贴现

应收票据贴现，是指应收票据持有人将未到期的商业汇票背书转让给贴现银行，由贴现银行从票据到期价值中扣除贴现利息后，以余额兑付给持票人的一种融资行为。

1. 应收票据贴现的形式

应收票据的贴现一般有两种情形：一种是不带追索权；一种是带追索权。所谓追索权，就是指企业在转让应收票据的情况下，接受方在应收票据拒付或逾期支付时，向应收票据转让方索取应收金额的权利。若不带追索权时，票据一经贴现，贴现企业将应收票据上的风险和报酬全部转让给贴现银行，贴现银行未能如期收到票款的，不得再向贴现企业追索。带追索权时，贴现企业因背书而在法律上负有连带偿债责任，如果贴现银行未能如期收到票款，有权向贴现企业追索。

2. 应收票据贴现的计算

应收票据贴现的相关计算公式如下：

贴现利息 = 票据到期值 × 贴现利率 × 贴现期

贴现金额 = 票据到期值 − 贴现利息

不带息票据的到期值为票据面值，带息票据的到期值为面值加利息；贴现利率由银行统一规定；贴现期是指从贴现日起至票据到期日止的期间（计算时仍采用前述的"去头不去尾"方法）。

【例 3-9】 A 公司收到 C 公司 4 月 4 日开出并承兑的商业承兑汇票一张，票面金额为 20 000 元，到期日为同年 8 月 2 日。因企业急需资金，于当年 5 月 3 日到银行申请贴现（贴现期为 91 天），月贴现率为 6‰。则：

贴现利息 = 20 000 × 6‰ ÷ 30 × 91 = 364（元）

贴现金额 = 20 000 − 364 = 19 636（元）

【例 3-10】 承**【例 3-9】**，若 A 公司收到 C 公司的是附息商业承兑汇票，票面利率为 10%。则：

票据到期值 = 20 000 ×（1 + 10% ÷ 360 × 120）= 20 666.67（元）

贴现利息 = 20 666.67 × 6‰ ÷ 30 × 91 = 376.13（元）

贴现金额 = 20 666.67 − 376.13 = 20 290.54（元）

3. 应收票据贴现的会计处理

1）不带追索权应收票据贴现的会计处理

若应收票据贴现不带追索权时，应当对该应收票据予以终止确认，即直接冲减应收票据账面余额，并将贴现所得金额与该应收票据账面余额之间的差额计入财务费用。

如**【例 3-9】**，A 公司应收票据贴现时应作会计分录为：

借：银行存款　　19 636

　　财务费用　　364

　贷：应收票据——C 公司　　20 000

如**【例 3-10】**，A 公司应收票据贴现时应作会计分录为：

借：银行存款　　20 290.54

　贷：应收票据——C 公司　　20 000

　　财务费用　　290.54

2）带追索权应收票据贴现的会计处理

应收票据贴现带追索权时，实质上贴现企业保留了应收票据所有权上几乎所有的风险和报酬，此时，将应收票据贴现视为以应收票据为抵押向银行借款，不终止确认该应收票据，并将贴现所得金额与该应收票据账面余额的差额计入“短期借款——利息调整”科目，在应收票据的实际贴现期内进行摊销。

如【**例 3-9**】，A 公司应收票据贴现时应作会计分录为：

借：银行存款　　19 636

　　短期借款——利息调整　　364

　贷：短期借款——成本　　20 000

如【**例 3-10**】，A 公司应收票据贴现时应作会计分录为：

借：银行存款　　20 290.54

　贷：短期借款——成本　　20 000

　　　　　　——利息调整　　290.54

五、应收票据到期的付款违约

如果付款人于票据到期时仍未偿还票款，称为应收票据到期付款违约，应分别不同情况进行处理。

企业持有的银行承兑汇票到期时，若付款人无力兑付票款，则承兑银行负连带付款责任，按期支付票款，这种付款违约对收款人没有影响，收款人无须进行处理；若企业持有的是商业承兑汇票，双方建立的完全是一种商业信用，当付款人无力兑付票款时，须由双方进一步协商解决，具体分以下三种情况。

（一）付款人根据协议签发新的票据以清偿原票据

【例 3-11】 A 公司收到 C 公司开出并承兑的面值为 10 000 元的不附息票据，到期 C 公司无力支付。双方又签订协议，由 C 公司开出并承兑一张新的 3 个月到期不附息的商业承兑汇票，票面金额为 10 000 元。则 A 公司应作会计分录为：

借：应收票据——C 公司（新）　　10 000

　贷：应收票据——C 公司（旧）　　10 000

（二）将应收票据转为应收账款

【例 3-12】 A 公司持有一张 C 公司的出票日为 8 月 1 日、4 个月到期、面值为 40 000 元的商业承兑汇票，12 月 1 日该票据到期，A 公司委托银行收取款项，但 C 公司银行账户款项不足支付，银行将票据退回。A 公司将其转为应收账款，应作会计分录为：

借：应收账款——C 公司　　40 000

　贷：应收票据——C 公司　　40 000

（三）贴现银行向贴现企业追索票款

带追索权的应收票据贴现后，如果票据到期付款人不能支付票款，贴现银行将向贴现企业追索。

（1）贴现企业资金充足，贴现银行将票款从贴现企业银行存款账户中直接划出。

【例 3-13】 承**【例 3-9】**，8 月 2 日票据到期时，C 公司无力偿付票款，贴现银行直接从 A 公司银行存款账户中扣款 20 000 元。8 月 3 日，A 公司接到扣款通知时应作会计处理为：

借：短期借款　　20 000

　贷：银行存款　　20 000

借：应收账款——C 公司　　20 000

　贷：应收票据——C 公司　　20 000

（2）贴现企业资金短缺，银行存款账户无款支付，贴现银行则将票款转作该贴现企业的逾期贷款。如**【例 3-13】**，A 公司应作会计处理为：

借：应收账款——C 公司　　20 000

　贷：应收票据——C 公司　　20 000

若贴现期内没有摊销“短期借款——利息调整”，贴现企业还应作会计分录为：

借：财务费用　　364

　贷：短期借款——利息调整　　364

第三节　预付账款及其他应收款

一、预付账款

预付账款，是指企业按照合同规定预先支付给供货单位的货款，它属于企业的短期债权，在资产负债表中列为一项流动资产。预付账款在性质上虽然和应收账款相同，但两者产生的原因不同。应收账款是企业因销售商品、提供劳务而形成的将来向购货方收取货款的权利；预付账款是企业因购买商品、接受劳务预先付款而形成的将来向供货方获取货物或劳务的权利。

为了反映和监督预付账款的预付、结算及结余情况，企业应设置“预付账款”科目，并按供货单位进行明细核算。当企业的预付账款业务不多时，也可以不设置“预付账款”科目，而将预付的款项直接计入“应付账款”科目的借方。

【例 3-14】 A 公司为购买原材料而预付 B 公司定金 20 000 元，取得的增值税专用发票上注明材料价款 50 000 元，增值税 8 000 元。购入材料已验收入库，企业补付款项 38 000 元。A 公司作有关会计分录为：

1）用银行存款预付定金时

借：预付账款——B 公司　　20 000

贷：银行存款 20 000

2）购入原材料验收入库时

借：原材料 50 000

应交税费——应交增值税（进项税额） 8 000

贷：预付账款——B公司 58 000

3）用银行存款补付货款时

借：预付账款——B公司 38 000

贷：银行存款 38 000

二、其他应收款

其他应收款，是指企业除应收票据、应收账款、预付账款、应收股利、应收利息、长期应收款等以外的各种应收及暂付其他单位和个人的债权。其核算内容主要包括：应收的各种赔款、罚款；应收出租包装物租金；应向职工收取的各种垫付款项；不设置“备用金”科目时企业拨出的备用金；采用售后回购方式融出资金；其他各种应收、暂付款项等。

为了反映和监督其他应收款的发生与结算情况，企业应设置“其他应收款”科目，并按应收及暂付单位（或个人）进行明细核算。

【例3-15】 A公司由于管理失职而造成材料物资短缺2 000元，应由过失人李华负责赔偿。另外还有一部分材料物资因火灾被毁，应向保险公司收取赔款10 000元。有关会计分录如下：

1）发现材料物资短缺时：

借：待处理财产损溢——待处理流动资产损溢 12 000

贷：原材料 12 000

2）查明原因，应由责任人赔偿时：

借：其他应收款——李华 2 000

——保险公司 10 000

贷：待处理财产损溢——待处理流动资产损溢 12 000

3）收到赔款时：

借：银行存款 12 000

贷：其他应收款——李华 2 000

——保险公司 10 000

三、备用金的核算

备用金是存放在企业内部的一些职能部门和有关人员手中的零用现金。为了便于管理，减少备用金核算的工作量，满足各个职能部门或有关人员对零用现金的需要，企业通常建立定额备用金制度，即提存一笔固定金额的备用金，交由企业内部某个部门（或专人）保管，日常零星开支直接用备用金支付。备用金保管人员根据有关的支出凭单，定期编制备

用金报销清单，财会部门根据提供的备用金报销清单，审核后补足备用金。

对于企业设立的备用金，可以单独设置“备用金”科目进行核算，并按使用部门或人员进行明细核算。如果借用备用金业务不频繁，可将拨出的备用金通过“其他应收款”科目核算。

【例 3-16】 人力资源部申请定额备用金 5 000 元，经有关负责人核准签字后，为其开具一张现金支票，据此应作会计分录为：

借：备用金（其他应收款）——人力资源部　　5 000
　贷：银行存款　　5 000

【例 3-17】 1 月 31 日，人力资源部张扬向财会部门提交自备用金中开支的零星凭单如下：购买文具价款 2 000 元，复印纸价款 1 000 元，取得的增值税专用发票上注明增值税 480 元。会计人员审核后，开出现金支票补付定额不足部分，并作会计分录为：

借：管理费用　　3 000
　　应交税费——应交增值税（进项税额）　　480
　贷：银行存款　　3 480

第四节　应收款项减值

一、应收款项减值损失的确认和计量

应收款项属于以摊余成本计量的金融资产，其减值应当适用《企业会计准则第 22 号——金融工具确认和计量》（CAS22）。CAS22 规定，以摊余成本计量的金融资产，应当以预期信用损失为基础，进行减值会计处理并确认损失准备。这表明，金融资产减值方法已由现行的“已发生损失法”转变为“预期损失法”。

“已发生损失法”为实际损失减值模型，不考虑金融资产的预计信用风险，只有在减值迹象出现时才确认减值损失。“预期损失法”采用预计损失减值模型，要求在金融资产初始计量及存续期间持续确认预期信用损失，而不是在出现减值迹象、信用损失实际发生后才予以确认。在金融资产后续计量期间，企业对金融资产的预期现金流量（包括预期信用损失）进行持续评估，将预期信用损失作为预期现金流入的抵减项，如果预期现金流量发生变化，则相应调整金融资产的账面价值。在预期损失法下，金融资产减值损失，是指未调整现金流量前的金融资产账面价值与考虑预期现金流量变化的现金流量现值之间的差额，即短缺现金流量的现值。在对预计损失进行估计时，可以以单项金融资产为基础确定，也可以以一组金融资产为基础确定，预计损失的依据可以来自内部历史数据，也可以来自同行业的相同或类似数据。

具体到应收款项这类金融资产，应收款项减值损失是指应收款项预计未来现金流量现值低于其账面价值的差额，应收款项始终按照相当于整个存续期内预期信用损失的金额计量损失准备。整个存续期内预期信用损失，是指因应收款项整个存续期内所有可能发生的违约事件而导致的预期信用损失。交易日，应收账款和收入以交易价格确认，同时对该账款收回情况进行估计，以估计坏账作为坏账准备，并确认为资产减值损失。以后计量日，对该账款收回情况进行重估，重估坏账与初始计量日坏账之差额，作为减值费用或利得计入当期损益，同时调整坏账准备。

二、坏账的确认

对应收款项减值损失加以确认和计量，是对应收款项信用损失的估算，而不是实际发生的应收款项坏账，因而不能转销应收款项。坏账是指企业无法收回的应收款项，当应收款项符合下列条件之一的，应确认为坏账。

（1）债务人破产，依照破产清算程序进行清偿后确实无法收回的部分。

（2）债务人死亡，以其遗产清偿后仍然无法收回的应收款项。

（3）债务人较长时间内未履行其偿债义务，无法收回或收回可能性极小的应收款项。

企业对符合坏账确认条件的应收款项，根据企业的管理权限，经股东大会或董事会，或经理（厂长）办公会或类似机构批准后，才能作为坏账予以转销。

三、应收款项减值损失的核算

对于应收款项减值损失，应设置“信用减值损失”“坏账准备”等科目进行核算。

以单项应收款项为基础确认减值时，应计算该应收款项的未来现金流量现值，确定其账面价值，未来现金流量现值低于其账面价值的，按其差额借记“信用减值损失”科目，贷记“坏账准备”科目。

以组合应收款项为基础确认减值时，直接估算出这些应收款项不能收回的金额，确认为减值损失。首先将应收款项按账龄划分为若干组合，然后确定每项应收款项组合在资产负债表日的余额及估计损失率，最后计算出这些应收款项不能收回的金额，计提坏账准备。具体计算公式如下：

$$\text{当期应计提的坏账准备} = \sum(\text{该应收款项组合的期末余额} \times \text{预期信用损失率})$$

$$\text{当期实际计提的坏账准备} = \text{当期应计提的坏账准备} - \text{“坏账准备”科目的贷方余额}$$

资产负债表日，根据上式所计算的“当期实际计提的坏账准备”金额情况，借记“信用减值损失”科目，贷记“坏账准备”科目，或者借记“坏账准备”科目，贷记“信用减值损失”科目。

企业对于确实无法收回的应收款项，按管理权限报经批准后作为坏账，转销应收款项，借记“坏账准备”科目，贷记“应收账款”“其他应收款”等科目。

已确认坏账并转销的应收款项以后又收回的，按实际收回的金额，借记“应收账款”“其他应收款”等科目，贷记“坏账准备”科目；同时，借记“银行存款”科目，贷记“应收账款”“其他应收款”等科目。

【例 3-18】 A 公司以单项应收款项为基础确认减值。12 月 31 日，A 公司“应收账款——C 公司”科目的账面余额为 260 万元，未来现金流量现值为 235 万元，A 公司未对该笔应收账款计提过坏账准备。假设不考虑其他应收款项的减值情况。A 公司作有关会计分录为：

借：信用减值损失 250 000

贷：坏账准备——C 公司 250 000

【例 3-19】 A 公司年末应收款项余额为 500 万元（假设该公司的应收款项组合只有一组），根据过去的经验数据，在年末的应收款项中，通常有 2%成为坏账。年末，该公司“坏账准备”科目贷方余额为 50 000 元。计提的坏账准备及相关会计处理如下：

（1）年末应计提坏账准备 = 5 000 000 × 2% = 100 000（元）

年末实际计提坏账准备 = 100 000 − 50 000 = 50 000（元）

借：信用减值损失 50 000

贷：坏账准备 50 000

（2）如果年末该公司“坏账准备”科目有借方余额 30 000 元。

年末实际计提坏账准备 = 100 000 + 30 000 = 130 000（元）

借：信用减值损失 130 000

贷：坏账准备 130 000

（3）如果年末该公司“坏账准备”科目有贷方余额 120 000 元。

年末实际计提坏账准备 = 100 000 − 120 000 = − 20 000（元）

借：坏账准备 20 000

贷：信用减值损失 20 000

应收款项采用账龄分析法划分应收款项组合、计提坏账准备。

账龄分析法，是指按照应收款项赊欠时间的长短不同来估计损失率、计提坏账准备的一种方法。一般来说，应收款项拖欠的时间越长，发生坏账的可能性就越大，所估计的损失率也就越高。期末，企业首先编制应收款项账龄分析表，然后根据账龄分析表中各账龄段应收款项的余额，乘以相应的坏账损失率，就可以计算出期末应计提的坏账准备。

【例 3-20】 A 公司 2017 年末编制的应收款项账龄分析表如表 3-1 所示。2017 年初“坏

表 3-1 应收款项账龄分析表

组合	账龄	2017 年 12 月 31 日	
		应收款项余额/元	占总额%
组合 1	未到期	650 000	40.63
组合 2	过期 1 ~ 30 天	518 000	32.37
组合 3	过期 31 ~ 60 天	192 000	12.00
组合 4	过期 61 ~ 90 天	128 000	8.00
组合 5	过期 91 ~ 120 天	64 000	4.00
组合 6	过期 120 天以上	32 000	2.00
组合 7	破产或追诉中	16 000	1.00
合计		1 600 000	100.00

账准备”科目的余额为贷方 5 500 元，2017 年 5 月 20 日 M 公司所欠的 3 500 元货款不能收回，经批准转为坏账。采用应收款项账龄分析法，于 2017 年末估计坏账损失如表 3-2 所示。

表 3-2 **估计坏账损失表**

2017 年 12 月 31 日

账龄	应收款项余额/元	预期信用损失率/%	估计损失金额/元
未到期	650 000	1	6 500
过期 1~30 天	518 000	2	10 360
过期 31~60 天	192 000	4	7 680
过期 61~90 天	128 000	7	8 960
过期 91~120 天	64 000	25	16 000
过期 120 天以上	32 000	50	16 000
破产或追诉中	16 000	80	12 800
合计	1 600 000	—	78 300

（1）2017 年 5 月 20 日实际发生坏账损失时，应作会计分录为：

借：坏账准备　　3 500

　贷：应收账款——M 公司　　3 500

（2）2017 年 12 月 31 日，根据“坏账准备”科目的期初、期末余额及本期实际发生的坏账损失情况，计算出本期实际计提的坏账准备数额为：78 300 −（5 500 − 3 500）= 76 300 元。据此应作会计分录为：

借：信用减值损失　　76 300

　贷：坏账准备　　76 300

练习题

练 习 题 1

一、目的：练习商业折扣和现金折扣的核算。

二、资料：5 月 1 日，A 公司销售产品 10 000 件，单价 100 元，商业折扣条件为 9 折，现金折扣条件为 2/10，1/20，*n*/30。该公司分别于当年 5 月 8 日和 18 日各收到 50%的货款。假定不考虑增值税。

三、要求：分别用总价法和净价法为 A 公司编制销售和收款的会计分录。

练 习 题 2

一、目的：练习应收票据及其贴现的核算。

二、资料：A 公司当年发生以下交易。

1. 3 月 4 日，以未到期的商业承兑汇票办理贴现（附追索权），票面金额为 150 000 元，月贴现率为 6‰，贴现期为 6 个月，贴现所得款项已存入银行。9 月 4 日，出票人在该贴现票据到期日支付贴现银行 100 000 元，其余 50 000 元遭到拒付。A 公司银行存款又不足支付，贴现银行将其转为逾期贷款。

2. 10 月 7 日收到 B 公司为偿付 9 月 2 日购货而签发的当天出票、1 个月到期、票面金额 200 000 元、附息 10%的银行承兑汇票一张。

3. 11 月 8 日，B 公司开具的银行承兑汇票到期，A 公司足额收回票款存入银行。

三、要求：根据上述资料，为 A 公司编制相关的会计分录。

练 习 题 3

一、目的：练习坏账准备及坏账损失的核算。

二、资料：A 公司将应收款项按照账龄划分为不同的组合，每个组合分别估计不能收回应收款项的比例，以确定应提取的坏账准备金额。A 公司 2017 年年末和 2018 年年末的应收款项账龄分析表如表 3-3 所示。

表 3-3　　应收款项账龄分析表

账龄	应收款项余额/元		预期信用损失率/%
	2017 年	2018 年	
未过期	434 300	854 000	1
过期 1~30 天	215 000	120 000	3
过期 31~60 天	78 000	83 790	10
过期 61~90 天	32 200	23 000	20
过期 90 天以上	18 740	28 900	50
合计	778 240	1 109 690	—

2017 年 12 月 3 日，A 公司发生坏账 26 000 元，2017 年 12 月 31 日提取坏账准备前“坏账准备”科目的余额为 0 元；2018 年 5 月 6 日，A 公司收回已核销的坏账 10 000 元。

三、要求：计算 A 公司 2017 年、2018 年资产负债表日应计提的坏账准备金额，并对相关业务编制会计分录。

第四章 存 货

本章学习提示

本章重点：存货的确认与计量、制造业企业存货取得与发出的核算、存货清查的核算
本章难点：存货按计划成本的核算、存货可变现净值的确定

第一节 存货概述

一、存货的含义及内容

存货是指企业在日常活动中持有以备出售的产成品或商品、处在生产过程中的在产品、在生产过程或提供劳务过程中耗用的材料、物料等。在企业日常活动中，存货处于不断销售、重置或耗用、重置之中，具有鲜明的流动性，因此，存货属于企业的流动资产。

存货是一项重要的实物资产，通常在企业的资产总额中占有较大比重，储备适量的存货对维持企业生产经营的正常运转具有重要意义。会计上，存货的流动是企业收入的主要源泉，存货的正确核算及其价值和数量的正确确定，关系到生产流通各环节成本计算以及企业资产价值和经营成果的计算，对企业财务报表有着直接影响。因此，围绕存货进行有效的实物、价值和信息管理，保证其安全完整，防止贪污、盗窃等事件的发生，对企业的生存和发展至关重要。

存货包括各类原材料、在产品、半成品、产成品、商品、周转材料等。

二、存货的分类

企业的存货品种繁多，各自的用途、特点也不尽相同，为了做好存货的核算工作，加强存货的管理，应从经营管理的需要出发，对存货按不同标准加以科学分类。

（一）存货按照其经济用途分类

1. 原材料

原材料是指企业在生产过程中经加工改变其形态或性质并构成产品主要实体的各种原

料及主要材料、辅助材料、外购半成品（外购件）、修理用备件、包装材料、燃料等。

2. 在产品和自制半成品

在产品和自制半成品是指本企业尚未全部加工完成，在完工和销售之前需要进一步加工的存货。

3. 库存商品

库存商品是指本企业已经完成全部生产过程并已验收合格入库，可以对外销售的制成品存货，或企业购入的不需要经过加工便可以对外销售的各种商品存货。

4. 周转材料

周转材料是指企业能够多次使用、逐渐转移其价值但仍保持原有形态不确认为固定资产的材料，如一般企业的包装物、低值易耗品，建造承包商的钢模板、木模板、脚手架和其他周转材料等。但是，周转材料符合固定资产定义的，应作为固定资产处理。

（二）存货按照其存放地点分类

1. 库存存货

库存存货是指已验收合格并入库的各种存货。

2. 在途存货

在途存货是指货款已经支付、正在运输途中或已经运达企业但尚未验收入库的存货，以及企业按合同规定发运、但其所有权尚未转移的发出存货，即在途存货包括运入在途存货和运出在途存货两种。

3. 委托加工存货

委托加工存货是指企业委托外单位加工但尚未完工收回的各种存货。

4. 委托代销存货

委托代销存货是指企业委托其他单位代为销售的存货。

三、存货的特点

与其他流动资产相比，存货具有如下特点。

（1）存货是有形资产，具有物质实体。存货的这一特征，使其与企业的许多其他无实物形态的流动资产相区别，如应收账款、应收票据等。

（2）存货具有较大的流动性，其流动性仅次于现金、应收账款等流动资产。存货的这一特征，使其与企业的许多其他有实物形态的固定资产、在建工程等资产相区别。

（3）企业持有存货的最终目的是出售，不论是可供直接出售，如企业的产成品、商品等，还是需经过进一步加工后才能出售，如原材料等。

（4）存货具有时效性和潜在损失的可能性。通常情况下，在正常生产经营周期内，存货将转换为现金或其他资产，但长期不能销售、耗用的存货，就可能因其陈旧、过时、腐烂、变质等给企业造成损失。

四、存货的确认

存货在符合定义的前提下，同时满足下列条件的，才能予以确认。

1. 与该存货有关的经济利益很可能流入企业

对存货的确认，关键是判断其是否很可能给企业带来经济利益或其所包含的经济利益是否很可能流入企业。通常，拥有存货的所有权是与该存货有关的经济利益很可能流入本企业的一个重要标志。

2. 该存货的成本能够可靠地计量

存货的成本能够可靠地计量必须以取得的确凿证据为依据，并且具有可验证性。如果存货的成本不能可靠计量，则不能确认为一项存货。

在会计实务中，常常运用存货的确认条件认定存货的归属问题，凡是所有权属于企业的存货，无论存放在何处或处于何种状态，均应确认为企业的存货，如在途物资、委托代销商品等；反之，凡是所有权不属于企业的存货，即使存放在企业，也不能确认为企业的存货，如受托代销商品等。

第二节　取得存货的计量

一、存货的初始计量

企业取得存货应当按照成本进行计量。存货成本包括采购成本、加工成本和使存货达到目前场所和状态所发生的其他成本三个组成部分。企业取得存货的主要途径是外购和自制。

（一）外购存货的成本

企业外购存货主要包括原材料和商品。外购存货的成本即采购成本，指企业物资从采购到入库前所发生的全部支出，包括购买价款、相关税费以及其他可归属于存货采购成本的费用。

1. 购买价款

购买价款，即企业购入的材料或商品的发票账单上列明的价款，但不包括按规定可以抵扣的增值税额。购买价款是外购存货成本的主要组成部分。

企业在购进存货时，供货方为了鼓励企业尽早付款，常常给予企业在规定的现金付款期限内按一定比例享受现金折扣的优惠，这样就可能出现发票价格与实际付款不一致的问题。供货方允许扣取的现金折扣，应抵减有关存货项目的成本。但如果购货方一次购货数量较多而享受了对方给予的商业折扣，则应当按扣除商业折扣后的价格作为购价。

2. 相关税费

外购存货的相关税费，是指企业购买存货发生的进口关税、消费税、资源税和不能抵扣的增值税额等应计入采购成本的税费。

3. 其他可归属于存货采购成本的费用

其他可归属于存货采购成本的费用，即采购成本中除上述各项以外的可归属于存货采购成本的费用，如在存货采购中发生的运输费、装卸费、保险费、包装费、仓储费、运输途中的合理损耗、入库前的挑选整理费用等，但不包括按规定可以抵扣的增值税额。这些费用能分清负担对象的，应直接计入存货的采购成本；不能分清负担对象的，应选择合理的分配方法，分配计入有关存货的采购成本。

对于采购过程中发生的物资毁损、短缺等，除合理的途中损耗外，应区别不同情况进行处理。

（1）从供货单位、外部运输机构等收回的物资短缺或其他赔款，应冲减所购物资的采购成本。

（2）因遭受意外灾害发生的损失和尚待查明原因的途中损耗，暂作为待处理财产损溢进行核算，查明原因按照管理权限报经批准后计入管理费用或营业外支出。

（二）加工取得存货的成本

企业通过进一步加工取得的存货，主要包括产成品、在产品、半成品、委托加工物资等，其成本由采购成本、加工成本和其他成本构成。采购成本是加工过程中所使用或消耗的原材料采购成本转移而来的；其他成本包括使存货达到目前场所和状态所发生的支出，如可直接认定的产品设计费用等；加工成本则需要采用规定的方法加以确定。

存货加工成本由直接人工和制造费用构成，其实质是企业在进一步加工的过程中追加发生的生产成本，因此，不包括直接由材料存货转移来的价值。其中，直接人工是指企业在生产产品过程中，直接从事产品生产的工人的职工薪酬。制造费用是企业为加工制造产品或提供劳务而发生的各项间接费用，包括企业生产部门管理人员的职工薪酬、折旧费、办公费、水电费、机物料消耗、劳动保护费、季节性和修理期间的停工损失等。

（三）其他方式取得存货的成本

1. 投资者投入的存货成本

投资者投入的存货成本，按照投资合同或协议约定的价值确定，但合同或协议约定价

值不公允的除外。在投资合同或协议约定价值不公允的情况下，按照该项存货的公允价值作为其入账价值。

2. 通过非货币性资产交换、债务重组、企业合并取得的存货的成本

企业通过非货币性资产交换、债务重组、企业合并取得的存货，其成本应当分别按照《企业会计准则第 7 号——非货币性资产交换》（CAS7）、《企业会计准则第 12 号——债务重组》（CAS12）和《企业会计准则第 20 号——企业合并》（CAS20）等的规定确定，详见本教材第十章“非货币性资产交换”、第十四章“债务重组”及本系列教材《高级财务会计学》的相关章节。

3. 盘盈存货的成本

盘盈的存货成本应按其重置成本作为入账价值。

在确定存货成本的过程中，应当注意，下列费用应当在发生时确认为当期损益，不计入存货成本：①非正常消耗的直接材料、直接人工和直接费用。②仓储费用，是指企业在存货采购入库后发生的储存费用，应计入当期损益。但是，在生产过程中为达到下一个生产阶段所必需的仓储费用则应计入存货成本。③不能归属于使存货达到目前场所和状态的其他支出，不符合存货的定义和确认条件，应在发生时计入当期损益。④企业采购用于广告营销活动的特定商品，向客户预付货款未取得商品时，应作为预付账款进行会计处理，待取得相关商品时计入当期损益（销售费用）。企业取得广告营销性质的服务比照该原则进行处理。

此外，根据我国《企业会计准则第 17 号——借款费用》（CAS17）的规定，企业借款购建或者生产的存货中，符合借款费用资本化条件的，应当将符合资本化条件的借款费用予以资本化。符合借款费用资本化条件的存货，主要包括企业（房地产开发）开发的用于对外出售的房地产开发产品、企业制造的用于对外出售的大型机械设备等。这类存货通常需要经过相当长时间的建造或者生产过程，才能达到预定可销售状态。

二、取得存货的核算

（一）会计科目的设置

1.“在途物资”科目

该科目核算企业采用实际成本（或进价）进行材料、商品等物资的日常核算、货款已付尚未验收入库的在途物资的采购成本。本科目可按供应单位和物资品种进行明细核算。

2.“原材料”科目

该科目核算企业库存的各种材料，包括原料及主要材料、辅助材料、外购半成品、修理用备件、包装材料、燃料等的实际成本。本科目可按材料的保管地点（仓库）、材料的类别、品种和规格等进行明细核算。

3.“库存商品”科目

该科目核算企业的各种商品的实际成本，包括库存产成品、外购商品、存放在门市部准备出售的商品、发出展览的商品以及寄存在外的商品等。企业接受来料加工制造的代制品和为外单位加工修理的代修品，在制造和修理验收入库后，视同企业的产成品，通过本科目核算。本科目可按库存商品的种类、品种和规格等进行明细核算。

4.“周转材料”科目

该科目核算企业周转材料的实际成本，包括包装物、低值易耗品，以及企业（建造承包商）的钢模板、木模板、脚手架等。

除此之外，企业还应根据需要设置“发出商品”“委托加工物资”等科目对原材料、库存商品、周转材料以外的其他存货进行核算，设置“应付账款”“预付账款”“银行存款”“应付票据”等科目反映外购存货款项的结算情况。

（二）外购存货的核算

企业外购存货从采购开始至验收入库结束的整个过程中，可能面临不同的情况或采用不同的结算方式，其会计核算方法也不尽相同。其主要会计处理业务如下：

1. 款项已付，存货验收入库

【例 4-1】 A 公司签发转账支票一张，支付从本市购入甲材料款项，取得的增值税专用发票上注明价款 90 000 元，增值税 14 400 元。另以现金支付个人运货费用 500 元。材料已验收入库。据此应作会计分录为：

借：原材料——甲材料	90 500	
应交税费——应交增值税（进项税额）	14 400	
贷：银行存款		104 400
库存现金		500

2. 款项已付，货物尚未到达

如果购货的款项已支付或已开出商业汇票，企业已取得该货物上的控制权，但货物尚未到达时，应先通过“在途物资”科目核算，待货物到达验收入库后，再由“在途物资”转入有关存货科目。

【例 4-2】 A 公司接到 B 公司通知，所购买的乙材料 10 000 元已办理货物发运手续。按照合同规定，A 公司将银行承兑汇票 10 000 元交付 B 公司，但货物尚未到达。据此应作会计分录为：

借：在途物资	10 000	
贷：应付票据		10 000

3. 存货已经验收，但尚未办理结算手续

存货已经验收但尚未办理结算手续的，可暂不作会计分录；待办理结算手续后，再按

应计入存货采购成本的金额，借记“原材料”等科目，按支付或应付的金额，贷记“银行存款”“应付账款”等科目。

月度终了，对于尚未收到发票账单的收料凭证，应当分别材料科目，抄列清单，暂估入账，借记“原材料”等科目，贷记“应付账款——暂估应付账款”科目，下月初用红字作同样的记录，予以冲回，以便下月付款或开出、承兑商业后，按正常程序作会计处理。

【例 4-3】 A 公司购入乙材料一批，材料到达并已验收入库，但至月末没有收到发票账单，货款也尚未支付。该批材料按合同价暂估 20 000 元。据此应作会计分录为：

借：原材料——乙材料　　20 000

　　贷：应付账款——暂估应付账款　　20 000

下月初用红字作同样的会计分录予以冲回：

借：原材料——乙材料　　（20 000）

　　贷：应付账款——暂估应付账款　　（20 000）

4. 采用预付货款方式采购存货

【例 4-4】 A 公司按照购货合同规定，开出转账支票预付 B 公司甲材料款 10 000 元。据此应作会计分录为：

借：预付账款——B 公司　　10 000

　　贷：银行存款　　10 000

A 公司收到甲材料并验收入库，增值税专用发票上注明价款 20 000 元，增值税 3 200 元。据此应作会计分录为：

借：原材料——甲材料　　20 000

　　应交税费——应交增值税（进项税额）　　3 200

　　贷：预付账款——B 公司　　23 200

A 公司用银行存款补付不足货款后，应作会计分录为：

借：预付账款——B 公司　　13 200

　　贷：银行存款　　13 200

5. 购入存货发生短缺与损耗

购入存货在验收入库时发现有短缺及损耗现象，应及时反映，查明原因，并根据不同情况进行处理：属于定额内的合理损耗，应计入存货的实际成本，视同提高入库存货的单位成本；应向供应单位、外部运输机构等收取的存货短缺或其他赔偿款项，应根据有关的索赔凭证，借记“应付账款”或“其他应收款”科目，贷记“在途物资”科目；因遭受意外灾害发生的损失和尚待查明原因的途中损耗，先计入“待处理财产损溢”科目，查明原因后再作处理。

【例 4-5】 A 公司开出转账支票购入甲材料一批，增值税专用发票上注明价款 80 000 元，增值税 12 800 元。材料尚未到达。据此应作会计分录为：

借：在途物资——甲材料　　80 000

应交税费——应交增值税（进项税额）　　12 800
贷：银行存款　　92 800

在该批材料运达验收入库时，发现有部分缺损，经查应由承运公司赔偿，价税总计为2 000元。据此应作会计分录为：

借：其他应收款——××运输公司　　2 000
原材料——甲材料　　78 275.86
贷：在途物资——甲材料　　80 000
应交税费——应交增值税（进项税额转出）　　275.86

（三）投资者投入存货的核算

企业接受其他单位以原材料、周转材料等存货作价投资时，按协议或合同约定的价值入账。

【例 4-6】 A公司接受C公司以包装物作价的投资，合同约定的价值为100 000元。A公司未取得C公司的增值税专用发票。据此应作会计分录为：

借：周转材料——包装物　　100 000
贷：实收资本——C公司　　100 000

（四）委托加工存货的核算

为了反映和监督加工合同的执行以及加工材料的管理与核算，企业应设置“委托加工物资”科目，对委托加工存货进行核算。

发出加工的物资，按实际成本，借记“委托加工物资”科目，贷记“原材料”等科目。企业支付应负担的加工费、运杂费等费用时，借记“委托加工物资”“应交税费——应交增值税（进项税额）”科目，贷记“银行存款”等科目。加工完成验收入库的物资和剩余的物资，按加工收回物资的实际成本和剩余物资的实际成本，借记“原材料”“库存商品”等科目，贷记“委托加工物资”科目。

【例 4-7】 A公司将一批原材料委托B公司代为加工，发出材料的实际成本为160 000元。以银行存款支付加工费4 640元（含税）、外地运费3 300元（含税）。取得的加工费和运费增值税专用发票本期通过认证，材料加工完成后验收入库。据此应作有关会计分录为：

（1）发出材料进行加工时：

借：委托加工物资　　160 000
贷：原材料　　160 000

（2）支付运费时：

借：委托加工物资　　3 000
应交税费——应交增值税（进项税额）　　300
贷：银行存款　　3 300

（3）支付加工费时：

借：委托加工物资　　4 000

应交税费——应交增值税（进项税额）　640
贷：银行存款　4 640

（4）委托加工材料完工验收入库时：

借：原材料　167 000
贷：委托加工物资　167 000

（五）盘盈存货的核算

盘盈的存货成本应按其重置成本作为入账价值，并通过“待处理财产损溢”科目进行会计处理，按管理权限报经批准后，冲减当期管理费用。

【例 4-8】 A 公司年末盘盈甲材料 100 千克，其重置成本为 2 000 元。经查明，甲材料盘盈属于收发计量方面的原因，经批准冲减当期管理费用。据此应作有关会计分录为：

（1）盘盈甲材料时：

借：原材料——甲材料　2 000
贷：待处理财产损溢——待处理流动资产损溢　2 000

（2）按照管理权限批准转销时：

借：待处理财产损溢——待处理流动资产损溢　2 000
贷：管理费用　2 000

企业在组织存货收入的总分类核算时，根据企业不同的情况，可以逐日登记，也可以汇总登记。对于存货收入业务较少的企业，收入核算的工作量不大，可以根据收货凭证逐日编制记账凭证，并据以登记总分类账；对于存货收入业务较多的企业，则可以根据收货凭证整理汇总，定期编制收货凭证汇总表，于月终一次登记总分类账，进行总分类核算。

第三节　发出存货的计量

一、存货成本流转的假设

存货流转包括实物流转和成本流转两个方面。在理论上，存货的成本流转与其实物流转应当保持一致，即购置存货时所确定的成本应随该存货的销售或耗用而一并结转。但在实际工作中，这种情形非常少见。因为企业的存货不仅种类繁多，而且各种存货是分批购进的，每次购进存货的单价往往不同，要将这些种类繁多、同质不同价的存货成本流转与其实物流转保持一致操作难度较大。这样，在会计实务上就出现了所谓的存货成本流转假设。这一假设是基于下列存货成本结账公式（也可称为存货成本流转公式）来确定的：

期初存货成本＋本期增加存货成本＝本期减少（发出）存货成本＋期末存货成本

在这一公式中，“期初存货成本”“本期增加存货成本”是已知的。在永续盘存制下，“本期减少存货成本”“期末存货成本”的确定，实质上是将企业本期可供耗用的存货成本在本期发出和期末结存之间进行分配，而“本期减少存货成本”的确定，可以不考虑存货成本流转与其实物流转的一致性，基于许多假设进行确定，从而形成了发出存货成本计量的不同方法。

二、发出存货成本的计量方法

企业应当根据存货的实物流转方式、企业管理的要求、存货的性质等实际情况，合理选择发出存货成本的计算方法，以确定当期发出存货的实际成本。

对于性质和用途相似的存货，应当采用相同的成本计算方法确定发出存货的成本。企业在确定发出存货的成本时，可以采用先进先出法、移动加权平均法、月末一次加权平均法和个别计价法等方法。除此之外，企业在日常核算中还常常采用计划成本法或估计价格法计算存货的成本。

（一）先进先出法

先进先出法是以先购入的存货应先发出（销售或耗用）这样一种存货实物流转假设为前提，对发出存货进行计价。采用这种方法，先购入的存货成本先结转，据此确定发出存货和期末存货的成本。

先进先出法的优点在于：①可以随时结转存货的成本，便于对存货的日常管理；②先入库存货其成本先结转的流转顺序，使得企业不能任意挑选存货计价来操纵当期利润；③期末存货成本比较接近现行的市场价格，使当期资产负债表能够恰当反映存货资产当前的市值。缺点是存货的核算工作量大，计量工作比较烦琐，特别是存货的进出量大且较频繁的企业更是如此。而且当物价上涨时，涨价风险也许不能及时消化而转入下一期间，损益计算不符合谨慎原则的要求。先进先出法举例如表 4-1 所示。

（二）移动加权平均法

移动加权平均法，是指以每次进货成本加上原有库存存货的成本，除以每次进货数量与原有库存存货的数量之和，据以计算加权平均单位成本，作为下次进货前计算各次发出存货成本的依据。其计算公式为

$$存货单位成本=\frac{原有库存存货的实际成本+本次进货实际成本}{原有库存存货数量+本次进货数量}$$

$$本次发出存货的成本=本次发出存货数量\times本次发货前的存货单位成本$$

$$本月月末库存存货成本=月末库存存货的数量\times本月月末存货单位成本$$

采用移动加权平均法，可以随时结转发出存货的成本，便于存货的日常管理；由于加权平均的区间范围小，使计算结果较为准确。缺点是每购入一次存货，就要重新计算平均单价，在存货收入批次较多的情况下，存货计价工作量较大。采用移动平均法，在每次收入存货时都可能改变存货的单位成本，因而较适合于品种较少或收发次数不多的存货。移动加权平均法举例如表 4-2 所示。

表 4-1　　××存货明细账

日期	摘要（略）	收入			发出			结存		
		数量/件	单价/元	金额/元	数量/件	单价/元	金额/元	数量/件	单价/元	金额/元
9月1日								200	210	42 000
9月3日		200	220	44 000				200	210	86 000
								200	220	
9月5日					100	210	21 000	100	210	65 000
								200	220	
9月6日					100	210	43 000	100	220	22 000
					100	220				
9月10日		300	230	69 000				100	220	91 000
								300	230	
9月28日					100	220	68 000	100	230	23 000
					200	230				
9月30日		100	250	25 000				100	230	48 000
								100	250	
	本月合计	600		138 000	600		132 000	100	230	48 000
								100	250	

表 4-2　　××存货明细账

日期	摘要（略）	收入			发出			结存		
		数量/件	单价/元	金额/元	数量/件	单价/元	金额/元	数量/件	单价/元	金额/元
9月1日								200	210	42 000
9月3日		200	220	44 000				400	215	86 000
9月5日					100	215	21 500	300	215	64 500
9月6日					200	215	43 000	100	215	21 500
9月10日		300	230	69 000				400	226	90 500
9月28日					300	226	67 900	100	226	22 600
9月30日		100	250	25 000				200	238	47 600
	本月合计	600		138 000	600		132 400	200	238	47 600

（三）月末一次加权平均法

月末一次加权平均法，是指以本月全部进货数量加上月初存货数量作为权数，去除当月全部进货成本加上月初存货成本，计算出存货的加权平均单位成本，以此为基础计算当月发出存货的成本和期末存货成本的一种方法。其计算公式为：

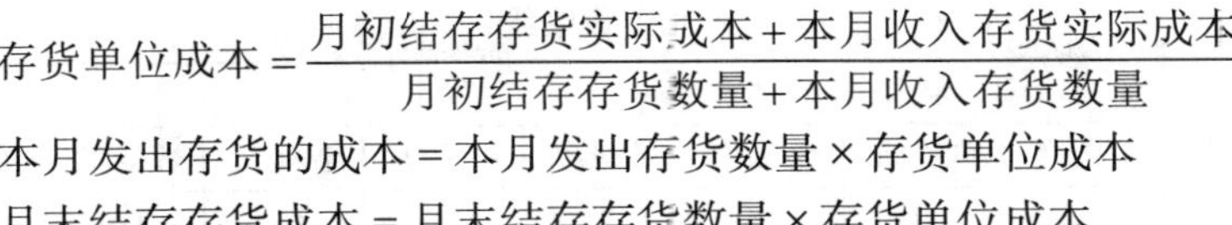

$$存货单位成本=\frac{月初结存存货实际成本+本月收入存货实际成本}{月初结存存货数量+本月收入存货数量}$$

本月发出存货的成本 = 本月发出存货数量 × 存货单位成本

月末结存存货成本 = 月末结存存货数量 × 存货单位成本

月末一次加权平均法下，平时发出存货只登记数量，不计算发出存货成本，在存货品种、数量较多的情况下，简化了核算手续；在市场价格上涨或下跌时使计算出的单位成本平均化，对存货成本的分摊比较均衡，是企业选择使用率较高的一种计量方法。但这种方法月末才能获得单位成本信息，不能随时反映发出和结存存货的成本，不利于对存货的日常管理。月末一次加权平均法举例如表 4-3 所示。

表 4-3 ××存货明细账

日期	摘要（略）	收入			发出			结存		
		数量/件	单价/元	金额/元	数量/件	单价/元	金额/元	数量/件	单价/元	金额/元
9 月 1 日								200	210	42 000
9 月 3 日		200	220	44 000				400		
9 月 5 日					100			300		
9 月 6 日					200			100		
9 月 10 日		300	230	69 000				400		
9 月 28 日					300			100		
9 月 30 日		100	250	25 000				200		
	本月合计	600		138 000	600	225	135 000	200	225	45 000

存货单位成本 =（42 000 + 138 000）÷（200 + 600）= 225（元）

本月发出存货的成本 = 600 × 225 = 135 000（元）

月末结存存货成本 = 200 × 225 = 45 000（元）

（四）个别计价法

个别计价法又称个别认定法、具体辨认法、分批实际法，是指存货发出及结存成本以该批存货取得时的实际成本计价的一种方法。这种方法假定存货的成本流转与实物流转完全一致，要求存货应分批存放，设置标签并注明进货批次、单价及入库凭证号等，同时在存货明细账上进行详细记载，以便确认每批存货的实际成本。

采用这种方法，有利于具体、准确地掌握存货储存信息，存货的成本核算准确，符合实际情况。但实际操作的工作量较大，核算比较烦琐。对于不能替代使用的存货、为特定项目专门购入或制造的存货以及提供劳务的成本，通常可采用个别计价法确定发出存货的成本。

这种方法不能用于可替代使用的存货，如果用于可替代使用的存货，则容易导致任意选用发出批次而人为地调整当期损益。个别计价法举例如表 4-4 所示。

表 4-4　　××存货明细账

日期	摘要（略）	收入			发出			结存		
		数量/件	单价/元	金额/元	数量/件	单价/元	金额/元	数量/件	单价/元	金额/元
9月1日								200	210	42 000
9月3日		200	220	44 000				200	210	86 000
								200	220	
9月5日					100	210	21 000	100	210	65 000
								200	220	
9月6日					200	220	44 000	100	210	21 000
9月10日		300	230	69 000				100	210	90 000
								300	230	
9月28日					300	230	69 000	100	210	21 000
9月30日		100	250	25 000				100	210	46 000
								100	250	
	本月合计	600		138 000	600		134 000	100	210	46 000
								100	250	

（五）计划成本法

上述的先进先出法、加权平均法、个别计价法等计价方法，是以实际成本为基础确定发出存货及结存存货实际成本的一种方法。在大中型企业，由于存货品种、收发数量都比较多，存货规模较大，采用这些方法，将会导致会计核算手续烦琐、核算成本高。并且这些企业一般都实行了计划管理、全面预算管理，上述方法并未考虑这些现实需要，从而导致与管理的脱节。为了克服这些缺陷，可将存货的核算在实际成本的基础上转换为计划成本，从而出现了存货计量与核算的计划成本法。

计划成本法是指存货的收入、发出和结存均按预先确定的计划单位成本进行核算，月末计算发出存货和结存存货应分摊的成本差异，再将发出存货和结存存货的计划成本调整为实际成本的一种方法。

1. 计划成本的制定

在计划成本法下，由于存货按计划成本进行日常业务处理，因此，计划成本的制定非常重要。为了便于计划成本与实际成本的比较，计划成本的组成内容应与实际成本的组成内容完全一致，再结合近期市场价格水平及发展趋势、供应地点的变化等原因合理制定。

制定存货计划成本时，一般应由企业采购部门会同计划部门、财会部门一起进行，制定的计划成本应列入存货目录，以便有关人员在日常工作中使用。企业还应保持计划成本的相对稳定性，一般在一个会计年度内不作调整，但如遇特殊情况，如市场供求关系突变、国家统一市场限价等，致使存货实际单位成本与计划成本相差甚远时，也可随时对计划成本作出调整。

2. 存货成本差异的形成和分配

在计划成本法之下，取得存货的成本是实际成本，入库时则按计划成本，取得存货的实际成本与入库存货的计划成本之间的差额，即为存货成本差异。当实际成本大于计划成本时，其差额称为超支差异或不利差异；当实际成本小于计划成本时，其差额称为节约差异或有利差异。

存货成本差异随存货的收入而形成，随存货的发出而转销（随存货计划成本一起转入有关成本费用或其他账户）。期初存货成本差异和本期形成的存货成本差异之和，即为本期待分配的存货成本差异总数，它应当在本期发出存货和期末结存存货之间加以分配。对已发出的存货，其应分担的成本差异应随之结转至相应账户；对期末结存存货，其应负担的成本差异仍保留在“材料成本差异”等科目中。这些尚未分配转销的存货成本差异，成为期末结存存货计划成本的调整数额。存货成本差异的分配通常通过期末计算本期存货成本差异分配率进行。其计算公式为

$$本期存货成本差异率=\frac{期初结存存货的成本差异+本期收入存货的成本差异}{期初结存存货的计划成本+本期收入存货的计划成本}\times 100\%$$

上式中，分子上存货的成本差异如为节约差异用负数表示，超支差异则用正数表示。

发出存货应负担的成本差异 = 发出存货的计划成本 × 本期存货成本差异分配率

$$\begin{matrix}期末结存存货应\\负担的成本差异\end{matrix}=\begin{matrix}期初结存存\\货成本差异\end{matrix}+\begin{matrix}本期收入存\\货成本差异\end{matrix}-\begin{matrix}发出存货应负\\担的成本差异\end{matrix}$$

按照上述公式计算的本期存货成本差异分配率比较准确，本期发出存货应负担的成本差异也比较合理。但它的缺点是存货成本差异率要到期末才能确定，平时无法确定本期发出存货应负担的成本差异，从而导致期末会计工作过于集中。

在实际工作中，如果前后两期的成本差异分配率相差不大时，可以以期初存货成本差异分配率来计算确定本期发出存货应负担的成本差异。其计算公式为

$$期初存货成本差异分配率=\frac{期初结存存货的成本差异}{期初结存存货的计划成本}\times 100\%$$

发出存货应负担的成本差异 = 发出存货的计划成本 × 期初存货成本差异分配率

这种方法虽不尽合理，计算的结果也不太符合实际，但能满足及时提供信息的需要，减轻了期末成本计算的工作量。在存货成本差异各期变动不大的情况下，也符合重要性原则的要求。

计算存货成本差异率时，应按存货的类别如原材料、库存商品、包装物、低值易耗品等分别计算，不能只计算一个综合差异率；发出存货应负担的成本差异，必须按月份分摊，不得在季末或年末一次计算。

存货按计划成本计价，有利于考核各项存货购进环节的成本管理效果，通过分析成本超支或节约的原因，便于为下一期改进存货成本管理工作提供依据；可以为推行全面预算管理提供便利；有利于区分各部门的经济责任制，为考核分析企业内部各生产部门的存货成本耗费状况提供便利；可加速和简化存货计价、记账以及产品成本的计算工作。这种计价方法一般适用于存货品种规格较多、日常收发业务较频繁，且存货计划成本管理比较稳

定完善的企业。

（六）估计价格法

存货通常按其实际成本计量，但在某些特殊情况下，由于按实际成本计量所耗成本太大，或者不可能得到有关实际资料，存货就需要以估计的方法来计量，这就是存货的估计价格法。常见的估计价格法有毛利率法和零售价格法两种。

1. 毛利率法

毛利率法，是以假设企业各年毛利率相近或相对稳定为前提，根据本期实际销货净额乘以上期实际（或本期计划）毛利率估算本期销货毛利，据以计算发出存货和期末结存存货成本的一种方法。所谓毛利率，就是指销货毛利占销货净额的百分比。而销货毛利，是指销售收入减去销售成本的差额。其有关计算公式为

销货净额 = 商品销售收入 − 销售退回与折让

毛利率 = 销货毛利 ÷ 销售净额 × 100%

销货毛利 = 销货净额 × 毛利率

销货成本 = 销货净额 − 销货毛利 = 销货净额 ×（1 − 毛利率）

期末存货成本 = 期初存货成本 + 本期购货成本 − 本期销货成本

以毛利率法估计期末存货价值的步骤如下。

（1）根据上期或前几期的毛利率估计本期毛利率。

（2）计算可供销售商品成本总额。

（3）以销货收入乘以估计毛利率估算出本期毛利。

（4）以销货收入减去估计毛利，求得本期销货成本。

（5）以可供销售商品成本总额减去销货成本，计算期末存货价值。

【例 4-9】 A 公司期初结存存货成本为 600 000 元，本期购货成本 400 000 元，本期销货净额 800 000 元，企业近几年的毛利率为 28%，计算本月已销存货和月末结存存货的成本。

销货毛利 = 800 000 × 28% = 224 000（元）

销售成本 = 800 000 − 224 000 = 576 000（元）

期末存货成本 = 600 000 + 400 000 − 576 000 = 424 000（元）

需要注意的是，采用毛利率法确定期末存货成本时，其正确性取决于所采用的毛利率是否可靠，因为当本期所售商品成本、售价及销售结构等任何一项因素发生变化时，毛利率就会发生变化，这会影响到使用毛利率法估算期末存货成本的可靠性。

当企业存货项目种类不多时，毛利率法的计算可针对所有存货计算综合毛利率；但当存货项目种类繁多，并且各种存货的标价提高率相差较大时，毛利率法的计算就应针对每一种类的存货计算出分类毛利率，然后，将每一种类存货的估计数相加，求得总的存货成本估计数。即使如此，毛利率法也只能使计算结果相对准确，上期的毛利率（估计的毛利率）毕竟不能代表本期的实际情况，所以，必须对其适时加以修正。

毛利率法的运用主要表现在以下几个方面：①计算期末结存存货的方法简单；②可以

作为审计人员用来检验期末存货的一种简便方法；③若企业失窃或遭受火灾，可以估计存货的损失；④可以用来估计一定期间的销货成本、销货毛利和期末存货，以便于企业编制销货预算；⑤可以为企业提供中期财务报表所需列示的估计期末存货数额；⑥可以为企业计算存货周转率提供月度存货资料。

毛利率法一般适用于品种多、单价低、盘点工作量大的商品流通批发企业。

2. 零售价格法

零售价格法是根据存货的零售价与成本的比率计算存货价值的一种方法。该种方法适用于品种多、单价低、盘点工作量大的零售商品流通企业，如百货公司等。这些企业对期初存货和本期购进存货除了按商品成本设账外，还必须按商品售价设账，以便据以计算成本率并估算期末库存商品成本。

以零售价格法估计期末存货价值的步骤如下。

（1）计算企业可供销售商品的总成本和总售价。

（2）根据总成本和总售价计算成本率（成本率 = 总成本 ÷ 总售价）。

（3）用企业可供销售商品总售价减去本期商品销售收入计算出按零售价格表示的期末结存存货金额。

（4）按零售价格表示的期末结存存货金额乘以成本率即可求得估计的期末结存存货成本。

【例 4-10】 A 公司期初存货成本为 456 000 元，按售价计算总额为 675 000 元；本期购货成本为 1 650 000 元，按售价计算总额为 2 025 000 元；本期销售收入 2 250 000 元。据此计算的月末存货成本和本期销售成本如表 4-5 所示。

表 4-5　　**零售价格法的运用**　　单位：元

	成本	售价
期初存货	456 000	675 000
本期购货	1 650 000	2 025 000
可供销售商品总额	2 106 000	2 700 000
成本率 2 106 000 ÷ 2 700 000 × 100% = 78%		
减：销售收入		2 250 000
期末存货（450 000 × 78% = 351 000）	351 000	450 000
本期销售成本	1 755 000	

采用实物盘点并以零售价计算确定期末存货的零售企业，可以直接以盘点结果及成本率进行计算，估算出期末存货的成本。

三、发出存货的核算

存货的发出，通常是指用于产品加工制造过程中的直接消耗、一般管理耗用或直接对外投资、销售、捐赠以及盘亏、毁损所引起的存货减少。在发出存货的核算方面，虽然计划成本核算实质上也是实际成本，但核算时所设置的会计科目、处理方法与实际成本核算具有较大差异，因此，将发出存货的核算区分为按照实际成本核算和计划成本核算两种方法分别阐述。

（一）发出存货按实际成本核算

1. 原材料发出的核算

企业对于原材料发出的日常会计核算，一般是依据日常发出业务量的大小定期汇总，即平时根据发货凭证仅登记存货明细账，反映各种存货的收发和结存情况，期末按领用部门和用途汇总编制发货凭证汇总表，借记“生产成本”“制造费用”“管理费用”等科目，贷记“原材料”等科目。

【例 4-11】 A 公司根据 11 月耗用的各种原材料所编制的“发料凭证汇总表”如表 4-6 所示。

表 4-6 发料凭证汇总表

年　月　日　　单位：元

借方科目 \ 贷方科目	原料及主要材料	辅助材料	燃料	…	合计
生产成本	110 000				110 000
制造费用	19 000	6 000			25 000
管理费用	11 000	2 000			13 000
销售费用	2 400	4 600			7 000
委托加工物资	8 000				8 000
合计	150 400	12 600			163 000

根据发料凭证汇总表，应作会计分录为：

借：生产成本　110 000
　　制造费用　25 000
　　管理费用　13 000
　　销售费用　7 000
　　委托加工物资　8 000
　贷：原材料——原料及主要材料　150 400
　　　　　　——辅助材料　12 600

2. 库存商品发出的核算

企业将库存商品发出后，符合收入确认条件的，按照所确定的实际成本，借记“主营业务成本”科目，贷记“库存商品”科目；不符合收入确认条件的，按照所确定的实际成本，借记“发出商品”“委托代销商品”等科目，贷记“库存商品”科目。对已售库存商品计提了存货跌价准备的，还应结转已计提的存货跌价准备，冲减当期主营业务成本，实际上是按已售商品的账面价值结转主营业务成本。

【例 4-12】 A 公司 11 月销售甲产品 900 件，单位成本 24 元，取得销售收入 30 000 元，增值税税率为 16%。产品已经发出，销售款项存入银行。据此应作会计分录为：

借：银行存款	34 800	
贷：主营业务收入		30 000
应交税费——应交增值税（销项税额）		4 800
借：主营业务成本	21 600	
贷：库存商品		21 600

3. 周转材料发出的核算

（1）包装物发出的核算

包装物是指为了包装本企业产品而储备的各种包装容器。按照具体用途可以分为：生产过程中用于包装本企业产品作为产品组成部分的包装物；随同产品出售不单独计价的包装物；随同产品出售单独计价的包装物；出租或出借给购货单位使用的包装物。

各种包装材料，如纸、绳、铁丝、铁皮等，应在“原材料”科目内核算；用于储存和保管商品、材料而不对外出售的包装物，应按价值大小和使用时间长短，分别在“固定资产”或“周转材料——低值易耗品”科目核算。

包装物发出的主要会计处理如下。

① 生产领用包装物，按实际成本，借记“制造费用”等科目，贷记“周转材料——包装物”科目。

② 随同产品出售不单独计价的包装物，按实际成本，借记“销售费用”科目，贷记“周转材料——包装物”科目。

③ 随同产品出售并单独计价的包装物，按实际成本，借记“其他业务成本”科目，贷记“周转材料——包装物”科目。

④ 出租、出借包装物，在第一次领用新包装物时，应结转包装物的成本，借记“其他业务成本”“销售费用”科目，贷记“周转材料——包装物”科目。

包装物的价值摊销包括一次转销法和分次摊销法两种。包装物价值金额较小的，采用一次转销法，领用时将包装物的价值一次转移至“制造费用”“其他业务成本”“销售费用”等科目的借方，贷记“周转材料——包装物”科目。包装物价值金额较大的，采用分次摊销法，按照使用次数将包装物的价值分次转移至成本费用。

（2）低值易耗品发出的核算

低值易耗品是指单位价值较低、使用年限较短、不能作为固定资产管理的各种用具物品，如工具、管理用具、玻璃器皿，以及在经营过程中周转使用的包装容器等。

低值易耗品和固定资产有许多相似之处，如持有目的相同；可以多次使用而不改变其原有的实物形态；在使用过程中发生一定的后续支出；报废时有一定的残值收入等。但二者又有一定的区别：①划分标准不同。低值易耗品的使用寿命较短、容易损坏；固定资产的使用寿命超过一个会计年度。②价值损耗的补偿方法不同。低值易耗品的价值损耗是以摊销的形式计入成本费用，摊销的期限较短，有的甚至是一次摊销；固定资产的价值损耗是以折旧的形式计入成本费用，提取折旧的期限较长。因此，低值易耗品属于流动资产，固定资产则划归为非流动资产进行核算和管理。

低值易耗品的摊销一般可以采用一次转销法和分次摊销法，具体的核算方法与包装物相似。

低值易耗品报废时回收的残料、出租或出借的包装物不能使用作报废处理所取得的残料，应作为当月低值易耗品或包装物摊销额的减少，冲减有关资产成本或当期损益。

【例 4-13】 某车间领用专用工具一批，实际成本 60 000 元，预计使用 6 个月。据此应作有关会计分录为：

（1）领用时：

借：周转材料——低值易耗品（在用）　　60 000

　贷：周转材料——低值易耗品（在库）　　60 000

（2）每月摊销时：

借：制造费用　　10 000

　贷：周转材料——低值易耗品（摊销）　　10 000

（3）假定第 6 个月使用期限已满，该批低值易耗品决定报废，残料价值 100 元验收入库。

借：原材料　　100

　　制造费用　　9 900

　贷：周转材料——低值易耗品（摊销）　　10 000

借：周转材料——低值易耗品（摊销）　　60 000

　贷：周转材料——低值易耗品（在用）　　60 000

（二）发出存货按计划成本核算

1. 会计科目设置

存货按计划成本核算时，存货的总分类核算和明细分类核算，均按预先制订的计划成本，存货实际成本与计划成本的差额，通过设置有关成本差异科目进行反映。因此，按计划成本核算时，需要设置以下对应会计科目。

（1）“材料采购”科目。该科目借方核算采购存货的实际成本，贷方登记入库存货的计划成本，实际成本大于计划成本的差额为超支差异，实际成本小于计划成本的差额为节约差异。月末，将发生的超支差异或节约差异结转计入“材料成本差异”等科目。

（2）“原材料”“周转材料——包装物”“周转材料——低值易耗品”科目。这些科目用于核算收入、发出和结存原材料等存货的计划成本。

（3）“材料成本差异”科目。该科目核算企业各种材料物资的实际成本与计划成本的差异。该科目借方登记购入材料产生的超支差异，以及结转发出材料应负担的节约差异；贷方登记购入材料产生的节约差异，以及结转发出材料应负担的超支差异；月末余额为结存材料应负担的差异。本科目应分别“原材料”“周转材料”等，按照类别和品种设置明细科目进行明细核算。

2. 主要会计核算内容

企业采用计划成本核算存货的收入、发出及结存业务，与采用实际成本核算具有较大的差别。现以外购材料业务为例，说明计划成本法下存货核算的主要会计处理。

企业外购的原材料，根据有关结算凭证付款或开出、承兑商业汇票时，按应计入材料采购成本的金额，借记“材料采购”科目，按实际支付或应支付的金额，贷记“银行存款”等科目。期末，将收料凭证按实际成本和计划成本分别汇总，按计划成本，借记“原材料”科目，贷记“材料采购”科目；将实际成本大于计划成本的差异，借记“材料成本差异”科目，贷记“材料采购”科目；实际成本小于计划成本的差异作相反的会计处理。

采用计划成本法进行核算，材料在发出时并不存在计算确定发出材料成本问题，因为每种材料的计划单位成本均可现成取得，所以，只需将计划单位成本乘以发出数量，借记“生产成本”等科目，贷记“原材料”科目即可。到了期末，计算本期的材料成本差异率，确定本期发出存货应负担的成本差异，若已耗用材料的实际成本大于计划成本时，借记“生产成本”等科目，贷记“材料成本差异”科目；若已耗用材料的实际成本小于计划成本时作相反的会计处理。

【例 4-14】 A 公司存货业务采用计划成本进行核算。9 月有关原材料业务资料如下：

（1）“原材料”科目月初余额为 50 000 元，“材料成本差异——原材料”科目月初余额为贷方 1 500 元，原材料的计划单价为 100 元。

（2）本月原材料购入业务如表 4-7 所示。

表 4-7　　材料采购明细表　　单位：元

收货单号	承付日	验收日	外购数量（件）	实际成本			增值税额	增值税专用发票认证情况
				价款	运费	合计		
065	9 月 5 日	9 月 7 日	600	58 000	3 000	61 000	9 580	增值税专用发票本期通过认证
066	9 月 10 日	9 月 11 日	500	50 000	1 000	51 000	8 100	增值税专用发票本期通过认证
067	9 月 20 日	9 月 22 日	400	38 400	200	38 600	6 164	增值税专用发票尚未认证

（3）本月原材料发出记录如下：9 月 9 日生产车间生产产品领用 600 件；9 月 15 日生产车间一般消耗领用 100 件。

据此应作有关会计分录为：

（1）9 月 5 日，承付采购材料款和运费：

借：材料采购　　61 000
　　应交税费——应交增值税（进项税额）　　9 580
　贷：银行存款　　70 580

（2）9 月 7 日，材料验收入库：

借：原材料　　60 000
　贷：材料采购　　60 000

同时，结转入库材料成本差异：

借：材料成本差异——原材料　　1 000

　贷：材料采购　　1 000

（3）9月9日，生产车间生产产品领用材料600件：

借：生产成本　　60 000

　贷：原材料　　60 000

（4）9月10日，承付采购材料款和运费：

借：材料采购　　51 000

　　应交税费——应交增值税（进项税额）　　8 100

　贷：银行存款　　59 100

（5）9月11日，材料验收入库：

借：原材料　　50 000

　贷：材料采购　　50 000

同时，结转入库材料成本差异：

借：材料成本差异——原材料　　1 000

　贷：材料采购　　1 000

（6）9月15日，生产车间一般消耗领用100件：

借：制造费用　　10 000

　贷：原材料　　10 000

（7）9月20日，承付采购材料款及运费：

借：材料采购　　38 600

　　应交税费——待认证进项税额　　6 164

　贷：银行存款　　44 764

（8）9月22日，材料验收入库：

借：原材料　　40 000

　贷：材料采购　　40 000

同时，结转入库材料成本差异：

借：材料采购　　1 400

　贷：材料成本差异——原材料　　1 400

（9）9月30日，分摊领用材料应负担的成本差异，计算如下：

$$\text{本月材料成本差异率}=\frac{-1\,500+1\,000+1\,000-14\,00}{50\,000+60\,000+50\,000+40\,000}\times 100\%=-0.45\%$$

$$\begin{array}{c}\text{本月生产产品耗用材料}\\\text{应负担的成本差异}\end{array}=60\,000\times(-0.45\%)=-270\text{（元）}$$

$$\begin{array}{c}\text{本月生产车间一般消耗}\\\text{材料应负担的成本差异}\end{array}=10\,000\times(-0.45\%)=-45\text{（元）}$$

借：材料成本差异——原材料 315
　　贷：生产成本 270
　　　　制造费用 45

以上仅以原材料的采购和发出业务为例说明了计划成本法的运用，其核算的一般原理与方法同样也适用于其他存货业务。

在会计实务中，为简化会计处理手续，平时在材料收入时，可以不必逐笔结转其成本差异，待期末将“材料采购”科目的借贷方记录进行对比，扣除尚未入库材料的实际成本后，将差异一次转入“材料成本差异”科目。

第四节 期末存货的计量

一、存货期末计量原则

资产负债表日，存货应当按照成本与可变现净值孰低计量。

当存货成本低于可变现净值时，存货按成本计量；当存货成本高于可变现净值时，存货按可变现净值计量，同时按照成本高于可变现净值的差额计提存货跌价准备，计入当期损益。

成本与可变现净值孰低计量的理论基础主要是使存货符合资产的定义。当存货的可变现净值下跌至成本以下时，表明该存货给企业带来的未来经济利益低于其账面价值，因而应对存货计提减值准备，将这部分损失从资产价值中扣除，计入当期损益。否则，存货的可变现净值低于成本时，如果仍然以其成本计量，就会出现虚计资产的现象。

二、存货的可变现净值

可变现净值，是指在日常活动中，存货的估计售价减去至完工时将要发生的成本、估计的销售费用以及相关税费后的金额。存货的可变现净值由存货的估计售价、至完工时将要发生的成本、估计的销售费用和估计的相关税费等内容构成。

（一）可变现净值的基本特征

（1）确定存货可变现净值的前提是企业在进行日常活动。如果企业不是在进行正常的生产经营活动，如企业处于清算过程，就不能按照存货准则的规定确定存货的可变现净值。

（2）存货可变现净值表现为存货预计未来净现金流量，而不是存货的售价或合同价。企业预计的销售存货现金流量，并不完全等于存货的可变现净值。存货在销售过程中可能发生的销售费用和相关税费，以及达到预定可销售状态还可能发生的加工成本等相关支出，构成现金流入的抵减项目。企业预计的销售存货现金流量，扣除这些抵减项目后，才能确定为存货的可变现净值。

（3）不同存货可变现净值的构成不同。

① 产成品、商品和用于销售的材料等直接用于出售的商品存货，在正常生产经营过程中，应当以该存货的估计售价减去估计的销售费用和相关税费后的金额，确定其可变现净值。

② 需要经过加工的材料存货，在正常生产经营过程中，应当以所生产的产成品的估计售价减去至完工时估计将要发生的成本、估计的销售费用和相关税费后的金额，确定其可变现净值。

（二）确定存货的可变现净值时应考虑的因素

企业在确定存货的可变现净值时，应当以取得的确凿证据为基础，并且考虑持有存货的目的、资产负债表日后事项的影响等因素。

1. 确定存货的可变现净值应当以取得确凿证据为基础

确定存货的可变现净值必须建立在取得的确凿证据的基础上。这里所说的“确凿证据”，是指对确定存货的可变现净值和成本有直接影响的客观证明。

（1）存货成本的确凿证据。存货成本的确凿证据是指对确定存货成本有直接影响的确凿证据，如存货的采购成本、加工成本和其他成本及以其他方式取得的存货的成本，应当以取得外来原始凭证、生产成本账簿记录等作为确凿证据。

（2）存货可变现净值的确凿证据。存货可变现净值的确凿证据是指对确定存货的可变现净值有直接影响的确凿证据，如产成品或商品的市场销售价格、与产成品或商品相同或类似商品的市场销售价格、销售方提供的有关资料、生产成本资料等。

2. 确定存货的可变现净值应当考虑持有存货的目的

企业持有存货的目的不同，确定存货可变现净值的计算方法不同。企业持有存货通常有以下几个目的：为生产而持有，如库存的各种材料、加工中的产品等；为执行销售合同或者劳务合同而持有，如产成品、商品和用于出售的材料等。企业应当按照持有存货不同目的，分别确定其可变现净值。

3. 确定存货的可变现净值应当考虑资产负债表日后事项的影响

确定存货的可变现净值时，应当以资产负债表日取得最可靠的证据估计的售价为基础并考虑持有存货的目的，资产负债表日至财务会计报告批准日之间存货售价发生波动的，如有确凿证据表明其对资产负债表日存货已经存在的情况提供了新的或进一步的证据，则在确定存货可变现净值时应当予以考虑，否则，不应予以考虑。

（三）通常表明存货的可变现净值低于成本的情形

（1）存货出现下列情形之一的，通常表明存货的可变现净值低于成本。

① 该存货的市场价格持续下跌，并且在可预见的未来没有回升的希望。

② 企业使用该项原材料生产的产品的成本大于产品的销售价格。

③ 企业因产品更新换代，原有库存原材料已不适应新产品的需要，而该原材料的市场价格又低于其账面成本。

④ 因企业所提供的商品或劳务过时或消费者偏好改变而使市场的需求发生变化，导致市场价格逐渐下跌。

⑤ 其他足以证明该项存货实质上已经发生减值的情形。

（2）存货存在下列情形之一的，表明存货的可变现净值为零。

① 已霉烂变质的存货。

② 已过期且无转让价值的存货。

③ 生产中已不再需要，并且已无使用价值和转让价值的存货。

④ 其他足以证明已无使用价值和转让价值的存货。

需要注意的是，资产负债表日，同一项存货中一部分有合同价格约定、其他部分不存在合同价格的，应当分别确定其可变现净值，并与其相对应的成本进行比较，分别确定存货跌价准备的计提或转回的金额，由此计提的存货跌价准备不得相互抵销。

三、存货可变现净值的确定

（一）确定存货的估计售价

在确定存货的可变现净值时，关键是要确定估计售价。企业应当区别如下情况确定存货的估计售价。

（1）为执行销售合同或者劳务合同而持有的存货，通常应当以产成品或商品的合同价格作为其可变现净值的计算基础。如果企业与购买方签订了销售合同，并且销售合同订购的数量等于企业持有存货的数量，在这种情况下，在确定与该项销售合同直接相关存货的可变现净值时，应当以销售合同价格作为其可变现净值的计算基础。也就是说，如果企业就其产成品或商品签订了销售合同，则该批产成品或商品的可变现净值应当以合同价格作为计算基础；如果企业销售合同所规定的标的物还没有生产出来，但持有专门用于该标的物生产的原材料，其可变现净值也应当以合同价格作为计算基础。

【例 4-15】 10 月 1 日，A 公司与甲公司签订了一份不可撤销的销售合同，双方约定，A 公司应按每台 13 万元的价格向甲公司提供 M1 型机器 100 台。

12 月 31 日，A 公司 M1 型机器的成本为 1 000 万元，数量为 100 台，单位成本为 10 万元/台。M1 型机器的市场销售价格为 12 万元/台。假定不考虑销售费用和相关税费。

根据 A 公司与甲公司签订的销售合同规定，该批 M1 型机器的销售价格已由销售合同约定，并且其库存数量等于销售合同约定的数量，因此，计算 M1 型机器的可变现净值应以销售合同约定的价格 1 300 万元（13 × 100）作为计算基础。

（2）如果企业持有存货的数量多于销售合同订购数量，超出部分的存货可变现净值应当以产成品或商品的一般销售价格（市场销售价格）作为计算基础。

（3）如果企业持有存货的数量少于销售合同订购数量，实际持有与该销售合同相关的

存货应以销售合同所规定的价格作为可变现净值的计算基础。如果该合同为亏损合同，还应同时按照《企业会计准则第 13 号——或有事项》（CAS13）的规定处理。

（4）没有销售合同约定的存货（不包括用于出售的材料），其可变现净值应当以产成品或商品的一般销售价格作为计算基础。

（5）用于出售的材料等，通常以市场价格作为其可变现净值的计算基础。这里的市场价格是指材料等的市场销售价格。如果用于出售的材料存在销售合同约定，其可变现净值应当以合同价格作为计算基础。

（二）材料存货的期末计量

材料存货的期末价值应当以所生产的产成品的可变现净值与成本的比较为基础加以确定。

（1）对于为生产而持有的材料等，如果用其生产的产成品的可变现净值预计高于成本，则该材料仍然应当按照成本计量。这里的“材料”是指原材料、在产品、委托加工材料等，“可变现净值预计高于成本”中的成本是指产成品的生产成本。

【例 4-16】 12 月 31 日，A 公司库存原材料 A 的账面成本为 300 万元，市场销售价格总额为 280 万元，假定不考虑其他销售费用。用 A 材料生产的产成品——W1 型机器的可变现净值高于成本。

A 材料的账面成本高于其市场价格，但是由于用其生产的 W1 型机器的可变现净值高于成本，也就是用该原材料生产的最终产品此时并没有发生价值减损，因而，A 材料不应计提存货跌价准备，仍应按 300 万元列示在资产负债表存货项目之中。

（2）如果材料价格的下降表明产成品的可变现净值低于成本，则该材料应当按可变现净值计量，按其差额计提存货跌价准备。

【例 4-17】 12 月 31 日，A 公司库存原材料 B 的账面成本为 120 万元，单位成本为 1.2 万元/件，数量为 100 件，可用于生产 100 台 W2 型机器。B 材料的市场销售价格为 1.1 万元/件。假定不发生其他销售费用。

B 材料市场销售价格下跌，导致用 B 材料生产的 W2 型机器的市场销售价格也下跌，由此造成 W2 型机器的市场销售价格由 3 万元/台降为 2.7 万元/台，但生产成本仍为 2.8 万元/台。将每件 B 材料加工成 W2 型机器尚需投入 1.6 万元，估计发生运杂费等销售费用 0.1 万元/台。

首先，计算用该原材料所生产的产成品的可变现净值：

W2 型机器的可变现净值 = W2 型机器估计售价 − 估计销售费用 − 估计相关税费

= 2.7 × 100 − 0.1 × 100 = 260（万元）

其次，将用该原材料所生产的产成品的可变现净值与其成本进行比较：

W2 型机器的可变现净值 260 万元小于其成本 280 万元，即 B 材料价格的下降表明 W2 型机器的可变现净值低于成本，因此 B 材料应当按可变现净值计量。

最后，计算该原材料的可变现净值：

B 材料的可变现净值 = W2 型机器的售价总额 − 将 B 材料加工成 W2 型机器尚需投入的成本 − 估计销售费用 − 估计相关税费 = $2.7 \times 100 - 1.6 \times 100 - 0.1 \times 100 = 100$（万元）

B 材料的可变现净值 100 万元小于其成本 120 万元，因此 B 材料的期末价值应为其可变现净值 100 万元，即 B 材料应按 100 万元列示在资产负债表存货项目之中。

四、存货跌价准备的计提与核算

（一）存货跌价准备的计提方法

1. 按单个存货项目计提存货跌价准备

企业通常应当按照单个存货项目计提存货跌价准备。在这种计提方式下，企业应当将每个存货项目的成本与其可变现净值逐一进行比较，按较低者计量存货，并且按成本高于可变现净值的差额，计提存货跌价准备。这就要求企业应当根据管理要求和存货的特点，明确规定存货项目的确定标准。

2. 按存货类别计提存货跌价准备

对于数量繁多、单价较低的存货，可以按照存货类别计提存货跌价准备。在这种计提方式下，企业应当将每类存货的成本总额和可变现净值总额进行比较，每个存货类别均取较低者确定存货期末价值。

3. 合并计提存货跌价准备

与在同一地区生产和销售的产品系列相关、具有相同或类似最终用途或目的，且难以将其与其他项目分开计量的存货，可以合并计提存货跌价准备。

（二）存货跌价准备的核算

资产负债表日，存货发生减值的，按存货的可变现净值低于成本的差额，借记“资产减值损失”科目，贷记“存货跌价准备”科目。已计提跌价准备的存货价值以后又得以恢复的，应在原已计提存货跌价准备金额内转回，按照转回的金额，借记“存货跌价准备”科目，贷记“资产减值损失”科目。发出存货结转存货跌价准备的，借记“存货跌价准备”科目，贷记“主营业务成本”“生产成本”等科目。

每个资产负债表日，企业应当确定存货的可变现净值。以前减记存货价值的影响因素已经消失的，减记的金额应当予以恢复，并在原已计提的存货跌价准备金额内转回，转回的金额计入当期损益。

企业计提存货跌价准备后，如果其中有部分存货因销售、债务重组等转出，则企业在结转销售成本时，应同时结转对其已计提的存货跌价准备。如果按存货类别计提存货跌价准备的，按照发生销售、债务重组等而转出存货的成本占该存货未转出前该类存货成本的比例结转相应的存货跌价准备。

【例 4-18】 9 月 30 日，A 公司某类库存商品账面余额为 200 000 元，预计可变现净值为 180 000 元，应计提存货跌价准备 20 000 元。据此应作会计分录为：

借：资产减值损失　　20 000

　贷：存货跌价准备　　20 000

10 月 31 日，上述商品账面余额为 200 000 元，预计可变现净值为 170 000 元，A 公司补提存货跌价准备 10 000 元。据此应作会计分录为：

借：资产减值损失　　10 000

　贷：存货跌价准备　　10 000

12 月 31 日，A 公司的上述商品的可变现净值有所恢复，账面余额为 200 000 元，预计可变现净值为 201 000 元，A 公司应冲减已计提的存货跌价准备 30 000 元。据此应作会计分录为：

借：存货跌价准备　　30 000

　贷：资产减值损失　　30 000

【例 4-19】 3 月 1 日，A 公司出售一批原材料，增值税专用发票上注明的价款为 10 000 元，增值税为 1 600 元，款项存入银行。该批原材料的账面余额为 8 000 元，已计提的跌价准备为 300 元。据此应作会计分录为：

借：银行存款　　11 600

　贷：其他业务收入　　10 000

　　应交税费——应交增值税（销项税额）　　1 600

借：其他业务成本　　7 700

　存货跌价准备　　300

　贷：原材料　　8 000

【例 4-20】 5 月 31 日，A 公司库存商品有关资料如表 4-8 所示。假设 A 公司在此之前没有对存货计提跌价准备，采用不同方法计提存货跌价准备及会计分录如下：

（1）按单项存货计提存货跌价准备时，应作会计分录为：

借：资产减值损失　　870 000

　贷：存货跌价准备——B　　20 000

　　——C　　500 000

　　——D　　150 000

　　——E　　200 000

（2）按存货类别计提存货跌价准备时，应作会计分录为：

借：资产减值损失　　650 000

　贷：存货跌价准备——第二组商品　　650 000

（3）合并计提存货跌价准备，应作会计分录为：

借：资产减值损失　　245 000

　贷：存货跌价准备　　245 000

表 4-8 存货跌价准备计算表

20××年5月31日 单位：万元

商品	数量（千克）	成本		可变现净值		单项计提		分类计提		合并计提	
		单价	总额	单价	总额	账面价值	存货跌价准备	账面价值	存货跌价准备	账面价值	存货跌价准备
第一组商品											
A	400	4.00	1 600.00	4.10	1 640.00	1 600.00	0				
B	100	3.90	390.00	3.88	388.00	388.00	2.00				
小计			1 990.00		2 028.00	1 988.00	2.00	1 990.00	0		
第二组商品											
C	500	5.10	2 550.00	5.00	2 500.00	2 500.00	50.00				
D	300	4.95	1 485.00	4.90	1 470.00	1 470.00	15.00				
小计			4 035.00		3 970.00	3 970.00	65.00	3 970.00	65.00		
第三组商品											
E	200	3.50	700.00	3.40	680.00	680.00	20.00				
F	150	3.45	517.50	3.60	540.00	517.50	0				
小计			1 217.50		1 220.00	1 197.50	20.00	1 217.50	0		
总计			7 242.50		7 218.00	7 155.50	87.00	7 177.50	65.00	7 218.00	24.50

五、存货盘亏或毁损的处理

存货发生的盘亏或毁损，应作为待处理财产损溢进行核算。按管理权限报经批准后，根据造成存货盘亏或毁损的原因，分别以下情况进行处理。

（1）属于计量收发差错和管理不善等原因造成的存货短缺，应先扣除残料价值、可以收回的保险赔偿和过失人赔偿，将净损失计入当期管理费用。

（2）由于自然灾害等非常原因所造成的存货毁损，应先扣除处置收入（如残料价值）、可以收回的保险赔偿和过失人赔偿，将净损失计入当期的营业外支出。

如盘盈或盘亏存货在期末结账前尚未批准的，对外提供财务会计报告时先按上述规定处理，并在会计报表附注中说明；如其后批准处理的金额与已处理的金额不一致，调整当期会计报表相关项目的年初数。

【例 4-21】 12月31日，A公司对M原材料进行盘点，发现盘亏1 000千克，实际单位成本 20 元。经调查，这些盘亏属于管理不善造成的毁损。其中，应由保管员赵域赔偿200元，应由保险公司赔偿10 000元，其余的转作当期的管理费用。适用的增值税税率为16%。据此应作会计分录为：

（1）批准前：

借：待处理财产损溢——待处理流动资产损溢 23 200

贷：原材料　20 000

应交税费——应交增值税（进项税额转出）　3 200

（2）批准后：

借：其他应收款——赵域　200

——保险公司　10 000

管理费用　13 000

贷：待处理财产损溢——待处理流动资产损溢　23 200

练 习 题 1

一、目的：练习存货按实际成本计价的核算。

二、资料：A 公司生产产品只耗用一种原材料，假设该公司期初存货为 3 000 千克，总成本 2 400 000 元。本期存货收发情况如表 4-9 所示。

表 4-9　本期存货收发情况

日期	购进		日期	发出	
8.01	1 200 千克	单价 850	8. 08	1 000 千克	
8.12	800 千克	单价 845	8. 14	2 200 千克	
8.23	900 千克	单价 800	8. 26	2 000 千克	

三、要求：根据上述资料，分别采用先进先出法、加权平均法计算 A 公司本期发出和结存存货的成本。

练 习 题 2

一、目的：练习存货毛利率法的应用。

二、资料：某商品批发企业文化用品类商品采用毛利率法计算成本。第一季度毛利率为 8%，一季度末该类商品结存成本为 84 000 元。第二季度文化用品类商品购、销资料如表 4-10 所示。

表 4-10　第二季度文化用品类商品购、销资料

	4 月份	5 月份	6 月份
购货成本	55 000	63 000	59 000
销货收入	71 000	76 000	69 000
6 月 30 日按加权平均法计算确定的期末结存成本			64 440

三、要求：根据上述资料计算该公司第二季度各月文化用品类商品的销售成本和期末结存成本。

练 习 题 3

一、目的：练习存货按计划成本计价的核算。

二、资料：A 公司对其存货按照计划成本进行核算。8 月 1 日，库存甲材料 3 000 千克，单位计划成本 200 元，期初材料成本差异率为 1.5%。8 月发生的经济业务如下：

1. 8 月 3 日，以商业承兑汇票方式购入甲材料 4 000 千克，单位实际成本 210 元，尚未到达入库。

2. 8 月 16 日，收到上述材料，验收入库时发现短缺 500 千克。经查明，100 千克属于运输途中定额内损耗；300 千克是由意外事故所致，应向保险公司索赔；余下部分应向供应单位索赔。

3. 8 月 20 日，以银行存款购入甲材料 5 000 千克，单位实际成本 225 元，材料已验收入库。

4. 8 月 28 日，由企业编制的发料凭证汇总表显示，为生产产品领用甲材料 6 000 千克，生产部门一般性消耗领用 2 000 千克，管理部门领用 1 000 千克。

三、要求：计算分摊 A 公司 8 月材料成本差异；编制有关的会计分录（假设不考虑增值税）。

练 习 题 4

一、目的：练习存货跌价准备的核算。

二、资料：A 公司原材料按计划成本计价。甲材料计划单位成本为 305 元/千克。期末存货按成本与可变现净值孰低法计价，中期期末和年度终了按单个存货项目计提存货跌价准备。该公司 2017 年甲材料的有关资料如下：

1. 4 月 30 日，从外地购入材料 1 000 千克，增值税专用发票上注明的价款为 300 000 元，增值税 48 000 元。另支付运费 3 000 元，增值税 300 元，取得增值税专用发票。各种款项已用银行存款支付，材料尚未到达。假设增值税专用发票本期通过认证。

2. 5 月 10 日，所购材料到达企业，验收入库的实际数量为 980 千克，短缺的 20 千克系定额内合理损耗。

3. 由于公司调整产品品种结构，导致上述甲材料一直积压在库。甲材料 6 月 30 日和 12 月 31 日的可变现净值分别为 295 000 元和 299 000 元。

三、要求：计算甲材料实际采购成本和材料成本差异；编制甲材料入库、中期期末和年末计提存货跌价准备的会计分录。

第五章　金 融 资 产

本章学习提示

本章重点：金融资产的分类、以摊余成本计量的金融资产、以公允价值计量且其变动计入当期损益的金融资产、以公允价值计量且其变动计入其他综合收益的金融资产的核算

本章难点：以摊余成本计量的金融资产摊余成本的确定、金融资产减值的核算

第一节　金融资产概述

一、金融资产的定义

金融工具，是指形成一个企业的金融资产并形成其他单位的金融负债或权益工具的合同，包括金融资产、金融负债和权益工具。其中，合同的形式多种多样，可以是书面的，也可以不采用书面形式。实务中的金融工具合同通常采用书面形式。非合同的资产和负债不属于金融工具。例如，应交所得税是企业按照税收法规规定承担的义务，不是以合同为基础的义务，因此不符合金融工具定义。

金融工具可以分为基础金融工具和衍生工具。其中：基础金融工具包括企业持有的现金、存放于金融机构的款项、普通股，以及代表在未来期间收取或支付金融资产的合同权利或义务等，如应收账款、应付账款、其他应收款、其他应付款、存出保证金、存入保证金、客户贷款、客户存款、债券投资、应付债券等。衍生工具是指具有下列特征金融工具或其他合同：①其价值随特定利率、证券价格、商品价格、汇率、价格或利率指数、信用等级或信用指数、或类似变量的变动而变动；②不要求初始净投资，或者与对市场条件变动具有类似反应的其他类型合同相比，要求较少的净投资；③在未来某一日期结算。衍生工具包括远期合同、期货合同、互换和期权，以及具有远期合同、期货合同、互换和期权中一种或一种以上特征的工具。

金融资产属于企业资产的重要组成部分，是指企业持有的现金、其他方的权益工具以及符合下列条件之一的资产。

（1）从其他方收取现金或其他金融资产的合同权利。例如，企业的银行存款、应收账款、应收票据和贷款等均属于金融资产。再如，预付账款不是金融资产，因其产生的未来经济利益是商品或服务，不是收取现金或其他金融资产的权利。

（2）在潜在有利条件下，与其他方交换金融资产或金融负债的合同权利。例如，企业持有的看涨期权或看跌期权等。

（3）将来须用或可用企业自身权益工具进行结算的非衍生工具合同，且企业根据该合同将收到可变数量的自身权益工具。

（4）将来须用或可用企业自身权益工具进行结算的衍生工具合同，但以固定数量的自身权益工具交换固定金额的现金或其他金融资产的衍生工具合同除外。其中，企业自身权益工具不包括应当按照《企业会计准则第 37 号——金融工具列报》（CAS37）分类为权益工具的可回售工具或发行方仅在清算时才有义务向另一方按比例交付其净资产的金融工具，也不包括本身就要求在未来收取或交付企业自身权益工具的合同。

根据以上定义，金融资产通常指企业的下列资产：库存现金、银行存款、应收账款、应收票据、其他应收款项、股权投资、债权投资、衍生工具形成的资产等。

本章不涉及以下金融资产的会计处理：①衍生工具形成的金融资产，其会计处理见本系列教材的《高级财务会计学》；②货币资金，其会计处理见本教材第二章“货币资金”；③应收账款、应收票据等应收款项，其会计处理见本教材第三章“应收款项”；④长期股权投资，其会计处理见本教材第六章“长期股权投资”。

二、金融资产的分类

金融资产的分类是确认和计量的基础。对金融资产的分类一经确定，不得随意变更。企业应当根据其管理金融资产的业务模式和金融资产的合同现金流量特征，将金融资产划分为以下三类：以摊余成本计量的金融资产；以公允价值计量且其变动计入其他综合收益的金融资产；以公允价值计量且其变动计入当期损益的金融资产。

（一）关于企业管理金融资产的业务模式

1. 业务模式评估

企业管理金融资产的业务模式，是指企业如何管理其金融资产以产生现金流量。业务模式决定企业所管理金融资产现金流量的来源是收取合同现金流量、出售金融资产还是两者兼有。一个企业可能会采用多个业务模式管理其金融资产。例如，企业持有一组以收取合同现金流量为目标的投资组合，同时还持有另一组既以收取合同现金流量为目标、又以出售该金融资产为目标的投资组合。

企业确定其管理金融资产的业务模式时，应当注意以下几个方面。

（1）企业应当在金融资产组合的层次上确定管理金融资产的业务模式，而不必按照单个金融资产逐项确定业务模式。金融资产组合的层次应当反映企业管理该金融资产的层次。

有些情况下，企业可能将金融资产组合分拆为更小的组合，以合理反映企业管理该金融资产的层次。例如，企业购买一个抵押贷款组合，以收取合同现金流量为目标管理该组合中的一部分贷款，以出售为目标管理该组合中的其他贷款，则属于这种情况。

（2）企业应当以企业关键管理人员决定的对金融资产进行管理的特定业务目标为基础，确定管理金融资产的业务模式。企业的业务模式并非企业自愿指定，而是一种客观事实，通常可以从企业为实现其设定目标而开展的特定活动中得以反映。企业应当考虑在业务模式评估日可获得的所有相关证据，包括企业评价和向关键管理人员报告金融资产业绩的方式、影响金融资产业绩的风险及其管理方式以及相关业务管理人员获得报酬的方式（例如报酬是基于所管理资产的公允价值还是所收取的合同现金流量）。

（3）企业应当以客观事实为依据，确定管理金融资产的业务模式，不得以按照合理预期不会发生的情形为基础确定。例如，对于某金融资产组合，如果企业预期仅会在压力情形下将其出售，且企业合理预期该压力情形不会发生，则该压力情形不得影响企业对该类金融资产的业务模式的评估。

此外，如果金融资产实际现金流量的实现方式不同于评估业务模式时的预期（如企业出售的金融资产数量超出或少于在对资产作出分类时的预期），只要企业在评估业务模式时已经考虑了当时所有可获得的相关信息，这一差异不构成企业财务报表的前期差错，也不改变企业在该业务模式下持有的剩余金融资产的分类。但是，企业在评估新的金融资产的业务模式时，应当考虑这些信息。

2. 以收取合同现金流量为目标的业务模式

在以收取合同现金流量为目标的业务模式下，企业管理金融资产旨在通过在金融资产存续期内收取合同付款来实现现金流量，而不是通过持有并出售金融资产产生整体回报。

【例 5-1】 甲企业购买了一个贷款组合，且该组合中有包含已发生信用减值的贷款。如果贷款不能按时偿付，甲企业将通过各类方式尽可能实现合同现金流量，如通过邮件、电话或其他方法与借款人联系催收。同时，甲企业签订了一项利率互换合同，将贷款组合的利率由浮动利率转换为固定利率。

本例中，甲企业管理该贷款组合的业务模式是以收取合同现金流量为目标。即使甲企业预期无法收取全部合同现金流量（部分贷款已发生信用减值），但并不影响其业务模式。此外，该公司签订利率互换合同也不影响贷款组合的业务模式。

3. 以收取合同现金流量和出售金融资产为目标的业务模式

在以收取合同现金流量和出售金融资产为目标的业务模式下，企业的关键管理人员认为收取合同现金流量和出售金融资产对于实现其管理目标而言都是不可或缺的。例如，企业的目标是管理日常流动性需求同时维持特定的收益率或将金融资产的存续期与相关负债的存续期进行匹配。

与以收取合同现金流量为目标的业务模式相比，此业务模式涉及的出售通常频率更高、价值更大。因为出售金融资产是此业务模式的目标之一，在该业务模式下不存在出售金融资产的频率或者价值的明确界限。

4. 其他业务模式

如果企业管理金融资产的业务模式，不是以收取合同现金流量为目标，也不是既以收取合同现金流量、又出售金融资产来实现其目标，该金融资产应当分类为以公允价值计量且其变动计入当期损益的金融资产。例如，企业持有金融资产的目的是交易性的或者基于金融资产的公允价值作出决策并对其进行管理。在这种情况下，企业管理金融资产的目标是通过出售金融资产以实现现金流量。即使企业在持有金融资产的过程中会收取合同现金流量，企业管理金融资产的业务模式不是既以收取合同现金流量、又出售金融资产来实现其目标，因为收取合同现金流量对实现该业务模式目标来说只是附带性质的活动。

（二）关于金融资产的合同现金流量特征

金融资产的合同现金流量特征，是指金融工具合同约定的、反映相关金融资产经济特征的现金流量属性。企业分类为以摊余成本计量的金融资产和以公允价值计量且其变动计入其他综合收益的金融资产，其合同现金流量特征，应当与基本借贷安排相一致。即相关金融资产在特定日期产生的合同现金流量仅为对本金和以未偿付本金金额为基础的利息的支付。其中，本金是指金融资产在初始确认时的公允价值，本金金额可能因提前还款等原因在金融资产的存续期内发生变动；利息包括对货币时间价值、与特定时期未偿付本金金额相关的信用风险以及其他基本借贷风险、成本和利润的对价。货币时间价值是利息要素中仅因为时间流逝而提供对价的部分，不包括为所持有金融资产的其他风险或成本提供的对价，但货币时间价值要素有时可能存在修正。在货币时间价值要素存在修正的情况下，企业应当对相关修正进行评估，以确定其是否满足上述合同现金流量特征的要求。此外，金融资产包含可能导致其合同现金流量的时间分布或金额发生变更的合同条款（如包含提前还款特征）的，企业应当对相关条款进行评估（如评估提前还款特征的公允价值是否非常小），以确定其是否满足上述合同现金流量特征的要求。

（三）金融资产的具体分类

1. 以摊余成本计量的金融资产

金融资产同时符合下列条件的，应当分类为以摊余成本计量的金融资产：①企业管理该金融资产的业务模式是以收取合同现金流量为目标；②该金融资产的合同条款规定，在特定日期产生的现金流量，仅为对本金和以未偿付本金金额为基础的利息的支付。

该类金融资产一般是企业的长期债权投资，具体包括企业购入的到期日固定、回收金额固定或可确定，且企业有明确意图和能力持有至到期的国债和企业债券等各种债券投资。

2. 以公允价值计量且其变动计入其他综合收益的金融资产

金融资产同时符合下列条件的，应当分类为以公允价值计量且其变动计入其他综合收益的金融资产：①企业管理该金融资产的业务模式既以收取合同现金流量为目标、又以出售该金融资产为目标；②该金融资产的合同条款规定，在特定日期产生的现金流量，仅为

对本金和以未偿付本金金额为基础的利息的支付。

例如，企业持有的普通债券的合同现金流量是到期收回本金及按约定利率在合同期间按时收取固定或浮动利息的权利。在没有其他特殊安排的情况下，普通债券的合同现金流量一般情况下可能符合仅为对本金和以未偿付本金金额为基础的利息支付的要求。如果企业管理该债券的业务模式既以收取合同现金流量为目标、又以出售该债券为目标，则该债券应当分类为以公允价值计量且其变动计入其他综合收益的金融资产。

3. 以公允价值计量且其变动计入当期损益的金融资产

以摊余成本计量的金融资产和以公允价值计量且其变动计入其他综合收益的金融资产之外的金融资产，企业应当将其分类为以公允价值计量且其变动计入当期损益的金融资产。例如，企业持有的普通股股票的合同现金流量是收取被投资企业未来股利分配以及其清算时获得剩余收益的权利。由于股利及获得剩余收益的权利均不符合本金和利息的定义，因此企业持有的普通股股票应当分类为以公允价值计量且其变动计入当期损益的金融资产。

（四）金融资产分类的特殊规定

权益工具投资的合同现金流量评估一般不符合基本借贷安排，因此只能分类为以公允价值计量且其变动计入当期损益的金融资产。然而在初始确认时，企业可以将非交易性权益工具投资指定为以公允价值计量且其变动计入其他综合收益的金融资产，并按规定确认股利收入。该指定一经作出，不得撤销。企业投资其他上市公司股票或者非上市公司股权的，都可能属于这种情形。

初始确认时，企业可基于单项非交易性权益工具投资，将其指定为以公允价值计量且其变动计入其他综合收益的金融资产，其公允价值的后续变动计入其他综合收益，无须计提减值准备。除了获得的股利（明确代表投资成本部分收回的股利除外）计入当期损益外，其他相关的利得和损失（包括汇兑损益）均应当计入其他综合收益，且后续不得转入当期损益。当金融资产终止确认时，之前计入其他综合收益的累计利得或损失应当从其他综合收益中转出，计入留存收益。

三、金融资产的计量

（一）金融资产的初始计量

企业初始确认金融资产应当按照公允价值计量。对于以公允价值计量且其变动计入当期损益的金融资产，相关交易费用应当直接计入当期损益；对于其他类别的金融资产，相关交易费用应当计入初始确认金额。

交易费用，是指可直接归属于购买、发行或处置金融工具的增量费用。增量费用是指企业没有发生购买、发行或处置相关金融工具的情形就不会发生的费用，包括支付给代理

机构、咨询公司、券商、证券交易所、政府有关部门等的手续费、佣金、相关税费以及其他必要支出，不包括债券溢价、折价、融资费用、内部管理成本和持有成本等与交易不直接相关的费用。

公允价值通常为相关金融资产的交易价格。金融资产公允价值与交易价格存在差异的，企业应当区别下列情况进行处理。

（1）在初始确认时，金融资产的公允价值依据相同资产在活跃市场上的报价或者以仅使用可观察市场数据的估值技术确定的，企业应当将该公允价值与交易价格之间的差额确认为一项利得或损失。

（2）在初始确认时，金融资产的公允价值以其他方式确定的，企业应当将该公允价值与交易价格之间的差额递延。初始确认后，企业应当根据某一因素在相应会计期间的变动程度将该递延差额确认为相应会计期间的利得或损失。该因素应当仅限于市场参与者对该金融工具定价时将予考虑的因素，包括时间等。

企业取得金融资产所支付的价款中包含的已宣告但尚未发放的债券利息或现金股利，应当单独确认为应收项目进行处理。

（二）金融资产的后续计量

金融资产的后续计量与金融资产的分类密切相关。企业应当对不同类别的金融资产，分别以摊余成本、以公允价值计量且其变动计入其他综合收益或以公允价值计量且其变动计入当期损益进行后续计量。

企业在对金融资产进行后续计量时，需要注意的是：如果一项金融工具以前被确认为一项金融资产并以公允价值计量，而现在它的公允价值低于零，企业应将其确认为一项负债。

第二节　以摊余成本计量的金融资产的核算

以摊余成本计量的金融资产，是指企业管理该金融资产的业务模式是以收取合同现金流量为目标；该金融资产的合同条款规定，在特定日期产生的现金流量，仅为对本金和以未偿付本金金额为基础的利息的支付。通常情况下，能够划分为以摊余成本计量的金融资产，主要是债权性投资。例如，企业从二级市场上购买的国债、企业债券等。

一、以摊余成本计量的金融资产的初始计量

企业对于以摊余成本计量的金融资产的计量，主要应解决该金融资产实际利率的计算、摊余成本的确定、持有期间的收益确认以及将其处置时损益的处理。

企业初始确认以摊余成本计量的金融资产时，应按其取得时的公允价值与相关交易费用之和进行计量。如果实际支付的价款中包含已到付息期但尚未领取的债券利息，应单独确认为应收项目，不计入以摊余成本计量的金融资产的取得成本。

对于一般企业，应设置“债权投资”科目核算企业以摊余成本计量的金融资产的摊余成本，并按照以摊余成本计量的金融资产的类别和品种，分别以“成本”“利息调整”和“应计利息”等进行明细核算。其中：“成本”明细科目反映以摊余成本计量的金融资产的面值；“利息调整”明细科目反映该金融资产取得成本与面值的差额，以及按照实际利率法分期摊销后该差额的摊余金额；“应计利息”明细科目反映企业计提的到期一次还本付息该金融资产应计未付的利息。

以摊余成本计量的金融资产初始确认时，应当计算确定其实际利率，并在资产预期存续期间或适用的更短期间内保持不变。

二、以摊余成本计量的金融资产的后续计量

按照 CAS22 的规定，企业应当采用实际利率法，按摊余成本对以摊余成本计量的金融资产进行后续计量。

（一）实际利率法

实际利率法，是指计算金融资产的摊余成本以及将利息收入或利息费用分摊计入各会计期间的方法。

实际利率，是指将金融资产或金融负债在预计存续期的估计未来现金流量，折现为该金融资产账面余额（摊余成本）所使用的利率。在确定实际利率时，应当在考虑金融资产所有合同条款（如提前还款、展期、看涨期权或其他类似期权等）的基础上估计预期现金流量，但不应当考虑预期信用损失。

经信用调整的实际利率，是指将购入或源生的已发生信用减值的金融资产在预计存续期的估计未来现金流量，折现为该金融资产摊余成本的利率。在确定经信用调整的实际利率时，应当在考虑金融资产的所有合同条款（如提前还款、展期、看涨期权或其他类似期权等）以及初始预期信用损失的基础上估计预期现金流量。

企业通常能够可靠估计金融资产的现金流量和预计存续期。在极少数情况下，金融资产的估计未来现金流量或预计存续期无法可靠估计的，企业在计算确定其实际利率（或经信用调整的实际利率）时，应当基于该金融资产在整个合同期内的合同现金流量。

合同各方之间支付或收取的、属于实际利率或经信用调整的实际利率组成部分的各项费用、交易费用及溢价或折价等，应当在确定实际利率或经信用调整的实际利率时予以考虑。

（二）摊余成本与投资收益的确定

金融资产的摊余成本，是指金融资产的初始确认金额经调整后的结果，其计算公式为：

金融资产摊余成本 = 金融资产的初始确认金额 − 已偿还的本金 ± 采用实际利率法将初始确认金额与到期日金额之间的差额进行摊销形成的累计摊销额 − 计提的累计信用减值准备

如何理解“加上或减去采用实际利率法将该初始确认金额与到期日金额之间的差额进行摊销形成的累计摊销额”，如图 5-1 所示。

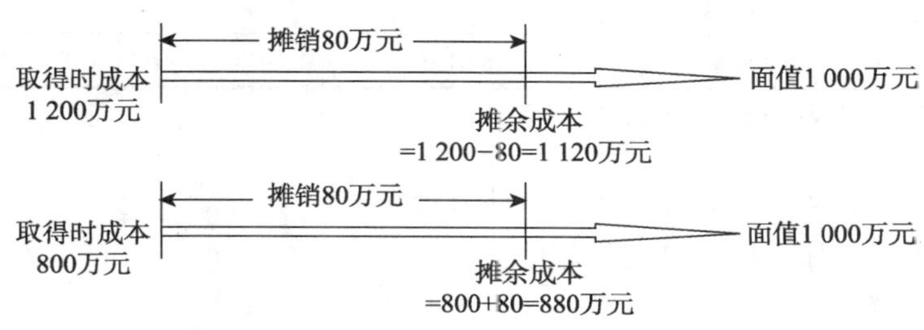

图 5-1 摊余成本概念的理解图示

本期期初摊余成本即为上期期末摊余成本。对于以摊余成本计量的金融资产来说，摊余成本即为其账面价值。对于投资者或筹资者而言，如果实际利率和票面利率不同，摊余成本可以反映其实际应享有或承担的债权或债务。

在以摊余成本计量的金融资产既不存在已偿还的本金也没有发生减值的情况下，摊余成本可简化表述如下：

摊余成本 = 以摊余成本计量的金融资产投资初始成本 ± 利息调整累计摊销额

或 = 以摊余成本计量的金融资产面值 ± 利息调整余额

企业应当在以摊余成本计量的金融资产的持有期间，采用实际利率法，按照摊余成本和实际利率计算确认利息收入，贷记“投资收益”科目，按票面利率计算的票面利息借记“债权投资——应计利息”或“应收利息”科目，两者的差额计入“债权投资——利息调整”科目。若实际利率与债券票面利率差别较小的，也可按票面利率计算利息收入，计入投资收益。

企业处置以摊余成本计量的金融资产时，应将其所取得的价款与其账面价值之间的差额计入当期损益。

【例 5-2】 兴业公司于 20×4 年 1 月 1 日，以 2 500 万元的价格（含交易费用）从债券交易市场上购入 A 公司 5 年期，票面年利率 5%，面值 3 000 万元的某公司债券。该债券到期一次还本付息，且利息不以复利计算。

兴业公司将购入的公司债券划分为以摊余成本计量的金融资产，且不考虑所得税、减值损失等因素。此时，兴业公司所购买债券的实际利率 r 计算如下（金额单位：万元）：

$(150+150+150+150+150+3\,000)\times(1+r)^{-5}=2\,500$，由此得出 $r\approx8.47\%$

据此，调整相关数据后如表 5-1 所示。

表 5-1　　实际利率法下摊余成本计算表　　单位：万元

年份	期初摊余成本（A）	实际利息收入（B）（按 8.47%计算）	现金流入（C）	期末摊余成本（D＝A＋B－C）
20×4 年	2 500	211.75	0	2 711.75
20×5 年	2 711.75	229.68	0	2 941.43
20×6 年	2 941.43	249.14	0	3 190.57
20×7 年	3 190.57	270.24	0	3 460.81
20×8 年	3 460.81	289.19*	0	3 750

*注：考虑了计算过程中出现的尾差 3.94 万元。

根据上述资料，兴业公司需作有关会计分录为：

（1）20×4 年 1 月 1 日，购入债券时：

借：债权投资——成本　　30 000 000
　贷：银行存款　　25 000 000
　　债权投资——利息调整　　5 000 000

（2）20×4 年 12 月 31 日，确认实际利息收入时：

借：债权投资——应计利息　　1 500 000
　　——利息调整　　617 500
　贷：投资收益　　2 117 500

（3）20×5 年 12 月 31 日，确认实际利息收入时：

借：债权投资——应计利息　　1 500 000
　　——利息调整　　796 800
　贷：投资收益　　2 296 800

（4）20×6 年 12 月 31 日，确认实际利息收入时：

借：债权投资——应计利息　　1 500 000
　　——利息调整　　991 400
　贷：投资收益　　2 491 400

（5）20×7 年 12 月 31 日，确认实际利息收入时：

借：债权投资——应计利息　　1 500 000
　　——利息调整　　1 202 400
　贷：投资收益　　2 702 400

（6）20×8 年 12 月 31 日，确认实际利息收入时：

借：债权投资——应计利息　　1 500 000
　　——利息调整　　1 391 900
　贷：投资收益　　2 891 900

（7）20×9 年 1 月 1 日，收到本金和名义利息等时：

借：银行存款 37 500 000

贷：债权投资——成本 30 000 000

——应计利息 7 500 000

（三）债权投资的减值

1. 债权投资减值的确定

企业应当以预期信用损失为基础，对债权投资进行减值会计处理并确认损失准备。

损失准备，是指针对按照以摊余成本计量的金融资产计提的准备。

预期信用损失，是指以发生违约的风险为权重的金融工具信用损失的加权平均值。

信用损失，是指企业按照原实际利率折现的、根据合同应收的所有合同现金流量与预期收取的所有现金流量之间的差额，即全部现金短缺的现值。其中，对于债权投资，应按照该金融资产经信用调整的实际利率折现。由于预期信用损失考虑付款的金额和时间分布，因此即使企业预计可以全额收款但收款时间晚于合同规定的到期期限，也会产生信用损失。

企业应当在资产负债表日对以公允价值计量且其变动计入当期损益的金融资产以外的金融资产（含单项金融资产或一组金融资产）的账面价值进行检查，其中当然也包括对债权投资账面价值的检查，有客观证据表明该金融资产信用风险已经显著增加的，应当确认减值损失，计提减值准备。当对债权投资预期未来现金流量具有不利影响的一项或多项事件发生时，该债权投资成为已发生信用减值的金融资产。金融资产发生信用减值的证据包括下列可观察信息。

（1）发行方或债务人发生严重财务困难。

（2）债务人违反合同条款，如偿付利息或本金发生违约或逾期等。

（3）债权人出于经济或法律等方面因素的考虑，对发生财务困难的债务人作出让步。

（4）债务人很可能破产或进行其他财务重组。

（5）因发行方或债务人发生重大财务困难，该金融资产无法在活跃市场继续交易。

（6）以大幅折扣购买一项金融资产，该折扣反映了发生信用损失的事实。

金融资产发生信用减值，有可能是多个事件的共同作用所致，未必是可单独识别的事件所致。

预计未来现金流量现值，一般按照该债权投资经信用调整的实际利率折现计算。

企业通常能够可靠估计债权投资的现金流量和预计存续期。在极少数情况下，债权投资的未来现金流量或预计存续期无法可靠估计的，企业在计算确定其实际利率时，应当基于该债权投资在整个合同期内的合同现金流量。

对于购买的已发生信用减值的债权投资，企业应当在资产负债表日仅将自初始确认后整个存续期内预期信用损失的累计变动确认为减值准备。在每个资产负债表日，企业应当将整个存续期内预期信用损失的变动金额作为减值损失或利得计入当期损益。

债权投资发生减值时，应当将该债权投资的账面价值减记至预计未来现金流量现值，

减记的金额确认为资产减值损失，计入当期损益，借记“信用减值损失”科目，贷记“债权投资减值准备”科目。

2. 债权投资减值的转回

债权投资确认减值损失后，如有客观证据表明该项金融资产价值已恢复，且客观上与确认该损失后发生的事项有关（如债务人的信用评级已提高等），原确认的减值损失应当予以转回，计入当期损益。即借记“债权投资减值准备”科目，贷记“信用减值损失”科目。但是，该转回后的账面价值不应当超过假定不计提减值准备情况下该金融资产在转回日的摊余成本。

企业在前一会计期间已经按照相当于债权投资整个存续期内预期信用损失的金额计提了损失准备，但在当期资产负债表日后，该债权投资已不再属于自初始确认后信用风险显著增加情形的，企业应当在当期资产负债表日按照相当于未来12个月内预期信用损失的金额计量该债权投资的损失准备，由此形成的损失准备的转回金额应当作为减值利得计入当期损益。

总之，债权投资的减值包括两个方面的内容：首先要确定其账面余额；然后还要进行减值测试，如果发生减值，要计提减值准备。这就意味着，资产负债表上“债权投资”项目在投资没有发生减值的情况下是按其账面余额计量的，在投资发生减值的情况下是按其可收回金额计量的。

【例5-3】 承【例5-2】。假定A公司于20×6年发生严重亏损，至20×6年12月31日，预计到期时仅能够收回债券面值30 000 000元，而无法收回债券利息。20×7年A公司的经营状况有所好转，上年发生的亏损得到一定程度的弥补，至20×7年12月31日，预计到期除了能够收回债券面值30 000 000元外，还能够收回部分债券利息4 000 000。根据以上资料，作有关会计分录为：

（1）20×6年12月31日，确认资产减值损失：

估计未来现金流量现值 = 30 000 000 ×（1 + 8.47%）$^{-2}$ = 25 497 757（元）

资产减值损失 = 31 905 700 − 25 497 757 = 6 407 943（元）

借：信用减值损失　　6 407 943

　贷：债权投资减值准备　　6 407 943

（2）20×7年12月31日，确认当前投资收益：

票面利息 = 30 000 000 × 5 % = 1 500 000（元）

投资收益 = 25 497 757 × 8.47% = 2 159 660（元）

利息调整摊销 = 2 159 660 − 1 500 000 = 659 660（元）

借：债权投资——应计利息　　1 500 000

　　　　　——利息调整　　659 660

　贷：投资收益　　2 159 660

（3）20×7年12月31日，确认资产减值损失转回：

估计未来现金流量现值 = 34 000 000 ×（1 + 8.47%）$^{-1}$ = 31 345 072（元）

20×7 年 12 月 31 日该项债权投资转回减值准备前的摊余成本

= 25 497 757 + 1 500 000 + 659 660 = 27 657 417（元）

应转回的资产减值损失 = 6 407 943 －（31 345 072 − 27657417）= 2 720 288（元）

借：债权投资减值准备　　2 720 288

　贷：信用减值损失　　2 720 288

第三节　以公允价值进行后续计量的金融资产的核算

以公允价值进行后续计量是对经初始计量后公允价值变动的资产的新起点计量，通常是在资产负债表日采用当时的公允价值来计量和反映资产，并且还要反映资产的公允价值变动，以及因价值变动而产生的损益或其他综合收益。

一、以公允价值进行后续计量金融资产的初始计量

企业初始确认金融资产应当按照公允价值计量。对于以公允价值计量且其变动计入当期损益的金融资产，相关交易费用应当直接计入当期损益；以公允价值计量且其变动计入其他综合收益的金融资产，相关交易费用应当计入初始确认金额。

企业应当设置“其他债权投资”科目和“其他权益工具投资”科目核算以公允价值计量且其变动计入其他综合收益的金融资产。其中，“其他债权投资”科目还要根据实际需要设置“成本”“公允价值变动”“利息调整”“应计利息”等明细科目；“其他权益工具投资”还需要设置“成本”和“公允价值变动”两个明细科目。

企业应当设置“交易性金融资产”科目核算以公允价值计量且其变动计入当期损益的金融资产。企业持有的直接指定为以公允价值计量且其变动计入当期损益的金融资产，也在本科目核算。“交易性金融资产”科目也需要设置“成本”和“公允价值变动”明细科目。

二、以公允价值进行后续计量金融资产的会计处理

（1）对于按照公允价值进行后续计量的金融资产，其公允价值变动形成的利得或损失，除与套期会计有关外，应当按照下列规定处理。

① 以公允价值计量且其变动计入当期损益的金融资产的利得或损失，应当计入当期损益。

② 分类为以公允价值计量且其变动计入其他综合收益的金融资产所产生的所有利得或损失，除减值损失或利得和汇兑损益之外，均应当计入其他综合收益，直至该金融资产

终止确认或被重分类。但是，采用实际利率法计算的该金融资产的利息应当计入当期损益。该金融资产计入各期损益的金额应当与视同其一直按摊余成本计量而计入各期损益的金额相等。该金融资产终止确认时，之前计入其他综合收益的累计利得或损失应当从其他综合收益中转出，计入当期损益。

③ 指定为以公允价值计量且其变动计入其他综合收益的非交易性权益工具投资，除了获得的股利（明确代表投资成本部分收回的股利除外）计入当期损益外，其他相关的利得和损失（包括汇兑损益）均应当计入其他综合收益，且后续不得转人当期损益。当其终止确认时，之前计入其他综合收益的累计利得或损失应当从其他综合收益中转出，计入留存收益。

（2）企业只有在同时符合下列条件时，才能确认股利收入并计入当期损益。

① 企业收取股利的权利已经确立。

② 与股利相关的经济利益很可能流入企业。

③ 股利的金额能够可靠计量。

（3）如果其他债权投资的公允价值预期发生信用损失，应当确认为减值损失，并计提减值准备。企业应当在其他综合收益中确认其损失准备，并将减值损失或利得计入当期损益，且不应减少该金融资产在资产负债表中列示的账面价值。

为了反映该金融资产减值准备的计提和核销等情况，应在“其他综合收益”科目下设置“信用减值准备”明细科目，该明细科目贷方登记计提的其他债权投资减值准备，借方登记转回以及处置其他债权投资核销的减值准备，期末贷方余额表示尚未核销的其他债权投资减值准备。

企业确认的该金融资产减值准备，应根据减值的金额，借记“信用减值损失”科目，贷记“其他综合收益——信用减值准备”科目；不调整该金融资产的账面价值。如果该金融资产的减值恢复，应编制相反的会计分录。

三、业务核算举例

【例 5-4】 20×4 年 1 月 1 日，甲公司支付价款 1 000 万元（含交易费用）从上海证券交易所购入 A 公司同日发行的 5 年期公司债券 12 500 份，债券票面价值总额为 1 250 万元，票面年利率为 4.72%，于年末支付本年度债券利息（每年利息为 59 万元），本金在债券到期时一次性偿还。合同约定，该债券的发行方在遇到特定情况时可以将债券赎回，且不需要为提前赎回支付额外款项。甲公司在购买该债券时，预计发行方不会提前赎回。甲公司根据其管理该债券的业务模式和该债券的合同现金流量特征，将该债券分类为以公允价值计量且其变动计入其他综合收益的金融资产。

其他资料如下：

20×4 年 12 月 31 日，A 公司债券的公允价值为 1 200 万元（不含利息）。

20×5 年 12 月 31 日，A 公司债券的公允价值为 1 300 万元（不含利息）。

20×6 年 12 月 31 日，A 公司债券的公允价值为 1 250 万元（不含利息）。

20×7 年 12 月 31 日，A 公司债券的公允价值为 1 200 万元（不含利息）。

20×8 年 1 月 20 日,通过上海证券交易所出售了 A 公司债券 12 500 份,取得价款 1 260 万元。

假定不考虑所得税、减值损失等因素，计算该债券的实际利率 r：

$59\times(1+r)^{-1}+59\times(1+r)^{-2}+59\times(1+r)^{-3}+59\times(1+r)^{-4}+(59+1\ 250)\times(1+r)^{-5}=1\ 000$（万元）

采用插值法，计算得出 R = 10%。

A 公司债券后续计量过程一览表如表 5-2 所示。

甲公司应作以下有关会计分录（金额单位：元）：

20×4 年 1 月 1 日，购入 A 公司债券：

借：其他债权投资——成本　　12 500 000

　贷：银行存款　　10 000 000

　　　其他债权投资——利息调整　　2 500 000

表 5-2　**A 公司债券后续计量过程一览表**　单位：万元

日期	现金流入（A）	实际利息收入（B = 期初 D × 10%）	已收回的本金（C = A–B）	摊余成本余额（D = 期初 D –C）	公允价值（E）	公允价值变动额（F = E–D–期初 G）	公允价值变动累计金额（G = 期初 G + F）
20×4.1.1				1 000	1 000	0	0
20×4.12.31	59	100	–41	1 041	1 200	159	159
20×5.12.31	59	104	–45	1 086	1 300	55	214
20×6.12.31	59	109	–50	1 136	1 250	–100	114
20×7.12.31	59	113	–54	1 190	1 200	–104	10

20×4 年 12 月 31 日，确认 A 公司债券实际利息收入、公允价值变动，收到债券利息：

借：应收利息　　590 000

　　其他债权投资——利息调整　　410 000

　贷：投资收益　　1 000 000

借：银行存款　　590 000

　贷：应收利息　　590 000

借：其他债权投资——公允价值变动　　1 590 000

　贷：其他综合收益——其他债权投资公允价值变动　　1 590 000

20×5 年 12 月 31 日，确认 A 公司债券实际利息收入、公允价值变动，收到债券利息：

借：应收利息　　590 000

　　其他债权投资——利息调整　　450 000

　贷：投资收益　　1 040 000

借：银行存款　590 000
　贷：应收利息　590 000
借：其他债权投资——公允价值变动　550 000
　贷：其他综合收益——其他债权投资公允价值变动　550 000

20×6 年 12 月 31 日，确认 A 公司债券实际利息收入、公允价值变动，收到债券利息：

借：应收利息　590 000
　　其他债权投资——利息调整　500 000
　贷：投资收益　1 090 000
借：银行存款　590 000
　贷：应收利息　590 000
借：其他综合收益——其他债权投资公允价值变动　1 000 000
　贷：其他债权投资——公允价值变动　1 000 000

20×7 年 12 月 31 日，确认 A 公司债券实际利息收入、公允价值变动，收到债券利息：

借：应收利息　590 000
　　其他债权投资——利息调整　540 000
　贷：投资收益　1 130 000
借：银行存款　590 000
　贷：应收利息　590 000
借：其他综合收益——其他债权投资公允价值变动　1 040 000
　贷：其他债权投资——公允价值变动　1 040 000

20×8 年 1 月 20 日，确认出售 A 公司债券实现的损益：

借：银行存款　12 600 000
　　其他综合收益——其他债权投资公允价值变动　100 000
　　其他债权投资——利息调整　600 000
　贷：其他债权投资——成本　12 500 000
　　　　　　　　——公允价值变动　100 000
　　投资收益　700 000

【例 5-5】 甲公司 20×6 年至 20×7 年根据发生的其他债权投资减值相关业务，作会计分录如下：

（1）20×6 年 1 月 1 日，以银行存款 808 927 元购买了乙公司于当日发行的总面值为 800 000 元、票面利率为 5%、5 年期的到期一次付息债券，确认为其他债权投资；还以银行存款支付了购买该债券发生的交易费用 13 000 元；计算确定的实际利率为 4%。

入账价值 = 808 927 + 13 000 = 821 927（元）

利息调整（借差）= 821 927 − 800 000 = 21 927（元）

借：其他债权投资——成本　800 000
　　　　　　　　——利息调整　21 927
　贷：银行存款　821 927

（2）20×6 年 12 月 31 日，采用实际利率法确认投资收益；当日该债券的公允价值为 850 000 元，甲公司预计到期时该债券的现金流量现值为 830 000 元，且逆转的可能性很小，确认资产减值。

① 确认投资收益及利息调整摊销：

票面利息 = 800 000 × 5% = 40 000（元）

投资收益 = 821 927 × 4% = 32 877（元）

利息调整（借差）摊销 = 40 000 − 32 877 = 7 123（元）

借：其他债权投资——应计利息　　40 000

　贷：投资收益　　32 877

　　其他债权投资——利息调整　　7 123

该债券的摊余成本 = 821 927 + 40 000 − 7 123 = 854 804（元）

② 确认公允价值变动：

公允价值变动 = 850 000 − 854 804 = −4 804（元）

借：其他综合收益——其他债权投资公允价值变动　　4 804

　贷：其他债权投资——公允价值变动　　4 804

③ 确认减值损失：

减值损失 = 850 000 − 830 000 = 20 000（元）

借：信用减值损失　　20 000

　贷：其他综合收益——信用减值准备　　20 000

20×6 年 12 月 31 日，在资产负债表上，该金融资产以其账面价值（公允价值）850 000 元列示，资产减值不影响其列示金额。

（3）20×7 年 12 月 31 日，采用实际利率法确认投资收益；当日该债券的公允价值为 885 000 元，甲公司预计到期时该债券的现金流量现值为 870 000 元。

① 确认投资收益及利息调整摊销：

票面利息 = 800 000 × 5% = 40 000（元）

投资收益 = 854 804 × 4% = 34 192（元）

利息调整（借差）摊销 = 40 000 − 34 192 = 5 808（元）

借：其他债权投资——应计利息　　40 000

　贷：投资收益　　34 192

　　其他债权投资——利息调整　　5 808

该债券的摊余成本 = 854 804 + 40 000 − 5 808 = 888 996（元）

② 确认公允价值变动：

公允价值变动 = 885 000 − 888 996 −（−4 804）= 808（元）

借：其他债权投资——公允价值变动　　808

　贷：其他综合收益——其他债权投资公允价值变动　　808

③ 确认减值损失：

减值损失 = 885 000 − 870 000 − 20 000 = −5 000（元）

借：其他综合收益——信用减值准备　　5 000
　贷：信用减值损失　　5 000

20×7 年 12 月 31 日，在资产负债表上，该金融资产以其账面价值（公允价值）885 000 元列示，资产减值不影响其列示金额。

【例 5-6】 甲公司 20×6 年 7 月 1 日以 510 000 元的价格从二级市场购入乙公司发行的债券，其中包含已到付息期但尚未领取的利息 10 000 元，另发生交易费用 10 000 元，均以银行存款支付。该债券面值 500 000 元，剩余期限为 3 年，票面年利率为 4%，每半年付息一次，甲公司根据其管理该债券的业务模式和该债券的合同现金流量特征，将该债券分类为以公允价值计量且其变动计入当期损益的金融资产。其他资料如下：

（1）20×6 年 7 月 5 日，收到该债券 20×6 年上半年利息；

（2）20×6 年 12 月 31 日，该债券的公允价值为 575 000 元（不含利息）；

（3）20×7 年 1 月 5 日，收到该债券 20×6 年下半年利息；

（4）20×7 年 6 月 30 日，该债券的公允价值为 550 000 元（不含利息）；

（5）20×7 年 7 月 5 日，收到该债券 20×7 年上半年利息；

（6）20×7 年 9 月 30 日，甲公司将该债券出售，取得价款 590 000 元（含 3 季度利息 5 000 元）。

假定不考虑其他因素，则甲公司据此应作如下会计分录：

（1）20×6 年 7 月 1 日，购入债券时：

借：交易性金融资产——成本　　500 000
　　应收利息　　10 000
　　投资收益　　10 000
　贷：银行存款　　520 000

（2）20×6 年 7 月 5 日，收到该债券 20×6 年上半年利息时：

借：银行存款　　10 000
　贷：应收利息　　10 000

（3）20×6 年 12 月 31 日，确认该项交易性金融资产的公允价值变动时：

借：交易性金融资产——公允价值变动　　75 000
　贷：公允价值变动损益　　75 000

同时，确认该项交易性金融资产持有期间的投资收益：

借：应收利息　　10 000
　贷：投资收益　　10 000

（4）20×7 年 1 月 5 日，收到该债券 20×6 年下半年利息时：

借：银行存款　　10 000
　贷：应收利息　　10 000

（5）20×7 年 6 月 30 日，确认该项交易性金融资产的公允价值变动时：

借：公允价值变动损益　　25 000

贷：交易性金融资产——公允价值变动 25 000

同时，确认该项交易性金融资产持有期间的投资收益：

借：应收利息 10 000

贷：投资收益 10 000

（6）20×7 年 7 月 5 日，收到该债券 20×7 年上半年利息时：

借：银行存款 10 000

贷：应收利息 10 000

（7）20×7 年 9 月 30 日，将该债券予以出售时：

借：银行存款 590 000

贷：交易性金融资产——成本 500 000

——公允价值变动 50 000

投资收益 40 000

【例 5-7】 甲公司于 20×6 年 3 月 10 日从证券交易市场购入乙公司股票 50 万股，每股市价 8 元（每股含已宣告未发放的现金股利 0.2 元），手续费 1 万元；初始确认时，甲公司将其指定为以公允价值计量且其变动计入其他综合收益的非交易性权益工具投资。20×6 年 5 月 28 日甲公司收到乙公司发放的现金股利。至 20×6 年 12 月 31 日甲公司仍持有乙公司股票，该股票当时的市价为每股 17 元。20×7 年 1 月 18 日，乙公司宣告发放现金股利每股 0.3 元，20×7 年 2 月 15 日甲公司收到乙公司发放的现金股利。20×7 年 4 月 20 日，甲公司出售所持乙公司股票 20 万股，售价为每股 14 元，另支付交易费用 3 万元。假定不考虑其他因素，据此甲公司应作有关会计分录为：

（1）20×6 年 3 月 10 日，购入股票时：

借：其他权益工具投资——成本 3 910 000

应收股利 100 000

贷：银行存款 4 010 000

（2）20×6 年 5 月 28 日，收到现金股利时：

借：银行存款 100 000

贷：应收股利 100 000

（3）20×6 年 12 月 31 日，确认股票价格变动时：

借：其他权益工具投资——公允价值变动 4 590 000

贷：其他综合收益——其他权益工具投资公允价值变动 4 590 000

（4）20×7 年 1 月 18 日，确认应收现金股利时：

借：应收股利 150 000

贷：投资收益 150 000

（5）20×7 年 2 月 15 日，收到现金股利时：

借：银行存款 150 000

贷：应收股利 150 000

（6）20×7年4月20日，出售股票时：

借：银行存款　2 770 000

　　其他综合收益——其他权益工具投资公允价值变动　1 836 000

　贷：其他权益工具投资——成本　1 564 000

　　　　　　　　　　——公允价值变动　1 836 000

　　盈余公积　120 600

　　利润分配——未分配利润　1 085 400

注：因为是初始指定为以公允价值计量且其变动计入其他综合收益的非交易性权益工具投资，所以在其出售时形成的利得或损益应当计入留存收益，并且在之前计入其他综合收益的累计利得或损失应当从其他综合收益转出，也计入留存收益。在此例中，出售时形成的损失630 000元加上之前形成的累计利得1 836 000元合计1 206 000元的利得在盈余公积和未分配利润之间按照10%∶90%的比例分配转入。

如果甲公司根据其管理乙公司股票的业务模式和乙公司股票的合同现金流量特征，将乙公司股票分类为以公允价值计量且其变动计入当期损益的金融资产。其他资料不变，则甲公司应作如下会计分录（金额单位：元）：

（1）20×6年3月10日，购入股票时：

借：交易性金融资产——成本　3 900 000

　　投资收益　10 000

　　应收股利　100 000

　贷：银行存款　4 010 000

（2）20×6年5月28日，收到现金股利时：

借：银行存款　100 000

　贷：应收股利　100 000

（3）20×6年12月31日，确认股票价格变动时：

借：交易性金融资产——公允价值变动　4 600 000

　贷：公允价值变动损益　4 600 000

（4）20×7年1月18日，确认应收现金股利时：

借：应收股利　150 000

　贷：投资收益　150 000

（5）20×7年2月15日，收到现金股利时：

借：银行存款　150 000

　贷：应收股利　150 000

（6）20×7年4月20日，出售股票时：

借：银行存款　2 770 000

　　投资收益　630 000

　贷：交易性金融资产——成本　1 560 000

　　　　　　　　　　——公允价值变动　1 840 000

第四节　金融资产的重分类

一、金融资产重分类的原则

企业改变其管理金融资产的业务模式时，应当按照规定对所有受影响的相关金融资产进行重分类。所以，金融资产可以在以摊余成本计量、以公允价值计量且其变动计入其他综合收益和以公允价值计量且其变动计入当期损益之间进行重分类。企业管理金融资产业务模式的变更其实是一种少见的情形。

企业对金融资产进行重分类，应当自重分类日起采用未来适用法进行相关会计处理，不得对以前已经确认的利得、损失（包括减值损失或利得）或利息进行追溯调整。重分类日，是指导致企业对金融资产进行重分类的业务模式发生变更后的首个报告期间的第一天。例如，甲上市公司决定于 20×7 年 3 月 22 日改变某金融资产的业务模式，则重分类日为 20×7 年 4 月 1 日（下一个季度会计期间的期初）；乙上市公司决定于 20×7 年 10 月 15 日改变某金融资产的业务模式，则重分类日为 20×8 年 1 月 1 日。

例如，甲公司持有拟在短期内出售的某商业贷款组合。甲公司收购了一家资产管理公司（乙公司），乙公司的业务模式是为收取合同现金流量而持有贷款。甲公司决定，对该商业贷款组合不再是为出售而持有，而是将该组合与资产管理公司持有的其他商业贷款一起管理，都是为收取合同现金流量而持有，则甲公司管理该商业贷款组合的业务模式发生了变更。

二、金融资产重分类的计量

（一）以摊余成本计量的金融资产的重分类

（1）企业将一项以摊余成本计量的金融资产重分类为以公允价值计量且其变动计入当期损益的金融资产的，应当按照该资产在重分类日的公允价值进行计量。原账面价值与公允价值之间的差额计入当期损益。

例如，企业筹划进行并购，近期需要货币资金，原确认的债权投资可能随时变现，不再适合划分为债权投资，因此应将其重分类为以公允价值计量且其变动计入当期损益的金融资产。

重分类日，企业应根据该金融资产的公允价值，借记“交易性金融资产——成本”科目，贷记“债权投资”科目，其原账面价值与公允价值之间的差额，计入当期损益。

【例 5-8】 甲公司 20×5 年 12 月 31 日持有一项债权投资，账面价值为 120 000 元，其中，债券面值为 100 000 元，利息调整借差为 4 000 元，应计利息为 16 000 元；该债券到期日为 20×7 年 12 月 31 日。重分类日，该债券的公允价值为 126 000 元。由于业务需要，甲公司将该项债权投资重分类为以公允价值计量且其变动计入当期损益的金融资产。

重分类日，甲公司应作会计分录为：

借：交易性金融资产——成本　　126 000

　贷：债权投资——成本　　100 000

　　　　——利息调整　　4 000

　　　　——应计利息　　16 000

　　公允价值变动损益　　6 000

（2）企业将一项以摊余成本计量的金融资产重分类为以公允价值计量且其变动计入其他综合收益的金融资产的，应当按照该金融资产在重分类日的公允价值进行计量。原账面价值与公允价值之间的差额计入其他综合收益。该金融资产重分类不影响其实际利率和预期信用损失的计量。

重分类日，企业应根据该金融资产的摊余成本，借记“其他债权投资”科目，贷记“债权投资”科目，其账面价值与公允价值之间的差额，贷记或借记“其他综合收益——其他债权投资公允价值变动”科目。

例如，企业筹划进行并购，该并购如果成功，则需要货币资金；如果不成功，则仍将该债券持有至到期。由于该债券投资既可能持有至到期，也可能随时出售，因此应将其重分类为以公允价值计量且其变动计入其他综合收益的金融资产。

【例 5-9】 承【例 5-8】，假设由于业务需要，甲公司将该项债权投资重分类为以公允价值计量且其变动计入其他综合收益的金融资产，其他条件不变。

重分类日，甲公司应作会计分录为：

借：其他债权投资——成本　　100 000

　　　　——利息调整　　10 000

　　　　——应计利息　　16 000

　贷：债权投资——成本　　100 000

　　　　——利息调整　　4 000

　　　　——应计利息　　16 000

　　其他综合收益——其他债权投资公允价值变动　　6 000

（二）以公允价值计量且其变动计入其他综合收益的金融资产的重分类

（1）企业将一项以公允价值计量其变动计入其他综合收益的金融资产重分类为以摊余成本计量的金融资产的，应当将之前计入其他综合收益的累计利得或损失转出，调整该金融资产在重分类日的公允价值，并以调整后的金额作为新的账面价值，即视同该金融资产一直以摊余成本计量。该金融资产重分类不影响其实际利率和预期信用损失的计量。

重分类日，企业应根据该金融资产的摊余成本，借记“债权投资”科目，贷记“其他债权投资”科目；同时借记或贷记“其他债权投资——公允价值变动”，贷记或借记“其他综合收益——其他债权投资公允价值变动”科目；并根据累计确认的资产减值准备”借记

“其他综合收益——信用减值准备”科目，贷记“债权投资减值准备”科目。

企业将一项非交易性权益工具指定为以公允价值计量其变动计入其他综合收益的金融资产，不得重分类为其他类别的金融资产。

【例 5-10】 假定甲公司于 20×5 年 1 月 1 日决定，将持有的确认为其他债权投资的乙公司债券重分类为以摊余成本计量的金融资产。重分类日该债券的账面价值为 885 000 元，其中债券面值为 800 000 元，利息调整借差为 8 996 元，应计利息为 80 000 元，公允价值变动为 -3 996 元；累计计提的减值准备为 15 000 元。

重分类日，甲公司应作会计分录为：

借：债权投资——成本　800 000
　　　　　　——利息调整　8 996
　　　　　　——应计利息　80 000
　　其他债权投资——公允价值变动　3 996
　　其他综合收益——信用减值准备　15 000
　贷：其他债权投资——成本　800 000
　　　　　　　　　——利息调整　8 996
　　　　　　　　　——应计利息　80 000
　　　其他综合收益——其他债权投资公允价值变动　3 996
　　　债权投资减值准备　15 000

重分类后，该债权投资的账面价值为 870 000 元，即视同该债权投资一直采用摊余成本核算。

（2）企业将一项以公允价值计量且其变动计入其他综合收益的金融资产重分类为以公允价值计量且其变动计入当期损益的金融资产的，应当继续以公允价值计量该金融资产。同时，企业应当将之前计入其他综合收益的累计利得或损失从其他综合收益转入当期损益。

重分类日，企业应根据该金融资产的公允价值，借记“交易性金融资产”科目，贷记“其他债权投资”科目；同时根据将原计入其他综合收益的公允价值变动，借记或贷记“其他综合收益——其他债权投资公允价值变动”科目，贷记或借记“公允价值变动损益”科目；并根据其减值准备，借记“其他综合收益——信用减值准备”科目，贷记“公允价值变动损益”科目。

【例 5-11】 假定甲公司于 20×5 年 1 月 1 日决定，将持有的确认为其他债权投资的乙公司债券重分类为以公允价值计量且其变动计入当期损益的金融资产。重分类日该债券的公允价值为 885 000 元，其中债券面值为 800 000 元，利息调整借差为 8 996 元，应计利息为 80 000 元，公允价值变动为 -3 996 元；累计计提的减值准备为 15 000 元。

重分类日，甲公司应作会计分录为：

借：交易性金融资产——成本　885 000
　　其他债权投资——公允价值变动　3 996
　　其他综合收益——信用减值准备　15 000

贷：其他债权投资——成本 800 000
——利息调整 8 996
——应计利息 80 000
其他综合收益——其他债权投资公允价值变动 3 996
公允价值变动损益 11 004

（三）以公允价值计量且其变动计入当期损益的金融资产的重分类

（1）企业将一项以公允价值计量且其变动计入当期损益的金融资产重分类为以摊余成本计量的金融资产的，应当以其在重分类日的公允价值作为新的账面余额，以该金融资产在重分类日的公允价值确定其实际利率。其后，按照以摊余成本计量的金融资产的相关规定进行后续计量。

企业将原准备随时出售的债券改为持有至到期，重分类日应根据该债券的公允价值借记“债权投资”科目，贷记“交易性金融资产”科目。

【例 5-12】 甲公司 20×5 年 12 月 31 日决定将原准备随时出售的乙公司债券调整为持有至到期，将该以公允价值计量且其变动计入当期损益的金融资产重分类为以摊余成本计量的金融资产（债权投资）。重分类日该债券的公允价值为 1 105 000 元，其中，成本为 1 080 000 元，公允价值变动为 25 000 元；该债券系乙公司于 20×3 年 1 月 1 日发行，面值为 1 000 000 元，5 年期，票面利率为 4%，到期一次还本付息。假定甲公司于每年年末确认投资收益。

债券面值 = 1 000 000（元）
应计利息 = 1 000 000 × 4% × 3 = 120 000（元）
利息调整 = 1 105 000 − 1 000 000 − 120 000 = − 15 000（元）

借：债权投资——成本 1 000 000
——应计利息 120 000
贷：债权投资——利息调整 15 000
交易性金融资产——成本 1 080 000
——公允价值变动 25 000

按照下式计算实际利率 r：

$$1\ 105\ 000 = 1\ 000\ 000 \times (1 + 4\% \times 5) \times (1 + r)^{-2}$$

计算求得债券的实际利率为 4.21%。

（2）企业将一项以公允价值计量且其变动计入当期损益的金融资产重分类为以公允价值计量且其变动计入其他综合收益的金融资产的，应当继续以公允价值计量该金融资产。

以公允价值计量且其变动计入当期损益的金融资产进行重分类的，企业应当根据该金融资产在重分类日的公允价值确定其实际利率。同时，企业应当自重分类日起对该金融资产适用金融资产减值的相关规定，并将重分类日视为初始确认日。

重分类日，企业应根据该金融资产的公允价值借记“其他债权投资”科目，贷记“交易性金融资产”科目。

【例 5-13】 承【例 5-12】。假定甲公司于 20×5 年 12 月 31 日决定将以公允价值计量且其变动计入当期损益的金融资产重分类为以公允价值计量且其变动计入其他综合收益的金融资产。

债券面值 = 1 000 000（元）

应计利息 = 1 000 000 × 4% × 3 = 120 000（元）

利息调整 = 1 105 000 − 1 000 000 − 120 000 = −15 000（元）

借：其他债权投资——成本　　1 000 000

　　　　　　　　——应计利息　　120 000

　贷：其他债权投资——利息调整　　15 000

　　　交易性金融资产——成本　　1 080 000

　　　　　　　　　　——公允价值变动　　25 000

按照与上例同样的方法计算求得债券的实际利率为 4.21%。

练习题 1

一、目的：练习以公允价值计量的金融资产的核算。

二、资料：大山公司于 20×7 年 7 月 10 日从证券交易市场购入 X 公司股票 100 万股，占 X 公司有表决权股份的 2%。购入时每股市价 6 元，每股含已宣告但尚未发放的现金股利 0.3 元，另支付交易手续费 5 万元。其他资料如下：

1. 20×7 年 8 月 28 日，大山公司收到 X 公司发放的现金股利。
2. 20×7 年 12 月 31 日，X 公司股票市价为每股 8.5 元。
3. 20×8 年 1 月 22 日，X 公司宣告发放现金股利每股 0.45 元。
4. 20×8 年 2 月 11 日，大山公司收到 X 公司发放的现金股利。
5. 20×8 年 6 月 30 日，X 公司股票市价为每股 7.6 元。
6. 20×8 年 9 月 24 日，大山公司出售 X 公司股票 80 万股，售价为每股 9 元，另支付交易费用 3 万元。

三、要求：

1. 若该股票投资划分为以公允价值计量且其变动计入当期损益的金融资产，根据上述资料，为大山公司编制相关的会计分录。
2. 若该股票投资初始指定为以公允价值计量且其变动计入其他综合收益的金融资产，根据上述资料，为大山公司编制相关的会计分录。
3. 对上述会计处理进行分析，指出对金融资产不同的会计分类在初始计量和后续计量方面存在的差异，理解金融资产分类对企业财务报告产生的影响。

练习题 2

一、目的：练习以摊余成本计量的金融资产的核算。

二、资料：宏大公司属于制造业企业，20×4 年 1 月 1 日，支付价款 1 000 万元（含交易费用）从二级市场上购入某公司 5 年期债券，面值 1 250 万元，票面年利率 4.72%，按年支付利息，本金最后一次支付。经测算，该债券的实际利率为 10%。宏大公司将该债权投资划分为以摊余成本计量的金融资产。

三、要求：编制宏大公司与该债券投资相关会计分录（假设不考虑所得税、减值损失等因素影响）。

第六章　长期股权投资

本章学习提示

本章重点：长期股权投资的内容、长期股权投资的初始计量与后续计量、长期股权投资核算方法的转换及处置

本章难点：长期股权投资后续计量的权益法、长期股权投资核算方法的转换

第一节　长期股权投资概述

一、长期股权投资的性质

股权投资，又称权益性投资，是指通过付出现金或非现金资产等取得被投资单位的股份或股权，享有一定比例的权益份额代表的资产。投资企业取得被投资单位的股权，相应地享有被投资单位净资产有关份额，通过自被投资单位分得现金股利或利润以及待被投资单位增值后出售等获利。

按照 CAS22 的界定，股权投资一方面形成投资方的金融资产；另一方面形成被投资单位的权益工具，原则上属于金融工具。在大的范畴属于金融工具的情况下，根据投资方在投资后对被投资单位能够施加影响的程度，企业会计准则将股权投资区分为应当按照 CAS22 进行核算和应当按照《企业会计准则第 2 号——长期股权投资》（CAS2）进行核算两种情况。其中，属于 CAS2 规范的股权投资，是根据投资方在获取投资以后，能够对被投资单位施加影响的程度来划分的，而不是一定要求持有投资的期限长短。会计意义的长期股权投资包括投资方持有的对联营企业、合营企业以及子公司的投资。

二、长期股权投资的内容

长期股权投资按照投资后投资企业对被投资单位所产生的影响情况，可分为以下三种类型。

（一）对子公司的投资

对子公司投资，是投资方持有的能够对被投资单位施加控制的股权投资。控制是指投资方拥有对被投资单位的权力，通过参与被投资单位的相关活动，而享有可变回报，并且有能力运用对被投资单位的权力影响其回报金额。因此，控制必须同时具备以下三项基本要素。

（1）拥有对被投资方的权力。

（2）通过参与被投资方的相关活动而享有可变回报。

（3）有能力运用对被投资方的权力影响其回报金额。

投资方在判断其是否能够控制被投资方时，应当综合考虑所有的相关事实和情况，只有当投资方同时具备上述三个要素时，投资方才能控制被投资方。一旦相关事实和情况发生了变化，导致上述三个要素中的一个或多个发生变化的，投资方应当重新评估其是否能够控制被投资方。

投资方能够对被投资方实施控制的，被投资方为其子公司，投资方应当将其子公司纳入合并财务报表的合并范围。

（二）合营企业投资

合营企业投资，是指投资方持有的对构成合营企业的合营安排的投资。投资方判断持有的对合营企业的投资，应当首先看是否构成合营安排，其次再看有关合营安排是否构成合营企业。合营安排，是指一项由两个或两个以上的参与方共同控制的安排。共同控制，是指按照相关约定对某项安排所共有的控制，并且该安排的相关活动必须经过分享控制权的参与方一致同意后才能决策。合营安排具有下列特征。

（1）各参与方均受到该安排的约束。

（2）两个或两个以上的参与方对该安排实施共同控制。任何一个参与方都不能够单独控制该安排，对该安排具有共同控制的任何一个参与方均能够阻止其他参与方或参与方组合单独控制该安排。

在判断是否存在共同控制时，首先应当判断所有参与方或参与方组合是否集体控制该安排，其次再判断该安排相关活动的决策是否必须经过这些集体控制该安排的参与方一致同意。需要注意的是，合营安排并不要求所有参与方都对该安排实施共同控制。合营安排参与方既包括对合营安排享有共同控制的参与方（合营方），也包括对合营安排不享有共同控制的参与方。

合营安排可以分为共同经营和合营企业。共同经营，是指合营方享有该安排相关资产且承担该安排相关负债的合营安排；合营企业，是指合营方仅对该安排的净资产享有权利的合营安排。

对合营企业的长期股权投资，仅指对合营安排享有共同控制的参与方对其合营企业的权益性投资，不包括对合营安排不享有共同控制的参与方的权益性投资，也不包括共同经营。

（三）联营企业投资

联营企业投资，是指投资方能够对被投资单位施加重大影响的股权投资。

重大影响，是指对一个企业的财务和经营政策有参与决策的权力，但并不能够控制或者与其他方一起共同控制这些政策的制定。

在通常情况下，投资企业直接或通过子公司拥有被投资单位20%以上表决权股份，但未形成控制或共同控制的，可以认为对被投资单位具有重大影响，除非有明确的证据表明该种情况下投资方不能参与被投资方的生产经营决策，不能对投资方施加重大影响。企业通常可以通过以下一种或几种情形来判断是否对被投资方具有重大影响。

（1）在被投资单位的董事会或类似权力机构中派有代表。这种情况下，由于在被投资单位的董事会或类似权力机构中派有代表，并享有相应的实质性的参与决策权，投资企业可以通过该代表参与被投资单位经营政策的制定，达到对被投资单位施加重大影响。

（2）参与被投资单位的政策制定过程，包括股利分配政策等的制定。这种情况下，因可以参与被投资单位的政策制定过程，在制定政策过程中可以为其自身利益提出建议和意见，从而对被投资单位施加重大影响。

（3）与被投资单位之间发生重要交易。有关的交易因对被投资单位的日常经营具有重要性，进而一定程度上可以影响到被投资单位的生产经营决策。

（4）向被投资单位派出管理人员。这种情况下，通过投资企业对被投资单位派出管理人员，管理人员有权力并负责被投资单位的财务和经营活动，从而能够对被投资单位施加重大影响。

（5）向被投资单位提供关键技术资料。因被投资单位的生产经营需要依赖投资企业的技术或技术资料，表明投资企业对被投资单位具有重大影响。

需要注意的是，存在上述一种或多种情形并不意味着投资方一定对被投资方具有重大影响，企业需要综合考虑所有事实和情况来作出恰当的判断。在确定能否对被投资单位施加重大影响时，不但应考虑投资企业直接或间接持有被投资单位的表决权股份，同时还要考虑企业及其他方持有的现行可执行潜在表决权在假定转换为对被投资单位的股权后产生的影响，如被投资单位发行的现行可转换的认股权证、股票期权及可转换公司债券等的影响，如果其在转换为对被投资单位的股权后，能够增加投资企业的表决权比例或是降低被投资单位其他投资者的表决权比例，从而使得投资企业能够参与被投资单位的财务和经营决策的，应当认为投资企业对被投资单位具有重大影响。

长期股权投资还可以按照取得方式不同，将其分为企业合并形成的长期股权投资和企业合并以外方式取得的长期股权投资。其中，企业合并形成的长期股权投资指的是通过控股合并方式取得的长期股权投资，根据企业合并类型不同，进一步划分为同一控制下与非同一控制下控股合并形成的长期股权投资；企业合并以外方式取得的长期股权投资根据取得方式的不同，也可划分为支付现金取得、发行权益性证券方式取得、投资人投入、债务重组取得及非货币性资产交换取得等类型。

第二节　长期股权投资的初始计量

企业应设置“长期股权投资”科目核算持有的各项长期股权投资，该科目应当按照被投资单位进行明细核算。长期股权投资在取得时应按初始投资成本计量。企业可以通过合并取得长期股权投资，也可以通过企业合并以外的方式取得，不同方式取得的长期股权投资初始投资成本的确定方法有所不同。企业应当分别企业控股合并（对子公司投资）和非企业合并（对联营企业、合营企业投资）两种情况确定长期股权投资的初始投资成本。

一、对子公司投资的初始计量

对于形成控股合并的长期股权投资，应分别按形成同一控制下控股合并与非同一控制下控股合并两种情况确定长期股权投资的初始投资成本。

企业合并，是将两个或两个以上单独的企业合并形成一个报告主体的交易或事项。其实质是控制，即将多个单独企业或者它们的净资产和经营活动的控制权都纳入一个独立的经济实体（会计主体）控制下。

按照合并的法律形式，即合并后导致的原有参与合并企业的法人权利的变化情况可将企业合并分为吸收合并、新设合并和控股合并三种。其中吸收合并和新设合并在合并后最终只有一个企业的法律主体存续，不存在合并后的长期股权投资。因此，企业合并形成的长期股权投资只能是通过企业控股合并方式取得。

控股合并，是指一家企业买入或取得了另一家企业有投票表决权的股份或出资证明书，且已达到能控制后者经营和财务政策的持股比例，合并后合并双方的法律主体和会计主体均存续，出资的控股合并企业所获得被并企业股权资本在其账面上表现为其对被并企业的长期股权投资。

企业合并按照一定的标准可划分为两大基本类型——同一控制下的企业合并与非同一控制下的企业合并。同一控制下的企业合并，是指参与合并的企业在合并前后均受同一方或相同的多方最终控制且该控制并非暂时性的；非同一控制下的企业合并，是指参与合并各方在合并前后不受同一方或相同的多方最终控制的合并交易，即除判断属于同一控制下企业合并的情况以外其他的企业合并。

（一）同一控制下企业控股合并形成的长期股权投资

对于同一控制下的企业控股合并，从能够对参与合并各方在合并前后均实施最终控制的一方来看，企业合并是其控制的经济资源的再整合，最终控制方在企业合并前及合并后能够控制的资产并没有发生变化。因此合并交易事项并不被视为是相关经济资源的出售或购买。

合并方以支付现金、转让非现金资产或承担债务方式作为合并对价的，应当在合并日按照所取得的被合并方在最终控制方合并财务报表中的净资产的账面价值的份额，作为长期股权投资的初始投资成本。被合并方在合并日的净资产账面价值为负数的，长期股权投资成本按零确定，同时在备查簿中予以登记。如果被合并方在被合并以前，是最终控制方通过非同一控制下的企业合并所控制的，则合并方长期股权投资的初始投资成本还应包含相关的商誉金额。

长期股权投资的初始投资成本与支付的现金、转让的非现金资产及所承担债务账面价值（或发行股份面值总额）之间的差额，应当调整资本公积（资本溢价或股本溢价）；资本公积（资本溢价或股本溢价）不足冲减的，调整留存收益；合并方发生的审计、法律服务、评估咨询等中介费用及其他相关管理费用，于发生时计入当期的损益。其会计核算的特点是不以公允价值计量、不确认损益、在合并财务报表中体现“一体化存续”的原则。

（二）非同一控制下企业控股合并形成的长期股权投资

非同一控制下企业合并本质上为市场化购买，其处理原则与一般的单项资产购买有相同之处，同时亦有区别。相同之处在于因为交易本身是按照市场化原则进行的，购买方在支付有关对价后，对于该项交易中自被购买方取得的各项资产、负债应当按照其在购买日的公允价值计量；与单项资产购买的不同之处在于，企业合并是构成业务的多项资产及负债的整体购买，由于在交易价格形成过程中购买方与出售方之间议价等因素的影响，交易的最终价格与通过交易取得被购买方持有的有关单项资产、负债的公允价值之和一般会存在差异。

非同一控制下的控股合并中，购买方应当按照确定的企业合并成本作为长期股权投资的初始投资成本。企业合并成本包括购买方付出的资产、发生或承担的负债、发行的权益性证券的公允价值之和。在购买日，按合并成本借记“长期股权投资”科目，贷记有关资产或负债科目，按其差额分别不同资产计入相应的损益科目；合并方发生直接相关费用于发生时计入当期的管理费用。

对于企业合并形成的长期股权投资，其具体会计处理见本系列教材《高级财务会计学》的相关章节。

二、对联营企业、合营企业投资的初始计量

对联营企业、合营企业投资，取得时初始投资成本的确定应遵循以下规定。

（1）以支付现金取得的长期股权投资，应当按照实际支付的购买价款作为长期股权投资的初始投资成本，包括与取得长期股权投资直接相关的费用、税金及其他必要支出，但所支付价款中包含的被投资单位已宣告但尚未发放的现金股利或利润应作为应收项目核算，不构成取得长期股权投资的成本。

（2）以发行权益性证券方式取得的长期股权投资，其成本为所发行权益性证券的公允价值，但不包括被投资单位已宣告但尚未发放的现金股利或利润。

为发行权益性证券支付给有关证券承销机构等的手续费、佣金等与权益性证券发行直接相关的费用，不构成取得长期股权投资的成本。按照CAS37的规定，该部分费用应自权益性证券的溢价发行收入中扣除，权益性证券的溢价收入不足冲减的，应冲减盈余公积和未分配利润。

【例6-1】 3月5日，A公司通过增发9 000万股本公司普通股（每股面值1元）取得B公司20%的股权，该9 000万股股份的公允价值为15 600万元。为增发该部分股份，A公司向证券承销机构等支付了600万元的佣金和手续费。假定A公司取得该部分股权后，能够对B公司的财务和生产经营决策施加重大影响。

A公司应当以所发行股份的公允价值作为取得长期股权投资的成本，会计分录：

借：长期股权投资　　156 000 000

　贷：股本　　90 000 000

　　资本公积——股本溢价　　66 000 000

发行权益性证券过程中支付的佣金和手续费，应冲减权益性证券的溢价发行收入，账务处理为：

借：资本公积——股本溢价　　6 000 000

　贷：银行存款　　6 000 000

（3）以债务重组、非货币性资产交换等方式取得的长期股权投资，其初始投资成本应按照CAS12、CAS14和CAS7的规定确定。

（4）投资者投入的长期股权投资，应当按照投资合同或协议约定的价值作为初始投资成本，但合同或协议约定的价值不公允的除外。

第三节　长期股权投资的后续计量

企业取得的长期股权投资，在确定初始投资成本后，视对被投资单位影响程度等情况的不同，应分别采用成本法及权益法进行核算。对子公司的长期股权投资应当按成本法核算，对联营企业和合营企业的长期股权投资应当按权益法核算。

一、长期股权投资的成本法

（一）成本法的定义及其适用范围

成本法，是指投资按成本计价的方法。投资方能够对被投资单位实施控制的长期股权投资应当采用成本法核算。企业在投资期间始终应以初始投资成本反映长期股权投资的价值，一般不对其账面价值进行调整，除非企业实际增减投资额，才能对长期股权投资的账面余额进行调整。

（二）成本法的会计处理

采用成本法核算的长期股权投资，其会计处理要点为：

（1）初始投资或追加投资时，按照初始投资或追加投资的成本增加长期股权投资的账面价值。

（2）除取得投资时实际支付的价款或对价中包含的已宣告但尚未发放的现金股利或利润外，投资企业应当按照享有被投资单位宣告发放的现金股利或利润确认投资收益。

【例 6-2】 20×1 年 3 月 20 日，A 公司以 6 280 万元（包括已宣告但尚未发放的现金股利 250 万元）购入 B 公司普通股股票 2 500 万股，占 B 公司普通股股份的 60%，形成非同一控制下的企业合并，A 公司将其划分为长期股权投资。20×1 年 4 月 5 日，A 公司收到支付的投资价款中包含的已宣告但尚未发放的现金股利；20×2 年 3 月 5 日，B 公司宣告 20×1 年度股利分配方案，每股 0.20 元，并于 20×2 年 4 月 15 日派发；20×3 年 4 月 15 日，B 公司宣告 20×2 年度股利分配方案，每股派送股票股利 0.3 股，除权日为 20×3 年 5 月 10 日；20×3 年度 B 公司发生亏损，以留存收益弥补亏损后，于 20×4 年 4 月 25 日宣告 20×3 年度股利分配方案，每股分派现金股利 0.10 元，并于 20×4 年 5 月 10 日派发；20×4 年 B 公司继续亏损，该年未进行利润分配；20×5 年度 B 公司扭亏为盈，该年未进行利润分配；20×6 年度该公司继续盈利，于 20×7 年 3 月 10 日宣告 20×6 年度股利分配方案，每股分派现金股利 0.25 元，并于 20×7 年 4 月 15 日派发。

（1）20×1 年 3 月 20 日，购入股权时：

借：长期股权投资——B 公司　　60 300 000
　　应收股利　　2 500 000
　贷：银行存款　　62 800 000

（2）20×1 年 4 月 5 日，收到 B 公司派发的现金股利时：

借：银行存款　　2 500 000
　贷：应收股利　　2 500 000

（3）20×2 年 3 月 5 日，B 公司宣告 20×1 年度股利分配方案时：

借：应收股利　　5 000 000
　贷：投资收益　　5 000 000

（4）20×2 年 4 月 15 日，收到 B 公司派发的现金股利时：

借：银行存款　　5 000 000
　贷：应收股利　　5 000 000

（5）20×3 年 5 月 10 日，B 公司派送的股票股利除权。

A 公司不作正式会计记录，但应于除权日在备查簿中登记增加的股份。

（6）20×4 年 4 月 25 日，B 公司宣告 20×3 年度股利分配方案时：

借：应收股利　　3 250 000
　贷：投资收益　　3 250 000

（7）20×4 年 5 月 10 日，收到 B 公司派发的现金股利时：

借：银行存款　　3 250 000

　贷：应收股利　　3 250 000

（8）20×4 年 B 公司继续亏损，该年未进行利润分配。

A 公司不必作任何会计处理。

（9）20×5 年 B 公司扭亏为盈，该年未进行利润分配。

A 公司不必作任何会计处理。

（10）20×7 年 3 月 10 日，B 公司宣告 20×6 年度股利分配方案时：

借：应收股利　　8 125 000

　贷：投资收益　　8 125 000

（11）20×7 年 4 月 15 日，收到 B 公司派发的现金股利时：

借：银行存款　　8 125 000

　贷：应收股利　　8 125 000

投资企业在确认自被投资单位应分得的现金股利或利润后，应当考虑有关长期股权投资是否发生减值。在判断该类长期股权投资是否存在减值迹象时，应当关注长期股权投资的账面价值是否大于享有被投资单位净资产（包括相关商誉）账面价值的份额等情况。出现类似情况时，企业应当按照《企业会计准则第 8 号——资产减值》（CAS8）的规定对长期股权投资进行减值测试，可收回金额低于长期股权投资账面价值的，应当计提减值准备。

采用成本法对长期股权投资进行后续计量，其优点在于：第一，投资账户能够反映投资的成本；第二，核算简便；第三，能反映企业实际获得的利润或现金股利的情况，而且获得的利润或现金股利与其流入的现金在时间上基本吻合；第四，与法律上企业法人的概念相符，即投资企业与被投资单位是两个法人实体，被投资单位实现的净利润或发生的净亏损，不会自动成为投资企业的利润或亏损，只有当被投资单位宣告分派现金股利或利润时，投资收益才能实现；第五，所确认的投资收益，与我国税法上确认应纳税所得额时对投资收益的确认时间是一致的，不存在会计核算时间上与税法不一致的问题；第六，核算结果比较稳健，即投资账户只反映投资成本，投资收益只反映实际获得的利润或现金股利。

但成本法也有其局限性，主要表现为：第一，成本法下不能真实地反映投资企业在被投资单位中的权益；第二，当投资企业能够控制被投资单位的情况下，投资企业可以操纵被投资单位的利润或现金股利的分配，为操纵利润提供了条件，其投资收益不能真正反映应当获得的投资利益。

二、长期股权投资的权益法

（一）权益法的定义及其适用范围

权益法，是指投资以初始投资成本计量后，在投资持有期间根据投资企业享有被投资单位所有者权益份额的变动对投资的账面价值进行调整的方法。权益法下，投资企业与被投资单位被视为一个整体对待，因此，投资企业的长期股权投资与被投资单位的所有者权益之间也强调同步变化的“联动效应”。

按照 CAS2 的规定，应当采用权益法核算的长期股权投资包括两类：一是投资企业与其他合营方一同对被投资单位实施共同控制的权益性投资，即对合营企业投资；二是投资企业对被投资单位具有重大影响的权益性投资，即对联营企业投资。

（二）权益法的会计处理

长期股权投资核算采用权益法时，“长期股权投资”科目应当分别以“投资成本”“损益调整”“其他综合收益”“其他权益变动”进行明细核算。其会计处理要点为：

1. *初始投资成本的调整*

投资企业取得对联营企业或合营企业的投资以后，对于取得投资时投资成本与应享有被投资单位可辨认净资产公允价值份额之间的差额，应区别情况分别处理。

（1）初始投资成本大于取得投资时应享有被投资单位可辨认净资产公允价值份额的，该部分差额从本质上是投资企业在取得投资过程中通过购买作价体现出的与所取得股权份额相对应的商誉及被投资单位不符合确认条件的资产价值。初始投资成本大于投资时应享有被投资单位可辨认净资产公允价值的份额时，两者之间的差额不要求对长期股权投资的成本进行调整。

（2）初始投资成本小于取得投资时应享有被投资单位可辨认净资产公允价值份额的，两者之间的差额体现为双方在交易作价过程中转让方的让步，该部分经济利益流入应作为收益处理，计入取得投资当期的营业外收入，同时调整增加长期股权投资的账面价值。

【例 6-3】 20×7 年 1 月 1 日，A 公司以 2 000 万元取得 B 公司 30% 的股权，取得投资时被投资单位 B 公司可辨认净资产的公允价值为 6 000 万元，A 公司能够对 B 公司施加重大影响，则 A 公司应作会计分录为：

借：长期股权投资——B 公司（投资成本）　　20 000 000

　　贷：银行存款　　20 000 000

此例中 A 公司的初始投资成本 2 000 万元 > 取得可辨认净资产公允价值的份额 1 800 万元（6 000 万元 × 30%），故对初始投资成本不做调整。

再假定，本例中 A 公司取得投资时 B 公司可辨认净资产的公允价值为 7 000 万元，则 A 公司的初始投资成本 2 000 万元 < 取得可辨认净资产公允价值的份额 2 100 万元（7 000 万元 × 30%），应对初始投资成本进行调整，两者的差额计入当期营业外收入。A 公司应作会计分录为：

借：长期股权投资——B 公司（投资成本）　　20 000 000

　　贷：银行存款　　20 000 000

借：长期股权投资——B 公司（投资成本）　　1 000 000

　　贷：营业外收入　　1 000 000

2. 投资损益的确认

投资企业取得长期股权投资后，应当按照应享有或应分担被投资单位实现净利润或发生净亏损的份额（法规或章程规定不属于投资企业的净损益除外），调整长期股权投资的账面价值，并确认为当期投资损益。在确认应享有或应分担被投资单位的净利润或净亏损时，在被投资单位账面净利润的基础上，应考虑以下因素的影响进行适当调整。

（1）被投资单位采用的会计政策及会计期间与投资企业不一致的，应按投资企业的会计政策及会计期间对被投资单位的财务报表进行调整。这是由于权益法下，投资企业与被投资单位被视为一个整体对待，作为一个整体其所产生的损益，应当在一致的会计政策基础上确定。被投资单位采用的会计政策与投资企业不同的，投资企业应当基于重要性原则，按照本企业的会计政策对被投资单位的损益进行调整。另外，投资企业与被投资单位采用的会计期间不同的，也应进行相关调整。

（2）以取得投资时被投资单位固定资产、无形资产的公允价值为基础计提的折旧额或摊销额，以及以投资企业取得投资时有关资产的公允价值为基础计算确定的资产减值准备金额等，对被投资单位净利润的影响。

被投资单位个别利润表中的净利润是以其持有的资产、负债账面价值为基础持续计算的，而投资企业在取得投资时，是以被投资单位有关资产、负债的公允价值为基础确定投资成本，长期股权投资的投资收益所代表的是被投资单位资产、负债在公允价值计量的情况下在未来期间通过经营产生的损益中归属于投资企业的部分。取得投资时有关资产、负债的公允价值与其账面价值不同的，未来期间，在计算归属于投资企业应享有的净利润或应承担的净亏损时，应以投资时被投资单位有关资产对投资企业的成本即取得投资时的公允价值为基础计算确定，从而产生了需要对被投资单位账面净利润进行调整的情况。

在针对上述事项对被投资单位实现的净利润进行调整时，应考虑重要性原则，不具重要性的项目可不予调整。符合下列条件之一的，投资企业应按被投资单位的账面净利润为基础，计算确认投资损益，同时应在会计报表附注中说明不能按照准则规定进行核算的原因：①投资企业无法合理确定取得投资时被投资单位各项可辨认资产等的公允价值；②投资时被投资单位可辨认资产的公允价值与其账面价值相比，两者之间的差额不具重要性的；③其他原因导致无法取得被投资单位的有关资料，不能按照准则中规定的原则对被投资单位的净损益进行调整的。

【例 6-4】承【例 6-3】相关资料。假定长期股权投资的成本大于取得投资时被投资单位可辨认净资产公允价值的份额，取得投资当年即 20×7 年被投资单位实现净利润 800 万元。A、B 公司均以公历年度作为会计年度，两者采用的会计政策相同。

假设一：投资时 B 公司各项资产、负债的账面价值与其公允价值相同，且假定投资企业与被投资单位未发生任何内部交易，不需要对 B 公司实现的净损益进行调整，则 A 公司应确认的投资收益为 240（800×30%）万元，据此应作会计分录为：

借：长期股权投资——B 公司（损益调整）　　2 400 000

　贷：投资收益　　2 400 000

假设二：投资时B公司各项资产、负债的账面价值与其公允价值不同，具体资产、负债项目如表6-1所示。

表6-1　　**B公司资产公允价值与账面价值差额比较表**　　单位：万元

	账面原价	已提折旧或摊销	公允价值	B公司原预计使用年限	A公司取得投资后预计剩余使用年限
存货	500		800		
固定资产	2 000	500	3 300	20	15
无形资产	300	60	540	10	6
合计	2 800	560	4 640		

其中：20×7年度中，在A公司取得投资时的账面存货有60%实现对外出售，固定资产、无形资产均按直线法计提折旧或摊销，预计净残值均为0。假定A、B公司间未发生任何内部交易。

则A公司在确定其应享有的投资收益时，应在B公司实现净利润800万元的基础上，根据取得投资时B公司有关资产的账面价值与其公允价值差额的影响进行如下调整（假定不考虑所得税影响）：

存货账面价值与公允价值的差额应调减的利润＝（800－500）×60%＝180（万元）

固定资产公允价值与账面价值差额应调整增加的折旧额＝3 300÷15－2 000÷20＝120（万元）

无形资产公允价值与账面价值差额应调整增加的摊销额＝540÷6－300÷10＝60（万元）

调整后的净利润＝800－180－120－60＝440（万元）

A公司应享有份额＝440×30%＝132（万元），据此应作会计分录为：

借：长期股权投资——B公司（损益调整）　　1 320 000

　贷：投资收益　　1 320 000

（3）在确认投资收益时，除考虑公允价值的调整外，对于投资企业与其联营企业及合营企业之间发生的未实现内部交易损益应予抵销。即投资企业与联营企业及合营企业之间发生的未实现内部交易损益按照持股比例计算归属于投资企业的部分应当予以抵销，在此基础上确认投资损益。投资企业与被投资单位发生的内部交易损失，按照CSA8等规定属于资产减值损失的，应当全额确认。投资企业对于纳入其合并范围的子公司与其联营企业及合营企业之间发生的内部交易损益，也应当按照上述原则进行抵销，在此基础上确认投资损益。

应当注意的是，该未实现内部交易损益的抵销既包括顺流交易也包括逆流交易。其中，顺流交易是指投资企业向其联营企业或合营企业出售资产，逆流交易是指联营企业或合营企业向投资企业出售资产。当该未实现内部交易损益体现在投资企业或其联营企业、合营企业持有的资产账面价值中时，相关的损益在计算确认投资损益时应予抵销。

①对于逆流交易，在该交易存在未实现内部交易损益的情况下（有关资产未对外部独立第三方出售前），投资企业不应确认联营企业或合营企业因该内部交易产生的未实现损益

中按照持股比例计算确定的归属于本企业享有的部分。即投资企业在采用权益法计算确认应享有联营企业或合营企业的投资损益时，应抵销该未实现内部交易损益的影响，并相应调整对联营企业或合营企业的长期股权投资账面价值。

【例 6-5】 甲企业于 20×7 年 1 月取得乙公司 20%有表决权股份，能够对乙公司施加重大影响。假定甲企业取得该项投资时，乙公司各项可辨认资产、负债的公允价值与其账面价值相同。20×7 年 8 月，乙公司将其成本为 600 万元的某商品以 1 000 万元的价格出售给甲企业，甲企业将取得的商品作为存货。至 20×7 年资产负债表日，甲企业仍未对外出售该存货。乙公司 20×7 年实现净利润为 3 200 万元。假定不考虑所得税因素，甲企业应编制以下会计分录。

按照权益法确认应享有乙公司 20×7 年净损益时：

借：长期股权投资——乙公司（损益调整）（32 000 000×20%）　　6 400 000
　贷：投资收益　　6 400 000

抵销未实现内部交易损益的影响时：

借：投资收益[（10 000 000－6 000 000）×20%]　　800 000
　贷：长期股权投资——乙公司（损益调整）　　800 000

进行上述处理后，投资企业若有子公司，需要编制合并财务报表的，在其 20×7 年合并财务报表中，因该未实现内部交易损益体现在投资企业持有存货的账面价值当中，应在合并财务报表中进行以下调整：

借：长期股权投资——乙公司（损益调整）　　800 000
　贷：存货　　800 000

假定在 20×8 年，甲企业将该商品以 1 000 万元的价格向外部独立第三方出售，因该部分内部交易损益已经实现，甲企业在确认应享有乙公司 20×8 年净损益时，应考虑将原未确认的该部分内部交易损益计入投资损益，即应在考虑其他因素计算确定的投资损益基础上调整增加 80 万元。

②对于顺流交易，在该交易存在未实现内部交易损益的情况下（有关资产未向外部独立第三方出售前），投资企业在采用权益法计算确认应享有联营企业或合营企业的投资损益时，应抵销该未实现内部交易损益的影响，同时调整对联营企业或合营企业长期股权投资的账面价值。当投资企业向联营企业或合营企业出售资产，同时有关资产由联营企业或合营企业持有时，投资方因出售资产应确认的损益仅限于与联营企业或合营企业其他投资者交易的部分。即在顺流交易中，投资方出售资产给其联营企业或合营企业产生的损益中，按照持股比例计算确定归属于本企业的部分不予确认。

【例 6-6】 A 企业持有 B 公司 20%有表决权股份，能够对 B 公司的财务和生产经营决策施加重大影响。20×7 年，A 企业将其账面价值为 400 万元的商品以 650 万元的价格出售给 B 公司。至 20×7 年资产负债表日，该批商品尚未对外部第三方出售。假定 A 企业取得该项投资时，B 公司各项可辨认资产、负债的公允价值与其账面价值相同，两者在以前期间未发生过内部交易。B 公司 20×7 年净利润为 2 000 万元。假定不考虑所得税因素，A 企业应编制以下会计分录。

按照权益法确认应享有B公司20×7年净损益时：

借：长期股权投资——B公司（损益调整）（20 000 000×20%）　　4 000 000

　贷：投资收益　　4 000 000

抵销未实现内部交易损益的影响时：

借：投资收益[（6 500 000－4 000 000）×20%]　　500 000

　贷：长期股权投资——B公司（损益调整）　　500 000

A企业如需编制合并财务报表，在合并财务报表中对该未实现内部交易损益应在个别报表已确认投资损益的基础上进行以下调整：

借：营业收入（650万元×20%）　　1 300 000

　贷：营业成本（400万元×20%）　　800 000

　　投资收益　　500 000

应当说明的是，投资企业与其联营企业及合营企业之间发生的无论是顺流交易还是逆流交易产生的未实现内部交易损失，属于所转让资产发生减值损失的，有关的未实现内部交易损失不应予以抵销。

未实现内部交易损益的抵销应注意以下几点。

（1）投资企业与其联营企业及合营企业之间的未实现内部交易损益抵销与投资企业与子公司之间的未实现内部交易损益抵销有所不同，母子公司之间的未实现内部交易损益在合并财务报表中是全额抵销的，而投资企业与其联营企业及合营企业之间的未实现内部交易损益抵销仅仅是投资企业或是纳入投资企业合并财务报表范围的子公司享有联营企业或合营企业的权益份额部分。

（2）投资方与联营、合营企业之间发生投出或出售资产的交易，该资产构成业务的，有关会计处理如下：

①联营、合营企业向投资方出售业务的，投资方应全额确认与交易相关的利得或损失。

②投资方向联营、合营企业投出业务，投资方因此取得长期股权投资但未取得控制权的，应以投出业务的公允价值作为新增长期股权投资的初始投资成本，初始投资成本与投出业务的账面价值之差，全额计入当期损益。投资方向联营、合营企业出售业务取得的对价与业务的账面价值之间的差额，全额计入当期损益。

3. 取得股利或利润的处理

股利是股东对企业净利润的分享。在我国，股利的支付通常有两种基本形式，即现金股利和股票股利。所谓现金股利，是指企业以现金形式向股东派发的股利；而股票股利则是企业用增发的股票代替现金派发给股东的股利。当作股利发放的股票，又称红股，俗称送股。

（1）现金股利或利润的会计处理

按照权益法核算的长期股权投资，投资企业自被投资单位取得的现金股利或利润，应抵减长期股权投资的账面价值。在被投资单位宣告分派现金股利或利润时，借记“应收股利”科目，贷记“长期股权投资——损益调整”科目；自被投资单位取得的现金股利或利

润超过已确认损益调整的部分应视同投资成本的收回，冲减长期股权投资的成本。

【例 6-7】 承【例 6-4】假设二。若 20×8 年初，B 公司对 20×7 年度实现的净损益进行分配。

假设一：B 公司宣告分派现金股利 300 万元。其中，A 公司应取得的份额为 90 万元（300×30%），未超过 A 公司确认的投资收益 132 万元，则 A 公司应作会计分录为：

	借方	贷方
借：应收股利	900 000	
贷：长期股权投资——B 公司（损益调整）		900 000

假设二：B 公司宣告分派现金股利 500 万元。其中，A 公司应取得的份额为 150 万元（500×30%），超过 A 公司确认的投资收益 132 万元，则 A 公司应作会计分录为：

	借方	贷方
借：应收股利	1 500 000	
贷：长期股权投资——B 公司（损益调整）		1 320 000
长期股权投资——B 公司（投资成本）		180 000

（2）股票股利的会计处理

当企业实现净利润但现金不足时，为了满足股东的要求，维持股票价位，通常派发股票股利，而不以现金方式分派股利。分派股票股利，一不会使所有者权益总额发生变动，而仅仅是所有者权益各项目结构发生内部的调整；二不需要企业拿出现金。从理论上讲，被投资单位派发股票股利，既没有减少资产，也没有减少所有者权益，但每股净资产降低了，表明股份稀释；投资企业既没有收到资产，也没有增加所有者权益，只是股份的增加，股份的增加也并未使持股比例增加，仅仅是以更多的股份代表原持股比例，所享有的权益也未变化，表明每股应享有被投资单位净资产份额的减少，每股投资成本降低。虽然所收到的股票有市价，但这种市价已存在于原投资的股票中，在除权日，由于派发股票股利而使开盘价格等比例降低，即使以后填权，使投资的总价值增加，市价又回升至除权前的水平，但在股票未出售前，属于未实现的增值，根据收益实现原则，也不能将股票股利确认为一项收益。因此，股票股利不能作为收益加以确认。

基于上述分析，若被投资单位分派的是股票股利，则投资企业不作账务处理。但应于除权日在备查账簿中登记所增加的股数，以表明每股投资成本的减少，部分处置该项收到股票股利的投资时，应按投资成本与全部股份计算的平均每股成本结转处置部分的成本。

4. *超额亏损的处理*

长期股权投资持有期间，投资企业不仅确认并分享被投资单位的净收益，也应确认并分担被投资单位发生的损失，如被投资单位的亏损等。原则上应以长期股权投资及其他实质上构成对被投资单位净投资的长期权益减记至零为限，投资企业负有承担额外损失义务的除外。这里所说的“其他实质上构成对被投资单位净投资的长期权益”通常是指长期应收项目。例如，企业对被投资单位的长期债权，该债权没有明确的清收计划且在可预见的未来期间不准备收回的，实质上构成对被投资单位的净投资。应予说明的是，该类长期权益不包括投资企业与被投资单位之间因销售商品、提供劳务等日常活动所产生的长期债权。

具体会计处理时应按照以下顺序进行：

（1）应减记长期股权投资的账面价值，借记“投资收益”科目，贷记“长期股权投资——损益调整”科目。

（2）在长期股权投资的账面价值减记至零以后，考虑如果有其他实质上构成对被投资单位净投资的长期权益，应当以其账面价值为限，继续确认的投资损失，借记“投资收益”科目，贷记“长期应收款”等科目。

（3）经过上述会计处理后，如果按照投资合同或协议约定，投资企业仍需要承担额外义务的，应按预计承担的义务确认为当期的投资损失，借记“投资收益”科目，贷记“预计负债”科目。

（4）如果按上述顺序已确认的投资损失外仍有额外损失的，应在账外备查登记。

（5）在确认有关的投资损失以后，被投资单位于以后期间实现盈利的，应按以上相反顺序分别减记已确认的预计负债、恢复其他长期权益及长期股权投资的账面价值，同时确认投资收益。即应当按顺序分别借记“预计负债”“长期应收款”“长期股权投资”等科目，贷记“投资收益”科目。

【例 6-8】 X 公司持有 Y 公司 25%的股权，能够对 Y 公司施加重大影响。20×7 年初该项长期股权投资的账面价值为 3 000 万元。假定 X 公司在取得该投资时，Y 公司各项可辨认资产、负债的公允价值与其账面价值相等，双方所采用的会计政策及会计期间也相同。

假定一：Y 公司 20×7 年度亏损 6 000 万元，其中，X 公司当年度应确认的投资损失为 1 500 万元。则 X 公司应作会计分录为：

借：投资收益　　15 000 000

　贷：长期股权投资——Y 公司（损益调整）　　15 000 000

假定二：Y 公司 20×7 年度亏损 16 000 万元，其中，X 公司当年度应确认的投资损失为 4 000 万元。但长期股权投资的账面价值仅为 3 000 万元，如果没有其他实质上构成对被投资单位净投资的长期权益项目，则甲企业应确认的投资损失仅为 3 000 万元，超额损失在账外进行备查登记；如果 X 公司账上仍有应收 Y 公司的长期应收款 1 200 万元，该款项从目前情况看，没有明确的清偿计划（并非产生于商品购销等日常活动），则 X 公司应作会计分录为：

借：投资收益　　30 000 000

　贷：长期股权投资——Y 公司（损益调整）　　30 000 000

借：投资收益　　10 000 000

　贷：长期应收款　　10 000 000

5. 其他综合收益的处理

被投资单位其他综合收益发生变动的，投资方应当按照归属于本企业的部分，相应调整长期股权投资的账面价值，同时增加或减少其他综合收益。

【例 6-9】 A 公司持有 B 公司 25%的股份，并能对 B 公司施加的重大影响。当期，B 公司将其作为存货的房地产转换为以公允价值模式计量的投资性房地产，转换日公允价值

大于账面 1 500 万元，计入其他综合收益。不考虑其他因素，A 公司当期按照权益法核算应确认的其他综合收益的会计处理如下：

按权益法核算 A 公司应确认的其他综合收益=1 500×25%=375（万元）

借：长期股权投资——B 公司（其他综合收益）　　3 750 000

　贷：其他综合收益　　3 750 000

6. 被投资单位所有者权益其他变动的处理

如前所述，采用权益法核算的长期股权投资与被投资单位的所有者权益之间强调同步变化的“联动效应”。因此，投资企业对于被投资单位除净损益以外所有者权益的其他变动，在持股比例不变的情况下，也应按照持股比例与被投资单位除净损益以外所有者权益的其他变动中归属于本企业的部分，确认为其他资本公积，相应调整长期股权投资的账面价值，计入“长期股权投资——其他权益变动”科目，同时增加或减少资本公积（其他资本公积）。

【例 6-10】 A 公司持有 B 公司 30%的股份，能够对 B 公司施加重大影响。B 公司为上市公司，当期 B 公司的母公司给予 B 公司捐赠 1 000 万元，该捐赠实质上属于资本性投入，B 公司将其计入资本公积（股本溢价）。不考虑其他因素，A 公司按权益法作如下会计处理：

A 公司在确认应享有被投资单位所有者权益的其他变动=1 000×30%=300（万元）

借：长期股权投资——B 公司（其他权益变动）　　3 000 000

　贷：资本公积——其他资本公积　　3 000 000

采用权益法对长期股权投资进行后续计量的优点在于：第一，投资账户能够反映投资企业在被投资单位中的权益，反映了投资企业拥有被投资单位所有者权益份额的经济现实；第二，投资收益反映了投资企业经济意义上的投资利益，无论被投资单位分配多少利润或现金股利，什么时间分配利润或现金股利，投资企业享有被投资单位净利润的份额或应承担亏损的份额，才是真正实现的投资收益，而不受利润分配政策的影响，体现了实质重于形式的原则。

但权益法也有其局限性，表现为：第一，与法律上的企业法人的概念相悖。投资企业与被投资单位虽然从经济意义上看是一个整体，但从法律意义上看，仍然是两个分别独立的法人实体。被投资单位实现的利润，不可能成为投资企业的利润，被投资单位发生的亏损，也不可能形成投资企业的亏损。投资企业在被投资单位宣告分派利润或现金股利前，是不可能分回利润或现金股利的。第二，在权益法下，投资收益的实现与现金流入的时间不相吻合，即确认投资收益在先，实际获得利润或现金股利在后。第三，会计核算比较复杂。

三、长期股权投资的减值

长期股权投资在按照规定进行核算确定其账面价值的基础上，如果存在减值迹象的，应当计提减值准备。企业持有的对子公司、联营企业及合营企业的长期股权投资，应当按照 CAS8 的相关规定确定其可收回金额及应予计提的减值准备。

第四节　长期股权投资核算方法的转换及处置

一、长期股权投资核算方法的转换

长期股权投资在持有期间，因各方面情况的变化，可能导致其核算需要由一种方法转换为另外的方法。

（一）成本法转换为权益法

因处置投资等原因导致对被投资单位由能够实施控制转为具有重大影响，或者与其他投资方一起实施共同控制的，首先应按处置投资的比例结转应终止确认的长期股权投资成本。

然后，比较剩余长期股权投资的成本与按照剩余持股比例计算原投资时应享有被投资单位可辨认净资产公允价值的份额。前者大于后者的，不调整长期股权投资的账面价值；前者小于后者的，在调整长期股权投资成本的同时，调整留存收益。

对于原取得投资时至处置投资时（转为权益法核算）之间被投资单位实现净损益中投资方应享有的份额应调整长期股权投资的账面价值，同时，对于原取得投资时至处置投资当期期初被投资单位实现的净损益当中应享有的份额，调整留存收益，对于处置投资当期期初至处置投资之日被投资单位实现的净损益中享有的份额调整当期损益；对于被投资单位其他综合收益变动中应享有的份额，在调整长期股权投资账面价值的同时应当计入其他综合收益；除净损益、其他综合收益和利润分配以外的其他原因导致被投资单位其他所有者权益变动中应享有的份额，在调整长期股权投资账面价值的同时，应当计入资本公积（其他资本公积）。

【例 6-11】 20×6 年 1 月 1 日，A 公司支付 600 万元取得 B 公司 100%的股权，投资当时 B 公司可辨认净资产的公允价值为 500 万元。20×6 年 1 月 1 日至 20×7 年 12 月 31 日，B 公司的净资产增加了 75 万元，其中按购买日公允价值计算实现的净利润 50 万元，持有以公允价值计量且其变动计入其他综合收益的金融资产其公允价值升值 25 万元。

20×8 年 1 月 8 日，A 公司转让 B 公司 60%的股权，收取现金 480 万元存入银行，转让后 A 公司对 B 公司的持股比例为 40%，能够对其施加重大影响。20×8 年 1 月 8 日，即 A 公司丧失对 B 公司的控制权日，B 公司剩余 40%股权的公允价值为 320 万元。假定 A、B 公司提取盈余公积的比例均为 10%。假定 B 公司未分配现金股利，并且不考虑其他因素。A 公司的处理如下：

（1）确认部分股权处置收益：

借：银行存款　　4 800 000

　贷：长期股权投资——B 公司　　（6 000 000×60%）3 600 000

　　　投资收益　　1 200 000

（2）对剩余股权改按权益法核算：

借：长期股权投资——B 公司（投资成本）　　2 400 000

　贷：长期股权投资——B 公司　　2 400 000

借：长期股权投资——B 公司（损益调整）　　200 000

　　　　　　　　——B 公司（其他综合收益）　　100 000

　贷：盈余公积　　（500 000 × 40% × 10%）20 000

　　利润分配——未分配利润　　（500 000 × 40% × 90%）180 000

　　其他综合收益　　（250 000 × 40%）100 000

（二）公允价值计量或权益法转换为成本法

投资方原持有的对被投资单位不具有控制、共同控制或重大影响的按照金融工具确认和计量准则进行会计处理的权益性投资，或者原持有对联营企业、合营企业的长期股权投资，因追加投资等原因，能够对被投资单位实施控制的，应按本章前面所述企业合并形成的长期股权投资有关内容进行会计处理。其中：

原投资采用权益法核算的，追加投资日长期股权投资初始投资成本=原投资账面价值+新增投资成本

原投资按公允价值计量的，追加投资日长期股权投资初始投资成本=原投资公允价值+新增投资成本

（三）公允价值计量转换为权益法

原持有的对被投资单位的股权投资（不具有控制、共同控制或重大影响的），按照金融工具确认和计量准则进行会计处理的，因追加投资等原因导致持股比例上升，能够对被投资单位施加共同控制或重大影响的，在转按权益法核算时，投资方应当按照金融工具确认和计量准则确定的原股权投资的公允价值加上为取得新增投资而应支付对价的公允价值，作为改按权益法核算的初始投资成本。原持有的股权投资分类为以公允价值计量且其变动计入其他综合收益的非交易性权益工具投资，与其相关的原计入其他综合收益的累计公允价值变动，应当转入改按权益法核算的留存收益。然后，比较上述计算所得的初始投资成本，与按照追加投资后全新的持股比例计算确定的应享有被投资单位在追加投资日可辨认净资产公允价值份额之间的差额，前者大于后者的，不调整长期股权投资的账面价值；前者小于后者的，差额应调整长期股权投资的账面价值，并计入当期营业外收入。

【例 6-12】 甲公司于 20 × 7 年 2 月取得乙公司 10%股权，对乙公司不具有控制、共同控制和重大影响，甲公司将其分类为以公允价值计量且其变动计入其他综合收益的金融资产，投资成本为 900 万元，取得时乙公司可辨认净资产公允价值总额为 8 400 万元（假定公允价值与账面价值相同）。

20 × 8 年 3 月 1 日，甲公司又以 1 800 万元取得乙公司 12%的股权，当日乙公司可辨认净资产公允价值总额为 12 000 万元。取得该部分股权后，按照乙公司章程规定，甲公司能

够派人参与乙公司的财务和生产经营决策，对该项长期股权投资转为采用权益法核算。假定甲公司在取得乙公司 10%的股权后，双方未发生任何内部交易。乙公司通过生产经营活动实现的净利润为 900 万元，未派发现金股利和利润。除所实现净利润外，未发生其他所有者权益变动事项。20×8 年 3 月 1 日，甲公司对乙公司投资原 10%股权的公允价值为 1 300 万元，原计入其他综合收益的累计公允价值变动收益为 120 万元。

本例中，20×8 年 3 月 1 日，甲公司对乙公司投资原 10%股权的公允价值为 1 300 万元，账面价值为 1 020 万元，差额计入留存收益；同时，因追加投资改按权益法核算，原计入其他综合收益的累计公允价值变动收益 120 万元转入留存收益。

甲公司对乙公司股权增持后，持股比例改为 22%，初始投资成本为 3 100 万元（1 300+1 800），应享有乙公司可辨认净资产公允价值份额为 2 640 万元（12 000×22%）前者大于后者 460 万元，不调整长期股权投资的账面价值。

甲公司对上述交易的会计处理如下：

	借方	贷方
借：长期股权投资——乙公司（投资成本）	31 000 000	
贷：银行存款		18 000 000
其他权益工具投资——成本		9 000 000
——公允价值变动		1 200 000
盈余公积		280 000
利润分配——未分配利润		2 520 000
借：其他综合收益	1 200 000	
贷：盈余公积		120 000
利润分配——未分配利润		1 080 000

（四）权益法转换为公允价值计量

原持有的对被投资单位具有共同控制或重大影响的长期股权投资，因部分处置等原因导致持股比例下降，不能再对被投资单位实施共同控制或重大影响的，应该按金融工具确认和计量准则对剩余股权投资进行会计处理，其在丧失共同控制或重大影响之日的公允价值与账面价值之间的差额计入当期损益。原采用权益法核算的相关其他综合收益应当在终止采用权益法核算时，采用与被投资单位直接处置相关资产或负债相同的基础进行会计处理，因被投资方除净损益、其他综合收益和利润分配以外的其他所有者权益变动而确认的所有者权益，应当在终止采用权益法核算时全部转入当期损益。

【例 6-13】 甲公司持有乙公司 30%的有表决权股份，能够对乙公司施加重大影响，对该股权投资采用权益法核算。20×7 年 10 月，甲公司将该项投资中的 50%出售给非关联方，取得价款 1 800 万元。相关股权划转手续于当日完成。甲公司持有乙公司剩余 15%股权，无法再对乙公司施加重大影响，转为以公允价值计量且其变动计入其他综合收益的金融资产。股权出售日，剩余股权的公允价值为 1 800 万元。

出售该股权时，长期股权投资的账面价值为 3 200 万元，其中投资成本 2 600 万元、损益调整为 300 万元，因被投资单位的以公允价值计量且其变动计入其他综合收益的金融资产的累计公允价值变动享有部分为 200 万元，除净损益、其他综合收益和利润分配以外的其他所有者权益变动为 100 万元。不考虑相关税费等其他因素影响。甲公司作有关会计分录为：

（1）确认有关股权投资的处置损益。

借：银行存款　18 000 000
　贷：长期股权投资——乙公司（投资成本）　13 000 000
　　　　　　　　——乙公司（损益调整）　1 500 000
　　　　　　　　——乙公司（其他综合收益）　1 000 000
　　　　　　　　——乙公司（其他权益变动）　500 000
　　　投资收益　2 000 000

（2）由于终止采用权益法核算，将原确认的相关其他综合收益全部转入留存收益。假定甲、乙公司提取盈余公积的比例均为 10%。

借：其他综合收益　2 000 000
　贷：盈余公积　200 000
　　　利润分配——未分配利润　1 800 000

（3）由于终止采用权益法核算，将原计入资本公积的其他所有者权益变动全部转入当期损益。

借：资本公积——其他资本公积　1 000 000
　贷：投资收益　1 000 000

（4）剩余股权投资转为以公允价值计量且其变动计入其他综合收益的金融资产，当天公允价值为 1800 万元，账面价值为 1600 万元，两者差异计入当期投资收益。

借：其他权益工具投资——成本　18 000 000
　贷：长期股权投资——乙公司（投资成本）　13 000 000
　　　　　　　　——乙公司（损益调整）　1 500 000
　　　　　　　　——乙公司（其他综合收益）　1 000 000
　　　　　　　　——乙公司（其他权益变动）　500 000
　　　投资收益　2 000 000

（五）成本法转换为公允价值计量

原持有的对被投资单位具有控制的长期股权投资，因部分处置等原因导致持股比例下降，不再对被投资单位实施控制、共同控制或重大影响的，应该按金融工具确认和计量准则进行会计处理，在丧失控制之日的公允价值与账面价值之间的差额计入当期投资收益。

【例 6-14】 甲公司持有乙公司 60%股权并能控制乙公司，投资成本为 1 200 万元，按成本法核算。5 月 12 日，甲公司出售所持乙公司股权的 90%给非关联方，所得价款为 1 800 万元，剩余 6%股权于丧失控制权日的公允价值为 200 万元，甲公司将其分类为以公允价值计量且其变动计入当期损益的金融资产。假定不考虑其他因素，甲公司于丧失控制权日的会计处理如下：

出售股权

借：银行存款　　18 000 000

　贷：长期股权投资——乙公司　　10 800 000

　　　投资收益　　7 200 000

剩余股权的处理

借：交易性金融资产——成本　　2 000 000

　贷：长期股权投资——乙公司　　1 200 000

　　　投资收益　　800 000

二、长期股权投资的处置

企业处置长期股权投资时，应相应结转与所售股权相对应的长期股权投资的账面价值，出售所得价款与处置长期股权投资账面价值之间的差额，应确认为处置损益。

投资方全部处置权益法核算的长期股权投资时，原权益法核算的相关其他综合收益应当在终止采用权益法核算时采用与被投资单位直接处置相关资产或负债相同的基础进行会计处理，因被投资方除净损益、其他综合收益和利润分配以外的其他所有者权益变动而确认的资本公积——其他资本公积，应当在终止采用权益法核算时全部转入当期投资收益。

投资方部分处置权益法核算的长期股权投资，剩余股权仍采用权益法核算的，原权益法核算的相关其他综合收益应当采用与被投资单位直接处置相关资产或负债相同的基础处理并按比例结转，因被投资方除净损益、其他综合收益和利润分配以外的其他所有者权益变动而确认的资本公积——其他资本公积，应当按比例结转入当期投资收益。

【例 6-15】 A 企业原持有 B 企业 40%的股权，20×7 年 12 月 20 日，A 企业决定出售 10%的 B 企业股权，出售时 A 企业账面上对 B 企业长期股权投资的构成为：投资成本 1 800 万元，损益调整 480 万元，可转入损益的其他综合收益 100 万元，其他权益变动 200 万元。出售取得价款 705 万元。

（1）A 企业确认处置损益的会计分录为：

借：银行存款　　7 050 000

　贷：长期股权投资——B 企业（投资成本）　　4 500 000

　　　　　　　　　——B 企业（损益调整）　　1 200 000

　　　　　　　　　——B 企业（其他综合收益）　　250 000

　　　　　　　　　——B 企业（其他权益变动）　　500 000

　　　投资收益　　600 000

（2）除应将实际取得价款与出售长期股权投资的账面价值进行结转，确认出售损益以外，还应将原计入其他综合收益或资本公积的部分按比例转入当期损益。

借：资本公积——其他资本公积　　500 000

　　其他综合收益　　250 000

　贷：投资收益　　750 000

练习题

练习题1

一、目的：练习长期股权投资成本法的核算。

二、资料：甲公司以支付40万元的银行存款和公允价值为25万元的专利技术（成本为20万元，已摊销2万元）为代价，于20×5年1月1日取得乙公司70%的股权，对乙公司实施控制。在合并前不存在任何关联方关系。合并期间，甲公司支付评估费用等各项合并费用5万元。其他资料如下：

20×5年3月1日，乙公司宣布分派上年度现金股利100 000元。

20×5年度，乙公司实现净收益250 000元。

20×6年2月8日，乙公司宣告分派现金股利50 000元。

20×6年度，乙公司发生亏损130 000元，没有进行利润分配。

20×7年度，乙公司实现净收益80 000元。

20×8年3月15日，乙公司宣告分派现金股利150 000元。

三、要求：编制甲公司与该项长期股权投资有关的会计分录。

练习题2

一、目的：练习长期股权投资权益法的核算。

二、资料：A公司于20×5年1月1日以100 000元的价格购入B公司30%的股份，同时支付手续费3 000元。取得投资后A公司对B公司能够实施重大影响。20×5年1月1日B公司净资产账面价值为350 000元，公允价值为400 000元。其中，存货账面价值9万元，公允价值11万元，假设当年对外出售80%，其余在下年全部售出；固定资产账面价值18万元，公允价值21万元，预计使用年限为15年，至投资日剩余使用年限为10年。B公司其他资产、负债项目账面价值与公允价值相同。20×5年度，B公司实现净收益250 000元。20×6年2月8日，B公司宣告分派现金股利150 000元。20×6年度，B公司发生亏损130 000元，没有进行利润分配。20×7年度，B公司实现净收益80 000元。

三、要求：编制A公司与该项长期股权投资有关的会计分录。

练习题3

一、目的：练习长期股权投资成本法转为权益法的核算。

二、资料：甲公司原持有乙公司60%的股权，能够对乙公司实施控制。20×7年11月6日，甲公司对乙公司的长期股权投资账面价值为30 000 000元，未计提减值准备。甲公司将其持有的对乙公司长期股权投资中的1/3出售给非关联方，取得价款18 000 000元，当日被投资单位可辨认净资产公允价值总额为80 000 000元，相关手续于当日完成，甲公司不再对乙公司实施控制，但具有重大影响，甲公司原取得乙公司 60%股权时乙公司可辨认净资产公允价值总额为 45 000 000 元（假定公允价值与账面价值相同）。自甲公司取得对乙公司长期股权投资后至部分处置投资前，乙公司实现净利润 25 000 000 元。其中，自甲公司取得投资日至 20×7 年年初实现净利润 20 000 000 元。假定乙公司一直未进行利润分配，也未发生其他计入资本公积的交易或事项。甲公司按净利润的 10%提取法定盈余公积。不考虑相关税费等其他因素影响。

三、要求：编制甲公司长期股权投资由成本法转为权益法核算的会计分录。

练 习 题 4

一、目的：练习公允价值计量转为权益法的核算。

二、资料：20×6 年 9 月 1 日，甲公司以 850 万元的价款取得乙公司 5%有表决权的股份，甲公司将其划分为以公允价值计量且其变动计入其他综合收益的金融资产，20×7 年 12 月 31 日，该项资产的账面价值为 1 000 万元。20×8 年 3 月 1 日，甲公司再次以 4 200 万元的价款取得乙公司 20%有表决权的股份。至此，甲公司已累计持有乙公司 25%有表决权的股份，能够对乙公司施加重大影响，因此将原作为以公允价值计量且其变动计入其他综合收益的金融资产持有的乙公司 5%的股权投资重新分类为长期股权投资并采用权益法核算。重分类日，甲公司原持有乙公司 5%股权投资的公允价值为 1 050 万元，乙公司可辨认净资产公允价值为 20 000 万元。

三、要求：编制甲公司股权投资由公允价值计量转为权益法核算的会计分录。

第七章　固定资产

本章学习提示

本章重点：固定资产的确认、固定资产初始计量与处置的核算、折旧的计算

本章难点：融资租入固定资产及在建工程的核算

第一节　固定资产概述

一、固定资产及其性质

固定资产，是指同时具有下列特征的有形资产：①为生产产品、提供劳务、出租或经营管理而持有的；②使用寿命超过一个会计年度。其中，使用寿命，是指企业使用固定资产的预计期间，或者该固定资产所能生产产品或提供劳务的数量。

固定资产是企业资产的重要组成部分，是企业生产经营活动的主要劳动资料和其他物质资料。不同行业的企业，固定资产的具体实物表现不同。对于从事生产活动的工、农业企业来说，固定资产主要是在生产经营过程中直接为劳动者所用的劳动工具，如机器设备和生产工具、器具等；保证生产能够正常进行的必要物质条件，如厂房、建筑物等；在生产过程中起辅助作用的劳动工具，如运输设备、动力设备、传导设备等。对于从事经营贸易活动的商品流通企业来说，固定资产的绝大部分是供企业营业用的房屋、用具、计量设备及运输设备等。此外，各企业的固定资产还包括企业的职工宿舍、托儿所及用于文娱体育及福利设施等方面的房屋及其设备。

固定资产可以在若干个生产经营周期内被重复使用，并保持其原有的实物形态不变。在使用中其使用价值也不变，但其价值则随着固定资产的磨损和消耗逐渐地、部分地丧失或减少。

一个企业拥有的固定资产规模的大小，通常可以反映出整个企业获取未来收益的能力。企业固定资产所代表的技术水平、工艺水平，反映出一个企业乃至整个国家的现代化水平。因此，固定资产在技术上先进与否，标志着人们控制自然、改造自然的能力，也标志着社会经济的发展水平。

企业的经营内容、经营规模等各不相同，固定资产的标准也不可能强求一致，各企业应根据具体情况，制定适合于本企业的固定资产目录，作为核算的依据。

二、固定资产的特点

（一）固定资产是有形资产

所谓有形，就是指固定资产具有实物形态，人们可凭直观感知它的存在。凡是没有实物形态的资产，即使具有固定资产的某种特性，也不能作为固定资产，如长期股权投资、无形资产等。

（二）固定资产可供企业长期使用且寿命有限

固定资产属于长期资产，能在超过一个会计年度或长于一个会计年度的一个经营周期供企业使用，且在使用过程中多次参与生产经营活动，并保持其原有实物形态基本不变。但固定资产的使用寿命毕竟有限，终要废弃或重置。因此，固定资产不包括企业可以永久使用的土地（按我国现行的土地政策，土地归国家所有，企业只有使用权。目前少数企业账面上保留的已估价入账的土地，属于历史遗留问题，应单独处理）。

（三）固定资产是为企业的生产经营活动而持有

企业持有的固定资产以向企业的生产经营活动提供服务为目的，主要用于生产商品、提供服务、出租或经营管理等方面，而不是为了转售。因此，不包括企业生产耗用或供出售的资产。

（四）固定资产的价值转移和实物补偿需分开进行

固定资产因价值较高，使用期限较长，其价值损耗不能一次转移为成本、费用，而应在使用寿命内分次转销，通过实现的营业收入得到补偿。固定资产的实物更新则要待其废弃，不能在企业继续发挥作用时才会发生，与价值补偿不能同时实现，因此，其实物补偿与价值补偿相脱节。

三、固定资产的分类

企业的固定资产种类繁多、情况复杂，对其进行合理的分类，是正确组织固定资产核算和加强管理的必要前提。企业可以从不同的角度，按不同的标准对固定资产进行分类。其主要的分类方法包括以下几方面。

（一）按经济用途分类

固定资产按其经济用途可分为经营用固定资产和非经营用固定资产。

经营用固定资产，是指参与生产经营过程或直接为生产经营服务的资产，如生产经营使用的房屋、建筑物、机器设备、运输设备、管理用具等。

非经营用固定资产，是指不直接参加或服务于生产经营过程的各种固定资产，如职工宿舍、招待所、学校、幼儿园、食堂、医院、俱乐部等使用的房屋、设备和其他固定资产。

（二）按使用情况分类

固定资产按其使用情况可分为使用中的固定资产、未使用的固定资产和不需用的固定资产。

使用中的固定资产，是指正在使用的各种固定资产。由于季节性经营或大修理等原因暂时停止使用的固定资产，以及出租给其他单位使用或内部替换使用的固定资产，应视为使用中的固定资产。

未使用的固定资产，是指已完工或已购建的尚未交付使用的新增固定资产，进行改建、扩建的固定资产以及经批准停止使用的固定资产。如企业购建的尚待安装的固定资产、经营任务变更停用的固定资产。

不需用的固定资产，是指本企业现在和今后都不需用或多余的、待处置的固定资产。

（三）按经济性质分类

固定资产按其经济性质可分为房屋、建筑物、动力设备、传导设备、工作机器及设备、仪器及生产用具、运输设备、管理用具、其他固定资产等。

（四）按经济用途和使用情况分类

固定资产按其经济用途和使用情况进行综合分类，可分为经营用固定资产、非经营用固定资产、租出固定资产、不需用的固定资产、未使用的固定资产、土地（指过去已经估价单独入账的土地）等。

由于企业的经营性质不同，经营规模各异，对固定资产的分类不可能完全一致。因此，企业可以根据各自的具体情况和经营管理、会计核算的需要，进行必要的分类。

四、固定资产的确认

固定资产在符合定义的前提下，同时满足以下两个条件时才能予以确认。

（1）与该固定资产有关的经济利益很可能流入企业。

（2）该固定资产的成本能够可靠地计量。

企业在对固定资产进行确认时，应当按照固定资产的定义和上述确认条件，考虑企业的具体情形加以判断。如企业的环保设备和安全设备等资产，虽然不能直接为企业带来经济利益，却有助于企业从相关资产获得经济利益，也应当确认为固定资产。另外，如果一项固定资产的各组成部分具有不同使用寿命或者以不同方式为企业提供经济利益，适用不同折旧率或折旧方法的，应当分别将各组成部分确认为单项固定资产。

第二节　固定资产的初始计量

固定资产在取得时，应按取得时的成本进行初始计量。从理论上讲，取得成本应包括企业为购建某项固定资产达到预定可使用状态前所发生的一切合理、必要的支出。由于企业取得固定资产的途径和方式不同，其成本的具体构成内容也不相同，应当根据具体情况分别确定。

一、外购的固定资产

外购固定资产的取得成本，一般包括买价、相关税费（不含可抵扣的增值税）、使固定资产达到预定可使用状态前所发生的可归属于该项资产的运输费、装卸费、安装费和专业人员服务费等。以一笔款项购入多项没有单独标价的固定资产，应当按照各项固定资产公允价值比例对总成本进行分配，分别确定各项固定资产的成本。

购买固定资产的价款超过正常信用条件延期支付，实质上具有融资性质的，固定资产的成本以购买价款的现值为基础确定。实际支付的价款与购买价款现值之间的差额，按照CAS17的规定符合资本化条件的，计入固定资产成本；不符合资本化条件的，应当在信用期间内计入当期损益。

企业外购的固定资产，在会计处理上分为两种情况：购入不需要安装的固定资产和需要安装的固定资产。对于不需要安装的固定资产，在购入后即可达到预定可使用状态，应按固定资产的计价原则，以取得成本计入“固定资产”科目。对于需要安装的固定资产，因在完成安装调试、达到设计要求或合同规定的标准后方可使用，应将确定的价值先计入“在建工程”科目，待安装、调试完毕交付使用后，再由“在建工程”科目转入“固定资产”科目。

固定资产的购置，一般有现购、赊购等方式。不同的购置方式，会计处理方法也不同。例如，企业采用分期付款方式购买固定资产，且在合同中规定的付款期限比较长，超过正常信用条件时，按购买价款的现值，借记“固定资产”或“在建工程”科目；按应支付的金额，贷记“长期应付款”科目；按其差额，借记“未确认融资费用”科目。固定资产购买价款的现值，应当按照各期支付的购买价款选择恰当的折现率进行折现后的金额加以确定。折现率是反映当前市场货币时间价值和延期付款债务特定风险的利率，实质上是供货企业的必要报酬率。

下面以例题分别说明外购固定资产的会计处理。

【例 7-1】 某企业以银行存款购入一台不需要安装的机床，发票价格 400 000 元，增值税为 64 000 元；运输费 15 000 元，增值税为 1 500 元，购买机床和运费均取得增值税专用发票，该机床已交付使用。增值税专用发票本期通过认证，应作会计分录为：

借：固定资产	415 000
应交税费——应交增值税（进项税额）	65 500

贷：银行存款　480 500

【例 7-2】某企业购入一套需要安装的全新设备，发票价格 200 000 元，增值税为 32 000 元；运输费 5 000 元，增值税为 500 元；安装费用 9 000 元，增值税为 900 元。购买设备及运费、安装费均取得增值税专用发票，款项已全部由银行存款支付。增值税专用发票本期通过认证，应作有关会计分录为：

（1）购入新设备时：

借：在建工程　205 000

　　应交税费——应交增值税（进项税额）　32 500

　贷：银行存款　237 500

（2）支付安装费用时：

借：在建工程　9 000

　　应交税费——应交增值税（进项税额）　900

　贷：银行存款　9 900

（3）设备安装完毕交付使用时：

借：固定资产　214 000

　贷：在建工程　214 000

【例 7-3】某企业一次购置了一座实验大楼，包括房屋、实验设备和其他设备，用银行存款支付总价 35 000 000 元（不考虑增值税），并已交付使用。假定上述资产的公允价值分别为 25 000 000 元、10 000 000 元和 5 000 000 元，各项固定资产成本的确定方法及应作的会计分录如下：

$$分配率=\frac{35\ 000\ 000}{25\ 000\ 000+10\ 000\ 000+5\ 000\ 000}=0.875$$

房屋应分摊的成本为：$25\ 000\ 000\times0.875=21\ 875\ 000$（元）

实验设备应分摊的成本为：$10\ 000\ 000\times0.875=8\ 7500\ 000$（元）

其他设备应分摊的成本为：$5\ 000\ 000\times0.875=4\ 375\ 000$（元）

借：固定资产——房屋　21 875 000

　　　　　　——实验设备　8 755 000

　　　　　　——其他设备　4 375 000

　贷：银行存款　35 000 000

【例 7-4】乙公司 2017 年 1 月 1 日从 S 企业购入 M 型机床作为固定资产使用，该机床已收到。购货合同约定，M 型机床的总价为 8 000 000 元，分 3 年支付，付款期为每年的 12 月 31 日，2017 年支付 3 000 000 元，2018 年和 2019 年各付 2 500 000 元。假定该公司 3 年期银行借款利率为 6%，2017 年 12 月 31 日 M 型机床达到预定可使用状态，当年发生安装费、运杂费等共 200 000 元，均已通过银行支付。假设不考虑增值税等相关税费，据此应作有关会计处理为：

（1）2017 年 1 月 1 日，确定购买机床的成本：

M 型机床的成本 $=3\ 000\ 000\times(1+6\%)^{-1}+2\ 500\ 000\times(1+6\%)^{-2}+2\ 500\ 000\times(1+6\%)^{-3}$

=2 830 189+2 224 991+2 099 048=7 154 228（元）

借：在建工程　7 154 228

　　未确认融资费用　845 772

　贷：长期应付款　8 000 000

（2）发生安装费、运杂费时：

借：在建工程　200 000

　贷：银行存款　200 000

（3）确定信用期间未确认融资费用的分摊额，如表 7-1 所示。

表 7-1　　**乙公司未确认融资费用分摊表**　　单位：元

日期	分期付款额	确认的融资费用	应付本金减少额	应付本金余额
①	②	③=期初⑤×6%	④=②-③	期末⑤=期初⑤-④
2017.1.1				7 154 228
2017.12.31	3 000 000	429 254	2 570 746	4 583 482
2018.12.31	2 500 000	275 009	2 224 991	2 358 491
2019.12.31	2 500 000	141 509	2 358 491	0
合计	8 000 000	845 772	7 154 228	—

（4）2017 年 12 月 31 日，支付机床款并摊销未确认融资费用时：

借：长期应付款　3 000 000

　贷：银行存款　3 000 000

借：在建工程　429 254

　贷：未确认融资费用　429 254

（5）2017 年 12 月 31 日，M 型机床达到预定可使用状态时：

借：固定资产　7 783 482

　贷：在建工程　7 783 482

（6）2018 年 12 月 31 日，支付机床款并摊销未确认融资费用时：

借：长期应付款　2 500 000

　贷：银行存款　2 500 000

借：财务费用　275 009

　贷：未确认融资费用　275 009

（7）2019 年 12 月 31 日支付机床款并摊销未确认融资费用的会计分录同（6），只是摊销金额变为 141 509 元。

赊购固定资产也可能存在现金折扣的情况。如果有现金折扣，按总价法确定固定资产的入账价值。企业在折扣期内付款时，少付的部分冲减固定资产成本，记入“固定资产”科目的贷方。

二、自行建造的固定资产

企业有时会利用现有技术及闲置的厂房、设备和人力自行制造或建造供自己使用的专用设备或其他固定资产，以节省成本支出，而且能够保证质量。自行建造固定资产的取得成本，由建造该项资产达到预定可使用状态前所发生的必要支出构成，一般包括工程用物资成本、人工成本、应予资本化的借款费用以及应分摊的间接费用等。

企业自行建造固定资产包括自制和自建两种情况。严格地讲，自制固定资产是指企业自行制造专用设备和小型工具等，或将自行制造的产品用作固定资产，不包括土建工程和安装工程。自建固定资产是指企业建造厂房、建筑物等设施的土建工程和安装固定资产等安装工程。由于自制和自建固定资产存在差别，在会计核算上也采用不同的方法。

（一）自制固定资产

企业自制固定资产的实际成本，原则上应包括制造期间的一切支出。企业自制的产品用作固定资产时，以生产该项产品的全部实际支出作为固定资产的原值，不能包括任何内部利润。

自制专用设备及小型工具等固定资产的实际成本，可通过“生产成本”科目核算。为了与企业正常产品相区别，需要开设“自制设备”明细账。对于企业将自制的产品用作固定资产时，仍通过“库存商品”科目反映。

【例 7-5】 某企业自制一台专用设备，领用原材料 40 000 元，应计入的生产工人薪酬为 9 000 元，分摊的制造费用为 4 200 元。据此应作有关会计分录为：

（1）发生及分配相关费用时：

借：生产成本——自制设备	53 200	
贷：原材料		40 000
应付职工薪酬		9 000
制造费用		4 200

（2）自制设备完工已交付使用时：

借：固定资产	53 200	
贷：生产成本——自制设备		53 200

【例 7-6】 某企业为一般纳税人企业，现将自制的产品 C 型设备用作本企业生产使用。该产品的生产成本为 125 000 元，据此应作会计分录为：

借：固定资产	125 000	
贷：库存商品——C 型设备		125 000

（二）自建固定资产

企业自建固定资产的成本，包括该固定资产达到预定可使用状态前所发生的必要支出。

既包括直接建筑或开发成本，如直接材料、直接人工、直接机械施工费，也包括能够合理分配到建筑或开发活动中去的间接费用。在自建固定资产过程中由于自然灾害等原因造成的单项或单位工程报废或毁损，减去残料价值和过失人或保险公司等赔款后的净损失，计入当期营业外支出。企业在自建固定资产时如果发生与建造该项资产有关的借款费用，在该项资产达到预定可使用状态前发生的，计入固定资产的成本；在该项资产达到预定可使用状态后发生的，应于发生当期直接计入当期财务费用。

企业自建固定资产因建造工程采用的方式不同，分为自营工程和出包工程两种，由此确定的固定资产成本也存在差异，应当分别进行会计处理。

1. 自营工程

自营工程是指由企业自行经营的建造工程，包括基建工程和安装工程。企业采用自营方式建造固定资产时，应在“在建工程”科目下设置“建筑工程”“安装工程”“在安装设备”“待摊支出”以及单项工程等明细科目，核算各工程项目的实际成本。工程达到预定可使用状态前因进行试运转所发生的净支出，计入工程成本。企业的在建工程项目在达到预定可使用状态前所取得的试运转过程中形成的、能够对外销售的产品，其发生的成本，计入在建工程成本，销售或转为库存商品时，按实际销售收入或按预计售价冲减工程成本。

待摊支出，是指在建设期间发生的，不能直接计入某项固定资产价值、而应由所建造固定资产共同负担的相关费用，包括为建造工程发生的管理费、征地费、可行性研究费、临时设施费、公证费、监理费、应负担的税金、符合资本化条件的借款费用、建设期间发生的工程物资盘亏、报废及毁损净损失，以及负荷联合试车费等。在建工程达到预定可使用状态时，应先在不同工程之间计算分配待摊支出，然后再计算确定已完工的固定资产成本。待摊支出的分配率可按下列公式计算：

$$\text{待摊支出分配率}=\frac{\text{累计发生的待摊支出}}{\text{建筑工程支出}+\text{安装工程支出}+\text{在安装设备支出}}$$

某工程应分配的待摊支出 = 该工程的（建筑工程支出 + 安装工程支出 + 在安装设备支出）× 分配率

如果在工程建造期间只有一项工程，则无须分配待摊支出，而将发生额全部转入该工程的成本。

企业为在建工程准备的各种物资，应当按照实际支付的买价、运输费、保险费等相关费用，作为实际成本，通过“工程物资”科目进行总分类核算，并按“专用材料”“专用设备”“工器具”等设置明细账，进行明细核算。工程完工后剩余的工程物资，应办理退库手续。盘盈、盘亏、报废、毁损的工程物资，减去保险公司、过失人赔偿部分后的差额，工程项目尚未完工的，冲减或计入所建项目的成本；工程已经完工的，计入当期营业外收支。

高危行业企业按照国家规定提取的安全生产费，应当计入相关产品的成本或当期损益，同时计入“专项储备”科目。企业使用提取的安全生产费形成固定资产的，应当通过“在建工程”科目归集所发生的支出，待安全项目完工达到预定可使用状态时确认为固定资产；同时，按照形成固定资产的成本冲减专项储备，并确认相同金额的累计折旧，该固定资产

在以后期间不再计提折旧。

【例 7-7】 某企业采用自营方式建造一个新的生产车间，发生的有关交易或事项及其会计处理如下：

（1）购入建造和安装用的各种材料，增值税专用发票上注明价款 200 000 元，增值税 32 000 元。款项已由银行存款支付，增值税专用发票本期通过认证。

借：工程物资——专用材料　　200 000
　　应交税费——应交增值税（进项税额）　　32 000
　贷：银行存款　　232 000

（2）为该项工程自制的一套设备已经完工验收入库，其自制成本为 320 000 元。

借：工程物资——专用设备　　320 000
　贷：生产成本——自制设备　　320 000

（3）购入一台辅助设备，价款 50 000 元，增值税为 8 000 元；运费 3 500 元，增值税为 350 元，购买设备及运费均取得增值税专用发票。款项已全部由银行存款支付，增值税专用发票本期通过认证。

借：工程物资——专用设备　　53 500
　　应交税费——应交增值税（进项税额）　　8 350
　贷：银行存款　　61 850

（4）工程领用各种施工材料 180 000 元。

借：在建工程——建筑工程——生产车间　　180 000
　贷：工程物资——专用材料　　180 000

（5）工程领用本企业生产的产品，该产品的成本为 100 000 元。

借：在建工程——建筑工程——生产车间　　100 000
　贷：库存商品　　100 000

（6）将自制和购进的设备交付安装。

借：在建工程——建筑工程——生产车间　　373 500
　贷：工程物资——专用设备　　373 500

（7）分配该项工程应负担的职工薪酬 45 600 元。

借：在建工程——建筑工程——生产车间　　45 600
　贷：应付职工薪酬　　45 600

（8）结转该项工程应负担的辅助生产费用 35 070 元。

借：在建工程——建筑工程——生产车间　　35 070
　贷：生产成本——辅助生产成本　　35 070

（9）以银行存款支付工程发生的监理费等共计 27 000 元（假设不考虑增值税等相关税费）。

借：在建工程——待摊支出　　27 000
　贷：银行存款　　27 000

（10）在工程建造期间，因暴雨导致工程发生毁损，其净损失为 12 000 元。

借：营业外支出——非常损失 12 000

贷：在建工程——建筑工程——生产车间 12 000

（11）该项工程达到预定可使用状态前进行负荷联合试车，领用材料 2 000 元，用银行存款支付其他费用 800 元。

借：在建工程——待摊支出 2 800

贷：原材料 2 000

银行存款 800

（12）试车形成的产品验收入库，预计不含税售价为 3 500 元。

借：库存商品 3 500

贷：在建工程——待摊支出 3 500

（13）工程完工，退回剩余物资 3 570 元。

借：工程物资——专用材料 3 570

贷：在建工程——建筑工程——生产车间 3 570

（14）在建工程已达到预定可使用状态，计算分配待摊支出。

借：在建工程——建筑工程——生产车间 26 300

贷：在建工程——待摊支出 26 300

（15）自营生产车间完工交付使用，结转工程成本。假定厂房和生产设备分别占工程成本的 40%和 60%。

借：固定资产——厂房 297 960

——设备 446 940

贷：在建工程——建筑工程——生产车间 744 900

2. 出包工程

出包工程是指企业向外发包，由其他单位经营的建造工程。出包工程建造的固定资产，其实际成本的确定较为简单，包括应支付给承包单位的工程价款和分配计入的待摊支出。

一般情况下，企业以出包方式建造固定资产时，应向承包单位支付一定比例的预付工程款，待工程完工收到承包单位的账单，再补付和补记工程价款。企业对出包方式建造固定资产的核算也是在“在建工程”科目下按具体工程项目设置的明细科目中进行的。由于工程的具体支出在承包单位进行核算，此方式下的“在建工程”科目实际上成为与承包单位进行结算的科目。

【例 7-8】 某企业以出包方式建造一幢厂房，根据承包合同，工程价款为 1 200 000 元，企业预付 40%，待工程完工再补付余款。假设不考虑增值税等相关税费，有关交易或事项及会计处理如下：

（1）预付工程款时：

借：预付账款 480 000

贷：银行存款 480 000

（2）期末，发包工程完工进度为 50%，企业按完工进度结转完工部分工程成本时：

借：在建工程——建筑工程——厂房　　600 000
　贷：预付账款　　600 000

（3）工程完工决算补付工程款时：

借：在建工程——建筑工程——厂房　　600 000
　　预付账款　　120 000
　贷：银行存款　　720 000

（4）根据工程竣工决算表，结转工程成本：

借：固定资产——厂房　　1 200 000
　贷：在建工程——建筑工程——厂房　　1 200 000

这里应当注意：已达到预定可使用状态但尚未办理竣工决算的固定资产，应当按照估计价值确定其成本，并计提折旧；待办理竣工决算后，再按照实际成本调整原来的暂估价值，但不需要调整原已计提的折旧额。

三、投资者投入的固定资产

企业取得的固定资产中有一些是投资人作为资本而投入企业的。投资人投入企业的固定资产，应当按照投资合同或协议约定的价值加上应支付的相关税费入账，但合同或协议约定价值不公允的除外。

【例 7-9】 某企业与甲公司联营，接受甲公司投入的大型生产设备一台，已交付使用。该设备的市场价格为 500 000 元，投资合同确定的价值为 480 000 元。据此应作会计分录为：

借：固定资产　　480 000
　贷：实收资本　　480 000

四、以非货币性资产交换和债务重组取得的固定资产

企业通过非货币性资产交换、债务重组方式取得的固定资产，其成本应当分别按照 CAS7 和 CAS12 的规定确定，详见本教材第十章“非货币性资产交换”和第十四章“债务重组”的相关内容。

五、接受捐赠的固定资产

接受捐赠的固定资产，应根据具体情况合理确定其取得成本。如果捐赠方提供了有关凭据的，按凭据上标明的金额加上应支付的相关税费入账（有特殊规定的固定资产成本不含增值税，下同）；捐赠方没有提供有关凭据的，若同类或类似固定资产存在活跃市场的，按同类或类似固定资产的市场价格估计金额加上应支付的相关税费入账；同类或类似固定资产不存在活跃市场的，按受赠固定资产预计未来现金流量的现值加上应支付的相关税费

入账。

企业按上述规定确定接受捐赠固定资产的入账价值之后，将接受捐赠金额，计入营业外收入。

【例 7-10】 某企业接受其他单位捐赠的一辆全新汽车，取得增值税专用发票并在本期通过认证。其发票价格 300 000 元，增值税 48 000 元。办理入户手续时支付相关费用 7 800 元。据此应作会计分录为：

借：固定资产　　307 800
　　应交税费——应交增值税（进项税额）　　48 000
　贷：营业外收入——捐赠利得　　348 000
　　　银行存款　　7 800

六、盘盈的固定资产

企业盘盈的固定资产，按同类或类似固定资产的市场价格，减去按该项资产的新旧程度估计的价值损耗后的余额确定其入账价值；如果同类或类似固定资产不存在活跃市场的，应按盘盈固定资产预计未来现金流量的现值计价入账。盘盈的固定资产待报经批准处理后，分别计入“固定资产”和“以前年度损益调整”科目，作为前期差错调整。

【例 7-11】 某企业在盘点时发现账外一台设备，其市场价格为 120 000 元，估计新旧程度为 80%。据此应作会计分录为：

借：固定资产　　96 000
　贷：以前年度损益调整　　96 000

七、存在弃置费用的固定资产

对于特定行业的特定固定资产，在确定其初始成本时，还应考虑预计弃置费用因素。弃置费用通常是指根据国家法律和行政法规、国际公约等规定，企业承担的环境保护和生态恢复等义务所确定的支出，如核电站核设施等能源设备的弃置和恢复环境义务、石油天然气开采企业的海上石油平台拆除义务等。

企业应当根据 CAS13 的规定，按照未来预计弃置费用的现值计算确定应计入固定资产成本的金额和相应的预计负债。在固定资产的使用寿命内按照预计负债的摊余成本和实际利率计算确定的利息费用，应当在发生时计入财务费用。

【例 7-12】 某公司经国家批准，建造完成核电站核反应堆并交付使用，建造成本为 300 亿元，预计使用寿命为 30 年。该核反应堆将会对当地生态环境产生一定影响，根据法律规定，企业应当在该设施使用期满后将其拆除并整治造成的污染，预计发生弃置费用的现值为 6 630 万元。假定适用的折现率为 10%，应作会计分录为：

（1）该核反应堆建造完成，达到预定可使用状态时：

借：固定资产　　30 066 300 000

贷：在建工程　　30 000 000 000

预计负债——弃置费用　　66 300 000

（2）计算第 1 年应负担的利息费用=66 300 000 × 10%=6 630 000（元）

借：财务费用　　6 630 000

贷：预计负债——弃置费用　　6 630 000

以后年度，企业应当按照实际利率法计算确定每年的财务费用，账务处理同上述（2），只是金额不同，此处从略。

第三节　固定资产的后续计量

固定资产在后续使用过程中，会涉及折旧计提、后续支出、减值等内容，由此带来相关的后续计量问题。本节主要介绍固定资产折旧和后续支出的内容，固定资产减值将在第十一章“资产减值”中阐述。

一、固定资产折旧

（一）折旧的含义及计提折旧的原因

固定资产可供企业长期使用，具有潜在的服务能力。固定资产在长期使用过程中，虽然保持其原有的实物形态，但其服务潜力则随着资产的使用而逐渐衰竭或消逝，直至最终废弃而不能继续发挥作用。因此，企业在固定资产的有效使用期内，应将固定资产的价值进行分摊，逐渐转移到生产的产品成本中或形成费用，通过产品销售收回货款，弥补成本费用，从而补偿损耗的固定资产价值。折旧，就是指在固定资产使用寿命内，按照确定的方法对应计折旧额进行系统分摊。或者说，是指在固定资产使用寿命内按其损耗程度进行系统补偿的方法。固定资产由于损耗而转移到成本和费用中去的那部分价值，就是固定资产折旧额或折旧费用。

每个会计期间按照规定方法计算固定资产折旧额，并将其分摊到有关的成本费用中，称为计提固定资产折旧，简称计提折旧。计提折旧的目的，一方面，是为了将固定资产在使用过程中逐步磨损的价值在会计上作出反映，并为正确计算固定资产的账面净值和各期损益提供基础；另一方面，通过计提折旧，使固定资产磨损的价值逐步从各期收入中得到补偿积累，待其价值全部转移完毕后可用于固定资产更新改造。

导致固定资产使用价值降低的原因是固定资产发生的损耗，包括有形损耗和无形损耗两种。有形损耗，是指固定资产由于使用而发生的物质磨损或受自然力的侵蚀而引起的使用价值和价值的损失，如固定资产因使用而丧失应具备的精密度，因受风雨的侵蚀、化学反应、物理退化以及其他自然力的影响而生锈、损坏或残旧。无形损耗，是指固定资产在物质形态上虽然具有一定的服务潜力，但由于科学技术进步等原因而引起的价值上的损失。

产生无形损耗的原因主要有以下几个。

（1）科学技术的进步，使现有固定资产被效率更高、性能更好的固定资产所取代。

（2）消费者爱好的变化及市场风尚的变化，使现有固定资产生产出来的产品不能迎合消费者的需要，在市场上日趋被其他固定资产生产出来的产品所取代。

（3）生产者经营规模的扩大，使现有固定资产的生产能力已不能满足生产的需要，必然被具有更大生产能力的固定资产所取代。

由于损耗，使得固定资产在企业生产经营过程中提供效用和获取收益的能力逐渐减退，以致最终报废退出生产经营过程。固定资产的有形损耗显而易见，但随着科学技术的日益发展，固定资产的无形损耗有时比有形损耗更为严重，对折旧影响更大。

（二）计提固定资产折旧的范围

在一定时期内，企业计提固定资产折旧的数额，取决于应计折旧固定资产价值的大小和选用的折旧方法。为此，必须首先确定应当计提固定资产折旧的范围。CAS4 规定，企业应当对所有固定资产计提折旧。但是，已提足折旧仍继续使用的固定资产和单独计价入账的土地除外。由此可知，固定资产提足折旧后，不论能否继续使用，均不再计提折旧；提前报废的固定资产，也不再补提折旧。提足折旧，是指已经提足该项固定资产的应计折旧额。应计折旧额是指应当计提折旧固定资产的原价扣除其预计净残值后的金额。已计提减值准备的固定资产，还应当扣除已计提的固定资产减值准备累计金额。

（三）影响折旧计算的因素

固定资产折旧的计算，主要受以下三个因素的影响。

1. 固定资产的原价

固定资产的原价也称固定资产原值，是指取得固定资产的原始成本，这是计算固定资产折旧的基数，也是企业可提折旧的最大数额。为了统一折旧的计算口径，国家规定企业应当对固定资产按月计提折旧，当月增加的固定资产，当月不计提折旧，从下月起开始计提；当月减少的固定资产，当月仍计提折旧，从下月起停止计提。

2. 固定资产的预计净残值

固定资产的预计净残值即假定固定资产预计使用寿命已满并处于使用寿命终了时的预期状态，企业目前从该资产处置中获得的扣除预计处置费用后的金额。固定资产的残值是可收回的价值，不能通过折旧补偿，应当从固定资产的原值中扣除；处置费用也称清理费用，是指固定资产报废时所支出的拆迁费、搬运费等，属于固定资产使用过程中的一种追加耗费，应加到固定资产的原值中，通过折旧得到补偿。企业在计算固定资产应计折旧额时，需要将未来发生的预计净残值折现反映。但是，如果预计净残值金额较小，基于重要性原则，也可按终值反映。

3. 固定资产的预计使用寿命

预计固定资产的使用寿命，实质上是预计固定资产的潜在服务能力，根据固定资产在使用中的不同特性，可以用预计期间来表示，如房屋建筑物；也可以用使用固定资产预计期间内所能生产产品或提供劳务的数量来表示，如运输工具以预计行驶（飞行）里程来表示。因此，企业在确定固定资产使用寿命时，应当考虑下列因素：①预计生产能力或实物产量；②预计有形损耗和无形损耗；③法律或者类似规定对资产使用的限制。

确定固定资产的使用寿命，一般以固定资产物质上的耐用年限为基础，将其视为可供使用年限的上限，然后再研究它的无形损耗程度，以确定固定资产的耐用年限。对于无形损耗并不明显的固定资产，如房屋、建筑物等，主要考虑有形损耗；而对无形损耗比较明显的固定资产，如电子仪表、计算机等新技术产品，主要考虑它们经济上的耐用性。企业应结合本企业的具体情况，合理地确定固定资产的使用寿命。

（四）折旧的计算方法及其选择

将固定资产的可折旧价值在使用期内进行分配的方法，称为折旧的计算方法。会计上可运用的折旧计算方法很多，主要有年限平均法、工作量法和加速折旧法等。

1. 年限平均法

年限平均法是指按照固定资产的预计使用年限平均计算折旧的一种方法。这种方法假定固定资产的服务潜能随使用时间而不是随使用强度逐渐减退，其损耗的价值应在使用期间平均分配，由此计算的各期折旧额都是相等的。在以横轴为已使用年限、纵轴为累计折旧金额的直角坐标图上，表示各年累计折旧金额的点的连线呈一条直线，所以年限平均法又称为直线法。其计算公式如下：

$$固定资产年折旧额=\frac{固定资产原价-(预计残值-预计处置费用)}{预计使用寿命（年）}$$

【例 7-13】 某企业一台机器的原始价值为 600 000 元，预计寿命为 20 年，预计残值为 16 000 元，预计处置费用为 4 000 元，则每年计提的折旧额计算如下：

$$每年折旧额=\frac{600\ 000-(16\ 000-4\ 000)}{20}=29\ 400（元）$$

在实际工作中，为了反映固定资产在单位时间内的损耗程度并简化计算，每期应计提的折旧额是由固定资产的原值乘以折旧率计算而得。固定资产折旧率是指一定时期内固定资产折旧额与固定资产原值的百分比，它反映固定资产的磨损程度。其计算公式如下：

$$年折旧率=\frac{年折旧额}{固定资产原价}\times100\%=\frac{固定资产原价-预计净残值}{固定资产原价\times预计使用寿命（年）}\times100\%$$

$$=\frac{1-预计净残值率}{预计使用寿命（年）}\times100\%$$

月折旧率 = 年折旧率/12

年折旧额 = 固定资产原值 × 年折旧率

月折旧额 = 固定资产原值 × 月折旧率

这样，在实际工作中【例 7-13】机器每年计提的折旧额计算如下：

$$年折旧率=\frac{600\,000-(16\,000-4\,000)}{600\,000\times 20}\times 100\%=4.9\%$$

$$或=\frac{1-(16\,000-4\,000)\div 600\,000}{20}\times 100\%=4.9\%$$

$$年折旧额=600\,000\times 4.9\%=29\,400（元）$$

采用年限平均法计算折旧的最大优点是简单明了，易于掌握和应用。但这种方法只考虑固定资产的使用时间，忽视了固定资产的利用程度和使用效率。如果固定资产的使用效率发生变化，必然使各期的折旧费用与固定资产的实际损耗价值不一致，从而导致单位产品负担的折旧费用存在差异。另外，像机器设备这类固定资产，使用时间越长，磨损程度越严重，维修费用也越高，使用效率却逐渐降低。在各期分担的折旧费用相等的情况下，势必会使使用后期的折旧费与维修费总额高于使用早期负担的总额，而其产量却可能逐年下降，使各期产品负担的固定资产使用成本不均匀。因此，年限平均法比较适用于各期使用程度和使用效率大致相同、受技术进步因素影响较小或可忽略不计的固定资产，如房屋、建筑物、专用设备等。

2. 工作量法

工作量法也称作业量法，是指按照固定资产在其使用期间内预计完成的工作量或工作时数计算折旧的一种方法。这种方法强调固定资产的使用程度，它假定固定资产的服务潜能会随着固定资产的使用程度而不是随着使用时间逐渐减退，其损耗的价值应在固定资产完成的各个工作量中平均分摊。这样，固定资产单位工作量分摊的折旧额是相等的，但在各个使用期间内计提的折旧额会因固定资产实际工作量的不同而存在差异。其计算公式如下：

$$\begin{matrix}单位工作量\\应提折旧额\end{matrix}=\frac{固定资产原值-预计净残值}{预计的总工作量}=\frac{固定资产原值\times(1-预计净残值率)}{预计的总工作量}$$

$$各期折旧额=单位工作量应提折旧额\times 计算期实际完成工作量$$

公式中的工作量因固定资产的种类不同而有所区别，它可以是运输设备的行驶里程，也可以是机器设备的工作小时或工作台班，还可以是生产产品的数量。

【例 7-14】 某企业某项固定资产的预计总工作时数为 200 000 小时，其原值为 240 000 元，预计净残值为 4 800 元。当年实际工作 6 000 小时，则该项固定资产的当年折旧额计算如下：

$$\begin{matrix}每工作小时\\折旧额\end{matrix}=\frac{240\,000-4\,800}{200\,000}=1.176(元/小时)$$

$$当年折旧额=6\,000\times 1.176=7\,056（元）$$

采用工作量法计提折旧也具有直线法简单明了、易于掌握和应用的优点，同时又弥补了直线法不考虑使用程度和使用效率的缺陷，使各期计提的折旧额与固定资产的实际损耗价值达到一致，从而使单位工作量负担的固定资产折旧费用相等。但是，该法只强调固定

资产的使用程度，没有考虑无形损耗对固定资产的影响，计算的折旧额不完全合理，并且在实际工作中很难准确预计固定资产在其使用期间内的工作总量。因此，工作量法比较适用于容易估计工作总量的固定资产，如运输设备、筑路机械以及不经常使用的价值较高的大型设备等。

3. 加速折旧法

加速折旧法是指固定资产在预期使用寿命中计提的折旧额呈递减趋势的一种折旧方法。这种方法的特点是在固定资产的使用前期多提折旧，使用后期少提折旧，每期计提的折旧额随着固定资产使用时间的推移而逐渐减少，从而相对于直线法和工作量法而言加快了折旧的速度，以使固定资产的价值在有效使用寿命中加快得到补偿。由于计提的折旧额呈逐年递减的趋势，所以加速折旧法又称递减费用法。

采用加速折旧法计提折旧的原因主要有以下几点。

第一，为了较好地体现收入与费用的配比原则。固定资产在使用的前期发挥的效用较大，企业获益也较多；在使用的后期发挥的效用会越来越低，给企业带来的经济利益也会随之减少。只有在固定资产产生较大经济利益的早期多提折旧，以后逐年递减，才能真正体现配比原则。

第二，为了使固定资产的各期使用成本大体保持均衡。固定资产的使用成本包括折旧费用和维修费用。在固定资产使用的早期，维修费用一般较少，随着固定资产使用时间的增加，资产的性能下降，维修费用也不断增加。只有采用加速折旧法，才能使固定资产的各期使用成本基本保持平衡。

第三，为了减少科技进步造成的固定资产价值损失。在当今科学技术高速发展的情况下，固定资产的更新速度较快。只有实行加速折旧，加快补偿固定资产价值的速度，才能减少因技术落后遭淘汰而使固定资产提前退出使用状态而发生的损失。

第四，为了减轻固定资产使用前期的所得税负担。采用加速折旧，使企业在使用前期多提折旧，少计利润，从而在前期少纳所得税。企业推迟缴纳的所得税，相当于政府给企业提供的无息贷款，可以促进企业的发展。

加速折旧法的种类很多，目前我国允许采用的加速折旧方法有两种：双倍余额递减法和年数总和法。

（1）双倍余额递减法。双倍余额递减法是指在先不考虑固定资产净残值的情况下，根据每期期初固定资产的账面价值和双倍的直线法折旧率计算折旧的一种方法。由于固定资产的账面价值逐年减少，以双倍的直线法折旧率乘以递减的账面价值确定的折旧金额也必定逐年递减。其计算公式如下：

$$\text{年折旧率} = \frac{2}{\text{预计使用寿命（年）}} \times 100\%$$

$$\text{年折旧额} = \text{年初固定资产账面价值} \times \text{年折旧率}$$

由于采用双倍余额递减法计算折旧率时不考虑净残值因素，而固定资产的账面价值又是逐年递减的，按此连续计算各年折旧额后，会使固定资产在最后折旧年度自动产生一个残值（固定资产的账面价值），这个残值不可能恰好等于预计的净残值。因此，运用双倍余额递减法时应注意以下两点。

第一，在折旧期满时，应避免将固定资产的账面价值降低到它的预计净残值以下。避免的方法是：在可能出现这种情况的那一年，即发现采用双倍余额递减法计提的折旧额大于剩余应提折旧总额时，应将这年年初的固定资产账面价值减去预计净残值的差额，在剩余的使用年限中平均摊销。

第二，在折旧期满时，也不能使固定资产的账面价值大于预计净残值。如果发现在某一折旧年度，按双倍余额递减法计算的折旧额小于按年限平均法计算的折旧额，应从这一年度开始改为按年限平均法计算折旧额。采用的判断条件是在某一折旧年度下列关系成立：

$$\text{当年按双倍余额递减法计算的折旧额} < \frac{\text{当年固定资产账面价值} - \text{预计净残值}}{\text{预计使用寿命（年）}}$$

【例 7-15】 某企业某项固定资产的原价为 48 000 元，预计净残值的现值为 1 500 元，预计使用寿命为 5 年，采用双倍余额递减法计算的各年折旧额如表 7-2 所示。

表 7-2　双倍余额递减法折旧计算表　　单位：元

年份	期初账面价值	折旧率/%	折旧额	累计折旧额	期末账面价值
1	48 000	40	19 200	19 200	28 800
2	28 800	40	11 520	30 720	17 280
3	17 280	40	6 912	37 632	10 368
4	10 368	—	4 434	42 066	5 934
5	5 934	—	4 434	46 500	1 500
合计	—	—	46 500	—	—

其中：折旧率 $= 2 \times \frac{1}{5} \times 100\% = 40\%$

$10\,368 \times 40\% < \frac{10\,368 - 1\,500}{2}$

即：$4\,147.2 < 4\,434$

所以，从第 4 年起改用直线法计提折旧，第 4 年、第 5 年的折旧额均为：

$$\frac{10\,368 - 1\,500}{2} = 4\,434\text{（元）}$$

我国规定，采用双倍余额递减法计提折旧时，应当在其固定资产折旧年限到期以前的两年内，将固定资产账面价值扣除预计净残值后的余额平均摊销。这种方法计算简单，无须根据理论上的判断条件确定改变折旧方法的年限。

（2）年数总和法。年数总和法是指将固定资产的原值减去预计净残值后的净额乘以一个逐年递减的分数来计算折旧的一种方法。这个递减的分数即为固定资产的折旧率，其分子为某年年初固定资产尚可使用的年数，每年递减；分母为该项固定资产预计使用年数的逐年数字总和，固定不变。所以，年数总和法也称级数递减法。由于折旧率逐年递减，折旧基数固定不变，折旧额也逐年递减，从而达到加速折旧的目的。其计算公式如下：

$$年折旧率=\frac{年初尚可使用年数}{预计使用寿命的年数总和}$$

$$或=\frac{预计使用寿命年数-已使用年数}{预计使用寿命年数\times(1+预计使用寿命年数)\times1/2}$$

$$某年折旧额=(固定资产原值-预计净残值)\times该年折旧率$$

【例 7-16】 承【例 7-15】，采用年数总和法计算的各年折旧额如表 7-3 所示。

表 7-3　　年数总和法折旧计算表　　单位：元

年份	尚可使用年限/年	原值－预计净残值	折旧率	折旧额	累计折旧额
1	5	46 500	5/15	15 500	15 500
2	4	46 500	4/15	12 400	27 900
3	3	46 500	3/15	9 300	37 200
4	2	46 500	2/15	6 200	43 400
5	1	46 500	1/15	3 100	46 500

通过上面两个例题可知，在固定资产的使用早期，采用双倍余额递减法计提的折旧额大于年数总和法；而在固定资产的使用后期，采用双倍余额递减法计提的折旧额小于年数总和法。

以上介绍的不同折旧计算方法，决定了固定资产在使用寿命期内由各期产品成本、费用负担折旧数额的大小，从而影响企业各期的收入和纳税。企业应当根据与固定资产有关的经济利益的预期消耗方式，合理选择固定资产折旧方法。固定资产的折旧方法一经确定，不得随意变更，除非与固定资产有关的经济利益预期实现方式有重大改变。

企业至少应当于每年年度终了，对固定资产的使用寿命、预计净残值和折旧方法进行复核。如果使用寿命预计数与原先估计数有差异的，应当调整固定资产使用寿命；预计净残值数与原先估计数有差异的，应当调整预计净残值；如果固定资产给企业带来经济利益的方式发生重大变化的，企业应当改变固定资产折旧方法。

固定资产的使用寿命、预计净残值和折旧方法的改变应当作为会计估计变更处理。

（五）固定资产折旧的核算

由于固定资产损耗的价值是企业成本费用的一个组成部分，因此，企业无论采用何种折旧方法，都应在每一会计期末，根据计算出的折旧额，借记有关成本费用科目，贷记“累计折旧”科目。例如，在制造业企业，为了生产产品和提供劳务而发生的固定资产折旧费，应计入“制造费用”科目；为组织和管理生产经营活动而发生的固定资产折旧费，应计入“管理费用”科目；其他经营活动而发生的固定资产折旧费，应计入“其他业务成本”科目。在商品流通企业，发生的折旧费应根据具体情况分别计入“销售费用”和“管理费用”科目。

在实际工作中，固定资产折旧的计算是通过编制固定资产折旧计算表进行的。该表以上月计提的折旧额为基础，加上上月增加的固定资产应计提的折旧额，减去上月减少的固定资产应计提的折旧额，计算出本月应计提的折旧额。固定资产折旧计算表可以由企业的财务部门编制，也可以由各使用部门编制，最后再由财务部门按固定资产服务的部门进行汇总，编制固定资产折旧计算汇总表，作为记账的直接依据。

【例 7-17】 财务部门根据各使用部门编报的 20×8 年 12 月固定资产折旧计算表，汇总编制折旧计算汇总表如表 7-4 所示。

表 7-4　　**固定资产折旧计算汇总表**

20×8 年 12 月　　单位：元

使用部门及类别	上月计提的折旧额	上月增加的固定资产应提折旧额	上月减少的固定资产应提折旧额	本月应计提的折旧额
A 车间：				
厂房	4 800			4 800
机器设备	24 000		400	23 600
其他设备	1 600	200		1 800
小计	30 400	200	400	30 200
B 车间：				
厂房	3 200	1 500		4 700
机器设备	20 000			20 000
小计	23 200	1 500		24 700
厂部：				
房屋建筑	2 000			2 000
运输设备	3 000	800	300	3 500
小计	5 000	800	300	5 500
经营租出：				
房屋	1 600			1 600
机器设备	1 200			1 200
小计	2 800			2 800
合计	61 400	2 500	7 00	63 200

根据上述固定资产折旧计算汇总表作会计分录为：

借：制造费用——A 车间　　30 200
　　　　　　——B 车间　　24 700
　　管理费用　　5 500
　　其他业务成本　　2 800
　贷：累计折旧　　63 200

二、固定资产的后续支出

固定资产的后续支出是指固定资产在使用过程中发生的更新改造支出、修理费用等。与固定资产有关的后续支出，符合固定资产确认条件的，应当计入固定资产成本，如有被替换的部分，应扣除其账面价值；不符合确认条件的，应当在发生时计入当期损益。

更新改造支出是指为提高固定资产的质量而采取改进措施发生的支出，一般能够满足固定资产的确认条件，应当计入固定资产成本；而修理费用通常是为了维持固定资产的再生产而发生的支出，不能满足固定资产的确认条件，应当在发生时计入当期损益。

企业更新改造固定资产时，可以采取自营方式，也可以采取出包方式。无论采用何种方式，均通过“在建工程”科目进行核算。发生的更新改造支出直接增加工程成本。对于更新改造过程中被替换项目的成本，应从固定资产原值中转出，能够确定的该项目的累计折旧也应予以冲减。

由于更新改造后的固定资产价值已发生变动，企业应根据预计使用寿命和预计净残值，对固定资产折旧率进行调整，在剩余使用寿命期内，按新的折旧率和新的原值对该项固定资产计提折旧。

【例 7-18】 某企业对原有的一条生产线进行改造。该生产线的原值为 800 000 元，预计使用寿命为 10 年，预计净残值的现值为 20 000 元。企业采用直线法计提折旧，已提折旧 312 000 元（使用 4 年）。改造过程中发生各种支出共 500 000 元，均以银行存款支付。拆卸部分零部件的原值为 100 000 元，预计净残值的现值为 2 500 元，变价收入为 44 000 元，款项已存入银行。在改造过程中，以银行存款支付拆卸费用 20 000 元。从改造工程完工投入使用时起，该生产线仍可使用 10 年，预计净残值的现值为 27 000 元。假设不考虑增值税等相关税费，有关交易或事项及会计处理如下：

（1）将原生产线转入改建工程时，因被替换的零部件价值必须终止确认，不能计入改建后工程的成本，应转入“固定资产清理”科目，应作会计分录为：

借：在建工程——建筑工程　　427 000
　　固定资产清理　　61 000
　　累计折旧　　312 000
　贷：固定资产——某生产线　　800 000

其中：427 000 = 700 000 − [700 000 −（20 000 − 2 500）] / 10 × 4
　　61 000 = 100 000 −（100 000 − 2 500）/ 10 × 4

（2）支付改建工程支出时，应作会计分录为：

借：在建工程——建筑工程　　500 000
　贷：银行存款　　500 000

（3）收回将被替换零部件的变价收入时，应作会计分录为：

借：银行存款　　44 000
　贷：固定资产清理　　44 000

（4）支付拆卸费用时，应作会计分录为：

借：固定资产清理　　20 000

　贷：银行存款　　20 000

（5）改建工程完工，投入生产使用时，应作会计分录为：

借：固定资产——某生产线　　927 000

　贷：在建工程——建筑工程　　927 000

（6）改建后该生产线的年折旧额调整为 90 000[（927 000 – 27 000）÷ 10]元，月折旧额为 7 500（90 000 ÷ 12）元。

每月计提折旧时，按新的折旧额入账，应作会计分录为：

借：制造费用　　7 500

　贷：累计折旧　　7 500

（7）结转被替换零部件的损益时，应作会计分录为：

借：营业外支出　　37 000

　贷：固定资产清理　　37 000

【例 7-19】 某企业 3 月对办公大楼进行翻修，共领用专用工程物资 326 000 元，应负担的辅助生产车间成本为 25 000 元，据此应作会计分录为：

借：管理费用　　351 000

　贷：工程物资　　326 000

　　生产成本——辅助生产成本　　25 000

第四节　固定资产的处置

一、固定资产处置概述

固定资产的处置，是指固定资产因退出现有工作状态而对其进行的清理工作。企业取得的固定资产是为本企业生产经营使用的，但对于不适用或不需用的固定资产，可以出售转让；对那些由于使用而不断磨损直至最终报废，或由于技术进步等原因发生提前报废，或由于遭受自然灾害等非常原因发生毁损的固定资产应及时进行清理。此外，对外投资、捐赠、抵债转出以及非货币性交换等原因导致的固定资产减少，也属于固定资产处置的范围。

固定资产满足下列条件之一的，应当予以终止确认。

（1）该固定资产处于处置状态。

（2）该固定资产预期通过使用或处置不能产生经济利益。

企业无论对固定资产如何处置，都应按规定的程序办理处置手续，并做好相关的核算工作。

企业出售、转让划归为持有待售类别的，按照持有待售非流动资产、处置组的相关内容进行处理；未划归为持有待售类别而出售、转让及毁损、报废的固定资产，均通过“固定资产清理”科目进行核算，以确定固定资产的清理损益。其中：未划归为持有待售类别而出售、转让固定资产的损益，计入“资产处置损益”科目；毁损、报废固定资产产生的利得或损失，计入“营业外支出”科目。“固定资产清理”科目的借方反映被处置固定资产的账面价值、发生的处置费用、销售不动产应缴纳的有关税费、换出固定资产支付的补价等；贷方反映出售固定资产的价款、报废或毁损固定资产的残值和变价收入、应收的各种赔款、换出固定资产收到的补价等；固定资产清理完毕产生的净损益、利得或损失，分别转入相关科目。

二、固定资产的变卖出售

企业将不适用的或不需用的固定资产进行变卖出售时，应将收取的出售收入入账，同时转销出售固定资产的账面价值。如果出售的固定资产是未使用过的新固定资产，应按固定资产的账面原值计入“固定资产清理”科目；如果出售的固定资产是已使用过的旧固定资产，应按固定资产的账面价值计入“固定资产清理”科目。固定资产售价与账面价值、应付的各种税费的差额，作为资产处置损益处理。

【例 7-20】 某企业出售一座建筑物，原价为 600 000 元，已提折旧 116 400 元。该建筑物出售的收入为 580 000 元，支付相关费用 2 400 元。假设采用简易办法计税，应交增值税等相关税费为 38 280 元。有关会计分录为：

（1）转销出售建筑物的账面价值时：

借：固定资产清理	483 600	
累计折旧	116 400	
贷：固定资产		600 000

（2）以银行存款支付处置费用时：

借：固定资产清理	2 400	
贷：银行存款		2 400

（3）收到出售建筑物的价款时：

借：银行存款	580 000	
贷：固定资产清理		580 000

（4）结转应交的增值税等税费时：

借：固定资产清理	38 280	
贷：应交税费——应交增值税等		38 280

（5）结转出售该项建筑物的净损益时：

借：固定资产清理	55 720	
贷：资产处置损益		55 720

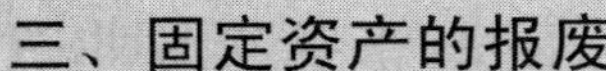

三、固定资产的报废

固定资产由于有形、无形损耗以及自然灾害等原因，不能继续在企业发挥应有的作用，应办理报废手续。固定资产的报废分为正常报废和非正常报废两种。正常报废是指固定资产因使用磨损而到使用期满发生的报废和因技术进步而发生的提前报废；非正常报废主要是指自然灾害和责任事故等而导致的固定资产提前报废。固定资产发生报废，必须进行清理。清理过程中也会发生一些清理费用，还可能有一些残值收入。如果是非正常报废，还会发生保险公司和过失人赔款。清理结束，应将报废固定资产的净损益作为营业外支出处理。

【例 7-21】 某企业的一座厂房因火灾而全部被毁。该厂房的原值为 300 000 元，已提折旧 136 800 元。报废清理时支付清理费用 1 500 元，收取过失人赔款 20 000 元。企业在该厂房投入使用时，已向保险公司投保，应由保险公司赔偿 120 000 元。假设不考虑增值税等相关税费，应作有关会计分录为：

（1）转销报废厂房的原值和已提折旧额时：

	借方	贷方
借：固定资产清理	163 200	
累计折旧	136 800	
贷：固定资产		300 000

（2）以银行存款支付清理费用时：

	借方	贷方
借：固定资产清理	1 500	
贷：银行存款		1 500

（3）收到过失人和保险公司的赔款时：

	借方	贷方
借：银行存款	140 000	
贷：固定资产清理		140 000

（4）结转报废固定资产的净损益时：

	借方	贷方
借：营业外支出——非流动资产报废	24 700	
贷：固定资产清理		24 700

四、固定资产的对外投资

企业在经营过程中，可能会以固定资产对外投资，从而导致固定资产减少。对外投出的固定资产，也应通过“固定资产清理”科目核算。

【例 7-22】某企业向 B 公司投入一座旧建筑物，原值为 1 800 000 元，已提折旧 600 000 元，其市场价格为 1 350 000 元。对外投资时，发生相关费用 6 000 元，以银行存款支付。假设不考虑增值税等相关税费，应作有关会计分录为：

（1）转销建筑物的账面价值时：

	借方	贷方
借：固定资产清理	1 200 000	

累计折旧 600 000
贷：固定资产 1 800 000
（2）支付相关费用时：
借：固定资产清理 6 000
贷：银行存款 6 000
（3）结转投资成本时：
借：长期股权投资——B 公司 1 206 000
贷：固定资产清理 1 206 000

五、固定资产的对外捐赠

企业有时会出于某种目的，以固定资产进行对外捐赠。因企业并不对受赠单位或个人谋求任何经济利益，也不承担任何经济责任，对外捐赠时只需将固定资产的账面价值和应支付的相关费用，通过“固定资产清理”科目转为营业外支出。

【例 7-23】 企业向本地的一个福利单位捐赠两台设备，原值为 100 000 元，已提折旧 30 000 元。假设不考虑增值税等相关税费，应作会计分录为：

（1）借：固定资产清理 70 000
累计折旧 30 000
贷：固定资产 100 000
（2）借：营业外支出——公益性捐赠支出 70 000
贷：固定资产清理 70 000

六、固定资产的盘亏

企业的固定资产经常会由于日常管理不善、核算上出现错漏以及日常维护保养不良等原因，发生丢失、损坏和遗漏等现象，造成固定资产盘亏。企业盘亏的固定资产，在按规定报经批准之前，应当通过“待处理财产损溢”科目核算。按盘亏固定资产的账面价值，借记“待处理财产损溢”科目，按已提的折旧和减值准备，借记“累计折旧”和“固定资产减值准备”科目，按其原值贷记“固定资产”科目，以注销该项固定资产。企业若为一般纳税人，还应将盘亏固定资产的进项税额转出。在按规定程序审批之后，应将盘亏固定资产的账面价值予以转销，按可收回的保险赔偿或过失人赔偿计入“其他应收款”科目，剩余部分计入“营业外支出——盘亏损失”科目。

企业清查确认的固定资产盘亏和毁损，应于期末结账前查明原因，并根据企业的管理权限，经股东大会或董事会，或经理（厂长）会议或类似机构批准后，在期末结账前处理完毕。如果清查的各种财产的盘亏和毁损，在期末结账前尚未经批准的，在对外提供财务会计报告时先按上述规定进行处理，并在会计报表附注中作出说明；如果其后批准处理的

金额与已处理的金额不一致的，调整会计报表相关项目的年初数。

【例 7-24】 企业在盘点时发现盘亏一台设备，原值为 50 000 元，已提折旧 12 000 元。据此应作会计分录为：

借：待处理财产损溢　　38 000
　　累计折旧　　12 000
　贷：固定资产　　50 000

【例 7-25】 承【例 7-24】，经批准，上项盘亏的固定资产予以转销。假设盘亏资产已抵扣的进项税额为 8 000 元，应作会计分录为：

借：营业外支出——盘亏损失　　46 000
　贷：待处理财产损溢　　38 000
　　　应交税费——应交增值税（进项税额转出）　　8 000

练习题

练 习 题 1

一、目的：练习和掌握固定资产取得的核算。

二、资料：某企业发生如下取得固定资产的交易或事项：

1. 购入一台不需要安装的新设备，买价为 50 000 元（不考虑增值税，下同），发生运杂费 1 000 元，装卸费 500 元，款项全部通过银行存款支付，设备已交付使用。

2. 从市场上购入一台机床，市价为 100 000 元，双方协商价格为 95 000 元，包装费 2 000 元，运杂费 1 000 元，款项全部从银行存款中支付，机床已投入安装。

3. 在机床安装过程中发生安装调试费 1 200 元，以银行存款支付，机床安装完毕后交付使用。

4. 企业购入一台新机器，价格为 20 000 元，付款条件为 1/10，n/30，企业在折扣期内付款。

5. 购入一台设备，现购价格为 80 000 元，对方同意以商业承兑汇票结算。企业开出 80 000 元带息票据一张，年利率为 8%，期限 6 个月，设备已交付使用。

6. 接受 S 公司投入的旧设备一台，已交付生产使用。该设备的账面原值为 50 000 元，已提折旧 12 000 元，评估确认的价值为 45 000 元。

7. 在财产清查中发现一台盘盈设备，其市场价格为 40 000 元，估计七成新。

三、要求：根据以上资料，编制有关会计分录。

练 习 题 2

一、目的：练习自行建造固定资产的核算。

二、资料：某公司以自营方式建造一座仓库，发生如下相关交易或事项：

1. 以银行存款购进工程所需物资一批，取得增值税专用发票，价款为 200 000 元，增值税为 32 000 元。增值税专用发票通过本期认证。

2. 该工程领用各种工程物资 200 000 元。

3. 工程领用企业自产的 A 产品，其生产成本为 8 000 元。

4. 分配该工程应负担的职工薪酬 39 900 元。

5. 企业供电车间分配给工程电费 15 000 元，运输部门分配运费 8 100 元。

6. 发生监理支出 6 000 元，已通过银行付款。

7. 工程完工，发现材料短少 1 800 元，另外多余的 200 元物资已移交给仓库。

8. 仓库验收合格，已投入使用。

三、要求：根据上述资料，编制有关会计分录。

练 习 题 3

一、目的：练习固定资产折旧的计算。

二、资料：东方公司有一项固定资产，其原值为 80 000 元，预计使用年限为 8 年，预计处置费用为 3 320 元，预计残值收入 4 480 元。

三、要求：

1. 采用年限平均法计算该项固定资产的年折旧额和年折旧率。

2. 分别采用双倍余额递减法和年数总和法计算该项固定资产的各年折旧额。

练 习 题 4

一、目的：练习固定资产折旧的核算。

二、资料：三星公司发生如下有关固定资产折旧的交易或事项：

1. 20×8 年 11 月应计提折旧的固定资产使用情况如表 7-5 所示。

表 7-5　　20×8 年 11 月应计提折旧的固定资产使用情况

使用部门	固定资产原值			
	机器设备	运输设备	建筑物	合计
一车间	5 000 000		500 000	5 500 000
二车间	2 000 000	800 000	300 000	3 100 000
公司管理部门		900 000	600 000	1 500 000
合计	7 000 000	1 700 000	1 400 000	10 100 000

2. 11 月，厂部报废两辆汽车，每辆原值为 250 000 元，购入一辆汽车，价值 300 000 元。

3. 11 月，一车间购入一台不需要安装、价值为 150 000 元的设备，已交付生产使用。

4. 11 月，二车间变卖一台不需用机床，原值为 80 000 元，已提折旧 33 600 元。

5. 该公司运输设备的年折旧率为 12%，机器设备的年折旧率为 9%，建筑物的年折旧率为 3.6%。

三、要求：根据以上资料，计算三星公司20×8年12月应计提的折旧额，并编制计提折旧的会计分录。

练 习 题 5

一、目的：练习固定资产的后续支出及处置的核算。

二、资料：长城公司发生如下有关固定资产后续支出及处置的交易或事项：

1. 经批准，将一台生产设备报废。该设备的原值为300 000元，预计净残值率为5%，预计使用寿命为10年，实际已使用9年零7个月。该企业采用直线法计提折旧。

2. 在清理上项设备时，发生拆除等清理费用1 000元，以银行存款支付。

3. 生产车间领用保养维护机器的润滑油250元。

4. 经批准，将不需用的一幢房屋出售，其原值为600 000元，已提折旧250 000元，出售收入为400 000元，款项已存入银行。

5. 出售上述房屋应交增值税等税费计39 600元。

6. 报废设备的残值收入为3 000元，款项已存入银行。

7. 盘点短缺一台机器，原值为25 000元，已提折旧16 000元，原因待查。

8. 对外投出一台大型设备，其原值为500 000元，已提折旧120 000元，经资产评估机构确认的价值为350 000元。假定企业与被投资单位在投资前没有关联关系。

9. 改建价值为300 000元、累计折旧150 000元的厂房一座。工程采用出包方式，预付价款200 000元。

10. 已经查明，盘亏设备因管理不善造成，追究责任人赔偿3 000元，剩余差额经批准予以转销。

11. 改建工程完工，补付工程款150 000元，厂房已投入使用。

三、要求：根据以上资料，编制有关会计分录。

第八章　无形资产与其他资产

本章学习提示

本章重点：无形资产的确认、初始计量、后续计量与处置、持有待售非流动资产的计量

本章难点：无形资产的计量、无形资产的处置、持有待售非流动资产的计量

第一节　无形资产概述

一、无形资产的含义及性质

无形资产，是指企业拥有或者控制的没有实物形态的可辨认非货币性资产。其中符合“可辨认性标准”的资产，需要满足下列条件之一。

（1）能够从企业中分离或者划分出来，并能单独或者与相关合同、资产或负债一起，用于出售、转移、授予许可、租赁或者交换。

（2）源自合同性权利或其他法定权利，无论这些权利是否可以从企业或其他权利和义务中转移或者分离。

商誉是随企业的存在而存在，无法从企业中分离出来，因此，具有不可辨认性，不符合无形资产的定义，不属于本章所指的无形资产。

企业在生产经营活动中除了要拥有和使用有形资产外，还需要拥有和使用无形资产。无形资产是企业资产的重要组成部分，它没有实物形态，只表明企业拥有的一种特殊权利，或者拥有获得高于一般收益水平的能力。它可以使企业增强竞争能力，为企业带来特殊经济效益。无形资产与固定资产有某些相似之处，主要表现为以下四点：①二者都属于非流动资产，都具有 1 年以上的使用寿命；②二者都在有限的寿命期间被企业控制和使用；③二者都能为企业带来经济利益，且企业受益的大小与企业维护与利用的程度有关；④二者的价值都是在受益期逐渐消耗，分期转为成本费用。

但是，由于无形资产和固定资产是两种不同的长期资产，必然存在一定的差别，主要表现在三个方面：一是形态不同，无形资产无实体形态，固定资产则具有物质实体；

二是价值转移和投资回收方式不同，无形资产采用摊销的方法逐期收回，而固定资产采用计提折旧的方法逐期收回；三是持有资产的风险不同，无形资产的价值具有很大的不确定性，与社会进步、科学技术发展等密切相关，因此，持有无形资产的风险要远远大于固定资产。

无形资产与企业的生产经营活动关系密切。企业为了开展生产经营活动才会取得无形资产，而无形资产的经济价值也只有在生产经营活动中才能得以体现，脱离了生产经营活动，无形资产就失去了自身的价值。

二、无形资产的特征

无形资产与其他资产相比，具有以下显著特征。

（一）无实物形态

无形资产是没有实物形态的资产，看不见，摸不着。在使用过程中，没有有形损耗，只有无形损耗，并且在报废时一般没有残值。无实物形态是无形资产最显著的特点，但不是其独有的特征，如应收项目和预付费用，虽然没有物质实体，却属于流动资产。所以，并非所有无实物形态的资产都是无形资产。

（二）独占性

独占性也称垄断性，主要表现为无形资产被其所有人独占使用，并借助法律或人为地防止非所有人取得并使用，具有垄断的性质。无形资产的这一特征可以使其所有人在很大程度上垄断供应或销售市场，从而独家享有超过平均水平的获利能力。但是，在竞争日益激烈的今天，这种垄断不可能长久地存在，其他企业可能采用另外的手段取得或取代所有人的无形资产，或者使无形资产加速失效。

（三）价值的不确定性

无形资产价值的不确定性表现为：科技的进步导致无形资产的有效期限和所能带来的经济效益具有高度的不确定性；无形资产所能带来的未来经济效益的不确定导致其计价（取得成本）难以确定；无形资产取得成本的难以确定导致其转移价值具有不确定性。

（四）高效性

无形资产的高效性体现为通过无形资产的使用，可以给企业创造带来获取超额收益的能力。无形资产的获利能力较强，是企业获得较好经济效益的源泉，这完全是由无形资产以科学技术、知识产权为主体内容以及科学技术的创新性所决定的。企业拥有和控制无形资产，是为了使无形资产潜在的获取超额收益的能力能在企业未来的经营活动中得以实现，以充分发挥无形资产的使用效能。

（五）独创性

无形资产是脑力劳动的成果，主要是从科技成果转化而来的技术知识产权，是创新的、单一的、独一无二的，其取得成本缺乏横向的可比基础，很难用社会平均必要劳动时间决定其价值，只能以被社会承认的个别劳动时间来决定其价值。

三、无形资产的种类

（一）按经济内容分类

无形资产按其经济内容分类，可分为专利权、非专利技术、商标权、著作权、土地使用权、特许权等。

1. 专利权

专利权，是指国家专利管理机关根据发明单位或个人的申请，经审查认定，给予发明创造者一定期限内对其发明创造有独占制造、使用和销售的权利。专利权是一种技术知识产权，一般分为发明专利权、实用新型专利权和外观设计专利权三种类型。

专利权受法律保护。在某项专利权有效期间内，如果他人使用了该项专利，必须向专利权所有人支付使用费，否则即构成侵权行为。专利权具有垄断性、地域性和时间性的特点，即在一定时期和一定区域范围内，专利权受法律保护，超过一定时间和一定区域范围，专利权就失去了效力。

专利权的价值在于通过利用该项专利，可以生产出新颖独特或具有特别功能、迎合消费者需要的新产品；或者可以用较低的成本制造或销售已上市供应的产品，从而使企业获得较多的利润。

《中华人民共和国专利法》规定，发明专利权的期限为 20 年，实用新型专利权和外观设计专利权的期限为 10 年。但是，由于受到科技进步、市场竞争及消费需求等多方面因素的影响，专利权的实际经济有效期可能要比法定有效期短。

2. 非专利技术

非专利技术，是指不具有专利权，没有公开的专门技术知识、生产工艺流程和产品设计等，主要通过图纸、配方、技术记录、操作方法的说明等具体资料加以表示，也包括专家、技术人员、工人等所掌握的不成文的经验、知识和技巧，通常称为“技术诀窍”。

非专利技术没有经过法定机关按规定程序批准认可，不能受法律保护。它是仅在有限的范围内为少数专家、工程技术人员所掌握的经济适用性知识，在生产经营过程中表现出以下特征。

（1）经济性。非专利技术在生产经营中使用，能够提高企业的经营能力和生产水平，从而增加企业的盈利能力。

（2）机密性。非专利技术是企业通过长期研究所掌握的不愿公开的方法、特长和经验，一经公开，即失去其价值。

（3）传授性。非专利技术必须经过所有人传授才能获得，非经传授很难获得。

（4）动态性。非专利技术是企业或技术人员经过长期研究和经验积累形成的，而且仍不断发展和完善。

非专利技术的价值在于它对企业的生产和经营起着非常重要的作用，特别是属于制造方法和加工工艺方面的非专利技术，能给企业带来很强的竞争能力。

3. 商标权

商标权，是指企业为使自己生产或经销的商品区别于其他企业的商品而使用特定词语、名称及图案等的一种专有权利。

商标是识别商品的特定标记，是一个企业的商品区别于其他企业商品的外在标记。商标按其构成形式，可分为文字商标、图案商标和文图组合商标；按有无专用权，可分为注册商标和未注册商标。注册商标是指由申请人申请，经商标管理机关核准，授予商标申请人有权独自使用的商标。商标注册人享有商标专用权，只有持有注册商标专用权的企业才拥有商标权。

商标权受法律保护，内容包括独占使用权和禁止权两个方面。所谓独占使用权，就是指商标权享有人在商标注册的范围内独家使用其商标的权利，这种权利是商标权具有独占性的法律表现。所谓禁止权，就是指商标权享有人排除和禁止他人对商标独占使用权进行侵犯的权利，这种权利是商标权具有排他性的法律表现。

《中华人民共和国商标法》规定，注册商标的最长有效期为10年，在期满前6个月内，企业可依法申请延长注册期。每次续展注册的有效期为10年，且无延长次数限制。

4. 著作权

著作权也称版权，是指国家版权管理机关依法授予书籍的著作人或文艺美术作品的创作者以及出版商在一定年限内制作、出版和发行的专有权利。

著作权与其他无形资产相比，具有三个明显的特点。

（1）著作权一般具有特定的物质载体，如书籍、绘画、唱片、录像带、录音带等，就是有关版权的载体。

（2）著作权并不赋予所有者唯一使用某一作品的权利，而只是赋予所有者因他人公开发行、制作、出版或再版其作品获取经济效益时向其使用人索取收益的权利。

（3）著作权保护的是双重权利，即著作作者的权利和出版者的权利。

著作权受法律保护。著作权所有人可以自行使用这种权利，但通常都是把这种权利赋予他人，以此获取收益。在一定期限内未经著作权所有人允许，其他人不得擅自使用，否则即构成侵权行为。但是，非商业性地使用，如非盈利地用于教学目的，并且数量不多，对著作市场和其价值没有影响以及批评家在评论中的摘引作品片段和图书馆、档案室作为资料复制等，不能算作侵权。

《中华人民共和国著作权法》规定，著作权的法定有效期限为作者终生及其死亡后50年。如果是合作作品，截止于最后死亡的作者身后50年的12月31日。

5. 土地使用权

土地使用权也称场地使用权，是指按照国家法律规定，土地使用者对其所使用的土地享有开发、利用和获取收益的权利。

在我国，任何企业或个人只拥有土地的使用权，而没有所有权，土地归国家和集体所有。企业必须支付一定数额的土地出让金和使用费，才能获得土地使用权。出让金是指企业为获得土地使用权而支付的一次性价款，使用费是指企业因使用土地而按期向政府机关交纳的费用。

土地所有者从土地使用者处取得报酬后并未丧失土地的所有权，只是暂时将土地使用权让渡给土地使用者，因此，这种报酬实际上是一种专有权利的价格。这样，土地使用权便成为企业的一项无形资产。但是，属于投资性房地产或者作为固定资产核算的土地使用权，不包括在本章所指的无形资产范围内。

土地使用权的有效期限根据有关法律、法规或合同规定的年限确定。

6. 特许权

特许权也称专营权，是指企业通过付费，获准在一定区域和一定时期内以一定的形式生产经营某种特定商品或劳务的专有权利。

特许权一般有以下两种形式。

（1）政府机关特许的专营权，如准许企业经营化肥、农药、烟草等，或者准许企业使用公共财产或在一定地区享有经营某种公用事业的特权，如公共交通、水电供应、邮电通信、广播、电影、电视等。

（2）其他企业特许的专营权，即一个企业依照签订的合同，永久地或有限期地授予另一个企业某种特殊的权利，如授予某商品的经销权给另一个企业，或者准许其他企业使用本企业的商标、商号、专利权、非专利技术等。这种形式在连锁经营中比较普遍。

特许权的价值在于它具有垄断性，企业可以利用授予人的商业信誉、商标等进行较有把握的业务经营，获取高额收益。

特许权的有效期限以合同规定的经营期限为准。

（二）按存在期限分类

无形资产按存在期限分类，可分为有期限的无形资产和期限不确定的无形资产。

有期限的无形资产是指有法律或合同规定期限的无形资产，如专利权、商标权、著作权、土地使用权、特许权等。这类无形资产超过规定期限，自动丧失效力。

期限不确定的无形资产是指没有法律规定其使用期限或无须确定其使用期限的无形资产，如非专利技术。这类无形资产使用寿命的长短取决于科技进步的速度或技术保密工作的好坏及企业的维护工作如何等。

无形资产按不同的标准进行分类具有不同的作用。按经济内容分类，可以确定无形资产的具体项目，是无形资产核算的前提条件；按存在期限分类，有助于对无形资产的价值进行摊销。

四、无形资产的确认

按照《企业会计准则——无形资产》（CAS6）的规定，某个项目要确认为无形资产，在符合无形资产定义的前提下，应同时满足以下两个条件。

（1）与该无形资产有关的经济利益很可能流入企业。

（2）该无形资产的成本能够可靠地计量。

无形资产所产生的未来经济利益，可能包括在销售商品、提供劳务的收入中，或者企业使用该无形资产而减少或降低了成本，或者获得其他特殊的利益等。企业在判断无形资产产生的经济利益是否很可能流入时，应当对无形资产在预计使用寿命内可能存在的各种经济因素作出合理估计，并且应当有明确证据支持。

企业无形项目的支出，除下列情形外，均应于发生时计入当期损益：①符合 CAS6 规定的确认条件、构成无形资产成本的部分；②非同一控制下企业合并中取得的、不能单独确认为无形资产、构成购买日确认的商誉的部分。

企业应能够控制无形资产所产生的经济利益，即企业拥有无形资产的法定所有权，或企业与他人签订协议，使企业的相关权利受到法律的保护。根据以上确认标准，企业自创商誉以及内部产生的品牌、报刊名等，因其成本无法可靠地计量，不应确认为无形资产。

第二节　无形资产的初始计量

无形资产的初始计量与固定资产相同，也要按成本进行计量。企业从不同渠道，按不同方式取得的无形资产，其成本的具体构成内容也不相同，应当根据具体情况分别确定。但无论从何种渠道、按何种方式取得，无形资产的取得成本都应在资产类的“无形资产”科目进行核算，并按其项目设置明细账，进行明细核算。

一、外购无形资产

外购无形资产的成本，包括购买价款、相关税费（不含可抵扣的增值税）以及直接归属于使该项资产达到预定用途所发生的其他支出，如无形资产达到预定用途所发生的专业服务费用、测试无形资产是否能够正常发挥作用的费用等。

购买无形资产的价款超过正常信用条件延期支付，实质上具有融资性质的，无形资产的成本以购买价款的现值为基础确定。实际支付的价款与购买价款的现值之间的差额，除按照 CAS17 的规定应予资本化的以外，应当在信用期间内计入当期损益。

企业从外部取得的无形资产主要包括购入、企业合并中形成、投资人投入等方式。根据前述的无形资产初始计量中取得成本的确定原则，现分别举例如下：

【例 8-1】 某企业以银行存款购入一项经销某商品的特权，增值税专用发票列示价款 580 000 元，增值税 34 800 元。增值税专用发票本期通过认证，应作会计分录为：

借：无形资产——特许权　　580 000
　　应交税费——应交增值税（进项税额）　　34 800
　贷：银行存款　　614 800

【例 8-2】 某企业从国家土地管理部门取得土地使用权。根据出让合同，企业拥有该土地使用年限为 50 年，企业应支付土地使用权出让金和相关支出合计 36 000 000 元，已由银行存款付讫。由于该土地属于使用寿命有限的，因此，企业将其单独作为无形资产核算。支付土地出让金时应作会计分录为：

借：无形资产——土地使用权　　36 000 000
　贷：银行存款　　36 000 000

二、自行开发无形资产

自行开发的无形资产，其成本包括自满足无形资产确认条件和开发阶段支出确认条件的规定后至达到预定用途前所发生的支出总额，但是对于以前期间已经费用化的支出不再调整。

企业内部研究开发项目的支出，应当区分研究阶段支出与开发阶段支出，分别进行确认与核算。

（一）研究阶段支出

研究，是指为获取并理解新的科学或技术知识而进行的独创性的有计划调查。研究阶段是探索性的，为进一步开发活动进行资料及相关方面的准备，已进行的研究活动将来是否会转入开发、开发后是否会形成无形资产等均具有较大的不确定性。例如，意在获取知识而进行的活动，研究成果或其他知识的应用研究、评价和最终选择，材料、设备、产品、工序、系统或服务替代品的研究，新的或经改进的材料、设备、产品、工序、系统或服务的可能替代品的配制、设计、评价和最终选择等，均属于研究活动。

企业内部研究开发项目研究阶段的支出，因其发生的结果具有不确定性，不能确认为无形资产，应当于发生时计入当期损益。

（二）开发阶段支出

开发，是指在进行商业性生产或使用前，将研究成果或其他知识应用于某项计划或设计，以生产出新的或具有实质性改进的材料、装置、产品等。相对于研究阶段而言，开发阶段应当是已完成研究阶段的工作，在很大程度上具备了形成一项新产品或新技术的基本条件。例如，生产前或使用前的原型和模型的设计、建造和测试，不具有商业性生产经济规模的试生产设施的设计、建造和营运等，均属于开发活动。

企业内部研究开发项目开发阶段的支出，同时满足下列条件的，才能予以资本化，确认为无形资产。

（1）完成该无形资产以使其能够使用或出售在技术上具有可行性。判断无形资产的开发在技术上是否具有可行性，应当以目前阶段的成果为基础，并提供相关证据和材料，证明企业进行开发所需的技术条件等已经具备，不存在技术上的障碍或其他不确定性。例如，企业已经完成全部计划、设计和测试活动，这些活动是使资产能够达到设计规划书中的功能、特征和技术所必需的活动，或经过专家鉴定等。

（2）具有完成该无形资产并使用或出售的意图。要求企业应能够说明其开发无形资产的目的。

（3）无形资产产生未来经济利益的方式，包括能够证明运用该无形资产生产的产品存在市场或无形资产自身存在市场，无形资产将在内部使用的，应当证明其有用性。无形资产是否能够为企业带来经济利益，应当对运用该无形资产生产产品的市场情况进行可靠预计，以证明所生产的产品存在市场并能够带来经济利益，或能够证明市场上存在对该类无形资产的需求。

（4）有足够的技术、财务资源和其他资源支持，以完成该无形资产的开发，并有能力使用或出售该无形资产。要求企业应能够证明无形资产开发所需的技术、财务和其他资源，以及获得这些资源的相关计划。企业自有资金不足以提供支持的，应能够证明存在外部其他方面的资金支持，如银行等金融机构愿意为该无形资产的开发提供所需资金等。

（5）归属于该无形资产开发阶段的支出能够可靠地计量。企业对研究开发的支出应当单独核算，如直接发生的研发人员工资、材料费，以及相关设备折旧费等。同时从事多项研究开发活动的，所发生的支出能够按照合理的标准在各项研究开发活动之间进行分配；无法合理分配的，应当计入当期损益。

企业取得的已作为无形资产确认的正在进行中的研究开发项目，在取得后发生的支出，也应当区分研究阶段支出与开发阶段支出，分别按上述方法进行确认。

企业自行研制创造无形资产的过程中，要发生各项研究和开发费用，主要包括以下项目：①从事研究和开发活动人员的工资、津贴、奖金及其他有关薪酬；②研究和开发活动消耗的原材料和劳务费用；③用于研究和开发活动的设备和设施的折旧费；④与研究和开发活动有关的间接费用；⑤委托其他单位进行研究和开发所发生的费用；⑥与研究和开发活动有关的其他费用，如为研究和开发活动而购入的专利权、特许权等无形资产的摊销成本等。

我国 CAS6 规定：企业内部研究开发项目研究阶段的支出，应当于发生时计入当期损益；企业内部研究开发项目开发阶段的支出，符合确认条件的，才能计入无形资产成本。为此，企业进行研究与开发无形资产过程中发生的各项支出，均应通过“研发支出”科目进行核算，并按研究开发项目，分别设置“费用化支出”和“资本化支出”两个明细科目进行明细核算。

【例 8-3】 某企业自行研制一种新产品。在产品研制过程中，发生费用支出共计 4 000 000 元，其中研究阶段支出 1 500 000 元，开发阶段支出 2 500 000 元。费用发生时应作会计分录为：

借：研发支出——费用化支出　　1 500 000

　　　　——资本化支出　　2 500 000

　贷：银行存款等　　4 000 000

【例 8-4】 期末，转销研究阶段的支出。应作会计分录为：

借：管理费用　　1 500 000

　贷：研发支出——费用化支出　　1 500 000

【例 8-5】 承【例 8-3】，该企业自行研制的新产品已获成功，可投入批量生产，并向国家申请发明专利，获得批准。以银行存款支付申请费 2 000 元，注册费 15 000 元，律师费 5 000 元，模型图样制作费 28 000 元。假设不考虑增值税等相关税费，应作会计分录为：

借：无形资产——专利权　　2 550 000

　贷：银行存款　　50 000

　　研发支出——资本化支出　　2 500 000

三、投资者投入无形资产

企业可以接受投资者以无形资产的形式进行投资。投资者投入无形资产的成本，应当按照投资合同或协议约定的价值确定。如果合同或协议约定价值不公允，则以无形资产的公允价值确定。无形资产的入账价值与折合资本的差额，计入“资本公积”科目。

【例 8-6】 某股份有限公司接受甲公司以其商标权作为出资，投资合同约定的价值为 9 000 000 元，折合公司的股票 6 000 000 股，每股面值 1 元，已办妥相关手续。应作会计分录为：

借：无形资产——商标权　　9 000 000

　贷：股本——甲公司　　6 000 000

　　资本公积——股本溢价　　3 000 000

四、以非货币性资产交换和债务重组取得无形资产

企业通过非货币性资产交换、债务重组方式取得的无形资产，其成本应当分别按照 CAS7 和 CAS12 的规定确定，详见本教材第十章“非货币性资产交换”和第十四章“债务重组”的相关内容。

五、政府补助取得无形资产

通过政府补助取得的无形资产，在满足政府补助条件的前提下，应当按照其公允价值作为该无形资产的成本；公允价值不能可靠取得的，按照其名义金额计量。其具体核算，

详见本教材第十七章“收入、费用和利润”。

第三节　无形资产的后续计量

无形资产在后续使用过程中，会涉及无形资产价值摊销和减值的问题，由此带来相关的后续计量。本节只介绍无形资产的价值摊销，无形资产的减值将在本教材“第十一章 资产减值”中阐述。

一、无形资产的摊销原则与方法

无形资产需要在使用过程中，采用合理的方法对其价值进行摊销。无形资产摊销的原则是：使用寿命为有限的，应将其摊销金额在使用寿命期内进行系统合理摊销；使用寿命不确定的，则不应进行摊销。企业选择的无形资产摊销方法，应当反映与该项无形资产有关的经济利益的预期消耗方式。无法可靠确定预期消耗方式的，应当采用直线法摊销。

在进行无形资产摊销时需要考虑应摊销金额和使用寿命的合理确定。无形资产的摊销金额一般应当计入当期损益。某项无形资产包含的经济利益通过所生产的产品或其他资产实现的，其摊销金额应当计入相关资产的成本。

二、无形资产应摊销金额的确定

无形资产应摊销金额的合理确定，是正确确定无形资产的价值基础。按照 CAS6 的规定，无形资产的应摊销金额为其成本扣除预计残值后的金额。已计提减值准备的无形资产，还应扣除已经提取的无形资产减值准备累计金额。使用寿命有限的无形资产，其残值应当视为零，但下列情况除外。

（1）有第三方承诺在无形资产使用寿命结束时购买该无形资产。

（2）可以根据活跃市场得到预计残值信息，并且该市场在无形资产使用寿命结束时很可能存在。

三、无形资产使用寿命的确定

无形资产使用寿命，是指其经济寿命，即自无形资产可供使用时起，至不再作为无形资产确认时止的期间。企业应当于取得无形资产时分析判断其使用寿命。分析判断无形资产使用寿命包括是否判断为使用寿命有限和使用寿命的复核。

（一）判断无形资产使用寿命为有限的原则

企业持有的无形资产，通常来源于合同性权利或是其他法定权利，且合同规定或法律规定有明确的使用年限。因此，判断无形资产使用寿命为有限的原则有以下两个。

（1）源自合同性权利或其他法定权利取得的无形资产，其有限寿命不应超过合同性权利或其他法定权利的期限。

（2）合同或法律没有规定使用寿命的，企业应当综合各方面因素判断，以确定无形资产能为企业带来经济利益的期限。比如，与同行业的情况进行比较、参考历史经验，或聘请相关专家进行论证等。

按照上述方法仍无法合理确定无形资产为企业带来经济利益期限的，该项无形资产应作为使用寿命不确定的无形资产。

（二）企业确定无形资产使用寿命通常应当考虑的因素

对于使用寿命为有限的无形资产，应当估计该使用寿命的年限或者构成使用寿命的产量等类似计量单位数量，以便为无形资产摊销提供权数基础。企业确定无形资产使用寿命通常应当考虑下列因素。

（1）运用该资产生产的产品通常的寿命周期、可获得的类似资产使用寿命的信息。

（2）技术、工艺等方面的现阶段情况及对未来发展趋势的估计。

（3）以该资产生产的产品或提供服务的市场需求情况。

（4）现在或潜在的竞争者预期采取的行动。

（5）为维持该资产带来经济利益能力的预期维护支出，以及企业预计支付有关支出的能力。

（6）对该资产控制期限的相关法律规定或类似限制，如特许使用期、租赁期等。

（7）与企业持有其他资产使用寿命的关联性等。

（三）无形资产使用寿命的复核

企业至少应当于每年年度终了，对使用寿命有限的无形资产的使用寿命及摊销方法进行复核。无形资产的使用寿命及摊销方法与以前估计不同的，应当改变摊销期限和摊销方法。

企业应当在每个会计期间对使用寿命不确定的无形资产的使用寿命进行复核。如果有证据表明无形资产的使用寿命是有限的，应当估计其使用寿命，并按规定进行摊销。

四、无形资产摊销的核算

企业的无形资产在使用寿命内进行摊销的金额，一般应当计入当期损益，通过“管理费用”科目进行核算。某项无形资产包含的经济利益通过所生产的产品或其他资产实现的，其摊销金额应当计入相关资产的成本。

一般情况下，当土地使用权用于自行开发建造厂房等地上建筑物时，相关的土地使用权账面价值不转入在建工程成本。即自行开发建造厂房等建筑物，相关的土地使用权与建筑物应当分别进行处理。土地使用权与地上建筑物分别按照其摊销期限和应提折旧年限，进行摊销和计提折旧。外购土地及建筑物支付的价款应当在建筑物与土地使用权之间进行分配；难以合理分配的，应当全部作为固定资产。

如果企业取得的土地使用权用途改变，用于赚取租金或资本增值，应当将其转为投资性房地产。

房地产开发企业取得土地使用权用于建造对外出售的房屋建筑物，相关的土地使用权账面价值应当计入所建造的房屋建筑物成本。

无形资产的摊销应设置“累计摊销”备抵科目，以反映企业对使用寿命有限的无形资产计提的累计摊销额。

【例 8-7】 承【例 8-1】，假定该项特许权的使用寿命为 5 年，企业采用直线法摊销。每月摊销的数额为 9 667 元[580 000/（5×12）]，据此应作的会计分录为：

借：管理费用　　9 667

　贷：累计摊销　　9 667

【例 8-8】 承【例 8-2】，该企业取得的土地使用权使用寿命为 50 年。每月摊销时，应作会计分录为：

借：管理费用　　60 000

　贷：累计摊销　　60 000

【例 8-9】 某企业为房地产开发企业，在取得使用权的土地上开发建造商品房。该土地使用权的账面价值为 8 000 000 元，已摊销 200 000 元。应作会计分录为：

借：开发成本——商品房　　8 000 000

　　累计摊销　　200 000

　贷：无形资产——土地使用权　　8 200 000

【例 8-10】 甲公司购入一块土地使用权，以银行存款转账支付 81 000 000 元，并在该土地上自行建造厂房等工程，发生材料支出 9 000 000 元、职工薪酬 600 000 元、其他相关费用 480 000 元等。该工程已经完工并达到预定可使用状态。假定土地使用权的使用年限为 50 年，该厂房的使用年限为 30 年，两者均无净残值，都采用直线法进行摊销和计提折旧。为简化核算，不考虑相关税费。甲公司的账务处理如下：

（1）支付土地使用权的转让价款时，应作会计分录为：

借：无形资产——土地使用权　　81 000 000

　贷：银行存款　　81 000 000

（2）在土地上自行建造厂房时，应作会计分录为：

借：在建工程——建筑工程——厂房　　10 080 000

　贷：工程物资　　9 000 000

　　　应付职工薪酬　　600 000

　　　银行存款　　480 000

（3）按月摊销土地使用权时，应作会计分录为：

借：管理费用　　135 000

　贷：累计摊销　　135 000

工程完工并达到预定可使用状态后，各期摊销的土地使用权可以计入“制造费用”科目。

（4）工程完工并达到预定可使用状态时，应作会计分录为：

借：固定资产——厂房　10 080 000

　贷：在建工程——建筑工程——厂房　10 080 000

（5）按月对厂房计提折旧时，应作会计分录为：

借：制造费用　28 000

　贷：累计折旧　28 000

第四节　无形资产的处置

企业拥有的无形资产可以依法进行处置。企业处置无形资产的方式主要有三种：一是出售，即转让无形资产的所有权；二是出租，即转让无形资产的使用权；三是报废，即转销无形资产的价值。

一、无形资产的出售

企业可以将不需用的无形资产进行出售。出售无形资产时，因企业不再拥有对无形资产占有、使用、收益和处置的权利，应转销无形资产的账面价值，并将出售无形资产实际取得的转让收入扣除无形资产的账面价值、应支付的相关税费后的差额，作为资产处置损益，借记或贷记“资产处置损益”科目。

企业以非货币性资产交换方式换出无形资产，实质上是一种特殊形式的出售，应冲销该无形资产的账面价值，并根据 CAS7 的要求，确定换入资产的入账价值和交换损益。

【例 8-11】某企业将购入的一项商标权有偿转让。在购入时企业支付费用共计 600 000 元，有效期限为 10 年。企业购入两年后因经营变化按 480 000 元的价格（不含税）将其出售，适用增值税率为 6%，款项已存入银行。假设应交增值税等相关税费 31 680 元，应作会计分录为：

借：银行存款　508 800

　　累计摊销　120 000

　　资产处置损益　2 880

　贷：无形资产——商标权　600 000

　　　应交税费——应交增值税等　31 680

二、无形资产的出租

无形资产的所有者可以根据自己的意愿和利益，将其使用权分离出去，由非所有者享有，即将无形资产进行出租。非所有者在行使无形资产的使用权时，必须根据法律和合同的规定，按照无形资产的性能和指定的用途加以利用。出租无形资产时，由于企业仍保留对无形资产的所有权，仅将无形资产的部分使用权让渡给其他企业，所获得的租金收入作为企业的附营业务收入，计入“其他业务收入”科目，发生的相关费用及出租无形资产摊销的价值作为出租无形资产的成本，计入“其他业务成本”科目。

【例 8-12】 某企业将一项外购非专利技术的使用权出租给 W 公司。转让合同规定，W 公司用非专利技术每生产一吨产品，需要支付 150 元的使用费，每生产 100 吨偿付一次。出租过程中发生咨询服务费 5 000 元，企业以银行存款支付。假设不考虑增值税等相关税费，据此应作有关会计分录为：

（1）假设 W 公司生产了 100 吨产品，转来第一笔使用费时：

借：银行存款　　15 000

　贷：其他业务收入　　15 000

（2）支付咨询服务费时：

借：其他业务成本　　5 000

　贷：银行存款　　5 000

三、无形资产的报废

无形资产预期不能为企业带来未来经济利益时，应当将该无形资产的账面价值予以转销，即将无形资产报废。报废时，应将无形资产的账面价值转入“营业外支出——非常损失”科目。

【例 8-13】 某上市企业于 7 年前购入一项专利技术，价款及相关支出为 500 000 元，使用寿命为 10 年，已计提减值 20 000 元。本年初，在市场上出现了一项新的专利，预计该项无形资产不能再为企业带来经济利益。应作如下转销会计分录：

借：营业外支出——非常损失　　130 000

　　累计摊销　　350 000

　　无形资产减值准备　　20 000

　贷：无形资产——专利权　　500 000

第五节　其 他 资 产

其他资产是指除流动资产、长期债权投资、长期股权投资、其他权益工具投资、固定资产、无形资产、投资性房地产等以外的资产，主要包括长期待摊费用、持有待售的非流动资产和处置组及其他非流动资产。本节主要介绍长期待摊费用、持有待售的非流动资产和处置组。

一、长期待摊费用

（一）长期待摊费用的含义及特征

长期待摊费用，是指企业已经支出，但摊销期限在 1 年以上（不含 1 年）的各项费用。如企业支付的房租、土地租赁费、土地补偿款、自有固定资产装修费等。

长期待摊费用是一种具有长期性质的待摊费用，这些费用的效益要期待于将来实现，并且数额较大，若将它们与支出年度的收入相配比，就不能正确计算当期经营成果，所以，应将其资本化，作为一项长期资产处理。

长期待摊费用与固定资产、无形资产相比，有其共性，都是跨越未来若干个会计期间，其价值逐步转销为未来各期的费用，但也有其特性，一般来讲，长期待摊费用具有如下特征。

（1）长期待摊费用是一项虚资产，一经发生就已经消耗掉了，本身没有交换价值，不可转让。如果企业破产清算，则只能由企业的所有者和债权人承担。所以，企业的所有者和债权人不希望有较多的长期待摊费用存在。

（2）长期待摊费用是为了一定目的而发生的支出，由于损益的确认必须满足收入费用的配比原则和权责发生制的会计核算前提，对于那些不能全部作为费用的支出，均应作为长期待摊费用处理，因此，长期待摊费用具有集合费用的性质。

（3）长期待摊费用是一种虚资产，表现为费用，即使在重估价时也不会出现增值。

（二）长期待摊费用的核算

为了反映长期待摊费用的增减变化，企业应设置“长期待摊费用”科目，并按费用项目进行明细核算。

企业发生的长期待摊费用，应在受益期内平均摊销。

【例 8-14】 某公司于 20×8 年初对办公大楼进行内部装修，共发生装修费用 480 000 元，预计可使用 6 年。据此应作有关会计分录为：

（1）发生装修费用时：

借：长期待摊费用——自有固定资产装修费　　480 000

　贷：银行存款等　　480 000

（2）每年摊销时：

借：管理费用　　80 000

　贷：长期待摊费用——自有固定资产装修费　　80 000

二、持有待售的非流动资产和处置组

（一）持有待售的非流动资产或处置组的分类

1. 分类原则

企业持有的非流动资产或处置组，如果主要通过出售（包括具有商业实质的非货币性资产交换）而非持续使用收回期账面价值的，应当将其划分为持有待售类别。

其中，非流动资产不包括采用公允价值模式进行后续计量的投资性房地产、采用公允价值减去出售费用后的净额计量的生物资产、职工薪酬形成的资产、递延所得税资产、由金融工具相关会计准则规范的金融资产和由保险合同相关会计准则规范的保险合同所产生的权利等；处置组是指在一项交易中作为整体通过出售或其他方式一并处置的一组资产，以及在该交易中转让的与这些资产直接相关的负债。处置组所属的资产组或资产组组合按照 CAS8 分摊了企业合并中取得的商誉的，该处置组应当包含分摊至处置组的商誉。为简化，以下所称“持有待售非流动资产”均包含处置组在内。

按照《企业会计准则第 42 号——持有待售的非流动资产、处置组和终止经营》（CAS42）的规定，非流动资产或处置组划分为持有待售类别，应当同时满足下列条件。

（1）根据类似交易中出售此类资产或处置组的惯例，在当前状况下即可立即出售。

（2）出售极可能发生，即企业已经就一项出售计划作出决议且获得确定的购买承诺，预计出售将在 1 年内完成。有关规定要求企业相关权力机构或者监管部门批准后方可出售的，应当已经获得批准。

确定的购买承诺，是指企业与其他方签订的具有法律约束力的购买协议，该协议包含交易价格、时间和足够严厉的违约惩罚等重要条款，使协议出现重大调整或者撤销的可能性极小。

企业专为转售而取得的非流动资产或处置组，在取得日满足“预计出售将在 1 年内完成”的规定条件，且短期（通常为 3 个月）内很可能满足持有待售类别的其他划分条件的，企业应当在取得日将其划分为持有待售类别。

2. 特殊情况

因企业无法控制的下列原因之一，导致非关联方之间的交易未能在 1 年内完成，且有充分证据表明企业仍然承诺出售非流动资产或处置组的，企业应当继续将非流动资产或处置组划分为持有待售类别。

（1）买方或其他方意外设定导致出售延期的条件，企业针对这些条件已经及时采取行动，且预计能够自设定导致出售延期的条件起 1 年内顺利化解延期因素。

【例 8-15】 甲公司计划将整套生产线出售给乙公司，甲公司与乙公司不存在关联关系，双方于 20×8 年 3 月 16 日签订了转让合同。因该生产线的污水排放系统存在缺陷，对周边环境造成污染。

假设甲公司不知道环境污染情况，20×8 年 5 月 8 日，乙公司在对生产线进行检查时发现污染，并要求甲公司进行补救。甲公司立即着手进行治理，预计 20×9 年 4 月可以完成。

分析：在签订转让合同时，双方并不知道治理污染会影响交易进度，属于符合延长一年期限的例外事项，在 20×8 年 5 月 8 日发现延期事项后，甲公司预计在 1 年内消除延期因素，因此仍可将该生产线划分为持有待售类别。

（2）因发生罕见情况，导致持有待售的非流动资产或处置组未能在 1 年内完成出售，企业在最初 1 年内已经针对这些新情况采取必要措施且重新满足了持有待售类别的划分条件。

3. 不再符合划分条件的处理

企业持有待售的非流动资产不再满足持有待售类别划分条件的，不应当继续将其划分为持有待售类别。部分非流动资产从持有待售的处置组中移除后，处置组中剩余非流动资产新组成的处置组仍然满足持有待售类别划分条件的，企业应当将新组成的处置组划分为持有待售类别，否则应当将满足持有待售类别划分条件的非流动资产单独划分为持有待售类别。

（二）持有待售非流动资产的计量

1. 划分为持有待售类别前的计量

企业将非流动资产或处置组首次划分为持有待售类别前，应当按照 CAS4、CAS6 等准则的规定计量非流动资产或处置组中各项资产或负债的账面价值。按照 CAS8 的规定，企业应当在资产负债表日判断资产是否存在可能发生减值的迹象，如果资产已经或者将被闲置、终止使用或者计划提前处置，表明资产可能发生了减值。对于拟出售的非流动资产或处置组，企业应当在划分为持有待售类别前考虑进行减值测试。

2. 划分为持有待售类别时的计量

（1）企业初始计量持有待售非流动资产时，以其账面价值与公允价值减去出售费用后的净额二者孰低为入账价值。如果持有待售非流动资产的账面价值高于公允价值减去出售费用后的净额，应当将账面价值减记至公允价值减去出售费用后的净额，减记的金额确认为资产减值损失，计入当期损益，同时计提持有待售资产减值准备。其中，出售费用是指企业发生的可以直接归属于出售资产或处置组的增量费用，包括为出售发生的特定法律服务、评估咨询等中介费用，相关的消费税、城市维护建设税、土地增值税和印花税等，但不包括财务费用和所得税费用。

有些情况下，公允价值减去出售费用后的净额可能为负值，应将持有待售非流动资产中资产的账面价值减记至零为限；是否需要确认相关预计负债，应按照 CAS13 的规定进行会计处理。

（2）对于取得日划分为持有待售类别的非流动资产或处置组，企业应当在初始计量时比较假定其不划分为持有待售类别情况下的初始计量金额和公允价值减去出售费用后的净额，以两者孰低计量。除企业合并中取得的非流动资产或处置组外，由非流动资产或处置组以公允价值减去出售费用后的净额作为初始计量金额而产生的差额，应当计入当期损益。

【例 8-16】 6 月 1 日，甲公司购入 B 公司全部股权，支付价款 2 800 万元。购入该股权之前，甲公司的管理层已作出决定，一旦购入 B 公司，将在 1 年内将其出售给乙公司，B 公司当前状况下即可立即出售。预计甲公司还将为出售 B 公司支付 21 万元的出售费用。购买日股权公允价值与支付价款一致，甲公司应作会计分录为：

借：持有待售资产——长期股权投资	27 790 000	
资产减值损失	210 000	
贷：银行存款		28 000 000

注：2 800 万元 >（2 800−21=2 779）万元

3. 划分为持有待售类别后的计量

（1）企业在资产负债表日重新计量持有待售的非流动资产时，如果其账面价值高于公允价值减去出售费用后的净额的，应当将账面价值减记至公允价值减去出售费用后的净额，减记的金额确认为资产减值损失，计入当期损益，同时计提持有待售资产减值准备。如果后续资产负债表日其公允价值减去出售费用后的净额增加的，以前减记的金额应当予以恢复，并在划分为持有待售类别后确认的资产减值损失金额内转回，转回金额计入当期损益。划分为持有待售类别前确认的资产减值损失不得转回。

（2）企业在资产负债表日重新计量持有待售的处置组时，应当首先按照相关会计准则规定计量处置组中不适用 CAS42 计量规定的资产和负债的账面价值，然后按照企业初始计量持有待售非流动资产时的规定进行会计处理。对于持有待售的处置组确认的资产减值损失金额，应当先抵减处置组中商誉的账面价值，再根据处置组中适用 CAS42 计量规定的各项非流动资产账面价值所占比重，按比例抵减其账面价值。后续资产负债表日持有待售的处置组公允价值减去出售费用后的净额增加的，以前减记的金额应当予以恢复，并在划分为持有待售类别后适用 CAS42 计量规定的非流动资产确认的资产减值损失金额内转回，转回金额计入当期损益。已抵减的商誉账面价值，以及适用 CAS42 计量规定的非流动资产在划分为持有待售类别前确认的资产减值损失不得转回。

持有待售的非流动资产或处置组中的非流动资产不应计提折旧或摊销，持有待售的处置组中负债的利息和其他费用应当继续予以确认。

【例 8-17】 承【例 8-16】。假设 6 月 30 日，甲公司与乙公司签订合同，转让所持有 B 公司的全部股份，转让价格为 2 812 万元。该转让业务预计将于 9 月 30 日完成，甲公司还将为此支付出售费用 14 万元。

由于甲公司持有 B 公司股权的公允价值减去出售费用后的净额为 2 798 万元，其账面价值为 2 779 万元，以二者孰低计量，甲公司无须进行账务处理。

4. 不再继续划分为持有待售类别的计量

非流动资产或处置组因不再满足持有待售类别的划分条件而不再继续划分为持有待售类别或非流动资产从持有待售的处置组中移除时，应当按照以下两者孰低计量：①划分为持有待售类别前的账面价值，按照假定不划分为持有待售类别情况下本应确认的折旧、摊销或减值等进行调整后的金额；②可收回金额。

这样计量的结果是：原来划分为持有待售的非流动资产或处置组在重新分类后的账面价值，与其从未划分为持有待售类别情况下的账面价值相一致。由此产生的差额计入当期损益，通过“资产减值损失”科目进行会计处理。

5. 终止确认

企业终止确认持有待售的非流动资产或处置组时，应当将尚未确认的利得或损失计入当期损益。

【例 8-18】 承【例 8-17】。9 月 27 日，甲公司为转让 B 公司的股权支付律师费 8 万元；9 月 30 日，甲公司完成对乙公司的股权转让，收到价款 2 812 万元。据此，应作会计分录为：

（1）9 月 27 日，支付律师费时：

	借方	贷方
借：投资收益	80 000	
贷：银行存款		80 000

（2）9 月 30 日，收到转让价款时：

	借方	贷方
借：银行存款	28 120 000	
贷：持有待售资产——长期股权投资		27 790 000
投资收益		330 000

练习题 1

一、目的：练习无形资产取得与摊销的核算。

二、资料：东海公司本年度发生如下有关无形资产的交易或事项：

1. 2 月 1 日，购入一项专利权，取得增值税专用发票并通过认证。发票列示价款为 298 000 元，增值税 17 880 元；聘请律师等费用共 20 000 元，均以银行存款支付。该项专利权的法定有效年限尚有 12 年，公司预计其经济年限为 10 年。

2. 3 月 10 日，公司自行开发一种新产品，领用专用材料 30 000 元。

3. 3 月 31 日，开发新产品使用设备应计提的折旧为 2 000 元，负担的研究人员工资为 8 000 元，分配的间接费用为 5 000 元。

4. 5 月 2 日，接受 P 公司用场地使用权进行的投资，评估确认的价值为 180 000 元，其法定有效年限为 10 年。

5. 5 月 15 日，自行开发的新产品获得成功，向国家申请取得专利，以银行存款支付专利登记费 8 000 元，律师费 10 000 元。该专利权的预计有效期限为 15 年。

6. 12 月 31 日，计算各项无形资产的该月摊销额。

三、要求：根据以上资料，编制有关会计分录。

练 习 题 2

一、目的：练习无形资产处置等交易或事项的核算。

二、资料：大同公司发生如下交易或事项：

1. 将已购买 2 年的一项专利以 500 000 元的价格（不含税）进行出售，适用增值税税率为 6%，款项已存入银行，应交增值税等相关税费 33 000 元。该项专利的取得成本为 540 000 元，有效使用年限为 12 年，企业已为该项专利计提减值准备 3 000 元。

2. 以某项专利权向 W 公司投资，评估确认的价值为 350 000 元，专利权的账面价值为 320 000 元，已摊销 20 000 元。

3. 向 M 公司出租商标的使用权。转让合同规定 M 公司应一次性支付使用费 60 000 元，款项已收到存入银行，应交增值税等相关税费 3 960 元。企业另以银行存款支付服务费 12 000 元。

4. 某项专利权已无使用价值和转让价值，其成本为 80 000 元，已摊销 16 000 元，计提减值准备 3 500 元。

三、要求：根据上述资料，编制有关会计分录。

第九章　投资性房地产

本章学习提示

本章重点：投资性房地产的范围、投资性房地产的初始计量和后续计量、投资性房地产的转换。

本章难点：投资性房地产转换的核算

第一节　投资性房地产概述

一、投资性房地产的概念

投资性房地产是指为赚取租金或资本增值，或两者兼有而持有的房地产。其中，房地产是土地和房屋及其权属的总称。在我国，土地归国家或集体所有，企业只能取得土地使用权。因此，房地产中的土地是指土地使用权，房屋是指土地上的房屋等建筑物及构筑物。

投资性房地产业务是一种经营性活动，其形式主要有出租建筑物、出租土地使用权、持有并准备增值后转让的土地使用权。按照国家有关规定认定的闲置土地，不属于持有并准备增值后转让的土地使用权。在我国实务中，持有并准备增值后转让的土地使用权这一情况较少。

就某些企业而言，投资性房地产属于日常经营性活动，形成的租金收入或转让增值收益确认为企业的主营业务收入，但对于大部分企业而言，是与经营性活动相关的其他经营活动，形成的租金收入或转让增值收益构成企业的其他业务收入。

二、投资性房地产的范围

根据《企业会计准则第 3 号——投资性房地产》（CAS3）的规定，投资性房地产的范围限定为已出租的土地使用权、持有并准备增值后转让的土地使用权、已出租的建筑物。

（一）已出租的土地使用权

已出租的土地使用权，是指企业通过出让或转让方式取得的，以经营租赁方式出租的土地使用权。例如，甲公司与乙公司签署了土地使用权租赁协议，甲公司以年租金 180 万元租赁使用乙公司拥有的 10 万平方米土地使用权。那么，自租赁协议约定的租赁期开始日起，这项土地使用权属于乙公司的投资性房地产。

但是，企业计划用于出租但尚未出租的土地使用权，不属于此类。对于以经营租赁方式租入土地使用权再转租给其他单位的，也不能确认为投资性房地产。

（二）持有并准备增值后转让的土地使用权

持有并准备增值后转让的土地使用权，是指企业取得的，准备增值后转让的土地使用权。这类土地使用权很可能给企业带来资本增值收益，符合投资性房地产的定义。例如，企业厂址搬迁，部分土地使用权停止自用，管理层决定继续持有这部分土地使用权，待其增值后转让以赚取增值收益。

但是，按照国家有关规定认定的闲置土地，不属于持有并准备增值后转让的土地使用权，也就不属于投资性房地产。

（三）已出租的建筑物

已出租的建筑物，是指企业拥有产权的，以经营租赁方式出租的建筑物，包括自行建造或开发活动完成后用于出租的建筑物以及正在建造或开发过程中将来用于出租的建筑物。自租赁协议规定的租赁期开始日起，经营租出的建筑物才属于已出租的建筑物。企业计划用于出租但尚未出租的建筑物，不属于已出租的建筑物。

应注意的是，企业将建筑物出租，按租赁协议向承租人提供的相关辅助服务在整个协议中不重大的，应当将该建筑物确认为投资性房地产。例如，企业将其办公楼出租，同时向承租人提供维护、保安等日常辅助服务，企业应当将其确认为投资性房地产。

但是，以下项目不属于投资性房地产。

1. 自用房地产

自用房地产，是指为生产商品、提供劳务或者经营管理而持有的房地产。自用房地产的特征在于服务于企业自身的生产经营，其价值会随着房地产的使用而逐渐转移到企业的产品或服务中去，通过销售商品或提供服务为企业带来经济利益，在产生现金流量的过程中与企业持有的其他资产密切相关。

2. 作为存货的房地产

作为存货的房地产，通常是指房地产开发企业在正常经营过程中销售的或为销售而正在开发的商品房和土地。这部分房地产属于房地产开发企业的存货，其生产、销售构成企业的主营业务活动，产生的现金流量也与企业的其他资产密切相关。因此，具有存货性质的房地产不属于投资性房地产。

实务中，存在某项房地产部分自用或作为存货出售、部分用于赚取租金或资本增值的情形。如果某项投资性房地产不同用途的部分能够单独计量和出售的，应当分别确认为固定资产（或无形资产、存货）和投资性房地产。

三、投资性房地产的确认

将某个项目确认为投资性房地产，首先应符合投资性房地产的定义，然后再按照 CAS3 的要求，同时满足下列条件的，才能确认为投资性房地产。

（1）与该投资性房地产有关的经济利益很可能流入企业。

（2）该投资性房地产的成本能够可靠地计量。

四、投资性房地产的计量

投资性房地产的计量分为采用成本模式计量和采用公允价值模式计量两种情况。

采用公允价值模式计量的，应当同时满足下列条件。

（1）投资性房地产所在地有活跃的房地产交易市场。

（2）企业能够从房地产交易市场上取得同类或类似房地产的市场价格及其他相关信息，从而对投资性房地产的公允价值作出合理的估计。

其中：所在地，通常是指投资性房地产所在的城市。对于大中型城市，应当为投资性房地产所在的区域。同类或类似的房地产，对建筑物而言，是指所处地理位置和地理环境相同、性质相同、结构类型相同或相近、新旧程度相同或相近、可使用状况相同或相近的建筑物；对土地使用权而言，是指同一城区、同一位置区域、所处地理环境相同或相近、可使用状况相同或相近的土地。

企业可以参照活跃市场上同类或类似房地产的现行市场价格（市场公开报价）来确定投资性房地产的公允价值；无法取得同类或类似房地产现行市场价格的，可以参照活跃市场上同类或类似房地产的最近交易价格，并考虑交易情况、交易日期、所在区域等因素予以确定。

为保证会计信息的可比性，企业对投资性房地产的计量模式一经确定，不得随意变更。只有在房地产市场比较成熟、能够满足采用公允价值模式条件的情况下，才允许企业对投资性房地产从成本模式计量变更为公允价值模式计量。成本模式转为公允价值模式的，应当作为会计政策变更处理，并按计量模式变更时公允价值与账面价值的差额调整期初留存收益。

已采用公允价值模式计量的投资性房地产，不得从公允价值模式转为成本模式。

第二节　投资性房地产的初始计量

投资性房地产无论采用哪一种计量模式，取得时均应当按照成本进行初始计量。成本

一般应当包括取得投资性房地产时和直至使该项投资性房地产达到预定可使用状态前所实际发生的各项必要的、合理的支出。取得投资性房地产时，通过“投资性房地产”科目进行核算。以下分别按照取得方式进行说明。

一、外购的投资性房地产

外购投资性房地产的成本，包括购买价款、相关税费和可直接归属于该资产的其他支出。企业只有在购入房地产的同时开始对外出租（自租赁期开始日起，下同）或用于资本增值，才能称之为外购的投资性房地产。企业购入房地产，自用一段时间之后再改为出租或用于资本增值的，应先将外购的房地产确认为固定资产或无形资产，自租赁期开始日或用于资本增值之日起，再从固定资产或无形资产转换为投资性房地产。企业购入的房地产，如果部分用于出租（或资本增值）、部分自用，那么用于出租（或资本增值）的部分应当予以单独确认的，应按照不同部分的公允价值占公允价值总额的比例将成本在不同部分之间进行合理分配。

【例 9-1】 6 月，A 企业计划购入一栋写字楼用于对外出租。6 月 15 日，A 企业与 B 企业签订了经营租赁合同，约定自写字楼购买日起将这栋写字楼出租给 B 企业，为期 5 年。7 月 5 日，A 企业实际购入写字楼，支付价款等共计 1 500 万元，应作会计分录为：

借：投资性房地产——写字楼	15 000 000	
贷：银行存款		15 000 000

二、自行建造的投资性房地产

自行建造投资性房地产的成本，由建造该项资产达到预定可使用状态前所发生的必要支出构成。只有在自行建造或开发活动完成（达到预定可使用状态）的同时开始对外出租或用于资本增值，才能将自行建造的房地产确认为投资性房地产。企业自行建造房地产达到预定可使用状态后一段时间才对外出租或用于资本增值的，应当先将自行建造的房地产确认为固定资产、无形资产或存货，自租赁期开始日或用于资本增值之日起，从固定资产、无形资产或存货转换为投资性房地产。

【例 9-2】 1 月，A 企业从甲单位购入一块土地的使用权，并在该块土地上开始自行建造两栋厂房。8 月，A 企业预计厂房即将完工，与 B 公司签订了经营租赁合同，将其中的一栋厂房租赁给 B 公司使用。租赁合同约定该厂房于完工（达到预定可使用状态）时开始起租。10 月 5 日，两栋厂房同时完工（达到预定可使用状态）。该块土地使用权的成本为 800 万元；两栋厂房的造价均为 1 200 万元，能够单独出售。10 月 5 日应作会计分录为：

借：投资性房地产——厂房	12 000 000	
固定资产	12 000 000	
贷：在建工程		24 000 000

借：投资性房地产——土地使用权　　4 000 000

　贷：无形资产——土地使用权　　4 000 000

其中，土地使用权中的对应部分 400 万元同时转换为投资性房地产［800×（1 200÷2 400）=400（万元）］。

第三节　投资性房地产的后续计量

企业应当在资产负债表日对投资性房地产进行后续计量。一般情况下，应当采用成本模式进行后续计量，满足特定条件的，也可以采用公允价值模式。但是，同一企业只能采用一种模式对所有投资性房地产进行后续计量，不得同时采用两种计量模式。

一、采用成本模式计量的投资性房地产

采用成本模式计量的建筑物的后续计量，应按照固定资产的有关规定，按期计提折旧。存在减值迹象的，应当进行减值测试，确定发生减值的，应计提减值准备。采用成本模式计量的土地使用权的后续计量，应按照无形资产的有关规定，按期进行摊销。存在减值迹象的，应当进行减值测试，确定发生减值的，应计提减值准备。

采用成本模式进行后续计量的投资性房地产，按期（月）计提折旧或摊销，借记“其他业务成本”等科目，贷记“投资性房地产累计折旧（摊销）”科目。取得的租金收入，借记“银行存款”等科目，贷记“其他业务收入”等科目。投资性房地产发生减值的，应当计提减值准备，借记“资产减值损失”科目，贷记“投资性房地产减值准备”科目。如果已经计提减值准备的投资性房地产的价值又得以恢复，不得转回。

【例 9-3】 企业于 1 月 1 日将一栋办公楼出租给 B 公司使用，已确认为投资性房地产，采用成本模式进行后续计量。假设该栋办公楼的成本为 1 500 万元，按照直线法计提折旧，使用寿命为 20 年，预计净残值为零。按照经营租赁合同约定，B 公司每月支付租金 6 万元。当年 12 月，该办公楼发生减值迹象，经减值测试，其可收回金额为 1 200 万元，此时办公楼的账面价值为 1 350 万元，以前未计提减值准备。据此应作有关会计分录为：

（1）每月计提折旧时[计提折旧额 = 1 500÷20÷12 = 6.25（万元）]：

借：其他业务成本　　62 500

　贷：投资性房地产累计折旧　　62 500

（2）确认租金时：

借：银行存款（或其他应收款）　　60 000

　贷：其他业务收入　　60 000

（3）计提减值准备时：

借：资产减值损失——投资性房地产减值损失　　1 500 000

　贷：投资性房地产减值准备　　1 500 000

二、采用公允价值模式计量的投资性房地产

如果有确凿证据表明投资性房地产的公允价值能够持续可靠取得的，可以对投资性房地产采用公允价值模式进行后续计量。

投资性房地产采用公允价值模式进行后续计量时，不计提折旧或摊销，应当以资产负债表日的公允价值计量。资产负债表日，投资性房地产的公允价值高于其账面余额的差额，借记“投资性房地产——公允价值变动”科目，贷记“公允价值变动损益”科目；公允价值低于其账面余额的差额作相反的分录。

【例 9-4】 A 企业为从事房地产经营开发的企业，8 月，与 B 公司签订租赁协议，约定将其开发的一栋精装修写字楼于开发完成的同时开始租赁给 B 公司使用，租赁期为 10 年。当年 10 月 1 日，该写字楼开发完成并开始起租，写字楼的造价为 7 500 万元。12 月 31 日，该写字楼的公允价值为 7 600 万元。假设 A 公司对投资性房地产采用公允价值模式计量，据此应作有关会计分录为：

（1）10 月 1 日，A 公司开发完成写字楼并出租时：

借：投资性房地产——写字楼（成本）	75 000 000	
贷：开发产品		75 000 000

（2）12 月 31 日，按照公允价值调整该写字楼的价值时：

借：投资性房地产——写字楼（公允价值变动）	1 000 000	
贷：公允价值变动损益		1 000 000

三、与投资性房地产有关的后续支出

与投资性房地产有关的后续支出，不再区分企业采用何种计量模式对其进行后续计量，而采用统一的核算方法。与投资性房地产有关的后续支出，满足投资性房地产确认条件的，应当计入投资性房地产成本；不满足投资性房地产确认条件的，应当在发生时计入当期损益。

【例 9-5】 6 月，A 企业与 B 企业的一项厂房经营租赁合同即将到期，该厂房按照成本模式进行后续计量，原价为 3 000 万元，已计提折旧 800 万元。为了提高厂房的租金收入，A 企业决定在租赁期满后对厂房进行改扩建，并与 C 企业签订了经营租赁合同，约定自改扩建完工时将厂房出租给 C 企业。6 月 10 日，与 B 企业的租赁合同到期，厂房随即进入改扩建工程。12 月 10 日，厂房改扩建工程完工，共发生支出 200 万元，即日按照租赁合同出租给 C 企业。据此应作有关会计分录为：

（1）6 月 10 日，A 企业的投资性房地产转入改扩建工程时：

借：投资性房地产——厂房（在建）	22 000 000	
投资性房地产累计折旧	8 000 000	

贷：投资性房地产——厂房 30 000 000

（2）6月10日—12月10日，发生改扩建支出时：

借：投资性房地产——厂房（在建） 2 000 000

贷：银行存款等 2 000 000

（3）12月10日，改扩建工程完工时：

借：投资性房地产——厂房 24 000 000

贷：投资性房地产——厂房（在建） 24 000 000

【例9-6】 承【例9-5】，假定A企业对该厂房按照公允模式进行后续计量，6月10日该厂房账面余额为2 400万元，其中成本2 200万元，累计公允价值变动200万元，其他条件不变。据此应作有关会计分录为：

（1）6月10日，A企业的投资性房地产转入改扩建工程时：

借：投资性房地产——厂房（在建） 24 000 000

贷：投资性房地产——厂房（成本） 22 000 000

——厂房（公允价值变动） 2 000 000

（2）6月10日—12月10日，发生改扩建支出时：

借：投资性房地产——厂房（在建） 2 000 000

贷：银行存款等 2 000 000

（3）12月10日，改扩建工程完工时：

借：投资性房地产——厂房（成本） 26 000 000

贷：投资性房地产——厂房（在建） 26 000 000

【例9-7】 A企业对其某项投资性房地产进行日常维修，发生维修支出2万元。据此应作会计分录为：

借：其他业务成本 20 000

贷：银行存款 20 000

第四节 投资性房地产的转换

一、投资性房地产的转换形式

房地产的转换，实质上是因房地产用途发生改变而对房地产进行的重新分类。企业有确凿证据表明房地产用途发生改变，且满足下列条件之一的，应当将投资性房地产转换为其他资产或者将其他资产转换为投资性房地产。

（1）作为存货的房地产，改为出租。

（2）自用建筑物停止自用，改为出租。

（3）自用土地使用权停止自用，用于赚取租金或资本增值。

（4）投资性房地产开始自用。

二、非投资性房地产转换为投资性房地产

非投资性房地产转换为投资性房地产主要包括作为存货的房地产转换为投资性房地产和自用房地产转换为投资性房地产两种情况。

（一）作为存货的房地产转换为投资性房地产

作为存货的房地产转换为投资性房地产，通常指房地产开发企业将其持有的开发产品以经营租赁的方式出租，存货相应地转换为投资性房地产。在这种情况下，转换日为房地产的租赁期开始日。租赁期开始日，是指承租人有权行使其使用租赁资产权利的日期。

企业将作为存货的房地产转换为采用成本模式计量的投资性房地产，应当按该项存货在转换日的账面价值，借记“投资性房地产”科目，原已计提跌价准备的，借记“存货跌价准备”科目，按其账面余额，贷记“开发产品”等科目。

企业将作为存货的房地产转换为采用公允价值模式计量的投资性房地产时，应当按该项存货在转换日的公允价值，借记“投资性房地产（成本）”科目；原已计提跌价准备的，借记“存货跌价准备”科目；按其账面余额，贷记“开发产品”等科目。同时，转换日的公允价值小于账面价值的，按其差额，借记“公允价值变动损益”科目；转换日的公允价值大于账面价值的，按其差额，贷记“其他综合收益”科目。待该项投资性房地产处置时，因转换计入其他综合收益的部分应转入当期的其他业务收入，借记“其他综合收益”科目，贷记“其他业务收入”科目。

【例 9-8】 6 月 10 日，某房地产开发企业与 B 企业签订了租赁协议，将其开发的一栋写字楼出租给 B 企业使用，租赁期开始日为 7 月 1 日。7 月 1 日，该写字楼的账面余额为 4 500 万元，未计提存货跌价准备。

（1）若采用成本模式计量投资性房地产，应作会计分录为：

借：投资性房地产——写字楼	45 000 000	
贷：开发产品		45 000 000

（2）若采用公允价值模式计量投资性房地产，该栋写字楼的公允价值为 4 800 万元，应作会计分录为：

借：投资性房地产——写字楼（成本）	48 000 000	
贷：开发产品		45 000 000
其他综合收益		3 000 000

（二）自用房地产转换为投资性房地产

企业将原本用于生产商品、提供劳务或者经营管理的房地产改用于出租，应于租赁期

开始日，将相应的固定资产或无形资产转换为投资性房地产。

企业将自用土地使用权或建筑物等房地产转换为以成本模式计量的投资性房地产时，应当按其在转换日的原价、累计折旧、减值准备等，分别转入“投资性房地产”“投资性房地产累计折旧（摊销）”“投资性房地产减值准备”科目，按其账面余额，借记“投资性房地产”科目，贷记“固定资产”或“无形资产”科目，按已计提的折旧或摊销，借记“累计折旧”或“累计摊销”科目，贷记“投资性房地产累计折旧（摊销）”科目，原已计提减值准备的，借记“固定资产减值准备”或“无形资产减值准备”科目，贷记“投资性房地产减值准备”科目。

企业将自用土地使用权或建筑物等房地产转换为采用公允价值模式计量的投资性房地产时，应当按其在转换日的公允价值，借记“投资性房地产（成本）”科目；按已计提的累计摊销或累计折旧，借记“累计摊销”或“累计折旧”科目；原已计提减值准备的，借记“无形资产减值准备”“固定资产减值准备”科目；按其账面余额，贷记“固定资产”或“无形资产”科目。同时，转换日的公允价值小于账面价值的，按其差额，借记“公允价值变动损益”科目；转换日的公允价值大于账面价值的，按其差额，贷记“其他综合收益”科目。待该项投资性房地产处置时，因转换计入其他综合收益的部分应转入当期的营业收入，借记“其他综合收益”科目，贷记“其他业务收入”科目。

【例 9-9】 7 月 10 日，企业与 B 公司签订了经营租赁协议，将一栋自己使用的办公楼整体出租给 B 公司使用，租赁期开始日为 8 月 1 日，为期 5 年。8 月 1 日，这栋办公楼的原值为 5 600 万元，已计提折旧 400 万元。

（1）若采用成本模式计量投资性房地产，8 月 1 日应作会计分录为：

科目	借方	贷方
借：投资性房地产——写字楼	56 000 000	
累计折旧	4 000 000	
贷：固定资产		56 000 000
投资性房地产累计折旧		4 000 000

（2）若采用公允价值模式计量投资性房地产，该栋写字楼的公允价值为 6 000 万元，8 月 1 日应作会计分录为：

科目	借方	贷方
借：投资性房地产——写字楼（成本）	60 000 000	
累计折旧	4 000 000	
贷：固定资产		56 000 000
其他综合收益		8 000 000

假若转换日，该栋写字楼的公允价值为 5 000 万元，8 月 1 日应作会计分录为：

科目	借方	贷方
借：投资性房地产——写字楼（成本）	50 000 000	
累计折旧	4 000 000	
公允价值变动损益	2 000 000	
贷：固定资产		56 000 000

三、投资性房地产转换为自用房地产

企业将原本用于赚取租金或资本增值的房地产改用于生产商品、提供劳务或者经营管理，投资性房地产相应地转换为固定资产或无形资产。在这种情况下，转换日为房地产达到自用状态，或企业开始将房地产用于生产商品、提供劳务或者经营管理的日期。

企业将采用成本模式计量的投资性房地产转换为自用房地产时，应当按该项投资性房地产在转换日的账面余额、累计折旧、减值准备等，分别转入“固定资产”“累计折旧”“固定资产减值准备”等科目；按投资性房地产的账面余额，借记“固定资产”或“无形资产”科目，贷记“投资性房地产”科目；按已计提的折旧或摊销，借记“投资性房地产累计折旧（摊销）”科目，贷记“累计折旧”或“累计摊销”科目；原已计提减值准备的，借记“投资性房地产减值准备”科目，贷记“固定资产减值准备”或“无形资产减值准备”科目。

企业将采用公允价值模式计量的投资性房地产转换为自用房地产时，应当以其转换当日的公允价值作为自用房地产的账面价值，公允价值与原账面价值的差额计入当期损益。转换日，按该项投资性房地产的公允价值，借记“固定资产”或“无形资产”科目，按该项投资性房地产的成本，贷记“投资性房地产（成本）”科目；按该项投资性房地产的累计公允价值变动，贷记或借记“投资性房地产（公允价值变动）”科目；按其差额，贷记或借记“公允价值变动损益”科目。

【例 9-10】 7 月 1 日，A 企业将出租在外的厂房收回，开始用于本企业生产商品。该项房地产在转换前采用成本模式计量，其账面价值为 3 200 万元，其中，原价 4 500 万元，累计已提折旧 1 300 万元。据此应作会计分录为：

	借方	贷方
借：固定资产	45 000 000	
投资性房地产累计折旧	13 000 000	
贷：投资性房地产——厂房		45 000 000
累计折旧		13 000 000

【例 9-11】 8 月 15 日，A 企业因租赁期满，将出租的写字楼收回，准备作为办公楼用于本企业的行政管理。10 月 10 日，该写字楼正式开始自用，当日的公允价值为 5 200 万元。该写字楼在转换前采用公允价值模式计量，原账面价值为 5 000 万元，其中，成本为 4 800 万元，公允价值变动为增值 200 万元。A 企业于 10 月 10 日应作会计分录为：

	借方	贷方
借：固定资产	52 000 000	
贷：投资性房地产——写字楼（成本）		48 000 000
——写字楼（公允价值变动）		2 000 000
公允价值变动损益		2 000 000

第五节　投资性房地产的处置

当投资性房地产被处置，或者永久退出使用且预计不能从其处置中取得经济利益时，应当终止确认该项投资性房地产。企业出售、转让、报废投资性房地产或者发生投资性房地产毁损，应当将处置收入扣除其账面价值和相关税费后的金额计入当期损益。

处置采用成本模式计量的投资性房地产时，应当按实际收到的金额，借记“银行存款”等科目，贷记“其他业务收入”科目；按该项投资性房地产的账面价值，借记“其他业务成本”科目；按其账面余额，贷记“投资性房地产”科目；按照已计提的折旧或摊销，借记“投资性房地产累计折旧（摊销）”科目；原已计提减值准备的，借记“投资性房地产减值准备”科目。

处置采用公允价值模式计量的投资性房地产时，应当按实际收到的金额，借记“银行存款”等科目，贷记“其他业务收入”“应交税费——应交增值税（销项税额）”科目；按该项投资性房地产的账面余额，借记“其他业务成本”科目；按其成本，贷记“投资性房地产（成本）”科目；按其累计公允价值变动，贷记或借记“投资性房地产（公允价值变动）”科目。同时，结转投资性房地产累计公允价值变动。若存在原转换日计入其他综合收益的金额，也一并结转。

【例 9-12】 A 公司将其出租的一栋写字楼确认为投资性房地产，采用成本模式计量。租赁期届满后，将该栋写字楼出售给 B 公司，合同价款为 9 000 万元，B 公司已用银行存款付清。出售时，该栋写字楼的成本为 9 200 万元，已计提折旧 1 000 万元。据此应作会计分录为：

	借方	贷方
借：银行存款	90 000 000	
贷：其他业务收入		90 000 000
借：其他业务成本	82 000 000	
投资性房地产累计折旧	10 000 000	
贷：投资性房地产——写字楼		92 000 000

【例 9-13】 A 企业为一家房地产开发企业，2017 年 7 月 1 日，A 企业与 B 企业签订了租赁协议，将其开发的一栋写字楼出租给 B 企业使用，租赁期开始日为 2017 年 7 月 15 日。2017 年 7 月 15 日，该写字楼的账面余额 8 000 万元，公允价值为 8 500 万元。2017 年 12 月 31 日，该项投资性房地产的公允价值为 8 560 万元。2018 年 7 月租赁期届满，企业收回该项投资性房地产，并以 9 800 万元出售，出售款项已收讫。假设 A 企业采用公允价值模式计量，不考虑相关税费，据此应作有关会计分录为：

（1）2017 年 7 月 15 日，存货转换为投资性房地产时：

	借方	贷方
借：投资性房地产——写字楼（成本）	85 000 000	
贷：开发产品		80 000 000
其他综合收益		5 000 000

（2）2017 年 12 月 31 日，公允价值变动时：

借：投资性房地产——写字楼（公允价值变动）　　600 000

　贷：公允价值变动损益　　600 000

（3）2018 年 7 月，收回并出售投资性房地产时：

借：银行存款　　98 000 000

　　公允价值变动损益　　600 000

　　其他综合收益　　5 000 000

　　其他业务成本　　80 000 000

　贷：投资性房地产（成本）　　85 000 000

　　　投资性房地产（公允价值变动）　　600 000

　　　其他业务收入　　98 000 000

练习题

练 习 题 1

一、目的：练习投资性房地产初始计量的核算。

二、资料：A 企业 2017 年发生如下有关投资性房地产的交易或事项：

1. 2017 年 5 月，购入一栋写字楼对外出租，租期为 5 年，支付价款 1 500 000 元。

2. 2017 年 11 月 1 日将其开发的一栋写字楼出租给 B 公司使用，该写字楼的账面余额为 13 000 000 元，未计提存货跌价准备。

3. 2016 年 12 月 31 日，将自用的办公楼对外出租，并采用成本模式计量，租期为 3 年。每年年末收取一次租金 1 500 000 元，出租时办公楼成本为 20 000 000 元，已提折旧 6 000 000 元，已提减值准备 2 000 000 元，尚可使用 20 年，A 企业采用平均年限法提取折旧。2017 年年末经过测试，该办公楼减值 1 000 000 元。

三、要求：请根据上述资料，分别编制有关会计分录。

练 习 题 2

一、目的：练习投资性房地产的核算。

二、资料：甲企业发生如下有关投资性房地产的交易或事项：

1. 为了满足市场需求、扩大再生产，将生产车间从市中心搬迁到郊区。2015 年 1 月，管理层决定，将原厂区陈旧厂房拆除平整后，持有以备增值后转让。土地使用权的账面原值为 5 000 万元，已摊销 1 200 万元，剩余使用年限 40 年，按照直线法摊销，不考虑残值。2017 年 1 月，甲企业将原厂区出售，取得转让收入 4 800 万元（假设不考虑相关税费，企业以成本模式对投资性房地产进行计量）。

2. 2014 年 6 月，甲企业打算搬迁至新建办公楼，由于原办公楼处于商业繁华地段，甲企业准备将其出租，以赚取租金收入。2014 年 10 月，甲企业完成了搬迁工作，原办公楼停止自用。2014 年 12 月，甲企业与乙企业签订了租赁协议，将其原办公楼租赁给乙企业使用，租赁期开始日为 2015 年 1 月 1 日，租赁期限为 3 年。2015 年 1 月 1 日，该办公楼的公允价值为 5 000 万元，其原价为 9 800 万元，已提折旧 4 600 万元。2015 年 12 月 31 日，该办公楼的公允价值为 5 100 万元。2018 年 1 月 1 日，甲企业收回出租的办公楼，并以 5 200 万元的价格将其转让（假设不考虑相关税费，甲企业对投资性房地产采用公允价值模式计量）。

三、要求：请根据上述资料，分别编制有关会计分录。

第十章　非货币性资产交换

本章学习提示

本章重点：非货币性资产交换的认定、商业实质的判断、非货币性资产交换的会计处理

本章难点：商业实质的判断、非货币性资产交换的会计处理

第一节　非货币性资产交换概述

一、非货币性资产交换的含义

我国 CAS7 对非货币性资产交换的确认、计量等进行了规范。

非货币性资产交换是指企业主要以固定资产、无形资产、投资性房地产和长期股权投资等非货币性资产进行的交换，这种交换不涉及或只涉及少量的货币性资产即补价。其中，非货币性资产是指货币性资产以外的资产。货币性资产是指企业持有的货币资金和收取固定或可确定金额的货币资金的权利，包括库存现金、银行存款、应收账款和应收票据等。

非货币性资产区别于货币性资产最大的特征在于，非货币性资产能在将来为企业带来的经济利益，即货币金额是不固定的或不可确定的。例如，企业持有固定资产的主要目的是用于生产经营过程，通过折旧方式将其磨损价值转移到产品成本中，然后通过该产品销售获利，固定资产在将来为企业带来的经济利益，即货币金额是不固定的或不可确定的，因此，固定资产属于非货币性资产。

二、非货币性资产交换的认定

非货币性资产交换的交易对象主要是非货币性资产，交易中一般不涉及或者只涉及少量的货币性资产即补价。一般认为，如果支付的货币性资产占整个资产交换金额的比例低

于 25%，则认定所涉及的补价为“少量”，该交换为非货币性资产交换；如果该比例等于或高于 25%，则视为货币性资产交换，适用 CAS14 等相关准则的规定。非货币性资产交换的认定公式为

支付的货币性资产/换入资产公允价值（或换出资产公允价值 + 支付的货币性资产）<25%

收到的货币性资产/换出资产公允价值（或换入资产公允价值 + 收到的货币性资产）<25%

【例 10-1】 甲企业发生如下交易活动、判断是否为非货币性资产交换：

（1）换出资产公允价值为 100 万元，收到的补价为 10 万元。

（2）换出资产公允价值为 100 万元，支付的补价为 10 万元。

（3）换入资产公允价值为 100 万元，收到的补价为 30 万元。

（4）换入资产公允价值为 100 万元，支付的补价为 30 万元。

对甲企业的相关交易活动作如下分析：

（1）甲企业收到的补价为 10 万元，整个资产交换的金额应为其换出资产公允价值，即 100 万元。10 ÷ 100 × 100% = 10%<25%，该交换为非货币性资产交换。

（2）甲企业支付的补价为 10 万元，整个资产交换的金额应为其换出资产公允价值与支付的货币性资产金额之和，即 110 万元。10 ÷ 110 × 100% = 9.09%<25%，该交换为非货币性资产交换。

（3）甲企业收到的补价为 30 万元，整个资产交换的金额应为其换入资产公允价值与收到的货币性资产金额之和，即 130 万元。30 ÷ 130 × 100% = 23.08<25%，该交换为非货币性资产交换。

（4）甲企业支付的补价为 30 万元，整个资产交换的金额应为其换入资产公允价值，即 100 万元。30 ÷ 100 × 100% = 30%>25%，该交换为货币性资产交换。

第二节　非货币性资产交换的确认与计量

一、非货币性资产交换的确认

企业应当分别按照下列原则对非货币性资产交换中的换入资产进行确认，对换出资产终止确认：对于换入资产，企业应当在换入资产符合资产定义并满足资产确认条件时予以确认；对于换出资产，企业应当在换出资产满足资产终止确认条件时终止确认。

换入资产的确认时点与换出资产的终止确认时点存在不一致的，企业可以按照重要性原则，在换入资产满足确认条件和换出资产满足终止确认条件孰晚的时点进行确认。在资产负债表日应当按照下列原则进行处理：换入资产满足资产确认条件，换出资产尚未满足终止确认条件的，在确认换入资产的同时，将交付换出资产的义务确认为一项负债，如其他应付款；换入资产尚未满足资产确认条件，换出资产满足终止确认条件的，在终止确认换出资产的同时将取

得换入资产的权利确认为一项资产，如其他应收款。

二、非货币性资产交换的计量

企业以非货币性资产交换取得的资产，按照这种交换是否同时满足“该项交换具有商业实质、换入资产或换出资产的公允价值能够可靠计量”两个条件而采用不同的确认计量方法。如果交换同时满足上述两个条件的，简称为具有商业实质的非货币性资产交换，应当以公允价值为基础进行计量；如果交换不能同时满足上述两个条件的，简称为不具有商业实质的非货币性资产交换，应当以账面价值为基础进行计量。

（一）商业实质的判断

企业的非货币性资产交换满足下列条件之一的即具有商业实质。

1. 换入资产的未来现金流量在风险、时间和金额方面与换出资产显著不同

这种情况主要包括下列情形：①未来现金流量的风险、金额相同，时间不同。这是指换入资产和换出资产产生的未来现金流量总额相同，获得这些现金流量的风险相同，但现金流量流入企业的时间明显不同。②未来现金流量的时间、金额相同，风险不同。这是指换入资产和换出资产产生的未来现金流量时间和金额相同，但企业获得现金流量的不确定性程度存在明显差异。③未来现金流量的风险、时间相同，金额不同。这是指换入资产和换出资产产生的未来现金流量总额相同，预计为企业带来现金流量的时间跨度相同，风险也相同，但各年产生的现金流量金额存在明显差异。

2. 换入资产与换出资产的预计未来现金流量现值不同，且其差额与换入资产和换出资产的公允价值相比是重大的

企业应当遵循实质重于形式的要求判断非货币性资产交换是否具有商业实质。例如，根据换入资产的性质和换入企业经营活动的特征，换入资产与换入企业其他现有资产相结合能够产生更大的效用，从而导致换入企业受该换入资产影响产生的现金流量与换出资产明显不同，表明该项资产交换具有商业实质。

（二）换入资产或换出资产的公允价值能够可靠计量的情形

1. 公允价值能够可靠计量的条件

属于以下三种情形之一的，公允价值视为能够可靠计量

（1）换入资产或换出资产存在活跃市场。

（2）换入资产或换出资产不存在活跃市场，但同类或类似资产存在活跃市场。

（3）换入资产或换出资产不存在同类或类似资产的可比市场交易，应当采用估值技术

确定的公允价值需满足如下条件：①采用估值技术确定的公允价值估计数的变动区间很小；②在公允价值估计数变动区间内，各种用于确定公允价值估计数的概率能够合理确定。

2. 公允价值确定的顺序

换入资产或换出资产的公允价值应该按照以下顺序确定。

（1）换入或换出资产存在活跃市场的，应当以资产的市场价格为基础确定其公允价值。

（2）换入资产或换出资产不存在活跃市场，但同类或类似资产存在活跃市场的，应当以同类或类似资产的市场价格为基础确定其公允价值。

（3）换入或换出资产不存在同类或类似资产的可比市场交易，应当采用估值技术确定其公允价值。

（三）以公允价值计量的非货币性资产交换

企业在进行非货币性资产交换时，相关换入资产或换出资产的公允价值通常会在合同中约定；对于合同中没有约定的，应当按照合同开始日（合同生效日）的公允价值确定。

在具有商业实质的非货币性资产交换中，换入资产与换出资产的公允价值均能够可靠计量的，应当以换出资产的公允价值加上应支付的相关税费，作为换入资产的成本。换出资产的公允价值不能够可靠计量，或换入资产与换出资产的公允价值均能够可靠计量但有确凿证据表明换入资产的公允价值更加可靠的，应当以换入资产的公允价值加上应支付的相关税费，作为换入资产的成本。如果交换中发生补价的，支付补价方和收到补价方应当对换入资产的成本作出调整。

换出资产在终止确认时，其公允价值与账面价值之间的差额计入当期损益。

1. 支付补价方

支付补价方，应当以换出资产公允价值，加上支付补价的公允价值和应支付的相关税费，作为换入资产的成本，换出资产的公允价值与其账面价值之间的差额计入当期损益。有确凿证据表明换入资产的公允价值更加可靠的，以换入资产的公允价值和应支付的相关税费作为换入资产的初始计量金额，换入资产的公允价值减去支付补价的公允价值，与换出资产账面价值之间的差额计入当期损益。即：

换入资产的成本 = 换出资产公允价值 + 支付的补价 + 相关税费

当期损益 = 换出资产公允价值 − 换出资产账面价值

或者：

换入资产的成本 = 换入资产公允价值 + 相关税费

当期损益 = 换入资产公允价值 − 支付补价 − 换出资产账面价值

2. 收到补价方

收到补价方，应当以换出资产公允价值，减去收到补价的公允价值，加上应支付的相关税费，作为换入资产的成本，换出资产的公允价值与其账面价值之间的差额计入当期损益。有确凿证据表明换入资产的公允价值更加可靠的，以换入资产的公允价值和应支付的相关税费作为换入资产的初始计量金额，换入资产的公允价值加上收到补价的公允价值，与换出资产账面价值之间的差额计入当期损益。即：

换入资产的成本＝换出资产公允价值－收到的补价＋相关税费

当期损益＝换出资产公允价值－换出资产账面价值

或者：

换入资产的成本＝换入资产公允价值＋相关税费

当期损益＝换入资产公允价值＋收到的补价－换出资产账面价值

（四）以账面值计量的非货币性资产交换

在不具有商业实质的非货币性资产交换中，应当以换出资产账面价值加上应支付的相关税费，作为换入资产的成本；对于换出资产、终止确认时不确认损益。如果交换中发生补价的，支付补价方和收到补价方应当对换入资产的成本作出调整。

1. 支付补价方

支付补价方，应当以换出资产账面价值加上支付的补价和应支付的相关税费，作为换入资产的成本，不确认损益。即：

换入资产的成本＝换出资产账面价值＋支付的补价＋相关税费

2. 收到补价方

收到补价方，应当以换出资产账面价值减去收到的补价加上应支付的相关税费，作为换入资产的成本，不确认损益。即：

换入资产的成本＝换出资产账面价值－收到的补价＋相关税费

第三节　非货币性资产交换的核算

一、以公允价值计量的非货币性资产交换

以公允价值计量的非货币性资产交换，无论是否涉及补价，在核算过程中均会涉及交换损益的处理。对于交换发生的损益，要区分不同的情况进行处理：换出资产为存货的，应当视同销售处理，根据 CAS14 的规定确定交易价格，确认销售收入，同时结转销售成本，确认的收入和结转的成本之间的差额在利润表中作为营业利润的构成部分予以列示；换出资产为固定资产、无形资产、在建工程、生产性生物资产的，通过“资产处置损益”科目核算；换出资产为长期股权投资的，通过“投资收益”科目核算；换出资产为投资性房地

产的，按换出资产公允价值或换入资产公允价值确认其他业务收入，按换出资产账面价值结转其他业务成本，二者的差异计入当期损益。

（一）不涉及补价的会计处理

【例 10-2】 6 月 10 日，甲公司为了提高产品质量，以其持有的非上市公司 A 企业的 25%股权与乙公司的一项专利权进行交换。合同开始日，甲公司的长期股权投资和乙公司的专利权的公允价值均为 640 万元。6 月 25 日双方完成了专利权的过户手续，6 月 30 日，双方完成了对 A 企业的股权过户手续，乙公司取得对 A 企业的 25%股权后能够对 A 企业实施重大影响。6 月 30 日，甲公司长期股权投资的账面价值为 620 万元（其中投资成本 660 万元，损益调整 40 万元）；乙公司专利权的账面价值为 670 万元（其中账面原价为 800 万元，累计摊销额为 130 万元）。假定交换双方均未对上述资产计提减值准备，整个交易过程未发生相关税费，A 企业自成立以来未发生其他综合收益变动。

分析：对于甲公司而言，换入的专利权能够较大幅度改善产品质量从而扩大对外销售，获得的现金流量与换出的对 A 企业的长期股权投资通过获得股利产生的现金流量相比，其预计未来现金流量的风险、时间和金额均不相同，因而交换具有商业实质。对于乙公司而言，换入的对 A 企业的股权后能够对其实施重大影响，从 A 企业获取的现金流量与换出的专利权预计产生的未来现金流量的风险、时间和金额均不相同，因而交换具有商业实质。

因专利权和股权过户因素导致换入资产和换出资产满足确认条件和终止确认条件的时点存在短暂不一致的情况，甲公司和乙公司按照重要性原则在 6 月 30 日进行会计处理。

甲公司的账务处理如下：

借：无形资产——专利权　　6 400 000
　　长期股权投资——A 企业（损益调整）　　400 000
　贷：长期股权投资——A 企业（投资成本）　　6 600 000
　　　投资收益　　200 000

乙公司的账务处理如下：

借：长期股权投资——A 企业（投资成本）　　6 400 000
　　累计摊销　　1 300 000
　　资产处置损益　　300 000
　贷：无形资产——专利权　　8 000 000

（二）涉及补价的会计处理

【例 10-3】 甲公司以该公司生产经营用的设备一台交换乙公司的生产线一批。双方于 6 月 30 日签订了资产交换合同，当日生效。合同约定甲公司设备的公允价值为 23 万元，

乙公司生产线的公允价值为 26 万元，甲公司向乙公司支付补价 2 万元。合同签订日即交换日，甲公司设备的账面价值为 22 万元（其中账面原值为 25 万元，已提折旧 3 万元）；乙公司生产线的账面价值为 27 万元（其中账面原值为 29 万元，已提折旧 2 万元）。甲乙公司均将换入的资产作为固定资产使用和管理，甲乙公司均未计提减值准备，不考虑相关税费，没有确凿证据表明换入资产的公允价值更加可靠。

甲公司：

支付的补价/（换出资产公允价值 + 支付补价）= 20 000/（230 000 + 20 000）= 8%

该项交易所涉及的补价占换入资产公允价值的比例低于 25%，属于非货币性资产交换。

换入生产线的成本 = 换出资产公允价值 + 相关税费 + 支付的补价

= 230 000 + 20 000 = 250 000（元）

当期损益 = 换出资产公允价值 − 换出资产账面价值 = 230 000 − 220 000 = 10 000（元）

甲公司的账务处理如下：

借：固定资产清理　　220 000
　　累计折旧　　30 000
　贷：固定资产——设备　　250 000
借：固定资产——生产线　　250 000
　贷：固定资产清理　　220 000
　　　银行存款　　20 000
　　　资产处置损益　　10 000

乙公司：

收到的补价/换出资产公允价值 = 20 000/260 000 = 7.69%

该项交易所涉及的补价占换出资产公允价值的比例也低于 25%，属于非货币性资产交换。

换入设备的成本 = 换出资产公允价值 + 相关税费 − 收到的补价

= 260 000 − 20 000 = 240 000（元）

当期损益 = 换出资产公允价值 − 换出资产账面价值 = 260 000 − 270 000 = −10 000（元）

乙公司的账务处理如下：

借：固定资产清理　　270 000
　　累计折旧　　20 000
　贷：固定资产——生产线　　290 000
借：固定资产——设备　　240 000
　　银行存款　　20 000
　　资产处置损益　　10 000
　贷：固定资产清理　　270 000

【例 10-4】沿用【例 10-3】，假定有确凿证据表明乙公司生产线的公允价值更加可靠。

甲公司：

换入生产线的成本 = 换入资产公允价值 = 260 000（元）

当期损益 = 换入资产公允价值 − 支付的补价 − 换出资产账面价值

= 260 000 − 20 000 − 220 000 = 20 000（元）

甲公司的账务处理如下：

借：固定资产清理	220 000	
累计折旧	30 000	
贷：固定资产——设备		250 000
借：固定资产——生产线	260 000	
贷：固定资产清理		220 000
银行存款		20 000
资产处置损益		20 000

乙公司的账务处理同【例 10-3】。

（三）涉及多项资产交换的会计处理

对于同时换入的多项资产，按照换入的金融资产以外的各项换入资产公允价值相对比例，将换出资产公允价值总额（涉及补价的，加上支付补价的公允价值或减去收到补价的公允价值）扣除换入金融资产公允价值后的净额进行分摊，以分摊至各项换入资产的金额，加上应支付的相关税费，作为各项换入资产的成本进行初始计量。有确凿证据表明换入资产的公允价值更加可靠的，以各项换入资产的公允价值和应支付的相关税费作为各项换入资产的初始计量金额。

对于同时换出的多项资产，将各项换出资产的公允价值与其账面价值之间的差额，在各项换出资产终止确认时计入当期损益。有确凿证据表明换入资产的公允价值更加可靠的，按照各项换出资产的公允价值的相对比例，将换入资产的公允价值总额（涉及补价的，减去支付补价的公允价值或者加上收到补价的公允价值）分摊至各项换出资产，分摊至各项换出资产的金额与各项换出资产账面价值之间的差额，在各项换出资产终止确认时计入当期损益。

【例 10-5】 甲公司以一台机床换入乙公司小轿车一辆、专利权一项和金融资产一批。双方于 6 月 15 日签订资产交换合同，当日生效。合同约定：甲公司机床的公允价值为 28 万元，乙公司小轿车的公允价值为 7 万元；专利权的公允价值为 14 万元，金融资产的公允价值为 10 万元，甲公司支付乙公司补价 2 万元。双方于 6 月 30 日完成了资产交换手续。交换当日，甲公司机床的账面价值为 32 万元（其中账面原值为 40 万元，已提折旧 8 万元）。

甲公司分别将换入乙公司的小轿车和专利权作为固定资产和无形资产使用和管理，换入的金融资产作为以公允价值计量且其变动计入当期损益的金融资产使用和管理，乙公司将换入甲公司的机床作为固定资产使用和管理。假定甲乙公司都没有为换出资产计提减值准备，不考虑相关税费，没有确凿证据表明换入资产的公允价值更加可靠。甲公司的账务处理如下（乙公司的处理从略）：

甲公司：

支付补价/（换出资产公允价值 + 支付补价）= 20 000/（280 000 + 20 000）= 6.67%

该项交易所涉及的补价占换入资产公允价值的比例低于 25%，属于非货币性资产交换。

换入资产入账价值总额 = 280 000 + 20 000 − 100 000 = 200 000（元）

小轿车的公允价值比例 = 70 000 ÷（70 000 + 140 000）= 33%

换入小轿车的入账价值 = 200 000 × 33% = 66 000（元）

换入专利权的入账价值 = 200 000 × 67% = 134 000（元）

换入金融资产的入账价值 = 100 000 元

资产处置损益 = 280 000 −（400 000 − 80 000）= −40 000（元）

甲公司的账务处理如下：

借：固定资产清理	320 000	
累计折旧	80 000	
贷：固定资产——机床		400 000
借：固定资产——小轿车	66 000	
无形资产——专利权	134 000	
交易性金融资产	100 000	
资产处置损益	40 000	
贷：固定资产清理		320 000
银行存款		20 000

二、按账面价值计量的非货币性资产交换

以账面价值计量的非货币性资产交换，无论是否涉及补价，在核算中均不确认资产交换损益。

（一）不涉及补价的会计处理

【例 10-6】 出于战略转型需要，甲公司将其一项技术专利权与乙公司的一项特许权使用费进行交换。双方于 6 月 30 日签订了交换协议并于当日生效。交换当日，甲公司专利权

的账面价值为 48 万元（其中账面原价为 62 万元，累计摊销 14 万元），乙公司的特许权使用费账面价值为 50 万元（其中账面原价为 55 万元，累计摊销 5 万元）。甲乙公司均将换入的资产作为无形资产管理和使用。假定两者的公允价值均不能够可靠计量，不考虑相关税费。

甲公司的账务处理如下：

换入特许权使用费的成本 = 换出资产的账面价值 = 480 000（元）

借：无形资产——特许权使用费　　480 000
　　累计摊销　　140 000
　贷：无形资产——专利权　　620 000

乙公司的账务处理如下：

换入专利权的成本 = 换出资产的账面价值 = 500 000（元）

乙公司的账务处理如下：

借：无形资产——专利权　　500 000
　　累计摊销　　50 000
　贷：无形资产——特许权使用费　　550 000

（二）涉及补价的会计处理

【例 10-7】 出于生产经营需要，甲公司以一台小型生产设备与乙公司的货运汽车一辆进行交换，双方于 6 月 30 日签订了交换协议并于当日生效，合同约定甲公司支付乙公司 1.5 万元补价。交换当日，甲公司设备的账面价值为 20 万元（其中账面原值为 25 万元，已提折旧 5 万元）；乙公司货运汽车的账面价值为 22.5 万元（其中账面原值为 25 万元，已提折旧 2.5 万元）。甲乙公司均将换入的资产作为固定资产管理和使用。假定两者的公允价值均不能可靠计量，不考虑相关税费。

甲公司的账务处理如下：

换入货运汽车的成本 = 换出资产账面价值 + 支付的补价 + 相关税费

= （250 000 − 50 000） + 15 000 = 215 000（元）

借：固定资产清理　　200 000
　　累计折旧　　50 000
　贷：固定资产——设备　　250 000

借：固定资产——货运汽车　　215 000
　贷：固定资产清理　　200 000
　　　银行存款　　15 000

乙公司的账务处理如下：

换入设备的入账价值 = 换出资产账面价值 − 收到的补价 + 相关税费

= （250 000 − 25 000） − 15 000 = 210 000（元）

借：固定资产清理　　225 000

累计折旧　25 000

贷：固定资产——货运汽车　250 000

借：固定资产——设备　210 000

银行存款　15 000

贷：固定资产清理　225 000

（三）涉及多项资产的会计处理

对于同时换入的多项资产，按照各项换入资产的公允价值的相对比例，将换出资产的账面价值总额（涉及补价的，加上支付补价的账面价值或减去收到补价的公允价值）分摊至各项换入资产，加上应支付的相关税费，作为各项换入资产的初始计量金额。换入资产的公允价值不能够可靠计量的，可以按照各项换入资产的原账面价值的相对比例或其他合理的比例对换出资产的账面价值进行分摊。

对于同时换出的多项资产，各项换出资产终止确认时均不确认损益。

【例 10-8】 甲公司以一辆货车换入乙公司一辆小轿车和一项专利权。双方于 6 月 30 日签订了交换协议并于当日生效。交换当日，甲公司货车的账面价值为 25 万元（其中账面原值为 30 万元，已提折旧 5 万元）；乙公司小轿车账面价值为 17 万元（其中账面原值为 22 万元，已提折旧 5 万元）；专利权的账面价值为 9 万元。甲公司支付了运费等相关费用 4 000 元。甲公司的会计处理如下（乙公司的处理从略）：

换入资产总的价值 = 300 000 − 50 000 + 4 000 = 254 000 元

小轿车的入账价值 = 254 000 × 170 000 ÷（170 000 + 90 000）= 166 077（元）

专利权的入账价值 = 254 000 × 90 000 ÷（170 000 + 90 000）= 87 923（元）

甲公司的账务处理如下：

借：固定资产清理　250 000

累计折旧　50 000

贷：固定资产——货车　300 000

借：固定资产清理　4 000

贷：银行存款　4 000

借：固定资产——小轿车　166 077

无形资产——专利权　87 923

贷：固定资产清理　254 000

练习题

一、目的：练习非货币性资产交换的核算。

二、资料：

1. 甲公司以一条生产线交换乙公司的一项专利权。双方于 6 月 30 日签订了资产交换合同，当日生效。合同约定甲公司生产线的公允价值为 62 万元，乙公司专利权的公允价值为 65 万元，甲公司向乙公司支付补价 2 万元。合同签订日即交换日，甲公司生产线的账面价值为 64 万元（其中账面原值为 80 万元，已提折旧 16 万元）；乙公司专利权的账面价值为 63 万元（其中账面原值为 80 万元，累计摊销 17 万元）。甲公司将换入的专利权作为无形资产使用和管理，乙公司将换入的生产线作为固定资产使用和管理。甲乙公司均未对上述资产计提减值准备，不考虑相关税费，没有确凿证据表明换入资产的公允价值更加可靠。

2. 沿用资料 1，假定有确凿证据表明乙公司专利权的公允价值更加可靠。

3. 出于生产经营需要，甲公司以一台专有设备与乙公司的一处厂房进行交换，双方于签订了交换协议并于当日生效，合同约定甲公司支付乙公司 10 万元补价。交换当日，甲公司专有设备的账面价值为 60 万元（其中账面原值为 300 万元，已提折旧 240 万元）；乙公司厂房的账面价值 80 万元（其中账面原值为 200 万元，已提折旧 120 万元）。甲乙公司均将换入的资产作为固定资产管理和使用。假定两者的公允价值均不能可靠计量，不考虑相关税费。

4. 沿用资料 3，假定合同并未约定甲公司向乙公司支付补价。

三、要求：根据上述资料，分别编制甲公司和乙公司的相关会计分录。

第十一章 资 产 减 值

本章学习提示

本章重点：资产减值的范围及减值迹象、资产可收回金额的计量、资产减值损失的核算、资产组的认定及减值处理

本章难点：资产可收回金额的计量、资产组的认定及商誉减值处理

第一节 资产减值概述

一、资产减值及范围

资产减值，是指资产的可收回金额低于其账面价值。本章所指资产，除了特别规定外，包括单项资产和资产组。资产组，是指企业可以认定的最小资产组合，其产生的现金流入应当基本上独立于其他资产或者资产组产生的现金流入。

企业持有资产是为了预期给企业带来经济利益，如果一项资产不能够为企业带来经济利益或者带来的经济利益低于其账面价值，那么该资产就不能再予以确认，或者不能再以原账面价值确认，否则将不符合资产的定义，也无法反映资产的实际价值，其结果必然会导致企业资产虚增和利润虚增。因此，当企业资产的可收回金额低于其账面价值时，即表明资产发生了减值。

企业所有的资产在发生减值时，原则上都应当及时加以确认和计量。但是由于各种资产的特性不同，其减值会计处理也有所差别，因而所适用的具体准则不尽相同。CAS8 主要规范了企业非流动资产的减值会计问题，具体包括以下资产的减值。

（1）对子公司、联营企业和合营企业的长期股权投资。

（2）采用成本模式进行后续计量的投资性房地产。

（3）固定资产。

（4）生产性生物资产。

（5）无形资产。

（6）商誉。

（7）探明石油天然气矿区权益和井及相关设施等。

本章不涉及下列资产减值的会计处理：存货、消耗性生物资产、以公允价值模式进行后续计量的投资性房地产、建造合同形成的资产、递延所得税资产、融资租赁中出租人未担保余值、金融资产、未探明石油天然气矿区权益等。

二、资产减值的迹象

企业应当在资产负债表日判断资产是否存在可能发生减值的迹象。按照 CAS8 的规定，存在下列迹象的，表明资产可能发生减值。

（1）资产的市价在当期大幅度下跌，其跌幅明显高于因时间的推移或者正常使用而预计的下跌。

（2）企业经营所处的经济、技术或者法律等环境以及资产所处的市场在当期或者将在近期发生重大变化，从而对企业产生不利影响。

（3）市场利率或者其他市场投资报酬率在当期已经提高，从而影响企业计算资产预计未来现金流量现值的折现率，导致资产可收回金额大幅度降低。

（4）有证据表明资产已经陈旧过时或者其实体已经损坏。

（5）资产已经或者将被闲置、终止使用或者计划提前处置。

（6）企业内部报告的证据表明资产的经济绩效已经低于或者将低于预期，如资产所创造的净现金流量或者实现的营业利润（或者亏损）远远低于（或者高于）预计金额等。

（7）其他表明资产可能已经发生减值的迹象。

从上述减值的判断条件来看，前三个迹象需要根据企业外部信息来源判断，后四个迹象需要根据企业内部信息来源判断。资产存在减值迹象是资产需要进行减值测试的必要前提，但是有两项资产除外，即因企业合并形成的商誉和使用寿命不确定的无形资产，无论是否存在减值迹象，每年都应当进行减值测试。

第二节　资产可收回金额的计量

一、估计资产可收回金额的基本方法

根据 CAS8 的规定，资产存在减值迹象的，应当在资产负债表日进行减值测试，估计其可收回金额，然后将所估计的资产可收回金额与其账面价值相比较，以确定资产是否发生了减值。企业在估计资产可收回金额时，原则上应当以单项资产为基础，如果企业难以对单项资产的可收回金额进行估计的，应当以该资产所属的资产组为基础确定资产组的可收回金额。

资产的可收回金额，应当根据其公允价值减去处置费用后的净额与资产预计未来现金流量的现值两者之间较高者确定。因此，要估计资产的可收回金额，通常需要同时估计该

资产的公允价值减去处置费用后的净额和资产预计未来现金流量的现值，但是下列情况除外。

（1）资产的公允价值减去处置费用后的净额与资产预计未来现金流量的现值，只要有一项超过了资产的账面价值，就表明资产没有发生减值，不需要再估计另一项金额。

（2）资产的公允价值减去处置费用后的净额如果无法可靠估计的，应当以该资产预计未来现金流量的现值作为其可收回金额。

企业在估计资产可收回金额时，应当遵循重要性要求，考虑以下特殊情况。

（1）以前报告期间的计算结果表明，资产可收回金额显著高于其账面价值，之后又没有发生消除这一差异的交易或者事项的，资产负债表日可以不重新估计该资产的可收回金额。

（2）以前报告期间的计算与分析表明，资产可收回金额相对于某种减值迹象反应不敏感，在本报告期间又发生了该减值迹象的，可以不因该减值迹象的出现而重新估计该资产的可收回金额。例如，当期市场利率或市场投资报酬率上升，对计算资产未来现金流量现值采用的折现率影响不大的，可以不重新估计资产的可收回金额。

二、估计资产的公允价值减去处置费用后的净额

资产的公允价值减去处置费用后的净额，通常反映的是资产如果被出售或者处置可以收回的净现金收入。其中，资产的处置费用是指可以直接归属于资产处置的支出，包括与资产处置有关的法律费用、相关税费、搬运费以及为使资产达到可销售状态所发生的直接费用等，但不包括财务费用和所得税费用。

企业在估计资产的公允价值减去处置费用后的净额时，应当按照下列顺序进行。

（1）在资产存在销售协议价格的情况下，应当根据公平交易中资产的销售协议价格减去可直接归属于该资产处置费用的金额确定资产的公允价值减去处置费用后的净额。这是理论上估计资产的公允价值减去处置费用后的净额的最佳方法，可操作性强，企业应当优先采用。但在实务中，企业的资产往往都是内部持续使用的，不容易取得资产的销售协议价格，在这种情况下，需要采用其他方法估计资产的公允价值减去处置费用后的净额。

（2）在不存在销售协议但存在资产活跃市场的情况下，应当按照该资产的市场价格减去处置费用后的金额确定。资产的市场价格通常应当根据资产的买方出价确定。如果难以获得资产在估计日的买方出价的，企业可以以资产最近的交易价格作为其公允价值减去处置费用后的净额的估计基础，其前提是资产的交易日和估计日之间，有关经济、市场环境等没有发生重大变化。

（3）在既不存在销售协议又不存在资产活跃市场的情况下，企业应当以可获取的最佳信息为基础，估计资产的公允价值减去处置费用后的净额。在实务中，该净额可以参考同行业类似资产的最近交易价格或者结果进行估计。

如果企业按照上述要求仍然无法可靠估计资产的公允价值减去处置费用后的净额的，应当以该资产预计未来现金流量的现值作为其可收回金额。

三、估计资产预计未来现金流量的现值

资产预计未来现金流量的现值，应当按照资产在持续使用过程中和最终处置时所产生的预计未来现金流量，选择恰当的折现率对其进行折现后的金额加以确定。预计资产未来现金流量的现值时，应当综合考虑资产的预计未来现金流量、预计使用寿命和预计折现率等因素。其中，使用寿命的预计与“固定资产准则”“无形资产准则”规定的使用寿命预计方法相同。

（一）预计资产未来现金流量

1. 预计资产未来现金流量的基础

预计资产的未来现金流量时，企业管理层应当在合理和有依据的基础上对资产剩余使用寿命内整个经济状况进行最佳估计，并将资产未来现金流量的预计，建立在经企业管理层批准的最近财务预算或者预测数据之上。但是出于数据可靠性和便于操作等方面的考虑，建立在该预算或者预测数据基础上的预计现金流量最多涵盖 5 年，企业管理层如能证明更长的期间是合理的，可以涵盖更长的期间。

如果资产未来现金流量的预计还包括最近财务预算或者预测期之后的现金流量，企业应当以该预算或者预测期之后年份稳定的或者递减的增长率为基础进行估计。企业管理层如能证明递增的增长率是合理的，可以以递增的增长率为基础进行估计，所使用的增长率除了企业能够证明更高的增长率是合理的之外，不应当超过企业经营的产品、市场、所处的行业或者所在国家或者地区的长期平均增长率，或者该资产所处市场的长期平均增长率。

由于经济环境不断变化，资产的实际现金流量与预计数往往不一致，因此，企业在每次预计资产未来现金流量时，应当首先分析以前期间现金流量预计数与实际数的差异情况，以评判预计当期现金流量所依据的假设的合理性。通常应当确保当期预计现金流量所依据的假设与前期实际结果相一致。

2. 预计资产未来现金流量的内容

CAS8 规定，预计的资产未来现金流量应当包括下列内容。

（1）资产持续使用过程中预计产生的现金流入。

（2）为实现资产持续使用过程中产生的现金流入所必需的预计现金流出（包括为使资产达到预定可使用状态所发生的现金流出）。该现金流出应当是可直接归属于或者可通过合理和一致的基础分配到资产中的现金流出，后者通常是指那些与资产直接相关的间接费用。

对于在建工程、开发过程中的无形资产等，企业在预计其未来现金流量时，应当包括预期为使该类资产达到预定可使用（或者可销售）状态而发生的全部现金流出数。

（3）资产使用寿命结束时，处置资产所收到或者支付的净现金流量。该现金流量应当是在公平交易中，熟悉情况的交易双方自愿进行交易时，企业预期可从资产的处置中获取或者支付的、减去预计处置费用后的金额。

3. 预计资产未来现金流量应当考虑的因素

（1）以资产的当前状况为基础预计资产未来现金流量。企业资产状况在使用过程中有时会因为改良、重组等原因而发生变化，但是，在预计资产未来现金流量时，应当以资产的当前状况为基础，不应当包括与将来可能会发生的、尚未作出承诺的重组事项或者资产改良有关的预计未来现金流量。企业未来发生的现金流出如果是为了维持资产正常运转或者原定正常产出水平而必要的支出或者属于资产维护支出，应当在预计资产未来现金流量时将其考虑在内。

（2）不应当包括筹资活动产生的现金流入或者流出以及与所得税收付有关的现金流量。因为所筹集资金的货币时间价值已经通过折现方式予以考虑，而且折现率是以税前基础计算确定的，现金流量的预计基础应当与其保持一致。

（3）对通货膨胀因素的考虑应当和折现率相一致。如果折现率考虑了因一般通货膨胀而导致的物价上涨影响因素，预计资产未来现金流量也应予以考虑；如果折现率没有考虑因一般通货膨胀而导致的物价上涨影响因素，预计资产未来现金流量应当剔除这一影响因素。

（4）受内部转移价格影响的，应当采用在公平交易前提下企业管理层能够达成的最佳价格估计数进行预计。因为内部转移价格很可能与市场交易价格不同，在这种情况下，为了如实测算企业资产的可收回金额，企业不应当以内部转移价格为基础预计资产的未来现金流量，而应当对其进行调整。

4. 预计资产未来现金流量的方法

（1）传统法。采用传统法预计资产未来现金流量，通常应当根据资产未来每期最有可能产生的现金流量进行预测。这种方法使用的是单一的未来每期预计现金流量和单一的折现率计算资产未来现金流量的现值，比较简单。在实务中，有时影响资产未来现金流量的因素较多，情况较为复杂，带有较大的不确定性，为此，使用单一的现金流量可能无法如实反映资产创造现金流量的实际情况。

（2）期望现金流量法。采用期望现金流量法预计资产未来现金流量，应当根据每期现金流量期望值进行预计，每期现金流量期望值按照各种可能情况下的现金流量乘以相应的发生概率加总计算求得。这种方法计算的现金流量更为合理，能够如实反映资产未来现金流量的实际情况。

【例 11-1】 乙企业拥有 L 固定资产，该固定资产剩余使用寿命为 4 年，企业预计未来 4 年里在正常的情况下，该资产每年可为企业产生的净现金流量分别为：第 1 年 100 万元，第 2 年 70 万元，第 3 年 40 万元，第 4 年 10 万元。

本例采用传统法确定各期的现金流量即可。每年现金流量的预计数额即为最有可能产生的现金流量，企业应以该现金流量的预计数为基础计算 L 固定资产的现值。

【例 11-2】 承【例 11-1】，假定利用 L 固定资产生产的产品受市场行情波动影响大，L 固定资产预计未来 4 年现金流量一览表如表 11-1 所示。

表 11-1　　**L 固定资产预计未来 4 年现金流量一览表**　　单位：万元

年份	产品行情好（35%的可能性）	产品行情一般（50%的可能性）	产品行情差（15%的可能性）
第 1 年	120	100	80
第 2 年	90	70	50
第 3 年	70	40	10
第 4 年	20	10	0

在本例中，采用期望现金流量法预计未来现金流量更为合理。在期望现金流量法下，资产未来现金流量应当根据每期现金流量期望值进行预计，每期现金流量期望值按照各种可能情况下的现金流量与其发生概率加权计算。根据表 11-1，本年末乙企业计算 L 固定资产每年的预计未来现金流量如下：

第 1 年的预计现金流量 = 120 × 35% + 100 × 50% + 80 × 15% = 104（万元）

第 2 年的预计现金流量 = 90 × 35% + 70 × 50% + 50 × 15% = 74（万元）

第 3 年的预计现金流量 = 70 × 35% + 40 × 50% + 10 × 15% = 46（万元）

第 4 年的预计现金流量 = 20 × 35% + 10 × 50% = 12（万元）

企业在预计资产未来现金流量的现值时，如果资产未来现金流量的发生时间不确定，企业应当根据资产在每一种可能情况下的现值及其发生概率直接加总计算资产未来现金流量的现值。

（二）预计折现率

按照 CAS8 的要求，为了资产减值测试的目的，企业计算资产未来现金流量现值时所使用的折现率应当是反映当前市场货币时间价值和资产特定风险的税前利率。该折现率是企业在购置或者投资资产时所要求的必要报酬率。

如果企业在预计资产的未来现金流量时已经对资产特定风险的影响进行了调整，估计折现率不需要考虑这些特定风险。如果用于估计折现率的基础是税后的，应当将其调整为税前的折现率，以便与资产未来现金流量的估计基础相一致。

折现率的确定通常应以该资产的市场利率为依据。如果无法从市场获得该资产的利率，可以使用替代利率估计折现率。替代利率可以根据企业加权平均资金成本、增量借款利率或者其他相关市场借款利率作适当调整后确定。调整时，应当考虑与资产预计未来现金流量有关的特定风险以及其他有关政治风险、货币风险和价格风险等。

企业在估计资产未来现金流量现值时，通常应当使用单一的折现率。但是，如果资产未来现金流量的现值对未来不同期间的风险差异或者利率的期间结构反应敏感的，企业应当在未来各不同期间使用不同的折现率。

（三）预计资产未来现金流量的现值

在预计资产未来现金流量和折现率的基础上，企业只需将该资产的预计未来现金流量按照预计的折现率在预计期限内加以折现后即可确定该资产未来现金流量的现值。其计算

公式为

资产未来现金流量的现值 = $\sum$[第 t 年预计资产的未来现金流量/(1 + 折现率)^t]

【例 11-3】 承【例 11-2】，假定 L 固定资产的账面价值为 235 万元，乙企业采用的折现率是该资产的利率，预计为 10%，则在本年年末计算 L 固定资产未来 4 年的现金流量现值如下：

L 资产未来现金流量的现值 = $104/(1 + 10\%) + 74/(1 + 10\%)^2 + 46/(1 + 10\%)^3 + 12/(1 + 10\%)^4$
= 94.545 5 + 61.157 0 + 34.560 4 + 8.196 2 = 198.459 1（万元）

本年年末应确认的减值损失 = 235 − 198.459 1 = 36.540 9（万元）

【例 11-4】 某航运公司于 2017 年年末对一艘远洋运输货轮进行减值测试。该货轮的账面价值为 9 000 万元，预计尚可使用 5 年。

因该货轮的公允价值减去处置费用后的净额难以确定，公司需要通过计算其未来现金流量的现值确定资产的可收回金额。假定公司的加权资金平均成本为 12%，已考虑了与该资产有关的货币时间价值和特定风险。因此在计算其未来现金流量现值时，使用 12%作为其折现率（税前）。

公司管理层批准的财务预算显示：公司将于 2020 年更新货轮的发动机系统，预计为此发生资本性支出 1 200 万元，这一支出将降低货轮运输油耗、提高使用效率，因此将提高其运营效益。

公司为了计算货轮在 2017 年年末未来现金流量的现值，首先必须预计其未来现金流量。假定公司管理层批准的 2017 年年末该货轮预计未来现金流量如表 11-2 所示。

表 11-2 **某航运公司预计未来 5 年现金流量一览表** 单位：万元

年份	预计未来现金流量（不包括改良的影响金额）	预计未来现金流量（包括改良的影响金额）
2018	2 000	
2019	1 980	
2020	1 950	2 470
2021	2 250	2 670
2022	2 200	2 560

根据 CAS8 的规定，在 2017 年年末该公司应当以资产当时的状况为基础，不应考虑与该资产改良有关的预计未来现金流量，因此，在 2017 年年末计算该资产未来现金流量的现值时，应当以不包括资产改良影响金额的未来现金流量为基础加以计算，详情如表 11-3 所示。

由于在 2017 年年末尚未确认减值损失前货轮的账面价值为 9 000 万元，而其可收回金额为 7 430.421 万元，账面价值高于其可收回金额，因此，2017 年年末应当确认减值损失，并计提相应的资产减值准备。

应确认的减值损失 = 9 000 − 7 430.421 = 1 569.579（万元）

假定在 2018 年、2019 年该货轮没有发生进一步减值的迹象，因此不必再进行减值测试，无须计算其可收回金额。假定 2019 年发生了 1 200 万元的资本性支出，改良了资产，导致其 2020—2022 年未来现金流量增加，但由于我国 CAS8 不允许将以前期间已经确认的非流动资产减值损失予以转回，因此，在这种情况下，也不必计算其可收回金额。

表 11-3　　某航运公司 2017 年年末预计未来现金流量现值一览表

年份	预计未来现金流量（不包括改良的影响金额）/万元	折现率为 12%的折现系数	预计未来现金流量的现值/万元
2018	2 000	0.892 9	1 785.8
2019	1 980	0.797 2	1 578.456
2020	1 950	0.711 8	1 388.01
2021	2 250	0.635 5	1 429.875
2022	2 200	0.567 4	1 248.28
合计	—	—	7 430.421

（四）预计外币的未来现金流量及其现值

企业使用资产所收到的未来现金流量涉及外币时，首先应当以该资产所产生的未来现金流量的结算货币为基础预计其未来现金流量，并按照该货币适用的折现率计算资产的现值；其次将该外币现值按照计算资产未来现金流量现值当日的即期汇率进行折算，从而折现成按照记账本位币表示的资产未来现金流量的现值；最后在该现值基础上，将其与资产公允价值减去处置费用后的净额相比较，确定其可收回金额，根据可收回金额与资产账面价值相比较的结果，确定是否需要确认减值损失以及确认减值损失的金额。

第三节　资产减值损失的核算

一、资产减值损失核算的一般原则

企业在对资产进行减值测试并计量可收回金额后，如果计量结果表明资产的可收回金额低于其账面价值的，应当将资产的账面价值减记至可收回金额，减记的金额确认为资产减值损失，计入当期损益，同时计提相应的资产减值准备。资产的账面价值是指资产成本扣除累计折旧（或累计摊销）和累计减值准备后的金额。

资产减值损失确认后，减值资产的折旧或者摊销费用应当在未来期间作相应调整，以使该资产在剩余使用寿命内，系统地分摊调整后的资产账面价值（扣除预计净残值）。例如，固定资产计提减值准备后，其账面价值为固定资产成本扣除累计折旧和累计减值准备后的金额，因此，固定资产在未来计提折旧时，应当按照新的固定资产账面价值为基础计提每期折旧。

资产减值损失一经确认，在以后会计期间不得转回。但是，在资产处置、出售、对外投资、以非货币性资产交换方式换出、在债务重组中抵偿债务等时，以前期间计提的资产减值准备可以转销。

二、资产减值损失的账务处理

为了正确核算企业确认的资产减值损失和计提的资产减值准备，企业应当设置“资产减值损失”科目，以反映企业计提减值准备所形成的损失，并按资产减值损失的项目进行明细核算；同时，应当根据不同的资产类别，分别设置“固定资产减值准备”“在建工程减值准备”“投资性房地产减值准备”“无形资产减值准备”“商誉减值准备”“长期股权投资减值准备”等科目。

【例 11-5】 承【例 11-4】，根据航运公司货轮减值测试结果及确认的减值损失金额，在 2017 年年末应作会计分录为：

借：资产减值损失——固定资产减值损失　　15 695 790

　贷：固定资产减值准备　　15 695 790

【例 11-6】 某企业年末对固定资产的价值进行减值测试，发现有一台机床的账面净值为 60 000 元，每年计提折旧 20 000 元，而其预计可收回金额为 25 000 元。该机床尚可使用的寿命期限为 2 年，预计净残值为 1 000 元。据此应作有关会计分录为：

（1）计提固定资产减值准备时：

借：资产减值损失——固定资产减值损失　　35 000

　贷：固定资产减值准备　　35 000

（2）以后每年计提折旧时[（25 000－1 000）/2]：

借：制造费用　　12 000

　贷：累计折旧　　12 000

【例 11-7】 某企业购入一项经销某商品的特权，成本为 250 000 元，预计使用寿命为 5 年，企业采用直线法摊销。假定在第 2 年年末，有迹象表明该项特许权发生减值，其可收回金额为 125 000 元。

企业应确认的减值损失＝250 000－（250 000÷5×2）－125 000＝25 000（元），据此应作会计分录为：

借：资产减值损失——无形资产减值损失　　25 000

　贷：无形资产减值准备　　25 000

第四节　资产组的认定及减值处理

一、资产组的认定

CAS8 规定，如果有迹象表明一项资产可能发生减值的，企业应当以单项资产为基础估计其可收回金额。在企业难以对单项资产的可收回金额进行估计时，应当以该资产所属

的资产组为基础确定资产组的可收回金额。

资产组是企业可以认定的最小资产组合，其产生的现金流入应当基本上独立于其他资产或者资产组。资产组应当由创造现金流入的相关资产组成。认定资产组应当考虑以下两个因素。

（一）以资产组产生的主要现金流入是否独立于其他资产或者资产组的现金流入为依据

资产组能否独立产生现金流入是认定资产组的最关键因素。例如，企业的某一生产线、营业网点、业务部门等，如果能够独立于其他部门或者单位等创造收入、产生现金流，或者其创造的收入和现金流入绝大部分独立于其他部门或者单位的，且属于可认定的最小的资产组合的，通常应将该生产线、营业网点、业务部门等认定为一个资产组。

在资产组的认定中，企业几项资产的组合生产的产品（或者其他产出）存在活跃市场的，无论这些产品（或者其他产出）是用于对外出售还是仅供企业内部使用，均表明这几项资产的组合能够独立创造现金流入，应当将这些资产的组合认定为资产组。如果该资产组的现金流入受内部转移价格的影响，应当按照企业管理层在公平交易中对未来价格的最佳估计数来确定资产组的未来现金流量。

【例 11-8】 乙公司生产某单一产品，并且只拥有 X、Y、Z 三家工厂。这三家工厂分别位于三个不同的国家，而三个国家又位于三个不同的洲。工厂 X 生产一种组件，由工厂 Y 或者工厂 Z 进行组装，最终产品由 Y 或者 Z 销往世界各地，工厂 Y 的产品可以在本地销售，也可以在 Z 所在洲销售（如果将产品从 Y 运到 Z 所在洲更方便的话）。Y 和 Z 的生产能力合在一起尚有剩余，并没有被完全利用。Y 和 Z 生产能力的利用程度依赖于乙公司对于所销售产品在两地之间的分配。根据不同情况，分别认定与 X、Y、Z 有关的资产组。

1. 假定 X 生产的产品（组件）存在活跃市场

此时 X 应当可以认定为一个单独的资产组，因为其生产的产品存在活跃市场，可以带来独立的现金流量。在确定其未来现金流量的现值时，乙公司应将未来现金流量的预计建立在公平交易的前提下 X 所生产产品的未来价格最佳估计数，而不是其内部转移价格。

对于 Y 和 Z 而言，即使 Y 和 Z 组装的产品存在活跃市场，但因 Y 和 Z 的现金流入依赖于产品在两地之间的分配，其未来现金流入不可能单独地确定。因此，Y 和 Z 组合在一起是可以认定的、可产生基本上独立于其他资产或者资产组的现金流入的资产组合，应当认定为一个资产组。在确定该资产组未来现金流量的现值时，乙公司也应将未来现金流量的预计建立在公平交易的前提下从 X 所购入产品的未来价格的最佳估计数，而不是其内部转移价格。

2. 假定 X 生产的产品（组件）不存在活跃市场

在这种情况下，由于 X 生产产品的现金流入依赖于 Y 或者 Z 生产的最终产品的销售，因此，X 很可能难以单独产生现金流入，其可收回金额很可能难以单独估计。

而对于 Y 和 Z 而言，其生产的产品即使存在活跃市场，但是 Y 和 Z 的现金流入依赖于产品在两地之间的分配，因此，Y 和 Z 也难以单独产生现金流量，因而也难以单独估计其可收回金额。因此，只有 X、Y、Z 三个工厂组合在一起（将乙公司作为一个整体）才很可能是一个可以认定的、能够基本上独立产生现金流入的最小的资产组合，从而将 X、Y、Z 的组合认定为一个资产组。

（二）企业管理层管理或监控生产经营活动的方式（如是按照生产线、业务种类还是按照地区或者区域等）和对资产的持续使用或者处置的决策方式等

如果企业各生产线都是独立生产、管理和监控的，那么各生产线很可能应当认定为单独的资产组；如果某些机器设备是相互关联、互相依存的，其使用和处置是一体化决策的，那么这些机器设备很可能应当认定为一个资产组。

资产组一经确定，各个会计期间应当保持一致，不得随意变更。如果由于企业重组、变更资产用途等原因，导致资产组构成确需变更的，可以进行变更，但企业管理层应当证明该变更是合理的，并应在附注中作相应说明。

二、资产组的减值测试及会计处理

资产组减值测试的原理与单项资产相同，即企业需要预计资产组的可收回金额、计算资产组的账面价值，并将两者进行比较。如果资产组的可收回金额低于其账面价值的，表明资产组发生减值，应当确认相应的减值损失。

（一）资产组可收回金额和账面价值的确定

资产组可收回金额的确定原理与单项资产相同，即按照该资产组的公允价值减去处置费用后的净额与其预计未来现金流量的现值两者之间较高者确定。资产组账面价值的确定基础应当与其可收回金额的确定方式相一致。资产组的账面价值包括可直接归属于资产组与可以合理和一致地分摊至资产组的资产账面价值，通常不应当包括已确认负债的账面价值，但如不考虑该负债金额就无法确认资产组可收回金额的除外。

资产组在处置时如要求购买者承担一项负债（如环境恢复负债等），该负债金额已经确认并计入相关资产账面价值，而且企业只能取得包括上述资产和负债在内的单一公允价值减去处置费用后的净额的，为了比较资产组的账面价值和可收回金额，在确定资产组的账面价值及其预计未来现金流量的现值时，应当将已确认的负债金额从中扣除。

（二）资产组减值的会计处理

根据减值测试的结果，资产组（包括资产组组合，下同，后面详述）的可收回金额如低于其账面价值，应当确认相应的减值损失。减值损失金额应当先抵减分摊至资产组中商誉的账面价值，再根据资产组中除商誉之外的其他各项资产的账面价值所占比重，按比例抵减其他各项资产的账面价值。

以上资产账面价值的抵减，应当作为各单项资产（包括商誉）的减值损失处理，计入

当期损益。抵减后的各资产的账面价值不得低于以下三者之中最高者：该资产的公允价值减去处置费用后的净额（如可确定）、该资产预计未来现金流量的现值（如可确定）和零。因此而导致的未能分摊的减值损失金额，应当按照相关资产组中其他各项资产的账面价值所占比重进行分摊。

【例 11-9】 甲公司有一条生产线，生产某精密仪器，该生产线由 X、Y、Z 三部机器构成，成本分别为 80 万元、120 万元和 200 万元，使用寿命均为 10 年，净残值为零，以年限平均法计提折旧。X、Y、Z 三部机器均无法单独产生现金流量，整条生产线属于一个资产组。2017 年该生产线所生产的精密仪器有替代产品上市，到年底，导致公司精密仪器的销路锐减 40%，因此，甲公司在 2017 年 12 月 31 日对该生产线进行减值测试。该条生产线已经使用 5 年，预计尚可使用 5 年。

2017 年 12 月 31 日 X、Y、Z 三部机器的账面价值分别为 40 万元、60 万元和 100 万元。经估计，X 机器的公允价值减去处置费用后的净额为 30 万元，Y 和 Z 机器都无法合理估计其公允价值减去处置费用后的净额以及未来现金流量的现值；整条生产线未来 5 年的现金流量现值为 120 万元。由于公司无法合理估计生产线的公允价值减去处置费用后的净额，公司以该生产线预计未来现金流量的现值为其可收回金额。

根据上述资料，作出如下分析：由于在 2017 年 12 月 31 日，该生产线的账面价值为 200 万元，可收回金额为 120 万元，生产线的账面价值高于其可收回金额，因此确定该生产线发生了减值，公司应当确认减值损失 80 万元，并将该减值损失分摊到构成生产线的三部机器中。因为 X 机器的公允价值减去处置费用后的净额为 30 万元，所以，X 机器分摊减值损失后的账面价值不应低于 30 万元。具体分摊过程如表 11-4 所示。

表 11-4　　某生产线减值损失分摊表

	机器 X	机器 Y	机器 Z	整个生产线（资产组）
账面价值/元	400 000	600 000	1 000 000	2 000 000
可收回金额/元				1 200 000
减值损失/元				800 000
减值损失分摊比例/%	20	30	50	
分摊减值损失/元	100 000*	240 000	400 000	740 000
分摊后账面价值/元	300 000	360 000	600 000	
尚未分摊的减值损失				60 000
二次分摊比例/%		37.50	62.50	
二次分摊减值损失/元		22 500	37 500	
二次分摊后应确认减值损失总额/元		262 500	437 500	
二次分摊后账面价值/元	300 000	337 500	562 500	1 200 000

*注：按照分摊比例，机器 X 应分摊减值损失 160 000 元（800 000×20%），但由于其公允价值减去处置费用后的净额为 300 000 元，因此机器 X 最多只能确认减值损失 100 000 元，未能分摊的减值损失 60 000 元由机器 Y 和机器 Z 再次进行分摊。

根据上述计算和分摊结果，构成该生产线的机器 X、机器 Y 和机器 Z 应当分别确认减值损失 100 000 元、262 500 元和 437 500 元，应作会计分录为：

借：资产减值损失——固定资产减值损失　　800 000

　贷：固定资产减值准备——机器 X　　100 000

　　　　　　　　　　——机器 Y　　262 500

　　　　　　　　　　——机器 Z　　437 500

三、总部资产的减值测试

企业总部资产包括企业集团或其事业部的办公楼、电子数据处理设备、研发中心等资产。总部资产的显著特征是难以脱离其他资产或者资产组产生独立的现金流入，而且其账面价值难以完全归属于某一资产组。因此，总部资产通常难以单独进行减值测试，需要结合其他相关资产组或者资产组组合进行。资产组组合，是指由若干个资产组组成的最小资产组组合，包括资产组或者资产组组合，以及按合理方法分摊的总部资产部分。

在资产负债表日，如果有迹象表明某项总部资产可能发生减值的，企业应当计算确定该总部资产所归属的资产组或者资产组组合的可收回金额，然后将其与相应的账面价值相比较，据以判断是否需要确认减值损失。

企业对某一资产组进行减值测试，应当先认定所有与该资产组相关的总部资产，再根据相关总部资产能否按照合理和一致的基础分摊至该资产组并分别下列情况处理。

（1）对于相关总部资产能够按照合理和一致的基础分摊至该资产组的部分，应当将该部分总部资产的账面价值分摊至该资产组，再据以比较该资产组的账面价值（包括已分摊的总部资产的账面价值部分）和可收回金额，并按照前述有关资产组减值测试的顺序和方法处理。

（2）对于相关总部资产中有部分资产难以按照合理和一致的基础分摊至该资产组的，应当按照下列步骤处理。

①在不考虑相关总部资产的情况下，估计和比较资产组的账面价值和可收回金额，并按照前述有关资产组减值测试的顺序和方法处理。

②认定由若干个资产组组成的最小的资产组组合，该资产组组合应当包括所测试的资产组与可以按照合理和一致的基础将该部分总部资产的账面价值分摊其上的部分。

③比较所认定的资产组组合的账面价值（包括已分摊的总部资产的账面价值部分）和可收回金额，并按照前述有关资产组减值测试的顺序和方法处理。

【例 11-10】 丙公司为高科技企业，拥有 X、Y 和 Z 三个资产组，在 2017 年年末，这三个资产组的账面价值分别为 360 万元、540 万元和 720 万元，没有商誉。这三个资产组为三条生产线，预计剩余使用寿命分别为 10 年、15 年和 15 年，采用年限平均法计提折旧。由于丙公司的竞争对手通过技术创新推出了更高技术含量的产品，并且受到市场欢迎，从而对丙公司产品产生了重大不利影响，为此，丙公司于 2017 年年末对各资产组进行减值测试。

在对资产组进行减值测试时，应当先认定与其相关的总部资产。丙公司的经营管理活

动由总部负责，总部资产包括一栋办公大楼和一个开发中心，其中办公大楼的账面价值为450万元，开发中心的账面价值为150万元。办公大楼的账面价值可以在合理和一致的基础上分摊至各资产组，但是开发中心的账面价值难以在合理和一致的基础上分摊至各相关资产组。

对于办公大楼的账面价值，企业根据各资产组的账面价值和剩余使用寿命加权平均计算的账面价值分摊比例进行分摊，如表11-5所示。

表11-5　　某办公大楼账面价值分摊表

	资产组X	资产组Y	资产组Z	合计
各资产组账面价值/万元	360	540	720	1 620
各资产组剩余使用寿命	10	15	15	
按使用寿命计算的权重	1	1.5	1.5	
加权计算后的账面价值/万元	360	810	1 080	2 250
办公大楼分摊比例/%	16%	36%	48%	100%
办公大楼账面价值分摊到各资产组的金额/万元	72	162	216	450
包括分摊的办公大楼账面价值部分的各资产组账面价值/万元	432	702	936	2 070

注：办公大楼分摊比例=各资产组加权计算后的账面价值/各资产组加权计算后的账面价值合计。

然后企业应当确定各资产组的可收回金额，并将其与账面价值（包括已分摊的办公大楼的账面价值部分）相比较，以确定相应的减值损失。考虑到开发中心的账面价值难以按照合理一致的基础分摊至资产组，因此确定由X、Y、Z三个资产组组成最小资产组组合，通过计算该资产组组合的可收回金额，并将其与账面价值（包括已分摊的办公大楼账面价值和开发中心的账面价值）相比较，以确定相应的减值损失。假定各资产组和资产组组合的公允价值减去处置费用后的净额难以确定，企业根据它们的预计未来现金流量的现值来计算其可收回金额，计算现值所用的折现率为12%，计算过程如表11-6所示。

根据上述资料，资产组X、Y、Z的可收回金额分别为691.382 1万元、752.457 7万元和928.916 8万元，相应的账面价值（包括分摊的办公大楼账面价值）分别为432万元、702万元和936万元，资产组Z的可收回金额低于其账面价值，应当确认7.083 2万元减值损失，并将该减值损失在办公大楼和资产组之间进行分摊。根据分摊结果，因资产组Z发生减值损失7.083 2万元而导致办公大楼减值1.634 6万元（7.083 2×216／936），导致资产组Z中所包括资产发生减值5.448 6万元（7.083 2×720／936）。据此应作会计分录为：

借：资产减值损失——固定资产减值损失　　70 832

　贷：固定资产减值准备——办公大楼　　16 346

　　　　　　　　　　——资产组Z　　54 486

经过上述减值测试后，资产组X、Y、Z和办公大楼的账面价值分别为360万元、540万元、714.551 4万元和448.365 4万元，开发中心的账面价值仍为150万元，由此包括开发中心在内的最小资产组组合（即丙公司）的账面价值总额为2 212.916 8万元（360+540+714.551 4+448.365 4+150），但其可收回金额为2 462.046 2万元，高于其账面价值，因此，企业不必再进一步确认减值损失（包括开发中心的减值损失）。

表 11-6　　各资产组和资产组组合预计未来现金流量及现值计算表　　单位：万元

年份	资产组 X		资产组 Y		资产组 Z		包括开发中心在内的最小资产组组合（丙公司）	
	未来现金流量	现值	未来现金流量	现值	未来现金流量	现值	未来现金流量	现值
1	60	53.574	54	48.216 6	32	28.572 8	150	133.935
2	92	73.342 4	96	76.531 2	88	70.153 6	282	224.810 4
3	112	79.721 6	110	78.298	136	96.804 8	365	259.807
4	125	79.437 5	116	73.718	132	83.886	386	245.303
5	142	80.570 8	128	72.627 2	160	90.784	442	250.790 8
6	158	80.042 8	145	73.457	180	91.188	498	252.286 8
7	165	74.629 5	136	61.512 8	192	86.841 6	502	227.054 6
8	165	66.643 5	140	56.546	195	78.760 5	510	205.989
9	160	57.696	138	49.762 8	204	73.562 4	516	186.069 6
10	142	45.724	132	42.504	180	57.96	485	156.17
11			108	31.05	173	49.737 5	296	85.1
12			115	29.520 5	160	41.072	302	77.523 4
13			106	24.295 2	148	33.921 6	285	65.322
14			95	19.437	125	25.575	258	52.786 8
15			82	14.981 4	110	20.097	214	39.097 8
现值合计	—	691.382 1	—	752.457 7	—	928.916 8	—	2 462.046 2

第五节　商誉减值测试

一、商誉减值测试的基本要求

企业合并所形成的商誉，至少应当在每年年度终了进行减值测试。由于商誉难以独立产生现金流量，因此，商誉应当结合与其相关的资产组或者资产组组合进行减值测试。这些相关的资产组或者资产组组合应当是能够从企业合并的协同效应中受益的资产组或者资产组组合，但不应当大于按照《企业会计准则第 35 号——分部报告》所确定的报告分部。

为了资产减值测试的目的，对于因企业合并形成的商誉的账面价值，企业应当自购买日起按照合理的方法分摊至相关的资产组；难以分摊至相关的资产组的，应当将其分摊至相关的资产组组合。

在将商誉的账面价值分摊至相关的资产组或资产组组合时，应当按照各资产组或者资产组组合的公允价值占相关资产组或者资产组组合公允价值总额的比例进行分摊。公允价值难以可靠计量的，按照各资产组或者资产组组合的账面价值占相关资产组或者资产组组合账面价值总额的比例进行分摊。

企业因重组等原因改变了其报告结构，从而影响到已分摊商誉的一个或者若干个资产

组或者资产组组合构成的，应当按照合理的分摊方法，将商誉重新分摊至受影响的资产组或者资产组组合。

对于已经分摊商誉的资产组或资产组组合，不论是否存在资产组或资产组组合可能发生减值的迹象，每年都应当通过比较包含商誉的资产组或资产组组合的账面价值与可收回金额进行减值测试。

二、商誉减值测试的方法与会计处理

在对包含商誉的相关资产组或者资产组组合进行减值测试时，如与商誉相关的资产组或者资产组组合存在减值迹象的，应当按照下列步骤处理。

（1）对不包含商誉的资产组或者资产组组合进行减值测试，计算可收回金额，并与相关账面价值相比较，确认相应的减值损失。

（2）对包含商誉的资产组或者资产组组合进行减值测试，比较这些相关资产组或者资产组组合的账面价值（包括所分摊的商誉的账面价值部分）与其可收回金额，如相关资产组或者资产组组合的可收回金额低于其账面价值的，应当确认相应的减值损失。减值损失金额应当先抵减分摊至资产组或者资产组组合中商誉的账面价值，再根据资产组或者资产组组合中除商誉之外的其他各项资产的账面价值所占比重，按比例抵减其他各项资产的账面价值。相关减值损失的处理顺序和方法与本章第四节有关资产组减值损失的处理顺序和方法相一致。

如果因企业合并所形成的商誉是母公司根据其在子公司所拥有的权益而确认的，子公司中归属于少数股东权益的商誉并没有在合并财务报表中予以确认，那么，在对与商誉相关的资产组（或者资产组组合，下同）进行减值测试时，由于其可收回金额的预计包括了归属于少数股东权益的商誉价值部分，为了使减值测试建立在一致的基础上，企业应当调整资产组的账面价值，将归属于少数股东权益的商誉包括在内，然后根据调整后的资产组账面价值与其可收回金额进行比较，以确定资产组（包括商誉）是否发生了减值。

上述资产组如发生减值的，企业应当首先抵减商誉的账面价值。但由于根据上述方法计算的商誉减值损失包括了应由少数股东权益承担的部分，而少数股东权益享有的商誉价值及其减值损失都没有在合并财务报表中反映，合并财务报表只反映归属于母公司的商誉，因此应当将商誉减值损失在归属于母公司和少数股东权益之间按比例进行分摊，以确认归属于母公司的商誉减值损失，并将其反映于合并财务报表中。

【例 11-11】 A 企业于 2017 年 1 月 1 日以 2 000 万元的价格收购了 B 企业 80%的股权。在购买日，B 企业可辨认资产的公允价值为 1 800 万元，假定没有负债和或有负债，A 企业在购买日编制的合并资产负债中确认商誉 560 万元（2 000 − 1 800 × 80%），B 企业可辨认资产 1 800 万元和少数股东权益 360 万元（1 800 × 20%）。

假定 B 企业的所有资产被认定为一个资产组。由于该资产组包括商誉，因此，A 企业至少应当于每年年度终了进行减值测试。在 2017 年年末，A 企业确定该资产组的可收回金额为 1 250 万元，可辨认净资产的账面价值为 1 500 万元。

由于B企业作为一个单独的资产组的可收回金额1 250万元中，包括归属于少数股东权益在商誉价值中享有的部分，因此，出于减值测试的目的，在与资产组的可收回金额进行比较之前，A企业应当对资产组的账面价值进行调整，使其包括归属于少数股东权益的商誉价值，然后再据以比较该资产组的账面价值和可收回金额，确定是否发生了减值损失以及应予确认的减值损失金额。

资产组（B企业）减值的测试过程如下：

（1）确定资产组（B企业）在2017年年末的账面价值：

合并报表反映的账面价值 = 1 500 + 560 = 2 060（万元）

计算归属于少数股东权益的商誉价值 =（2 000 / 80% − 1 800）× 20% = 140（万元）

资产组账面价值（包括完全商誉）= 2 060 + 140 = 2 200（万元）

（2）计算确定资产组（B企业）的可收回金额：本例为1 250万元。

（3）比较资产组（B企业）的账面价值与可收回金额，确认减值损失。

资产组（B企业）的减值损失 = 2 200 − 1 250 = 950（万元）

资产组（B企业）减值测试表如表11-7所示。

表11-7　　资产组（B企业）减值测试表　　单位：万元

2017年年末	商誉	可辨认净资产	合计
账面价值	560	1 500	2 060
未确认归属于少数股东的商誉价值	140	—	140
调整后账面价值	700	1 500	2 200
可收回金额			1 250
减值损失			950

上述计算结果显示，资产组发生减值损失950万元，应当首先冲减商誉的账面价值700万元。但由于在合并财务报表中确认的商誉仅限于A企业持有B企业80%股权的部分，因此A企业只需要在合并财务报表中确认归属于A企业的商誉减值损失560万元（700×80%），剩余的250万元（950 − 700）减值损失应当冲减B企业的可辨认资产的账面价值，作为B企业可辨认资产的减值损失。减值损失分摊表如表11-8所示。

表11-8　　减值损失分摊表　　单位：万元

2017年年末	商誉	可辨认资产	合计
账面价值	560	1 500	2 060
确认的减值损失	560	250	810
确认减值损失后的账面价值	—	1 250	1 250

根据表11-8，应先对商誉减值作如下会计分录：

借：资产减值损失——商誉减值损失　　5 600 000

　贷：商誉减值准备　　5 600 000

然后对归属于可辨认资产的 250 万元减值损失还应作进一步分摊。假设 B 企业 2017 年年末可辨认资产仅为固定资产和无形资产，其账面价值分别为 1 200 万元和 300 万元，则 250 万元减值损失应在固定资产和无形资产之间进行分摊，结果如下：

固定资产应分摊的减值损失 = 250 × 1 200/1 500 = 200（万元）

无形资产应分摊的减值损失 = 250 × 300/1 500 = 50（万元）

据此应作会计分录为：

借：资产减值损失——固定资产减值损失　　2 000 000

　　　　　　　　——无形资产减值损失　　500 000

　贷：固定资产减值准备　　2 000 000

　　　无形资产减值准备　　500 000

练习题 1

一、目的：练习资产减值的测试及会计处理。

二、资料：乙企业的部分资产存在减值迹象，其相关资料如下：

1. A 固定资产的原值为 100 万元，预计使用寿命为 10 年。在第 7 年年末，该资产出现减值迹象，企业预计未来 3 年其现金流量分别为 12 万元、10 万元和 8 万元，适用的折现率为 12%。假定该固定资产无残值，企业采用直线法计提折旧。

2. B 无形资产为土地使用权，其取得成本为 800 万元，预计使用寿命为 40 年。在第 3 年年末，企业将其以年租金 50 万元的价格出租给甲企业，租期 10 年。在租出该资产的第 4 年，由于客观原因导致其发生减值迹象，公允价值为 620 万元，预计处置费用为 30 万元。假定企业采用成本模式对投资性房地产进行计量。

三、要求：分别对上述资产进行减值测试，并编制相关会计分录。

练习题 2

一、目的：练习资产组的减值测试。

二、资料：

1. 甲公司在某山区经营一座某有色金属矿山，根据规定公司在矿山完成开采后应当将该地区恢复原貌。恢复费用主要为山体表层复原费用（如恢复植被等），因为山体表层必须在矿山开发前挖走。因此，企业在山体表层挖走后，确认了一项预计负债，并计入矿山成本，假定其金额为 600 万元。

2. 2017 年 12 月 31 日，随着开采进展，公司发现矿山中的有色金属储量远低于预期，因此，公司对该矿山进行了减值测试。考虑到矿山的现金流量状况，整座矿山被认定为一个资产组。该资产组在 2017 年年末的账面价值为 1 000 万元（包括确认的恢复山体原貌的预计负债）。

3. 矿山（资产组）如于 2017 年 12 月 31 日对外出售，买方愿意出价 620 万元（包括恢复山体原貌成本，即已经扣减这一成本因素），预计处置费用为 20 万元，因此该矿山的公允价值减去处置费用后的净额为 600 万元。

4. 矿山的预计未来现金流量的现值为 1 000 万元，不包括恢复费用。

三、要求：根据 CAS8 的规定，对该资产组进行减值测试。

第十二章　流 动 负 债

本章学习提示

本章重点：短期借款、以公允价值计量且其变动计入当期损益的金融负债、应付票据、应付账款、预收账款、应付职工薪酬的核算

本章难点：应付职工薪酬的构成和核算

第一节　流动负债概述

一、流动负债的含义

负债是指企业过去的交易或事项形成的、预期会导致经济利益流出企业的现实义务。负债按其流动性划分为流动负债和非流动负债。流动负债是指满足下列条件之一的负债。

（1）预计在一个正常的营业周期中清偿。

（2）主要为交易目的而持有。

（3）自资产负债表日起 1 年内到期应予以清偿。

（4）企业无权自主地将清偿推迟至资产负债表日后 1 年以上。

流动负债主要包括以公允价值计量且其变动计入当期损益的金融负债、短期借款、应付票据、应付账款、预收账款、应付职工薪酬、应付利息、应付股利、应交税费、其他应付款等。

二、流动负债的分类

为了更好地认识流动负债的性质和特征，掌握流动负债的内容，可以从不同的角度、按不同的标准对流动负债进行分类，具体方法如下。

（一）按形成的原因划分

负债按形成的原因分为融资活动形成的负债（金融负债）和经营活动形成的负债（经

营负债）两类。

1. 金融负债

金融负债是指企业符合下列条件之一的负债。

（1）向其他方交付现金或其他金融资产的合同义务。

（2）在潜在不利条件下，与其他方交换金融资产或金融负债的合同义务。

（3）将来须用或可用企业自身权益工具进行结算的非衍生工具合同，且企业根据该合同将交付可变数量的自身权益工具。

（4）将来须用或可用企业自身权益工具进行结算的衍生工具合同，但以固定数量的自身权益工具交换固定金额的现金或其他金融资产的衍生工具合同除外。

金融负债是企业负债的重要组成部分，企业应当结合自身业务特点和风险管理的要求，将承担的金融负债在初始确认时分为以下四类。

（1）以公允价值计量且其变动计入当期损益的金融负债，包括交易性金融负债（含属于金融负债的衍生工具）和指定为以公允价值计量且其变动计入当期损益的金融负债。

（2）金融资产转移不符合终止确认条件或继续涉入被转移金融资产所形成的金融负债。对于此类金融负债，企业应当按照 CAS23 的相关规定进行计量。

（3）不属于（1）或（2）情形的财务担保，以及不属于（1）情形的以低于市场利率贷款的贷款承诺。企业作为此类金融负债发行方的，应当在初始确认后按照损失准备金额以及初始确认金额扣除依据 CAS14 相关规定所确定的累计摊销额后的余额孰高计量。

（4）以摊余成本计量的金融负债。企业对所有金融负债均不得进行重分类。

按流动性划分，属于流动负债的金融负债包括以公允价值计量且其变动计入当期损益的金融负债，部分以摊余成本计量的金融负债，如短期借款、应付账款、以市场利率计息的短期应付票据、应付利息、应付股利等。

2. 经营负债

属于流动负债的经营负债按照经营活动所处的不同环节可进一步划分为以下两类。

（1）经营过程中形成的流动负债，是指企业在正常的生产经营活动中，因遵循权责发生制的会计核算前提，有些费用需预先提取而形成的流动负债，包括应付职工薪酬、应交税费等。

（2）结算过程中形成的流动负债，是指企业在正常的生产经营活动中因外部业务结算而形成的流动负债，包括应付账款、不带息短期应付票据、预收账款等。

（二）按偿付手段划分

流动负债按偿付手段划分，可分为以下两类。

1. 用货币偿付的流动负债

用货币偿付的流动负债是指到期时，企业必须用库存现金、银行存款或其他货币性资产偿还的流动负债，包括短期借款、以公允价值计量且其变动计入当期损益的金融负债、应付票据、应付账款、应付职工薪酬、应交税费等。流动负债的绝大部分都可以归到这一类别。

2. 用商品或劳务偿付的流动负债

用商品或劳务偿付的流动负债是指到期时，企业必须用商品或提供劳务抵付的流动负债，如预收账款等。

三、流动负债的计价

企业对流动负债进行正确计价的目的有两个：一是通过对负债的计量，正确地计算收入和费用，以确定当期损益；二是通过对负债的计量，正确地计算资产和所有者权益，使企业在财务报表上正确反映其所承担的、应于近期偿还的债务，以便为会计信息使用者预测企业未来现金流量和财务风险等提供有关的会计信息。

由于负债是过去已发生的交易或事项形成的、将在未来偿还的经济义务，为了提高会计信息的有用性和相关性，从理论上讲，负债应在其发生时按未来偿付数额的现值计价入账，即负债以现值计价。但是，在实务处理上，考虑到流动负债的偿还期限较短，其现值与到期值之间的差额很小，遵循重要性及稳健性原则，对流动负债的计价大多以到期值或面值代替现值。因此，在会计实务中，各项流动负债均按实际发生额入账。负债已经发生而数额需要预计确定的，应当合理预计，待实际数额确定后进行调整。

第二节　流动负债的核算

一、短期借款

（一）短期借款的含义

短期借款是指企业从银行或其他金融机构借入的、期限在 1 年以内（含 1 年）的各种款项。短期借款的目的主要是解决企业对资金的临时需求，以缓解资金周转困难，保证生产经营的正常运行。因此，企业在季节性、临时性生产经营周转中出现资金暂时短缺时，可按规定的程序向开户银行或其他金融机构申请借入短期资金，并按照规定期限还本付息。而银行为了确保其债权，有时可能要求企业提供担保。

（二）短期借款利息费用的处理

企业借入的短期借款，构成了一项流动负债。借款具有还款期限和利率，企业必须按期如数归还本金，并及时支付利息。由于短期借款是为了生产经营需要而借入的，其利息应作为财务费用，计入当期损益。

短期借款利息的支付方式有按月支付、按季或半年支付以及到期随同本金一次支付三种。不同的支付方式，导致不同的会计处理。

（1）如果短期借款的利息是按季或半年支付，或者到期一次还本付息，为了真正体现配比原则，正确计算各期的损益，通常采用预提方式，按月预计发生的利息额。按实际支付的利息与预提利息的差额，调整支付当月的财务费用。

（2）如果短期借款的利息按月支付，或者虽然采用到期一次还本付息、但利息数额不大，为了简化核算手续，可以将实际支付的利息作为支付当期的财务费用，计入当期损益。

我国企业短期借款的利息按季计算支付。利息支出较大的企业，可按各月预计发生的利息额计入各月损益，并于季末一次支付。

（三）短期借款的核算

从银行或其他金融机构借入的各种借款都需要反映借入的本金和利息。为了正确反映短期借款的取得、归还及结余情况，企业应设置负债类的“短期借款”科目，进行总分类核算，并按借款种类、贷款人和币种设置明细账，进行明细核算。此外，还应设置“财务费用”和“应付利息”科目，以正确核算短期借款的利息。

【例 12-1】 A 企业于 4 月 1 日从金融机构取得临时借款 200 000 元，期限为 6 个月，年利率为 6.6%，借款利息每季末支付一次。据此应作有关会计分录为：

（1）取得借款时：

借：银行存款　　200 000

　贷：短期借款——临时借款　　200 000

（2）4 月月末、5 月月末预计利息费用时（200 000 × 6.6% ÷ 12）：

借：财务费用　　1 100

　贷：应付利息　　1 100

（3）6 月 30 日支付本季利息时：

借：应付利息　　2 200

　　财务费用　　1 100

　贷：银行存款　　3 300

（4）9 月 30 日，支付后 3 个月的利息并归还本金时：

借：应付利息　　2 200

　　财务费用　　1 100

　　短期借款——临时借款　　200 000

　贷：银行存款　　203 300

二、以公允价值计量且其变动计入当期损益的金融负债

（一）以公允价值计量且其变动计入当期损益的金融负债的确认

以公允价值计量且其变动计入当期损益的金融负债，包括交易性金融负债和直接指定

为以公允价值计量且其变动计入当期损益的金融负债。

1. 交易性金融负债

满足下列条件之一的金融负债，应当划分为交易性金融负债。

（1）承担该金融负债主要是为了近期内出售或回购。

（2）相关金融负债在初始确认时属于集中管理的可辨认金融工具组合的一部分，且有客观证据表明近期实际存在短期获利模式。

（3）相关金融负债属于衍生工具。但符合财务担保合同定义的衍生工具以及被指定为有效套期工具的衍生工具除外。

2. 直接指定为以公允价值计量且其变动计入当期损益的金融负债

在初始确认时，当满足下列条件之一时，企业可以将该项金融负债指定为以公允价值计量且其变动计入当期损益的金融负债。

（1）能够消除或显著减少会计错配。

（2）根据正式书面文件载明的企业风险管理或投资策略，以公允价值为基础对金融负债组合或金融资产和金融负债组合进行管理与业绩评价，并在企业内部以此为基础向关键管理人员报告。

该指定一经作出，不得撤销。

对于包括一项或多项嵌入衍生工具的混合工具，企业可以将整个混合工具直接指定为以公允价值计量且变动计入当期损益的金融负债，但以下两种情况除外：

（1）嵌入衍生工具对混合工具的现金流没有造成重大变化。

（2）类似混合工具所嵌入的衍生工具明显不应从混合工具中分拆。

企业应当在成为金融工具合同的一方时确认金融资产或金融负债，在金融负债（或其一部分）的现时义务已经解除时，终止确认该金融负债（或部分金融负债）。

（二）以公允价值计量且其变动计入当期损益的金融负债的会计处理

以公允价值计量且其变动计入当期损益的金融负债应当以公允价值进行初始计量和后续计量，相关交易费用应当在发生时直接计入当期损益。

1. 初始计量

企业在对以公允价值计量且其变动计入当期损益的金融负债初始计量时，按实际收到的金额，借记“银行存款”科目，按交易性金融负债的公允价值，贷记“交易性金融负债——本金”科目。其中，金融负债的公允价值通常以实际交易价格，即所收到或支付对价的公允价值为基础确定。

【例 12-2】 20×7 年 10 月 1 日，A 企业按面值公开发行 2 亿元人民币短期融资券，期限 6 个月，每张面值 100 元，票面利率 8%（年利率），到期一次性还本付息。A 企业将该短期融资券指定为以公允价值计量且将其变动计入当期损益的金融负债。20×8 年 3 月 31 日，该短期融资券到期兑付完成。A 企业按季度编制财务报表。

企业发行短期融资券时，应作如下会计分录：

借：银行存款　　200 000 000

　贷：交易性金融负债——本金　　200 000 000

2. 后续计量

资产负债表日，企业应按交易性金融负债的票面利率计算利息，贷记“应付利息”科目，借记“财务费用”科目；同时确认该交易性金融负债公允价值的变动，并将其公允价值变动形成的利得或损失计入当期损益，贷记（或借记）“交易性金融负债——公允价值变动”科目，借记（或贷记）“公允价值变动损益”科目。

【例 12-3】 承【例 12-2】，假定 20×7 年 12 月 31 日，该短期融资券市场价格为每张 108 元（不含利息）。20×7 年 12 月 31 日，确认该短期融资券的利息费用和公允价值变动时，应作如下会计分录：

借：财务费用　　4 000 000

　贷：应付利息　　4 000 000

借：公允价值变动损益　　16 000 000

　贷：交易性金融负债——公允价值变动　　16 000 000

3. 处置（或偿还）时

处置（或偿还）时，按其账面价值借记“交易性金融负债——本金”“应付利息”等科目；按实际支付的本息金额贷记“银行存款”科目；同时按其差额借记（或贷记）“交易性金融负债——公允价值变动”科目，贷记（或借记）“公允价值变动损益”科目。

【例 12-4】 承【例 12-3】，20×8 年 3 月 31 日，确认该短期融资券的利息费用时，应作如下会计分录：

借：财务费用　　4 000 000

　贷：应付利息　　4 000 000

20×8 年 3 月 31 日，该短期融资券到期兑付时，应作如下会计分录：

借：交易性金融负债——本金　　200 000 000

　　　　　　　　——公允价值变动　　16 000 000

　　应付利息　　8 000 000

　贷：银行存款　　208 000 000

　　　公允价值变动损益　　16 000 000

三、应付票据

（一）应付票据的含义及种类

应付票据是企业在赊购商品、材料、物资或接受劳务时以出具商业汇票作为结算方式，由出票人出票，委托付款人在指定日期无条件支付确定金额给收款人或持票人而形成的流动负债，按照承兑人不同可分为应付银行承兑汇票和应付商业承兑汇票。与应付账款相比，应付票据因出具了付款的书面承诺而更具法律上的约束力。

（二）应付票据的核算

企业应通过“应付票据”科目对发生的应付票据业务进行核算。此外，还应设置“应付票据备查簿”，以详细登记每一应付票据的种类、号数和出票日期、到期日、票面金额、交易合同号和收款人姓名或单位名称以及付款日期和金额等详细资料。应付票据到期时，应在备查簿中逐笔注销。对于带息票据，应于期末（中期期末和年终）计算应付利息，分别计入“财务费用”和“应付利息”科目。

企业如果签发的是银行承兑汇票，需要持汇票和购货合同向开户银行申请承兑，并交纳一定比例的承兑手续费。支付的承兑手续费作为财务费用，计入当期损益。

【例 12-5】 A 企业 11 月月初签发并承兑一张 100 000 元、期限为 3 个月的不带息商业汇票，用于购入一批原材料。据此应作有关会计分录为：

（1）签发商业汇票时：

借：在途物资等　　100 000

　贷：应付票据　　100 000

（2）票据到期如数清偿时：

借：应付票据　　100 000

　贷：银行存款　　100 000

【例 12-6】 A 企业 11 月月初签发一张 100 000 元，期限为 3 个月的带息商业汇票，年利率为 7.2%，且经银行审核后同意承兑，企业按票面金额的 5‰缴纳手续费，其他条件不变。据此应作有关会计分录为：

（1）企业开出商业汇票，并向银行缴纳承兑手续费办理承兑时：

借：在途物资等　　100 000

　贷：应付票据　　100 000

借：财务费用　　500

　贷：银行存款　　500

（2）年末列计应计未付利息时：

借：财务费用　　1 200

　贷：应付利息　　1 200

（3）票据到期如数清偿时：

借：应付票据　100 000

　　应付利息　1 200

　　财务费用　600

　贷：银行存款　101 800

商业承兑汇票到期，企业无力支付票款时，应将“应付票据”科目的账面余额和计提的利息，转入“应付账款”科目，待协商后再进行处理。到期不能支付的带息应付票据，转入“应付账款”科目核算后，期末不再计提利息。如果以重新签发新的票据清偿原应付票据的，再从“应付账款”科目转回到“应付票据”科目核算。银行承兑汇票如果票据到期时，企业无力支付票款，承兑银行除凭票向持票人无条件付款外，对出票人尚未支付的汇票金额转作逾期贷款处理，并加罚利息，企业应按票面金额和计提的利息，转为“短期借款”。

【例 12-7】 承【例 12-5】，假定票据到期企业无力支付票款，并不再签发新票据，应作会计分录为：

借：应付票据　100 000

　贷：应付账款　100 000

【例 12-8】 承【例 12-6】，假定票据到期企业无力支付票款，应按银行转来的通知单作如下会计分录：

借：应付票据　100 000

　　应付利息　1 200

　　财务费用　600

　贷：短期借款　101 800

四、应付账款

（一）应付账款的含义

应付账款，是指企业在生产经营过程中由于购买商品、材料、物资或接受劳务供应等应偿付的款项，是买卖双方在赊购业务中由于取得物资与支付货款在时间上的不一致而产生的流动负债。这种债务一般需要买方在较短期限内偿付，作为付款方不应无故拖欠债务。如果由于债权单位撤销或其他原因，使企业无法偿付应付账款，这项负债自动消失。

应付账款和应收账款是赊购（销）业务的两个对立面，如果出现现金折扣与折让，都是买方少付的部分款项，将会抵减应付账款。

（二）应付账款的确认

应付账款的确认包括应付账款入账时间的确认和入账金额的确认。

应付账款入账时间的确认，应以所购买商品、物资的所有权转移或接受劳务已经发生为标志。但在实际工作中，应区别情况处理：在货物和发票账单同时到达的情况下，应付账款一般待货物验收入库后，才按发票账单登记入账，以避免因先入账而在验收入库时发现购入货物错、漏、破损等问题再行调账；在货物和发票账单不是同时到达的情况下，由于应付账款要根据发票账单登记入账，有时货物已到，而发票账单要过一段时间才能到达，这笔负债已经成立，应作为一项负债反映，但为了简化会计核算手续，在实际工作中通常采用在月份终了才将货物已到、发票账单仍未到的所购货物和应付账款入账的做法。

应付账款的付款期限不长，一般为30~60天，最长不超过90天，应付账款通常按其到期应付金额入账。如果购入的货物在形成一笔应付账款时附有现金折扣条件，应付账款的入账金额可比照应收账款的要求进行处理。

（三）应付账款的核算

为了反映企业应付账款的发生及归还情况，企业应设置“应付账款”科目，进行总分类核算，并按供应单位设置明细账，进行明细分类核算。

【例 12-9】 A企业向B企业赊购一批原材料，价款为100 000元，增值税16 000元，货物和购货发票已收到，货款尚未支付，据此应作如下会计分录。

（1）赊购原材料并验收入库时：

借：原材料　100 000
　　应交税费——应交增值税（进项税额）　16 000
　贷：应付账款——B企业　116 000

（2）A企业支付货款时：

借：应付账款——B企业　116 000
　贷：银行存款　116 000

企业购入的商品、材料、物资等，由于质量等方面的原因，可以从销货方取得一定金额的价格减让，这种减让应当从应支付的货款中扣除，冲减购货成本。

【例 12-10】 A企业赊购一批原材料，价款为200 000元，货到验收时发现质量有问题，要求对方给予折让。假设不考虑增值税，据此应作有关会计分录为：

（1）收到发票账单，并将材料验收入库时：

借：原材料　200 000
　贷：应付账款　200 000

（2）收到对方开来折让凭证，同意按价款的5%进行折让时：

借：应付账款　10 000
　贷：原材料　10 000

（3）到期归还应付账款时：

借：应付账款　190 000
　贷：银行存款　190 000

五、预收账款

预收账款是企业按照合同规定向购货单位或接受劳务单位预先收取的货款，一般在三种情况下产生：①企业产品或劳务在市场上供不应求；②购货单位或接受劳务的单位信用不佳；③企业的生产周期较长，如建筑业、飞机制造业、造船业等。

预收账款之所以构成企业的一项负债，是因为企业要根据合同规定的条款，在预收货款后的一定时期内发送商品或提供劳务。如果企业无法履行合同条款，不能如期交货或提供劳务，企业必须承担如数退还预收货款的责任。预收的货款将于 1 年之内或长于 1 年的一个营业周期以商品或提供劳务偿付，因此，预收账款是企业的一项流动负债。

企业对预收账款的核算，应视具体情况而定：如果企业预收账款情况比较多，可以设置“预收账款”科目进行核算；如果企业的预收账款情况不多，也可将预收的账款直接记入“应收账款”科目的贷方反映，待商品已经发出或劳务已经提供，发生应收账款时，再在“应收账款”科目进行结算，而不设“预收账款”科目。

【例 12-11】 A 企业与 B 企业签订供货合同，售价总金额为 500 000 元。假设增值税税率为 16%，合同规定 B 企业预付货款的 40%，余款于交货时付清。据此应作有关会计分录为：

（1）预收货款并存入银行时：

借：银行存款	200 000	
贷：预收账款（或应收账款）——B 企业		200 000

（2）企业发出商品，销售实现时：

借：预收账款（或应收账款）——B 企业	580 000	
贷：主营业务收入		500 000
应交税费——应交增值税（销项税额）		80 000

（3）收到购货单位补付款时：

借：银行存款	380 000	
贷：预收账款（或应收账款）——B 企业		380 000

如果企业预收的款项大于应收的款项，需要退回多收的款项，作与上述（3）相反的会计分录。

六、应交税费

企业在一定时期内取得的营业收入和实现的利润，要按规定向国家交纳有关税费。这些税费在未交之前暂时停留在企业，形成企业的一项流动负债，这项负债的金额要视企业的经营情况而定。

企业应交的税费，主要包括依法应向税务机关交纳的增值税、消费税、资源税、土地增值税、城市维护建设税、房产税、土地使用税、车船税、所得税及应向有关部门交纳的

教育费附加等。

企业应设置“应交税费”科目反映其按规定计算应交纳的各种税费，并按应交的税费项目进行明细核算。企业代扣代交的个人所得税，也通过“应交税费”科目核算。

对于应交税费的计算与核算，本书只作概略介绍，详细内容见本系列教材《税务会计学》。

（一）应交增值税

增值税是国家对企业销售货物或提供劳务的增值部分征收的一种流转税。增值税属于价外税，实行税款抵扣制度，以当期进项税额抵减当期销项税额后的余额作为当期应纳税额。在会计上，为了便于核算与缴纳增值税，一般纳税人应在“应交税费”科目下设置“应交增值税”“未交增值税”“预交增值税”等明细科目，并在“应交增值税”二级科目中开设“进项税额”“销项税额”“出口退税”“进项税额转出”“已交税金”等明细专栏，具体反映相关内容。其账务处理如下。

（1）购买材料物资取得的增值税专用发票通过税务机关认证，记录进项税额时，应作会计分录为：

借：在途物资等

　　应交税费——应交增值税（进项税额）

　贷：有关科目

（2）根据企业开出的增值税专用发票确定应交销项税额时，应作会计分录为：

借：应收账款等

　贷：主营业务收入

　　　应交税费——应交增值税（销项税额）

（二）应交消费税和资源税

消费税是对在我国境内从事生产、委托加工和进口应税消费品的单位和个人，就其应税消费品的销售额或销售数量在特定环节征收的一种流转税。资源税是以特定自然资源为征税对象，对我国领域及管辖海域从事应税矿产品开采或者生产盐的单位和个人征收的一种税。

上述两种流转税均属于价内税，在销售环节按规定计算的应交税金作为营业收入的抵减项目，应通过“税金及附加”等科目核算。其账务处理如下。

企业按税法规定，计算应交消费税和资源税时，应作会计分录为：

借：税金及附加等

　贷：应交税费——有关明细科目

（三）应交土地增值税

土地增值税是对有偿转让国有土地使用权及地上建筑物和其他附着物产权，取得增值收入的单位和个人征收的一种税。土地增值税按照转让房地产所取得的增值额为计税依据，实行超率累进税率、按次征收等。

企业应交纳的土地增值税通过“应交税费——应交土地增值税”科目核算。转让土地使用权连同地上建筑物及其附着物一并在“固定资产”等科目核算的，转让时应交纳的土地增值税，通过“固定资产清理”等科目核算；土地使用权在“无形资产”科目核算的，转让时按实际收到的金额，借记“银行存款”科目，贷记“应交税费——应交土地增值税”科目，同时冲销土地使用权的账面价值，借记“累计摊销”、贷记“无形资产”科目，按其差额，借记或贷记“资产处置损益”科目。其账务处理如下。

（1）计算转让土地使用权连同地上建筑物及其附着物时应交的土地增值税，做如下会计分录：

借：固定资产清理等

　贷：应交税费——应交土地增值税

（2）计算转让属于无形资产的土地使用权时应交的土地增值税，作如下会计分录：

借：银行存款

　　累计摊销

　　资产处置损益——非流动资产处置损失

　贷：无形资产

　　　应交税费——应交土地增值税

或，借：银行存款

　　累计摊销

　贷：无形资产

　　　应交税费——应交土地增值税

　　　资产处置损益——非流动资产处置利得

（四）应交城市维护建设税和教育费附加

城市维护建设税是国家为了加强城市的维护建设，扩大和稳定城市维护建设资金的来源而开征的一种税。教育费附加是国家为了发展我国的教育事业，提高人民的文化素质而征收的一项费用。二者按照企业交纳流转税的一定比例计算，并与流转税一起交纳。它们均作为营业收入的一个抵减项目，因此，应通过“税金及附加”科目进行核算。企业按规定计算应交城市维护建设税和教育费附加时，应作会计分录为：

借：税金及附加

　贷：应交税费——应交城市维护建设税

　　　　　　——应交教育费附加

（五）应交房产税、土地使用税、车船税

房产税是国家对城市、县城、建制镇和工矿区的产权所有人征收的一种税。土地使用

税是国家为了合理利用城镇土地，调节土地级差收入，提高土地使用效益，加强土地管理而对拥有土地使用权的单位和个人征收的一种税。车船税是以车船为征税对象，向在我国境内拥有并且使用车船的单位和个人征收的一种税。房产税、土地使用税和车船税应通过“税金及附加”科目进行核算，其账务处理如下：

企业按规定计算应交纳的房产税、土地使用税和车船税时，应作会计分录为：

借：税金及附加

　贷：应交税费——有关明细科目

（六）应交所得税

所得税是就企业的生产、经营所得和其他所得征收的一种税。所得税会计的核算需要按照《企业会计准则第 18 号——所得税》的有关规定，采用资产负债表债务法进行处理。涉及本期应列计的所得税时，借记“所得税费用”科目，贷记“应交税费——应交所得税”科目。其他内容详见本系列教材《税务会计学》。

上述各种税费在实际交纳时，应借记“应交税费”科目，贷记“银行存款”科目。

七、应付职工薪酬

职工薪酬是指企业为获得职工提供的服务或解除劳务关系而给予的各种形式的报酬或补偿。企业与职工之间因职工提供服务形成的关系，大多数构成企业的现时义务，将导致企业未来经济利益的流出（因为企业本期发生的薪酬往往在下期支付），从而形成企业的一项负债，应在每个会计期末予以确认。

（一）职工的范围

按照《企业会计准则第 9 号——职工薪酬》（CAS9）的规定，“职工”包括以下三类人员。

（1）与企业订立正式劳动合同的所有人员，含全职、兼职和临时职工。

（2）虽未与企业订立劳动合同但由企业正式任命的人员，如部分董事会成员、监事会成员等。

（3）在企业的计划和控制下，虽未与企业订立劳动合同或未由企业正式任命，但向企业所提供服务与职工所提供服务类似的人员，也属于职工的范畴，包括通过企业与劳务中介公司签订用工合同而向企业提供服务的人员。

（二）职工薪酬的构成

CAS9 规定，企业职工薪酬包括短期薪酬、离职后福利、辞退福利和其他长期职工福利。企业提供给职工配偶、子女、受赡养人、已故员工遗属及其他受益人等的福利，也属于职工薪酬。

1. 短期薪酬

短期薪酬是指企业在职工提供相关服务的年度报告期间结束后 12 个月内需要全部予以支付的职工薪酬，因解除与职工的劳动关系给予的补偿除外。短期薪酬具体包括以下几个方面。

（1）职工工资、奖金、津贴和补贴。职工工资、奖金、津贴和补贴是指企业按照构成工资总额的计时工资、计件工资、支付给职工的超额劳动报酬等的劳动报酬、为了补偿职工特殊或额外的劳动消耗和因其他特殊原因支付给职工的津贴，以及为了保证职工工资水平不受物价影响支付给职工的物价补贴等。其中，企业按照短期奖金计划向职工发放的奖金属于短期薪酬，按照长期奖金计划向职工发放的奖金属于其他长期职工福利。

（2）职工福利费。职工福利费是指企业为职工提供的除职工工资、奖金、津贴和补贴、职工教育经费、社会保险费及住房公积金等以外的福利待遇支出，包括发放给职工或为职工支付的以下各项现金补贴和非货币性集体福利：一是为职工卫生保健、生活等发放或支付的各项现金补贴和非货币性福利，包括职工因公外地就医费、职工疗养费用、防暑降温费等；二是企业尚未分离的内设集体福利部门所发生的设备、设施和人员费用；三是发放给在职职工的生活困难补助以及按规定发生的其他职工福利支出，如丧葬补助费、抚恤费、职工异地安家费、独生子女费等。

（3）医疗保险费、工伤保险费和生育保险费等社会保险费。医疗保险费、工伤保险费和生育保险费等社会保险费是指企业按照国家规定的基准和比例计算，由税务部门统一征收的医疗保险费、工伤保险费和生育保险费。

（4）住房公积金。住房公积金是指企业按照国家规定的基准和比例计算，向住房公积金管理机构缴存的住房公积金。

（5）工会经费和职工教育经费。工会经费和职工教育经费是指企业为了改善职工文化生活、为职工学习先进技术和提高文化水平和业务素质，用于开展工会活动和职工教育及职业技能培训等相关支出。

（6）短期带薪缺勤。短期带薪缺勤是指职工虽然缺勤但企业仍向其支付报酬的安排，包括年休假、病假、短期伤残、婚假、产假、丧假、探亲假等。

（7）短期利润分享计划。短期利润分享计划是指因职工提供服务而与职工达成的基于利润或其他经营成果提供薪酬的协议。

（8）非货币性福利。非货币性福利是指企业以自产产品或外购商品发放给职工作为福利，企业将自己拥有的资产或租赁的资产提供给职工无偿使用，为职工无偿提供诸如医疗保健的服务或向职工提供企业支付了一定补贴的商品或服务等。

（9）其他短期薪酬。其他短期薪酬是指除上述薪酬以外的为获得职工提供的服务而给予的短期薪酬。

2. 离职后福利

离职后福利是指企业为获得职工提供的服务而在职工退休或与企业解除劳动关系后，

提供的各种形式的报酬和福利，属于短期薪酬和辞退福利的除外。

3. 辞退福利

辞退福利是指企业在职工劳动合同到期之前解除与职工的劳动关系，或者为鼓励职工自愿接受裁减而给予职工的补偿。

4. 其他长期职工福利

其他长期职工福利是指除短期薪酬、辞退福利、离职后福利之外所有的职工薪酬，包括长期带薪缺勤、长期残疾福利、长期利润分享计划等。

（三）职工薪酬的核算

1. 短期薪酬的核算

1）短期薪酬的确认与计量

企业应当在职工为其提供服务的会计期间，将应付的短期薪酬（包括货币性薪酬和非货币性福利）确认为一项流动负债，并根据职工提供服务的受益对象，将短期薪酬计入当期损益或资产成本。

（1）应由生产产品、提供劳务负担的职工薪酬，计入产品成本或劳务成本。

（2）应由在建工程、无形资产负担的职工薪酬，计入建造固定资产或无形资产成本。

（3）除生产产品、提供劳务、建造固定资产和无形资产之外的其他职工薪酬，计入当期损益。

短期薪酬的计量主要分为以下两种情况。

（1）国家和地方政府规定了计提基础和计提比例的，应当按照规定的标准计提。例如，由税务部门统一征收的医疗保险费、工伤保险费、生育保险费等社会保险费及应向住房公积金管理机构缴存的住房公积金，应当按照国务院、企业所在地政府或企业年金计划规定的标准，计量应付职工薪酬义务；工会经费和职工教育经费，应当根据有关财务规定，分别按照职工工资总额的 2%和 1.5%的计提标准，计量应付职工薪酬义务。对于从业人员技术要求高、培训任务重、经济效益好的企业，可以根据国家有关规定，按照职工工资总额的 2.5%计量应计入成本费用的职工教育经费。

（2）国家和地方政府没有规定计提基础和计提比例的，企业应当根据历史经验数据和实际情况，合理预计当期应付职工薪酬。

2）货币性短期薪酬的核算

货币性短期薪酬，主要包括以货币形式支付给职工的工资、奖金、津贴和补贴，职工福利费，计提的工会经费和职工教育经费、医疗保险费、工伤保险费、生育保险费等社会保险费和住房公积金等。

每期期末，企业应按照职工提供服务的情况和工资标准、计提基础、计提比例等计算应计入职工薪酬的工资总额及相应的职工薪酬金额，并按照受益对象计入当期损益或相关资产成本。生产部门人员的货币性短期职工薪酬，借记“生产成本”“制造费用”“劳务成本”等科目；在建工程人员的货币性短期职工薪酬，借记“在建工程”科目；研发人员的货币性短期职工薪酬，借记“研发支出”科目；管理部门人员的货币性短期职工薪酬，借记“管理费用”科目；专设销售机构人员的货币性短期职工薪酬，借记“销售费用”科目；同时，按照货币性短期薪酬的应付金额，贷记“应付职工薪酬”科目，并按“工资”“医疗保险费”“工伤保险费”“生育保险费”“住房公积金”“工会经费”“职工教育经费”等进行明细核算。

【例 12-12】 根据 A 企业 20×7 年 11 月职工薪酬结算汇总表（表 12-1），进行短期薪酬的核算。假设所在地政府规定，企业应该按照职工工资总额的 8%和 10%计提医疗保险费和住房公积金，按照职工工资总额的 2%和 1.5%计提工会经费和职工教育经费。

表 12-1 **职工薪酬结算汇总表**

20×7 年 11 月 单位：元

<table>
<tr><th colspan="2" rowspan="2">车间部门</th><th rowspan="2">标准工资</th><th colspan="2">扣缺勤工资</th><th rowspan="2">各种奖金</th><th rowspan="2">各种补贴</th><th rowspan="2">应付工资</th><th colspan="2">代扣医疗保险及住房公积金</th><th rowspan="2">实付工资</th></tr>
<tr><th>事假</th><th>病假</th><th>医疗保险费</th><th>住房公积金</th></tr>
<tr><td rowspan="2">基本生产车间</td><td>生产人员</td><td>19 500</td><td>1 120</td><td>110</td><td>2 580</td><td>1 950</td><td>22 800</td><td>456</td><td>2 280</td><td>20 064</td></tr>
<tr><td>管理人员</td><td>11 200</td><td>520</td><td></td><td>1 820</td><td>1 100</td><td>13 600</td><td>272</td><td>1 360</td><td>11 968</td></tr>
<tr><td colspan="2">行政管理人员</td><td>15 600</td><td></td><td></td><td>1 400</td><td>1 600</td><td>18 600</td><td>372</td><td>1 860</td><td>16 368</td></tr>
<tr><td colspan="2">销售机构人员</td><td>12 100</td><td>300</td><td></td><td>1 200</td><td>1 000</td><td>14 000</td><td>280</td><td>1 400</td><td>12 320</td></tr>
<tr><td colspan="2">合计</td><td>58 400</td><td>1 940</td><td>110</td><td>7 000</td><td>5 650</td><td>69 000</td><td>1 380</td><td>6 900</td><td>60 720</td></tr>
</table>

注：医疗保险费和住房公积金，个人分别承担 2%和 10%。

根据上述资料，A 企业 11 月月末的短期薪酬如下：

应当计入“生产成本”的短期薪酬＝22 800＋22 800×（8%＋10%＋2%＋1.5%）＝27 702（元）

应当计入“制造费用”的短期薪酬＝13 600＋13 600×（8%＋10%＋2%＋1.5%）＝16 524（元）

应当计入“管理费用”的短期薪酬＝18 600＋18 600×（8%＋10%＋2%＋1.5%）＝22 599（元）

应当计入“销售费用”的短期薪酬＝14 000＋14 000×（8%＋10%＋2%＋1.5%）＝17 010（元）

根据上述计算结果，应作会计分录为：

借：生产成本 27 702
　　制造费用 16 524
　　管理费用 22 599
　　销售费用 17 010
　贷：应付职工薪酬——工资 69 000
　　　　　　　　——医疗保险费 5 520
　　　　　　　　——住房公积金 6 900
　　　　　　　　——工会经费 1 380
　　　　　　　　——职工教育经费 1 035

企业实际支付货币性职工薪酬时，应按照实际支付给职工的金额，借记“应付职工薪酬”科目，贷记“银行存款”“库存现金”等科目；而职工个人负担的应由企业代扣代缴的个人所得税、医疗保险费和住房公积金，则贷记“应交税费——应交个人所得税”科目和“其他应付款”科目。

【例 12-13】 承【例 12-12】，A 企业 12 月月初发放工资，用银行存款支付，假定应由企业代扣代缴的个人所得税为 10 000 元，则会计分录如下：

借：应付职工薪酬——工资 69 000
　贷：银行存款 50 720
　　应交税费——应交个人所得税 10 000
　　其他应付款——医疗保险费 1 380
　　　　　　——住房公积金 6 900

【例 12-14】 承【例 12-12】、【例 12-13】，将代扣的应由个人承担的医疗保险费和住房公积金，以及应由单位承担并计提的医疗保险费和住房公积金上缴税务部门和住房公积金管理机构时，应作会计分录为：

借：应付职工薪酬——医疗保险费 5 520
　　　　　　——住房公积金 6 900
　其他应付款——医疗保险费 1 380
　　　　　——住房公积金 6 900
　贷：银行存款 20 700

【例 12-15】 A 企业于 12 月给职工发放降温费 5 000 元，用库存现金支付。据此应作会计分录为：

借：生产成本等 5 000
　贷：应付职工薪酬——职工福利费 5 000
借：应付职工薪酬——职工福利费 5 000
　贷：库存现金 5 000

3）短期带薪缺勤的核算

短期带薪缺勤根据其性质及职工享有的权利，分为累积带薪缺勤和非累积带薪缺勤两类。

（1）累积带薪缺勤。累积带薪缺勤是指带薪权利可以结转下期的带薪缺勤，本期尚未用完的带薪缺勤权利可以在未来期间使用。企业应当在职工提供了服务从而增加了其未来享有的带薪缺勤权利时，确认与累积带薪缺勤相关的职工薪酬或费用，并以累积未行使权利而增加的预期支付金额计量。

有些累积带薪缺勤在职工离开企业时，对于未行使的权利，职工有权获得现金支付。如果职工在离开企业时能够获得现金支付，企业应当确认其必须支付的、职工全部累积未使用权利的金额。如果职工在离开企业时不能获得现金支付，则企业应当根据资产负债表日因累积未使用权利而导致的预期支付的追加金额，作为累积带薪缺勤费用进行预计。

【例 12-16】 A 企业共有 500 名职工，从 20×7 年 1 月 1 日起，该企业实行累积带薪缺勤制度。根据制度规定，每个职工每年可享受 5 个工作日带薪年休假，未使用的年休假只能向后结转一个日历年度，超过 1 年未使用的权利作废；职工休年休假时以后进先出为基础，即首先使用当年可享受的权利，不足部分再从上年结转的带薪年休假中扣除；职工离开公司时，对未使用的累积带薪年休假无权获得现金支付。

20×7 年 12 月 31 日，每个职工当年平均未使用带薪年休假为 2 天。企业预计 20×8 年有 450 名职工将享受不超过 5 天的带薪年休假，剩余 50 名职工每人将平均享受 6 天半年休假，假定这 50 名职工中 5 名为财务人员，45 名为一般生产人员，该公司平均每名职工每个工作日工资为 200 元。

根据上述资料，职工 20×7 年已休带薪年休假的，由于在休假期间照发工资，因此相应的薪酬已经计入每月确认的薪酬金额中。与此同时，还需要预计尚未使用的、预期将在下一年度使用的累积带薪缺勤，并计入当期损益或者相关资产成本。因此，企业在 20×7 年 12 月 31 日预计由于职工累积未使用的带薪年休假权利而导致预期将支付的工资负债为 75 天（50×1.5 天）的年休假工资金额 15 000 元（75×200 元），并作如下会计分录：

借：生产成本　　（45×1.5×200）13 500
　　管理费用　　（5×1.5×200）1 500
　贷：应付职工薪酬——累积带薪缺勤　　15 000

假定：20×8 年 12 月 31 日，上述 50 名职工中 45 名生产人员享受了 6 天半年休假，假期薪酬随同正常工资以银行存款支付。另外 5 名财务人员只享受了 5 天年休假，由于该企业的带薪缺勤制度规定，未使用的权利只能结转 1 年，超过 1 年未使用的权利作废，应冲回上年度确认的费用。因此，20×8 年 12 月 31 日，该企业的会计分录如下：

借：应付职工薪酬——累积带薪缺勤　　13 500
　贷：银行存款　　13 500
借：应付职工薪酬——累积带薪缺勤　　1 500
　贷：管理费用　　1 500

（2）非累积带薪缺勤。非累积带薪缺勤是指带薪权利不能结转下期的带薪缺勤，本期尚未用完的带薪缺勤权利将予以取消，并且职工离开企业时也无权获得现金支付。我国企业职工休婚假、产假、丧假、探亲假、病假期间的工资通常属于非累积带薪缺勤。由于职工提供服务本身不能增加其能够享受的福利金额，企业在职工未缺勤时不应当计提相关费用和负债。企业应当在职工实际发生缺勤的会计期间确认与非累积带薪缺勤相关的职工薪酬。企业确认职工享有的与非累积带薪缺勤权利相关的薪酬，视同职工出勤确认的当期损益或相关资产成本。通常情况下，与非累积带薪缺勤相关的职工薪酬已经包括在企业每期向职工发放的工资等薪酬中，因此，不必额外作相应的账务处理。

4）短期利润分享计划的核算

企业如果制订有短期利润分享计划的，当职工完成规定业绩指标，或者在企业工作了特定期限后，则能够享有按照企业净利润的一定比例计算的薪酬。

CAS9 规定，短期利润分享计划同时满足下列条件的，企业应当确认相关的应付职工薪酬，并计入当期损益或相关资产成本。

（1）企业因过去事项导致现在具有支付职工薪酬的法定义务或推定义务。

（2）因利润分享计划所产生的应付职工薪酬义务能够可靠估计。

属于下列三种情形之一的，视为义务金额能够可靠估计：①在财务报告批准报出之前企业已确定应支付的薪酬金额；②该利润分享计划的正式条款中包括确定薪酬金额的方式；③过去的惯例为企业确定推定义务金额提供了明显证据。

企业根据经营业绩或职工贡献等情况提取的奖金，属于奖金计划，应当比照短期利润分享计划进行处理。如果职工只有在企业工作了一段特定期间后才能分享利润的，企业在计量利润分享计划产生的应付职工薪酬时，应当反映职工因离职而没有得到利润分享计划支付的可能性。

如果企业预期在职工为其提供相关服务的年度报告期间结束后12个月内，不需要全部支付利润分享计划产生的应付职工薪酬，该利润分享计划应当适用其他长期职工福利的有关规定。

【例12-17】 A企业于年初制订和实施了一项短期利润分享计划，对管理层进行激励。该计划规定，企业全年的净利润指标为1 000万元，如果在管理层的努力下完成的净利润超过1 000万元，管理层将可以分享超过1 000万元净利润部分的10%作为额外报酬。12月31日，该企业全年实际完成净利润1 500万元。假定不考虑离职等其他因素，12月31日该企业作如下会计分录：

借：管理费用　　500 000

　贷：应付职工薪酬——利润分享计划　　500 000

5）非货币性福利的核算

企业向职工提供非货币性福利的，应当按照公允价值计量。公允价值不能可靠取得的，可以采用成本计量。

（1）以自产产品或外购商品作为对职工的非货币性福利支付的。企业以其自产产品或外购商品发放给职工时，应当按照该产品的公允价值和相关税费来确认应付职工薪酬的金额，并计入当期损益或相关资产成本。同时，在产品发出时确认销售收入并结转产品成本。

【例12-18】 A企业以自产的产品作为福利发放给企业职工，该批商品的单位成本为1 000元，售价每件1 380元（不含税），适用的增值税税率为16%。企业有员工30人，其中生产工人20人，车间管理人员4人，企业管理人员4人，销售人员2人。

应当计入“生产成本”的职工薪酬＝1 380×20×（1＋16%）＝32 016（元）

应当计入“制造费用”的职工薪酬＝1 380×4×（1＋16%）＝6 403.2（元）

应当计入“管理费用”的职工薪酬＝1 380×4×（1＋16%）＝6 403.2（元）

应当计入“销售费用”的职工薪酬＝1 380×2×（1＋16%）＝3 201.6（元）

据此应作有关会计分录为：

a. 企业决定发放非货币性福利时：

借：生产成本　　32 016

　　制造费用　　6 403.2

　　管理费用　　6 403.2

　　销售费用　　3 201.6

　贷：应付职工薪酬——非货币性福利　　48 024

b. 实际发放非货币性福利时：

借：应付职工薪酬——非货币性福利　　48 024

　贷：主营业务收入　　41 400

　　　应交税费——应交增值税（销项税额）　　6 624

借：主营业务成本　　30 000

　贷：库存商品　　30 000

【例 12-19】 承【例 12-18】，假定 A 企业外购 30 件商品作为非货币性福利发放给职工，购进价格 1 000 元/件，适用的增值税税率为 16%。其他条件不变，有关账务处理如下：

a. 外购商品时：

借：库存商品　　30 000

　　应交税费——应交增值税（进项税额）　　4 800

　贷：银行存款　　34 800

b. 企业决定发放非货币性福利时：

借：生产成本　　23 200

　　制造费用　　4 640

　　管理费用　　4 640

　　销售费用　　2 320

　贷：应付职工薪酬——非货币性福利　　34 800

c. 实际发放非货币性福利时：

借：应付职工薪酬——非货币性福利　　34 800

　贷：库存商品　　30 000

　　　应交税费——应交增值税（进项税额转出）　　4 800

（2）将自有住房或租赁的住房等固定资产无偿提供给职工作为非货币性福利支付的。企业将自有的住房等固定资产无偿提供给职工作为非货币性福利的，应当按照企业对该固定资产每期计提的折旧来计量应付职工薪酬，同时根据职工提供服务的受益对象计入当期损益或相关成本。

【例 12-20】 A 企业为其部门经理提供一处企业自有的房屋供其无偿使用，本月该房屋计提折旧 1 000 元。据此应作会计分录为：

借：管理费用　　1 000

　贷：应付职工薪酬——非货币性福利　　1 000

借：应付职工薪酬——非货币性福利　　1 000

　贷：累计折旧　　1 000

企业将租赁的房屋（假设为短期租赁或低价值资产租赁）等固定资产作为支付给职工的非货币性福利的，应当按照企业每期支付的租金来计量应付职工薪酬，同时根据职工提供服务的受益对象计入当期损益或相关成本。

【例 12-21】 A 企业为其部门经理租赁一套住房供其使用，租期从 1 月 1 日开始，并于年初预付 1 年租金 24 000 元，租金以银行存款支付。据此应作有关会计分录为：

①实际支付租金时：

借：预付账款　24 000

　贷：银行存款　24 000

②月末确认非货币性福利时：

借：管理费用　2 000

　贷：应付职工薪酬——非货币性福利　2 000

借：应付职工薪酬——非货币性福利　2 000

　贷：预付账款　2 000

（3）向职工提供企业支付了补贴的商品或服务。实务中存在企业以低于其取得资产或服务的成本价向职工提供商品或服务的情形，如企业以低于成本的价格向职工出售住房或企业以低于支付价格向职工提供的医疗保健服务，其实质是企业向职工提供的补贴。

以提供包含补贴的住房为例，企业在出售住房等资产时，应当将其公允价值与其内部售价之间的差额（相当于企业补贴的金额）分以下两种情况处理。

①如果出售住房的合同或协议中规定了职工在购得住房后至少应当提供服务的年限，那么职工提前离开应退回部分差价，此时企业应将该差价作为长期待摊费用处理，并在合同或协议规定的服务年限内平均摊销，根据受益对象分别计入相关资产成本或损益。

②如果出售住房的合同或协议中未规定职工在购得住房后必须服务的年限，企业应当将该项差额直接计入出售住房当期相关资产成本或损益。

【例 12-22】 20×7 年 1 月，A 企业购买了 10 套新公寓并以优惠价格向其聘用的高级管理人员出售，企业拟出售的住房平均每套的购买价格为 180 万元，向管理人员出售时价格为每套 150 万元。假定该企业的 10 名管理人员均在 20×7 年陆续购买了该批住房，售房协议规定，在取得住房后必须在企业服务 15 年，不考虑相关税费。

①企业出售住房时，应作如下会计分录：

借：银行存款　（10×1 500 000）15 000 000

　　长期待摊费用　3 000 000

　贷：固定资产　（10×1 800 000）18 000 000

②出售住房后的每年，企业应当按照直线法在 15 年内摊销长期待摊费用，并作如下会计分录：

借：管理费用　200 000

　贷：应付职工薪酬——非货币性福利　200 000

借：应付职工薪酬——非货币性福利　200 000

　贷：长期待摊费用　200 000

2. 离职后福利的核算

离职后福利是指企业为获得职工提供的服务而在职工退休或与企业解除劳动关系后，提供的各种形式的报酬和福利。离职后福利包括退休福利（如养老金和一次性的退休支付）及其他离职后福利（如离职后人寿保险和离职后医疗保障）。

职工正常退休时获得的养老金等离职后福利，是职工与企业签订的劳动合同到期或者职工达到了国家规定的退休年龄时，获得的离职后生活补偿金额。企业给予补偿的事项是职工在职时提供的服务而不是退休本身，因此，企业应当在职工提供服务的会计期间对其进行确认和计量。

离职后福利计划，是指企业与职工就离职后福利达成的协议，或者企业为向职工提供离职后福利制定的规章或办法等。离职后福利计划分为设定提存计划和设定受益计划。

（1）设定提存计划。设定提存计划是指向独立的基金缴存固定费用后，企业不再承担进一步支付义务的离职后福利计划，如养老保险、失业保险和企业年金基金等。

设定提存计划的会计处理比较简单，因为企业在每一会计期间的义务取决于该期间将要提存的金额。因此，在计量义务或费用时不需要精算假设，通常也不存在精算利得或损失。

企业应当在资产负债表日将为换取职工在会计期间为企业提供的服务而应付给设定提存计划的提存金，确认为应付职工薪酬，同时作为一项费用计入当期损益或相关资产成本。

【例 12-23】 承【例 12-12】，A 企业根据所在地政府规定，按照职工工资总额的 12% 计提基本养老保险费，缴存当地社会保险经办机构。20×7 年 11 月计提基本养老保险费的会计分录如下：

借：生产成本	（22 800 × 12%）2 736	
制造费用	（13 600 × 12%）1 632	
管理费用	（18 600 × 12%）2 232	
销售费用	（14 000 × 12%）1 680	
贷：应付职工薪酬——设定提存计划		8 280

（2）设定受益计划。设定受益计划是指除设定提存计划以外的离职后福利计划。设定受益计划和设定提存计划的区别取决于离职后福利计划的主要条款和条件所包含的经济实质。在设定提存计划下，企业的义务以企业应向独立主体缴存的提存金金额为限，职工未来所能取得的离职后福利金额取决于向独立主体支付的提存金金额，以及提存金所产生的投资回报，从而精算风险（福利将少于预期）和投资风险（投资的资产将不足以支付预期的福利）实质上要由职工来承担。在设定受益计划下，企业的义务是为现在及以前的职工提供约定的福利，并且精算风险和投资风险实质上由企业来承担。因此，如果精算或者投资的实际结果比预期差，则企业的义务可能会增加。

当企业负有下列义务时，该计划就是一项设定受益计划：①计划福利公式不仅仅与提存金金额相关，且要求企业在资产不足以满足该公式的福利时提供进一步的提存金；②通过计划间接地或直接地对提存金的特定回报作出担保。

企业对设定受益计划的核算通常包括下列四个步骤。

步骤一：确定设定受益义务现值和当期服务成本。

首先，企业应根据预期累计福利单位法，采用无偏且相互一致的精算假设对有关人口统计变量（如职工离职率和死亡率）和财务变量（如未来薪金和医疗费用的增加）等作出估计，计量设定受益计划所产生的义务，并确定相关义务的归属期间。

其次，企业应根据资产负债表日与设定受益计划义务期限和币种相匹配的国债或活跃市场上的高质量公司债券的市场收益率确定折现率，将设定受益计划所产生的义务予以折现，以确定设定受益计划义务的现值和当期服务成本。

设定受益计划义务的现值，是指企业在不扣除任何计划资产的情况下，为履行当期和以前期间职工服务产生的最终义务所需支付的预期未来金额的现值。设定受益计划的最终义务受到许多变量的影响，如职工离职率、死亡率、职工缴付的提存金等。企业在折现时，即使预期有部分义务在报告期间结束后的 12 个月内结算，企业仍应对整项义务进行折现。企业应当就至报告期末的任何重大交易及环境的其他重大变化（包括市场价格和利率的变化）进行调整，在每年年末进行复核（如计划资产的公允价值及财务假设，折现率及薪酬增长率等）。

企业在确定其设定受益计划义务的现值、当期服务成本和过去服务成本时应当使用预期累计福利单位法。根据预期累计福利单位法，职工每提供一个期间的服务，就会增加一个单位的福利权利，企业应当对每一单位的福利权利进行单独计量，并将所有单位的福利权利累计形成最终义务。预期累计福利单位法要求企业将福利归属于当期（以确定当期服务成本）和当期以及以前期间（以确定设定受益义务的现值）。企业应当将福利归属于提供离职后福利的义务发生的期间。这一义务随着职工提供服务以换取企业在未来报告期间支付的离职后福利而产生。

在确定其设定受益计划义务的现值、当期服务成本和过去服务成本时，企业应当根据计划的福利公式将设定受益计划产生的福利义务归属于职工提供服务的期间，并计入当期损益或相关资产成本。

当职工后续年度的服务将导致其享有的设定受益计划福利水平显著高于以前年度时，企业应当按照直线法将累计设定受益计划义务分摊确认于职工提供服务而导致企业第一次产生设定受益计划福利义务至职工提供服务不再导致该福利义务显著增加的期间。在确定后续年度服务是否将导致职工享有的设定受益福利水平显著高于以前年度时，不应考虑仅因未来工资水平提高而导致设定受益计划义务显著增加的情况。

精算假设是指企业对影响离职后福利最终义务的各种变量的最佳估计。精算假设包括人口统计假设和财务假设。人口统计假设包括死亡率、职工的离职率、伤残率、提前退休率等。财务假设包括折现率、福利水平和未来薪酬等。其中，折现率应当根据资产负债表日与设定受益计划义务期限和币种相匹配的国债或者活跃市场上的高质量公司债券的市场收益率来确定。

经验调整是设定受益计划义务的实际数与估计数之间的差异。在某些情况下，设定受益计划对于未来福利水平调整未作出明确规定的，确定有关福利水平的增加是精算假设与实际经验的差异（产生精算利得或损失）还是计划的修改（产生过去服务成本），需要运用职业判断。通常情况下，如果设定受益计划未明确规定未来福利水平的调整，过去的调整也并不频繁，同时如果精算假设中并无福利水平增长的假设，企业应将福利水平变化的影响归属于过去服务成本。

【例 12-24】 A 企业在 20×7 年 1 月 1 日设立了一项设定受益计划，并于当日开始实施。该设定受益计划规定：①企业向所有在职员工提供统筹外补充退休金，这些职工在退休后每年可以额外获得 12 万元退休金，直至去世。②职工获得该额外退休金基于自该计划开始日起为公司提供的服务，而且应当自该设定受益计划开始日起一直为公司服务至退休。

假定符合计划的职工为 100 人，当前平均年龄为 40 岁，退休年龄为 60 岁，还可以为企业服务 20 年。假定在退休前无人离职，退休后平均剩余寿命为 15 年。假定适用的折现率为 10%，并且不考虑未来通货膨胀等其他影响因素。根据以上资料计算设定受益计划义务及其现值（表 12-2），计算职工服务期间每期服务成本（表 12-3）。

服务第 1 年年末，会计分录如下：

借：管理费用（或相关资产成本）　　　　746 200

　贷：应付职工薪酬——设定受益计划　　　　746 200

服务第 2 年年末，会计分录如下：

借：管理费用（或相关资产成本）　　　　820 800

　贷：应付职工薪酬——设定受益计划　　　　820 800

借：财务费用（或相关资产成本）　　　　74 600

　贷：应付职工薪酬——设定受益计划　　　　74 600

服务第 3 年至第 20 年，以此类推。

表 12-2　　计算设定收益计划义务及其现值　　单位：万元

	退休后第 1 年	退休后第 2 年	退休后第 3 年	退休后第 4 年	…	退休后第 14 年	退休后第 15 年
①当年支付	1 200	1 200	1 200	1 200	…	1 200	1 200
②折现率	10%	10%	10%	10%	…	10%	10%
③复利现值系数	0.909 1	0.826 4	0.751 3	0.683 0	…	0.263 3	0.239 4
④退休时点现值=①×③	1 091	992	902	820	…	316	287
⑤退休时点现值合计	9 127						

表 12-3　　计算职工服务期间每期服务成本　　单位：万元

	服务第 1 年	服务第 2 年	…	服务第 19 年	服务第 20 年
福利归属			…		
——以前年度	0	456.35	…	8 214.3	8 670.65
——当年	456.35	456.35	…	456.35	456.35
——以前年度+当年	456.35	912.7	…	8 670.65	9 127
期初义务	0	74.62	…	6 788.68	7 882.41
利息	0	7.46	…	678.87	788.24
当期服务成本	74.62[a]	82.08[b]	…	414.86[c]	456.35
期末义务	74.62	164.16	…	7 882.41	9 127[d]

注:74.62[a] = $456.35/(1+10\%)^{19}$；82.08[b] = $456.35/(1+10\%)^{18}$；414.86[c] = $456.3/(1+10\%)$；9 127[d] 含尾数调整。

步骤二：确定设定受益计划净负债或净资产。

设定受益计划存在资产的，企业应当将设定受益计划义务现值减去设定受益计划资产公允价值所形成的赤字或盈余确认为一项设定受益计划净负债或净资产。

设定受益计划存在盈余的，企业应当以设定受益计划的盈余和资产上限两项的孰低者计量设定受益计划净资产。其中，资产上限，是指企业可从设定受益计划退款或减少未来对设定受益计划缴存资金而获得的经济利益的现值。

计划资产包括长期职工福利基金持有的资产以及符合条件的保险单等，但不包括企业应付但未付给基金的提存金以及由企业发行并由基金持有的任何不可转换的金融工具。

【例 12-25】 承【例 12-24】，假设该企业共有 5 000 名管理人员，按照预期累计福利单位法计算出上述设定受益计划的总负债为 3 亿元，若该企业专门购置了国债作为计划资产，该笔国债 20×8 年的公允价值为 1 亿元，假设该国债仅能用于偿付企业的福利计划负债（除非在支付所有计划负债后尚有盈余），且除福利计划负债以外，该企业的其他债权人不能要求用于偿付其他负债，公司没有最低缴存额的现值，则整个设定受益计划净负债为 2 亿元。如果该笔负债 20×9 年的公允价值为 4 亿元，则该项设定受益计划存在盈余为 1 亿元，假设该企业可从设定受益计划退款或减少未来对该计划缴存资金而获得的经济利益的现值（资产上限）为 1.5 亿元，则该项设定受益计划净资产为 1 亿元。

步骤三：确定应当计入当期损益的金额

设定受益计划中应确认的计入当期损益的金额=服务成本+设定受益净负债或净资产的利息净额

其中，服务成本包括当期服务成本、过去服务成本和结算利得或损失。

①当期服务成本，是指因职工当期提供服务所导致的设定受益计划义务现值的增加额，即归属于当年福利的现值。【例 12-24】中，企业第 1 年年末应计入当期损益的当期服务成本为 74.62 万元。

②过去服务成本，是指设定受益计划修改所导致的与以前期间职工服务相关的设定受益计划义务现值的增加或减少。

当企业设立或取消一项设定受益计划或是改变现有设定受益计划下的应付福利时，设定的受益计划就发生了修改。当企业显著减少计划涵盖的职工数量时，就发生了计划缩减。缩减可能源于某单一事件，如关闭某个厂房、终止一项经营、暂停或终止一项计划。虽然过去服务成本的定义分为由于计划修改产生的过去服务成本和由于缩减产生的过去服务成本，但该区分对财务报表几乎不构成影响，因为所有过去服务成本均在其发生的当期计入损益。

在修改或缩减与重组费用或者辞退福利无关的情况下，企业应当在修改或缩减发生时确认相关的过去服务成本。

在确定过去服务成本或结算利得或损失之前，企业应该采用计划资产的当前公允价值和当前精算假设（包括当前市场利率和其他当前市场价格）重新计量设定受益负债（资产）净额，当前精算假设应反映计划在修改、缩减或结算之前提供的福利。

企业随后需辨别由计划修改、缩减或结算导致的设定受益义务的现值变化。企业并不

是在所有情况下都要单独辨别每个组成部分。在同时发生的情况下，企业无须区分由于计划修改产生的过去服务成本与由于缩减和结算利得或损失产生的过去服务成本。然而，如果计划被一项实质上提供同样福利的新计划所取代，则计划的终止并不是结算。在某些情况下，计划修改发生在结算之前，如当企业改变计划福利，并随后结算修改后的福利。在这些情况下，企业应当在结算利得或损失之前确认过去服务成本。

过去服务成本可以是正的（在福利引入或发生变化，从而导致设定受益义务的现值增加时）或负的（在福利被取消或发生变化，从而导致设定受益义务的现值减少时）。如果企业减少现有设定受益计划下的应付福利，并同时增加在该计划下针对相同职工的其他应付福利，则企业应将变动的净额作为单项变动处理。

过去服务成本不包括下列各项。

a. 以前假定的薪酬增长额与实际发生额之间的差额，对支付以前年度服务产生的福利义务的影响（因为精算假设允许预计薪金增长，所以不会产生过去服务成本）。

b. 当企业对支付养老金增长金额具有推定义务的，对可自行决定养老金增加金额的高估和低估（因为精算假设允许这种增长，因而不会产生过去服务成本）。

c. 财务报表中已确认的精算利得或计划资产回报导致的福利变化的估计，如果企业由于计划的正式条款或由于法律规定，有责任将该计划的盈余用于计划参与者的福利，即使该福利的增加并没有正式给予（由于所导致的义务的增加是一项精算损失，因而不会产生过去服务成本）。

d. 在没有新的福利或福利未发生变化的情况下，职工达到既定要求之后导致既定福利（并不取决于未来雇佣的福利）的增加（由于企业在服务提供的当期将估计福利费用确认为当期服务成本，因而不会产生过去服务成本）。

③结算利得和损失。企业应当在设定受益计划结算时，确认一项结算利得或损失。设定受益计划结算，是指企业为了消除设定受益计划所产生的部分或所有未来义务进行的交易，而不是根据计划条款和所包含的精算假设向职工支付福利。设定受益计划结算利得或损失是下列两项的差额。

a. 在结算日确定的设定受益计划义务的现值。

b. 结算价格，包括转移的计划资产的公允价值和企业直接发生的与结算相关的支付。

结算是未在计划条款中规定的福利的支付，未纳入精算假设中，因此，结算利得或损失应当计入当期损益，而在计划条款中规定的福利的支付（包括可选择福利支付性质的情况）不属于结算，已纳入精算假设中，在支付此类福利时产生的利得或损失，则属于精算利得或损失，应作为重新计量的一部分计入其他综合收益。

【例 12-26】 承【例 12-24】，假定该企业 20×8 年因经营困难需要重组，一次性支付给职工退休补贴 2 亿元。重组日的该项设定受益计划义务总现值为 3 亿元，则结算利得为 1（3－2）亿元。

④设定受益计划净负债或净资产的利息净额，是指设定受益净负债或净资产在职工提供服务期间由于时间变化而产生的变动，包括计划资产的利息收益、设定受益计划义务的利息费用及资产上限影响的利息。

企业应当通过将设定受益计划净负债或净资产乘以适当的折现率来确定设定受益计划净负债或净资产的利息净额。设定受益计划净负债或净资产和折现率应在年度报告期间开始时确定，同时需考虑该期间由于提存和福利支付所导致的设定受益计划净负债或净资产的变动，但不考虑设定受益计划净负债或净资产在本期的任何其他变动（如精算利得和损失）。

企业计算设定受益计划净负债或净资产的利息净额时，应当考虑资产上限的影响。企业应当通过将资产上限的影响乘以折现率来确定资产上限影响的利息，作为资产上限影响总变动的一部分。

【例 12-27】 承【例 12-24】，假定该企业 20×8 年年初有设定受益计划净负债 2 亿元，20×8 年初折现率为 10%，假设没有福利支付和提存金缴存，则其利息费用净额为 2 000 万元（2 亿元×10%）。20×9 年年初有设定受益计划净资产 1 亿元，假设 20×9 年年初折现率为 10%，则其利息收入净额为 1 000 万元（1 亿元×10%）。

①20×8 年年末企业应当进行如下会计分录：

借：财务费用　　20 000 000

　贷：应付职工薪酬——设定受益计划　　20 000 000

②20×9 年年末企业应当进行如下会计分录：

借：应付职工薪酬——设定受益计划　　10 000 000

　贷：财务费用　　10 000 000

步骤四：确定应当计入其他综合收益的金额。

企业应当将重新计量设定受益计划净负债或净资产所产生的变动计入其他综合收益，并且在后续会计期间不允许转回至损益，但企业可以在权益范围内转移这些在其他综合收益中确认的金额。

重新计量设定受益计划净负债或净资产所产生的变动包括下列部分。

①精算利得或损失，即由于精算假设和经验调整导致之前所计量的设定受益计划义务现值的增加或减少。企业未能预计的过高或过低的职工离职率、提前退休率、死亡率、过高或过低的薪酬、福利的增长以及折现率变化等因素，将导致设定受益计划产生精算利得或损失。精算利得或损失不包括因设立、修改或结算设定受益计划所导致的设定受益计划义务的现值变动，或者设定受益计划下应付福利的变动。这些变动产生了过去服务成本或结算利得或损失。

【例 12-28】 承【例 12-24】，假定企业在该计划开始后职工提供服务的第 3 年年末重新计量该设定受益计划的净负债，发现由于预期寿命等精算假设和经验调整导致该设定受益计划义务的现值增加，形成精算损失 15 万元。据此应作会计分录为：

借：其他综合收益——设定受益计划净负债或净资产重新计量——精算损失 150 000

　贷：应付职工薪酬——设定受益计划　　150 000

②计划资产回报，扣除包含在设定受益净负债或净资产的利息净额中的金额。计划资产的回报，指计划资产产生的利息、股利和其他收入，以及计划资产已实现和未实现的利

得或损失。企业在确定计划资产回报时，应当扣除管理该计划资产的成本以及计划本身的应付税款，但计量设定受益义务时所采用的精算假设所包括的税款除外。管理该计划资产以外的其他管理费用不需从计划资产回报中扣减。

③资产上限影响的变动，扣除包括在设定受益计划净负债或净资产的利息净额中的金额。

【例 12-29】 承【例 12-24】，如果 20×8 年年末，企业进行精算重估时发现折现率已经变为 8%，假设不考虑计划资产回报和资产上限影响的变动，企业由于折现率变动导致重新计量设定受益计划净负债的增加额共计 500 万元。则 20×8 年年末企业应作如下会计分录：

借：其他综合收益——设定受益计划净负债重新计量——精算损失　　5 000 000

　贷：应付职工薪酬——设定受益计划　　5 000 000

以后各年，以此类推。

重新计量设定受益计划净负债或者净资产的变动计入其他综合收益后，在后续会计期间不允许转回至损益，在原设定受益计划终止时应当在权益范围内将原计入其他综合收益的部分全部结转至未分配利润。计划终止，指该计划已不存在，即本企业已解除该计划所产生的所有未来义务。

3. 辞退福利的核算

辞退福利主要包括：①在职工劳动合同未到期前，不论职工本人是否愿意，企业决定解除与职工的劳动关系而给予的补偿；②在职工劳动合同未到期前，为鼓励职工自愿接受裁减而给予的补偿，职工有权利选择继续在职或接受补偿离职。

在确定企业提供的经济补偿是否为辞退福利时，应注意以下问题。

第一，应当区分辞退福利和正常退休养老金。辞退福利是在职工与企业签订的劳动合同到期前，根据法律与职工本人或职工代表（如工会）签订的协议，或者基于商业惯例，承诺当其提前终止对职工的雇佣关系时支付的补偿，引发补偿的事项是辞退。

第二，对于职工虽然没有与企业解除劳动合同，但未来不再为企业提供服务，不能为企业带来经济利益，企业承诺提供实质上具有辞退福利性质的经济补偿的，如发生“内退”的情况，在其正式退休日期之前应当比照辞退福利处理，在其正式退休日期之后，应当按照离职后福利处理。

（1）辞退福利的确认。企业向职工提供辞退福利的，应当在以下两者孰早日确认辞退福利产生的职工薪酬负债，并计入当期损益。

①企业不能单方面撤回因解除劳动关系计划或裁减建议所提供的辞退福利时。

②企业确认涉及支付辞退福利的重组相关的成本或费用时。

同时存在下列情况时，表明企业承担了重组义务。

①企业有详细、正式的重组计划，包括重组涉及的业务、主要地点、需要补偿的职工人数及其岗位性质、预计重组支出、计划实施时间等。

②并且该重组计划已对外公告。

（2）辞退福利的计量。企业应该按照辞退计划条款的规定，合理预计并确认辞退福利产生的职工薪酬负债，辞退福利的计量因职工是否有选择权而有所不同。

①对于职工没有选择权的辞退计划，企业应当根据计划规定的拟解除劳动关系的职工数量、每一职位的辞退补偿计提应付职工薪酬。

②对于自愿接受裁减建议的辞退计划，由于接受裁减的职工数量不确定，企业应当根据《企业会计准则第 13 号——或有事项》规定，预计将会接受裁减建议的职工数量，根据预计的职工数量和每一职位的辞退补偿等计提应付职工薪酬。

③对于预期在其确认的年度报告期间期末后 12 个月内完全支付的辞退福利，应当适用短期薪酬的相关规定。

④对于预期在年度报告期间期末后 12 个月内不能完全支付的辞退福利，应当适用其他长期职工福利的相关规定，即实质性辞退工作在 1 年内实施完毕但补偿款项超过一年支付的辞退计划，企业应当选择恰当的折现率，以折现后的金额计量应计入当期损益的辞退福利金额。

【例 12-30】 A 企业主要从事自行车的生产和销售。20×7 年 10 月，为顺利实施转产电动自行车，企业管理层制订了一项辞退计划，规定自 20×8 年 1 月 1 日起，以职工自愿方式，辞退普通自行车生产车间职工。辞退计划的详细内容，包括拟辞退职工所在部门、数量、各级别职工能够获得的补偿标准以及计划实施时间等，且已与职工协商一致。该辞退计划已于 20×7 年 12 月 5 日经董事会正式批准，并将在 20×8 年实施完毕。辞退计划的有关内容如表 12-4 所示。

20×7 年 12 月 31 日，企业根据辞退计划，预计普通自行车生产车间职工接受辞退数量的最佳估计数及应支付的补偿金额如表 12-5 所示。

根据表 12-5 的计算结果，应作如下会计分录：

借：管理费用　　　　12 720 000

　贷：应付职工薪酬——辞退福利　　　　12 720 000

表 12-4　　**普通自行车生产车间职工辞退计划一览表**

所属部门	职位	拟辞退数量	工龄/年	补偿标准/元
普通自行车生产车间	车间主任	5	1~10	120 000
			11~20	200 000
			20 年以上	300 000
	高级技工	30	1~10	80 000
			11~20	200 000
			20 年以上	300 000
	一般技工	85	1~10	60 000
			11~20	160 000
			20 年以上	260 000
合计		120	—	—

表 12-5　　普通自行车生产车间职工接受辞退及补偿金额一览表

所属部门	职位	拟辞退数量	工龄/年	接受辞退计划职工人数	每人补偿标准/元	补偿金额/元
普通自行车生产车间	车间主任	5	1~10	2	120 000	240 000
			11~20	1	200 000	200 000
			20 年以上	1	300 000	300 000
	高级技工	30	1~10	16	80 000	1 280 000
			11~20	6	200 000	1 200 000
			20 年以上	3	300 000	900 000
	一般技工	85	1~10	50	60 000	3 000 000
			11~20	22	160 000	3 520 000
			20 年以上	8	260 000	2 080 000
合计		120	—	109	—	12 720 000

4. 其他长期职工福利的核算

其他长期职工福利包括长期带薪缺勤、其他长期服务福利、长期残疾福利、长期利润分享计划和长期奖金计划以及递延酬劳等。

企业向职工提供的其他长期职工福利，符合设定提存计划条件的，应当按照设定提存计划的有关规定进行会计处理。企业向职工提供的其他长期职工福利，符合设定受益计划条件的，应当按照设定受益计划的有关规定，确认和计量其他长期职工福利净负债或净资产。在报告期末，企业应当将其他长期职工福利产生的职工薪酬成本确认为下列组成部分：①服务成本；②其他长期职工福利净负债或净资产的利息净额；③重新计量其他长期职工福利净负债或净资产所产生的变动。为了简化相关会计处理，上述项目的总净额应计入当期损益或相关资产成本。

八、应付股利

应付股利，是企业根据股东大会或类似机构审议批准的利润分配方案，决定分配给投资者现金股利或利润，但实际未支付给投资者之前，即构成企业对投资者的一项负债，在会计上通过“应付股利”科目核算。董事会或类似机构通过的利润分配方案中拟分配的现金股利或利润，不作账务处理。有关利润分配的问题将在第十七章详述，这里只简单说明其会计处理。

【例 12-31】 A 企业按股东大会通过的利润分配方案，确定应支付给投资者现金股利 50 000 元。据此应作有关会计分录为：

借：利润分配——应付现金股利或利润　　50 000

　贷：应付股利　　50 000

九、其他应付款

其他应付款是指企业除应付账款、应付票据、预收账款、应付职工薪酬、应付利息、应付股利、应交税费等以外发生的应付、暂收其他单位或个人的款项，主要包括应付租入固定资产和包装物的租金、存入保证金、企业采用售后回购方式融入的资金以及职工薪酬结算过程中形成的有关代扣款项等。这些暂收及应付款项构成了企业的一项流动负债，在会计上设置“其他应付款”科目进行核算，并按负债的内容和债权人设置明细账，进行明细分类核算，相关内容将在有关章节中介绍。

练习题 1

一、目的：练习短期借款、应付账款和应付票据的核算。

二、资料：A 公司某年度发生如下交易和事项：

1. 1 月 1 日，从银行取得短期借款 100 000 元。借款合同规定，期限为 3 个月，年利率为 6%。假定 A 公司每个月月末计提利息，到期时还本付息。

2. 3 月 10 日，从甲公司购入材料一批，价款为 40 000 元（假设折扣不考虑增值税），材料已验收入库，货款尚未支付。甲公司为鼓励 A 公司提前付款，给出现金折扣条件为“2/10，1/20，n/30”。

3. 3 月 18 日，A 公司偿付甲公司上述款项。

4. 4 月 1 日，A 公司签发并承兑一张带息商业汇票从乙公司购入原材料。票面金额为 600 000 元，期限为 3 个月，年利率为 6%，到期还本付息。

5. 5 月 15 日，预收丙公司货款 50 000 元，已存入银行。

6. 5 月 20 日，向丙公司发货，价款共计 100 000 元，并由丙公司补付货款。

7. 6 月 1 日，经与丁公司协商，开出一张银行承兑汇票以抵付上年度所欠货款。票据金额为 100 000 元，期限为 3 个月，已提交给丁公司。银行按票面金额的 5‰收取手续费。

8. 9 月 1 日，签发给丁公司的汇票到期。但企业无力偿付票款，银行已代为清偿。

三、要求：根据以上资料，编制有关会计分录。

练习题 2

一、目的：练习短期职工薪酬及设定提存计划的核算。

二、资料：A 公司某年 12 月份的职工薪酬结算汇总表如表 12-6 所示：

表 12-6　　职工薪酬结算汇总表

（××年 12 月份）　　单位：元

车间部门		标准工资	缺勤工资	奖金	各种补贴	应付工资	各种扣款		实付工资
			事、病假				医疗保险	住房公积金	
基本生产车间	生产人员	12 000	240	3 000	1 440	16 200	324	1 620	14 256
	管理人员	3 400	80	380	300	4 000	80	400	3 520

续表

车间部门		标准工资	缺勤工资	奖金	各种补贴	应付工资	各种扣款		实付工资
			事、病假				医疗保险	住房公积金	
辅助生产车间	生产人员	7 200		1 800	0	9 000	180	900	7 920
	管理人员	3 200	240	240	300	3 500	70	350	3 080
厂部管理人员		4 000		600	600	5 200	104	520	4 576
在建工程人员		10 000	100	2 000	1 300	13 200	264	1 320	11 616
合计		39 800	660	8 020	3 940	51 100	1 022	5 110	44 968

三、要求：

1. 根据职工薪酬结算汇总表作相关分录，按工资总额 2%的比例计提工会经费，按 1.5%的比例计提职工教育经费，社会保险计提比例：单位负担 8%，个人负担 2%；住房公积金计提比例：单位负担 10%，个人负担 10%。

2. 假设上述企业下月月初发放工资，用银行存款支付，此外应由企业代扣代缴的个人所得税为 8 000 元，请作出发放工资时的分录。

3. 假设该企业所在地政府规定按照职工工资总额的 12%计提基本养老保险费，请作出计提养老金时的会计分录。

练 习 题 3

一、目的：练习短期利润分享计划的核算。

二、资料：A 企业实行一项利润分享计划，要求将其至 20×7 年度的税前利润按照指定的比例支付给 20×7 年 7 月 1 日至 20×8 年 6 月 30 日期间为该企业提供服务的职工。该利润分享金额将于 20×8 年 6 月 30 日支付。20×7 年度企业的税前利润为 2 000 万元。

1. 如果该企业在 20×7 年 7 月 1 日至 20×8 年 6 月 30 日期间没有发生员工离职，则当年按照税前利润的 5%作为利润分享支付总额。企业估计职工离职将使支付额降低至税前利润的 3%（其中，直接参加生产的职工享有 1%，总部管理人员享有 2%），不考虑个人所得税的影响。

2. 假设 20×8 年 6 月 30 日，该企业职工离职使其支付的利润分享金额为 20×7 年度税前利润的 2.5%（直接参加生产的职工享有 1%，总部管理人员享有 1.5%）。

三、要求：根据以上资料，编制有关会计分录。

第十三章　非流动负债

本章学习提示

本章重点：借款费用的确认和计量、应付债券的核算、长期借款的核算和预计负债的核算

本章难点：借款利息资本化金额的确定、应付债券溢价和折价的摊销、可转换公司债券的核算

第一节　非流动负债概述

一、非流动负债的含义

非流动负债，是相对于流动负债而言的，主要是指偿还期在1年或者超过1年的一个营业周期以上的债务。另外，对于资产负债表日起1年内到期的负债，如果企业有意图且有能力自主地将清偿义务展期至资产负债表日后1年以上的，也应当归类为非流动负债。通过非流动负债，企业向债权人筹集到可供企业长期使用的资金，因此也称长期负债，属于金融工具的范畴。

企业举借非流动负债的主要目的是筹集扩展经营规模、进行扩大再生产及其他长期理财活动所需的长期资金。通常这类资金数额巨大且使用周期较长，仅靠企业本身的营运资本或靠举借短期债务难以满足需求。但这项资金不归企业所有，企业必须按规定支付利息和偿还本金，一旦企业不能取得预期的经济效益，利息支出和本金的偿还将成为企业巨大的债务负担。因此，举借非流动负债是一项重要的财务决策，企业应根据资金市场的供求关系，结合本身的实际条件及发展前景等情况，权衡利弊得失，慎重安排。

二、非流动负债的种类

非流动负债可以按不同的标准予以分类，以便企业充分认识非流动负债，从而加强对

非流动负债的核算、披露和管理。

1. 按筹措的方式不同分类

按筹措的方式不同，非流动负债可分为应付债券、长期借款和其他非流动负债。

应付债券，是指企业为筹集资金而对外发行并承诺于一定时期还本付息的一种长期借款性质的书面证明。它一般具有期限较长，债券到期无条件还本付息，筹资范围大，能进行交易等特点。

长期借款，是指企业向银行和其他金融机构借入的，偿还期在 1 年或超过 1 年的一个营业周期以上的债务。它具有借款期限较长，到期无条件还本付息，债权人单一，借款不能进行交易等特点。

其他非流动负债，是指除了应付债券、长期借款以外的非流动负债，主要包括长期应付款和预计负债等。其中，长期应付款主要是因为分期付款购入资产等业务引起的，而预计负债的产生与或有事项这类不确定性事项有关。

2. 按筹措的用途不同分类

按筹措的用途不同，非流动负债可分为专门借款和一般借款。

专门借款，是指为购建或生产符合资本化条件的资产而专门借入的款项。专门借款通常应当有明确的用途，即为购建或生产某项符合资本化条件的资产而专门借入的，并通常应当具有标明该用途的借款合同。其使用目的明确，而且其使用受与银行相关合同限制。

一般借款，是指除专门借款之外的借款。相对于专门借款而言，一般借款在借入时，其用途通常没有特指用于符合资本化条件的资产的购建或者生产。

3. 按偿还方式的不同分类

按偿还方式的不同，非流动负债可分为定期偿还的非流动负债和分期偿还的非流动负债。

定期偿还的非流动负债，是指在规定的债务到期日一次还清的非流动负债。

分期偿还的非流动负债，是指在举债期限内，按规定分若干次偿还的非流动负债。

4. 按债务是否有抵押品的担保分类

按债务是否有抵押品的担保，非流动负债可分为有担保的非流动负债和无担保的非流动负债。

有担保的非流动负债，是指企业以能够变现的资产作为抵押品举借的非流动负债。

无担保的非流动负债，是指企业不需要提供抵押品，而凭其信用或担保人的信誉举借的非流动负债。

三、非流动负债的特征

与流动负债相比，非流动负债具有如下特征。

（1）偿还期不同。以1年为界限，超过1年的为非流动负债，低于1年的为流动负债。

（2）举债的目的不同。举借非流动负债的目的主要是扩展经营规模，增加长期耐用的各种固定资产，如增添大型机器设备、购置地产、增建或扩建厂房等；举借流动负债的目的主要是满足生产周转的需要，如短期借款，有些流动负债是日常生产经营中形成的预收及应付款项、应付职工薪酬、应交税费等。

（3）负债的数额不同。非流动负债的数额一般都比较大，流动负债的数额一般比较小。由于非流动负债的数额较大，所以，企业必须按计划在非流动负债到期之前事先筹措好偿债所需资金。

（4）举债的代价不同。如上所述，非流动负债要支付利息，这项费用构成企业长期的固定性支出。而流动负债一般只有短期借款需要支付利息，其他项目如应付及预收款项、应付职工薪酬、应交税费等不需支付利息。

（5）承担风险不同。非流动负债承担的风险较流动负债大。因为非流动负债需要承担较长时期内支付利息及到期偿还本金的义务，且数额较大。一旦企业的生产经营达不到预期要求，沉重的债务负担将会加大企业的财务风险甚至导致企业破产。

（6）非流动负债的部分费用可以予以资本化。即与非流动负债相关的借款费用在企业的财务报告中作为购置某些资产成本的组成部分。

第二节　借款费用

一、借款费用的内容

借款费用，是指企业因借款所付出的代价，它包括借款利息费用（含借款利息、借款折价或者溢价的摊销和相关辅助费用）以及因外币借款而发生的汇兑差额等。具体来讲，包括下列内容。

（1）因借款而发生的利息，包括企业向银行或者其他金融机构等借入资金发生的利息、发行公司债券发生的利息，以及为购建或者生产符合资本化条件的资产而发生的带息债务所承担的利息等。

（2）因借款而发生的折价或者溢价的摊销，主要是指发行债券等所发生的折价或者溢价的摊销，其实质是对债券票面利息的调整（将债券票面利率调整为实际利率），属于借款费用的范畴。

（3）因借款而发生的辅助费用，是指企业在借款过程中发生的诸如手续费、佣金、印刷费等费用，由于这些费用是因安排借款而发生的，也属于借入资金所付出的代价，是借款费用的构成部分。

（4）因外币借款而发生的汇兑差额，是指由于汇率变动对外币借款本金及其利息的记账本位币金额所产生的影响金额。由于汇率的变化往往和利率的变化相联动，它是企业外币借款所需承担的风险，因此，因外币借款相关汇率变化所导致的汇兑差额属于借款费用的有机组成部分。

二、借款费用的确认

借款费用的确认主要解决的是将借款费用费用化还是资本化的问题。我国 CAS17 中规定：企业发生的借款费用，可直接归属于符合资本化条件的资产的购建或者生产的，应当予以资本化，计入相关资产成本；其他借款费用，应当在发生时根据其发生额确认为费用，计入当期损益。

（一）符合资本化条件的资产

符合资本化条件的资产，是指需要经过相当长时间的购建或生产活动才能达到预定可使用或可销售状态的固定资产、投资性房地产和存货等资产。建造合同成本、确认为无形资产的开发支出等在符合条件的情况下，也可以认定为符合资本化条件的资产。其中，“相当长时间”，是指为资产的购建或者生产所必需的时间较长，通常为 1 年以上（含 1 年）；“符合资本化条件的存货”，主要包括房地产开发企业开发的用于对外出售的房地产开发产品、企业制造的用于对外出售的大型机器设备等。这类存货通常需要经过相当长时间的建造或生产过程，才能达到预定可销售状态。

在实务中，如果由于人为或故意等非正常因素导致资产的购建或者生产时间相当长的，该资产不属于符合资本化条件的资产。购入即可使用的资产，或购入后需要安装但所需安装时间较短的资产，或需要建造或生产但所需建造或生产时间较短的资产，均不属于符合资本化条件的资产。如企业用银行借款建设的 1 年内完工的简易厂房，即使发生借款费用，但由于其不属于符合资本化条件的资产，该部分借款费用也不应予以资本化，而应记入当期的财务费用。

（二）借款费用应予资本化的借款范围

如前所述，企业借款按筹措的用途不同，可分为专门借款和一般借款。我国 CAS17 中规定，应予资本化的借款范围既包括为购建或生产符合资本化条件的资产而专门借入的专门借款，也包括一般借款。但两者在借款费用资本化期间的利息资本化金额计算上有所不同，具体内容将在借款费用的计量中论述。

（三）借款费用资本化的时间范围

符合资本化条件的资产，其购建或生产的时间不是无限期的，借款费用的发生也不是永久的。因此，借款费用的资本化也是有其时间范围的，即借款费用的资本化期间。企业只应对发生在资本化期间内的有关借款费用，才允许资本化。因此，资本化期间的确定是借款费用确认和计量的重要前提。借款费用资本化期间，是指从借款费用开始资本化时点到停止资本化时点的期间，但不包括借款费用暂停资本化的期间。

1. 借款费用开始资本化的时点

借款费用允许开始资本化必须同时满足下列三个条件。

（1）资产支出已经发生。这里的"资产支出"包括为购建或者生产符合资本化条件的资产而以支付现金、转移非现金资产和承担带息债务形式所发生的支出。

支付现金，是指用货币资金支付符合资本化条件的资产的购建或生产支出。例如，企业用现金或者银行存款购买为建造或者生产符合资本化条件的资产所需用材料，支付有关职工薪酬等均属于资产支出。

转移非现金资产，是指企业将自己的非现金资产直接用于符合资本化条件的资产的购建或者生产。例如，某水泥厂将自己生产的水泥直接用于符合资本化条件的资产的购建或生产，同时还将自己生产的水泥向其他企业换取用于符合资本化条件的资产的购建或生产所需的其他工程物资，这些产品成本均属于资产支出。

承担带息债务，是指企业为了购建或生产符合资本化条件的资产所需用物资等而承担的带息应付款项（如带息应付票据）。企业以赊购方式购买这些物资所产生的债务可能带息，也可能不带息。如果企业赊购这些物资承担的是不带息债务，就不应当将购买价款计入资产支出，因为该债务在偿付前不需要承担利息，也没有占用借款资金。企业只有等到实际偿付债务，发生了资源流出时，才能将其作为资产支出。如果企业赊购物资承担的是带息债务，则企业要为这笔债务付出代价，支付利息，与企业向银行借入款项用以支付资产支出在性质上是一致的。所以，企业为购建或者生产符合资本化条件的资产而承担的带息债务应当作为资产支出，当该带息债务发生时，视同资产支出已经发生。

例如，甲企业因建设长期工程所需，于 12 月 10 日采用带息商业汇票方式购买了 20 万元的工程用材料，票据期限为 3 个月，票面年利率为 5%，到期还本付息。对于该事项，企业尽管没有为工程建设的目的直接支付现金，但承担了带息债务，所以应当将 20 万元的购买工程用物资款作为资产支出，自 12 月 10 日开出汇票开始即表明资产支出已经发生。

（2）借款费用已经发生。企业已经发生了因购建或生产符合资本化条件的资产而专门借入款项的借款费用或者所占用的一般借款的借款费用。例如，乙企业于 12 月 1 日为建造一幢建设期为一年零八个月的厂部大楼从银行专门借入款项 500 万元，当日开始计息。在 12 月 1 日即应当认为借款费用已经发生。

（3）为使资产达到预定可使用或可销售状态所必要的购建或者生产活动已经开始。符合资本化条件的资产的实体购建或生产工作已经开始，如主体设备的安装、厂房的实际开工建造等。它不包括仅仅持有资产但没有发生为改变资产形态而进行的实质上的购建或生产活动。例如，甲企业为了建设厂房购置了建筑用地，但是尚未开工兴建房屋，有关房屋实体建造活动也没有开始，在这种情况下即使企业为了购置建筑用地已经发生了支出，也不应当将其认为为使资产达到预定可使用状态所必要的购建活动已经开始。

2. 借款费用暂停资本化的时间

符合资本化条件的资产在购建或生产过程中发生非正常中断且中断时间连续超过 3 个月的，应当暂停借款费用的资本化。中断的原因必须是非正常中断，属于正常中断的，相关借款费用仍可资本化。

“非正常中断”，通常是由于企业管理决策上的原因或者其他不可预见的原因等所导致的中断。例如，企业因与施工方发生了质量纠纷，或者工程、生产用料没有及时供应，或者资金周转发生了困难，或者施工、生产发生了安全事故，或者发生了与资产购建、生产有关的劳动纠纷等原因，导致资产购建或者生产活动发生中断，均属于非正常中断。

“正常中断”，通常仅限于因购建或者生产符合资本化条件的资产达到预定可使用或者可销售状态所必要的程序，或者事先可预见的不可抗力因素导致的中断。例如，某些工程建造到一定阶段必须暂停下来进行质量或者安全检查，检查通过后才可继续下一阶段的建造工作，这类中断是在施工前可以预见的，而且是工程建造必须经过的程序，属于正常中断。某些地区的工程在建造过程中，由于可预见的不可抗力因素（如雨季或冰冻季节等原因）导致施工出现停顿，也属于正常中断。

3. 借款费用停止资本化的时点

购建或生产符合资本化条件的资产达到预定可使用或可销售状态时，借款费用应当停止资本化。购建或者生产符合资本化条件的资产达到预定可使用或者可销售状态，可从下列几个方面进行判断。

（1）符合资本化条件的资产的实体建造（包括安装）或者生产工作已经全部完成或者实质上已经完成。

（2）所购建或者生产的符合资本化条件的资产与设计要求、合同规定或者生产要求相符或者基本相符，即使有极个别与设计、合同或者生产要求不相符的地方，也不影响其正常使用或者销售。

（3）继续发生在所购建或生产的符合资本化条件的资产上的支出金额很少或者几乎不再发生。

（4）购建或者生产符合资本化条件的资产需要试生产或者试运行的，在试生产结果表明资产能够正常生产出合格产品，或者试运行结果表明资产能够正常运转或者营业时，应当认为该资产已经达到预定可使用或者可销售状态。

如果所购建或生产的资产分别建造、分别完工的，企业应当区别情况界定借款费用停止资本化的时点。

（1）如果所购建或生产的符合资本化条件的资产的各部分分别完工，且每部分在其他部分继续购建或者生产过程中可供使用或者可对外销售，且为使该部分资产达到预定可使用或可销售状态所必要的购建或者生产活动实质上已经完成的，应当停止与该部分资产相关的借款费用的资本化，因为该部分资产已经达到了预定可使用或者可销售状态。

（2）如果企业购建或者生产的符合资本化条件的资产的各部分分别完工，但必须等到整体完工后才可使用或者对外销售的，应当在该资产整体完工时停止借款费用的资本化。在这种情况下，即使各部分资产已经完工，也不能够认为该部分资产已经达到了预定可使用或者可销售状态，企业只能在所购建固定资产整体完工时，才能认为资产已经达到了预定可使用或者可销售状态，借款费用方可停止资本化。

需要特别指出，购建或生产符合资本化条件的资产达到预定可使用或可销售状态的时点，并不特指后续的工程验收日、竣工结算日、资产移交日和投入使用日等，否则会导致资产价值和利润的高估。例如，甲公司借入一笔款项，于 2 月 1 日采用出包方式开工兴建一幢办公楼。第二年 8 月 20 日工程全部完工，达到合同要求，9 月 24 日工程验收合格，10 月 30 日办理工程竣工结算，11 月 15 日完成全部资产移交手续，12 月 1 日办公楼正式投入使用。该公司应当将第二年 8 月 20 日确定为工程达到预定可使用状态的时点，作为借款费用停止资本化的时点。

三、借款费用的计量

（一）借款利息费用资本化金额的确定

在上述确定的借款费用资本化期间内，每一会计期间的借款利息资本化的金额，应当区别其借款的用途，以确定是否存在折价或溢价以及相关辅助费用的发生情况。

（1）为购建或者生产符合资本化条件的资产而借入专门借款的，应当以专门借款当期实际发生的利息费用，减去将尚未动用的借款资金存入银行取得的利息收入或进行暂时性投资取得的投资收益后的金额确定。

（2）为购建或者生产符合资本化条件的资产而占用了一般借款的，企业应当根据累计资产支出超过专门借款部分的资产支出加权平均数乘以所占用一般借款的资本化率，计算确定一般借款应予资本化的利息金额。资本化率应当根据一般借款加权平均利率计算确定，即企业占用一般借款购建或生产符合资本化条件的资产时，一般借款的借款费用资本化金额的确定应当与资产支出挂钩。有关计算公式为：

$$\begin{matrix}\text{一般借款利息}\\\text{费用资本化金额}\end{matrix}=\begin{matrix}\text{累计资产支出超过专门借款}\\\text{部分的资产支出加权平均数}\end{matrix}\times\begin{matrix}\text{所占用一般借}\\\text{款的资本化率}\end{matrix}$$

$$\begin{matrix}\text{累计资产支出超过专门借款}\\\text{部分的资产支出加权平均数}\end{matrix}=\sum\left(\begin{matrix}\text{每期累计资产支出超过}\\\text{专门借款部分的资产支出}\end{matrix}\times\begin{matrix}\text{当期所占}\\\text{用的天数}\end{matrix}\div\begin{matrix}\text{当期}\\\text{天数}\end{matrix}\right)$$

$$\begin{matrix}\text{所占用一般借}\\\text{款的资本化率}\end{matrix}=\begin{matrix}\text{所占用一般借款}\\\text{加权平均利率}\end{matrix}=\begin{matrix}\text{所占用一般借款当期}\\\text{实际发生的利息之和}\end{matrix}\div\begin{matrix}\text{所占用一般借款}\\\text{本金加权平均数}\end{matrix}$$

$$\begin{matrix}\text{所占用一般借款}\\\text{本金加权平均数}\end{matrix}=\sum\left(\begin{matrix}\text{所占用每笔}\\\text{一般借款本金}\end{matrix}\times\begin{matrix}\text{每笔一般借款在当}\\\text{期所占用的天数}\end{matrix}\div\begin{matrix}\text{当期}\\\text{天数}\end{matrix}\right)$$

（3）借款存在折价或溢价的，应当按照实际利率法确定每一会计期间应摊销的折价或溢价金额，调整每期的利息金额。

（4）对于企业专门借款发生的辅助费用，在所购建或生产的符合资本化条件的资产达到预定可使用或可销售状态之前发生的，应当在发生时根据其发生额予以资本化；之后所发生的，应当在发生时根据其发生额确认为费用，计入当期损益。一般借款发生的辅助费用，应当在发生时根据其发生额确认为费用，计入当期损益。另外，每一会计期间的利息资本化金额，不应当超过当期相关借款实际发生的利息金额。

【例 13-1】 甲公司于 2018 年 1 月 1 日正式动工兴建一座厂房，工期预计为两年。工程采用出包方式，分别于 2018 年 1 月 1 日、2018 年 7 月 1 日、2019 年 1 月 1 日和 2019 年 7 月 1 日支付工程进度款。甲公司为建造该厂房于 2018 年 1 月 1 日专门借款 1 500 万元，借款期限为 2 年，年利率为 6%。另外，在 2018 年 7 月 1 日又专门借款 2 500 万元，借款期限为 4 年，年利率为 8%。假设借款利息按年支付，利率中已考虑了相关辅助费用。闲置专门借款资金均用于固定收益债券短期投资，该短期投资月收益率 0.6%。厂房于 2019 年 12 月 31 日完工，达到预定可使用状态。甲公司为建造该厂房的支出金额如表 13-1 所示。

表 13-1 甲公司为建造该厂房的支出金额 单位：万元

日期	每期资产支出金额	累计资产支出金额	闲置借款用于投资金额
2018 年 1 月 1 日	1 000	1 000	500
2018 年 7 月 1 日	1 000	2 000	2 000
2019 年 1 月 1 日	1 500	3 500	500
2019 年 7 月 1 日	500	4 000	0
合计	4 000	—	3 000

假设本例中借款利息均于每年末支付，且名义利率与实际利率均相同，即不存在借款折溢价问题。则甲公司 2018 年度、2019 年度为购建厂房应予资本化的利息金额计算如下。

（1）确定借款费用资本化期间为 2018 年 1 月 1 日至 2019 年 12 月 31 日。

（2）计算在资本化期间内专门借款实际发生的利息金额。

2018 年度，专门借款发生的利息金额 = 1 500 × 6% + 2 500 × 8% × 6/12 = 190（万元）

2019 年度，专门借款发生的利息金额 = 1 500 × 6% + 2 500 × 8% = 290（万元）

（3）计算在资本化期间内利用闲置的专门借款资金进行短期投资的收益。

2018 年度短期投资收益 = 500 × 0.6% × 6 + 2 000 × 0.6% × 6 = 90（万元）

2019 年度短期投资收益 = 500 × 0.6% × 6 = 18（万元）

（4）由于在资本化期间内，专门借款利息费用的资本化金额应当以其实际发生的利息费用减去将闲置的借款资金进行短期投资取得的投资收益后的金额确定，因此：

公司 2018 年的利息资本化金额 = 190 − 90 = 100（万元）

公司 2019 年的利息资本化金额 = 290 − 18 = 272（万元）

以此为基础，甲公司 2018 年度、2019 年度应作以下有关会计分录：

（1）2018 年 12 月 31 日确认当期专门借款利息资本化金额：

借：在建工程 1 000 000
　　应收利息（或银行存款） 900 000
　贷：应付利息 1 900 000

（2）2019 年 12 月 31 日确认当期专门借款利息资本化金额

借：在建工程 2 720 000
　　应收利息（或银行存款） 180 000
　贷：应付利息 2 900 000

【例 13-2】 承【例 13-1】中相关资料，假定甲公司为建造厂房于 2018 年 1 月 1 日专门借款 1 500 万元，借款期限为 2 年，年利率为 6%。除此之外，没有其他专门借款。在厂房建造过程中占用了两笔一般借款：一是向甲银行长期贷款 1 000 万元，期限为 2017 年 4 月 30 日至 2021 年 3 月 31 日，年利率为 7%，按年支付利息。二是甲公司发行的公司债券 2 亿元，于 2018 年 1 月 1 日发行，期限为 5 年，年利率为 8 % ，按年支付利息。假定全年按 360 天计算，借款利息按年支付，利率中已考虑了相关辅助费用。其他相关资料均同【例 13-1】。

在这种情况下，甲公司首先应计算专门借款利息的资本化金额，然后计算所占用一般借款利息的资本化金额。具体如下：

（1）计算专门借款利息资本化金额。

2018 年专门借款利息资本化金额 = 1 500 × 6% − 500 × 0.6% × 6 = 72（万元）

2019 年专门借款利息资本化金额 = 1 500 × 6% = 90（万元）

（2）计算一般借款利息资本化金额。

在建造厂房过程中，自 2018 年 7 月 1 日起，已经有 500 万元占用了一般借款。2019 年 1 月 1 日后支出的 2 000 万元均为占用一般借款。计算这两笔资产支出的加权平均数为

一般借款利息资本化率（年）=（1 000 × 7% + 20 000 × 8%）/（1 000 + 20 000）≈ 7.95%

2018 年度占用一般借款的资产支出加权平均数 = 500 × 180/360 = 250（万元）

则 2018 年度应予资本化的一般借款利息金额 = 250 × 7.95% = 19.88（万元）

2019 年度占用一般借款的资产支出加权平均数

=（500 + 1 500）× 360 / 360 + 500 × 180 / 360 = 2 250（万元）

则 2019 年应予资本化的一般借款利息金额 = 2 250 × 7.95% = 178.88（万元）

（3）根据上述计算结果，甲公司建造厂房应予资本化的利息金额为

2018 年度的利息资本化金额 = 72 + 19.88 = 91.88（万元）

2019 年度的利息资本化金额 = 90 + 178.88 = 268.88（万元）

（4）甲公司应作以下有关会计分录：

2018 年 12 月 31 日确认当期借款利息金额时：

借：在建工程	918 800	
财务费用	16 501 200	
应收利息（或银行存款）	180 000	
贷：应付利息		17 600 000

其中：1 760 万元 = 1 500 × 6% + 1 000 × 7% + 20 000 × 8%

2019 年 12 月 31 日确认当期借款利息金额时：

借：在建工程	2 688 800	
财务费用	14 911 200	
贷：应付利息		17 600 000

（二）外币专门借款汇兑差额资本化金额的确定

当企业为购建或生产符合资本化条件的资产所借入的专门借款为外币借款时，由于企

业取得外币借款日、使用外币借款日和会计结算日往往并不一致，而外汇汇率又在随时发生变化，因此，外币借款会产生汇兑差额。对于在借款费用资本化期间内，外币专门借款本金及其利息的汇兑差额，是购建相关资产的一项代价，应当予以资本化，计入符合资本化条件的资产的成本。而除外币专门借款之外的其他外币借款本金及其利息所产生的汇兑差额应当作为财务费用，计入当期损益。

第三节　应付公司债券

一、公司债券的含义及种类

（一）公司债券的含义

公司债券是指公司依照法定程序发行的，约定在一定期限还本付息的有价证券。公司债券的发行，在债券的持有人和发行人之间形成了以还本付息为内容的债权债务法律关系。公司债券属于金融工具范畴，是企业筹集长期资金的重要手段之一，在性质上属于非流动负债。

（二）公司债券的种类

根据不同的标准，债券可以分为以下几类。

1. 按债券发行有无担保分类

按债券发行有无担保，债券可分为有担保债券和无担保债券。

有担保债券又称抵押债券，是指以特定财产作为担保品，以保证其还本付息的债券。其中，以房地产等不动产作为担保品的，称为不动产抵押债券；以商品等动产作为担保品的，称为动产抵押债券；以股票及其他债券等有价证券作为担保品的，称为证券信托债券。一旦债券发行人违约，可以将担保品变卖处置，以保证债权人的优先求偿权。

无担保债券又称信用债券，是指没有任何特定的财产作为担保品，单靠发行企业信誉而发行的债券。

2. 按债券付息时间分类

按债券付息时间，债券可分为到期一次付息债券、分期付息债券和贴现债券。

到期一次付息债券，其利息于债券到期日随本金一并支付，债券利息总额为债券面值与票面利率及期限的乘积，一般不计复利。

分期付息债券，是指每隔一段时间支付一次利息的债券。例如，每年付一次利息或者每半年付一次利息。

贴现债券，其没有规定票面利率，是以低于面值的价格发行，债券到期时按面值偿还本金，面值与发行价格之间的差额就是债券的利息。一定程度上相当于债券持有人提前将债券利息贴现。

3. 按债券记名与否分类

按债券记名与否，债券可分为记名债券和无记名债券。

记名债券，是指债券上注明持有者姓名，同时在发行企业的债权人名册中作登记的债券。债权人可持记名债券，凭本人身份证明或其他有关证明文件领取利息。债券持有人如需转让债券，则必须由原持有人背书，并到发行企业或委托机构处办理过户手续。

无记名债券，是指债券上不记载持有人姓名的债券。这种债券可自由转让而无须背书。

4. 按债券本金的偿还方式分类

按债券本金的偿还方式，债券可分为到期一次还本债券和分期还本债券。

到期一次还本债券，是指债券发行企业于债券到期日一次将本金全部归还给债券持有人的债券。

分期还本债券，是指债券本金分期分批进行偿还的债券。

5. 按特殊偿还方式分类

按特殊偿还方式，债券可分为可赎回债券和可转换债券。

可赎回债券，是指在债券发行条款中约定，发行企业具有通知赎回权的债券。这种债券，发行企业有权在债券到期日之前按照特定的价格提前赎回。

可转换债券，是指在债券发行条款中约定，债券发行后的特定时期内，债券持有人可以按一定价格或比例将所持有的债券转换为发行企业的其他证券，主要是权益性证券，即普通股股票。

二、公司债券的发行价格

公司债券上一般应载明发行企业的名称、债券面值、利率、还本期限及还本方式、利息支付方式等基本内容以及其他约定条件，而这些内容是在债券发行准备阶段就确定下来的，其一经确定向上申报获准后便不得进行变更。因此，理论上说，债券的发行价格就是其面值，即债券到期时需要偿还的本金；发行企业负担的利息费用就是债券的面值与票面利率的乘积。但是，由于债券发行过程中审批、承销、印刷等环节均需要一定时日，加之资金市场的多变性，往往造成债券正式发行时，资金市场上的借贷资本利率可能已经发生变化，投资人实际要求的投资报酬率，即市场利率或实际利率与票面利率产生偏差，从而使债券发行企业调整债券发行价格，导致债券发行价格与其面值之间的差异。

（一）面值发行

如果债券正式发行时，实际利率与其票面利率一致，则债券就可以按面值发行。此时，发行企业实际负担的利息费用也与票面利息一致。

（二）溢价发行

如果实际利率低于票面利率，致使发行企业在债券计息期内，将以高于实际利率的票面利率支付债券利息。为弥补发行企业的“损失”，发行企业通常会以高于面值的价格来出售债券，称为债券的溢价发行，发行价格超过面值的部分称为债券溢价。债券溢价的实质是对债券利息的调整，以使发行企业实际负担的利息费用接近于债券发行时的市场利率水平。也就是说，债券溢价是发行企业为今后多付利息而预先得到的“补偿”。

（三）折价发行

如果实际利率高于票面利率，致使发行企业在债券计息期内，只需以低于实际利率的票面利率来支付债券利息。为吸引投资者，弥补投资者的“损失”，发行企业通常会以低于面值的价格来出售债券，称为债券的折价发行，发行价格低于面值的部分称为债券折价。与债券溢价相同，债券折价的实质也是对债券利息的调整，对发行企业来说，债券折价是发行企业为今后少付利息而预先付出的“代价”或称之为给投资者的“补偿”。

综上所述，债券发行企业在债券计息期内，其实际负担的利息费用应与发行时的实际利率相一致，而并非等于债券面值按票面利率计算的票面利息。但由于债券契约中规定，发行企业应按票面利息支付给投资者，为了平衡发行企业与投资者的利息费用和利息收入，使两者能够与债券发行时的实际利率吻合，往往需要通过债券的折价或溢价来对票面利息进行调整。因此，债券的发行价格实际上等于发行企业未来偿还债券本金及利息的现金流量按发行时的市场利率或实际利率计算的现值。

三、公司债券的会计处理

企业应设置“应付债券”科目核算企业为筹集长期资金而发行债券的本金和利息，该科目可分别设置“面值”“利息调整”“应计利息”等进行明细核算。

（一）公司债券发行的会计处理

公司债券作为企业金融工具的组成部分，在初始确认时，应按公允价值计量。无论债券是按面值发行，还是溢、折价发行，均应按实际收到金额借记“银行存款”等科目，按债券的票面金额贷记“应付债券——面值”科目，两者的差额借记或贷记“应付债券——利息调整”科目。

对于债券发行过程中产生的佣金、手续费、律师费、广告费等发行费用，在初始计量时，应通过“应付债券——利息调整”科目计入债券的初始计量金额。在债券的存续期间内，和溢（折）价一样，通过摊销，分别计入财务费用或相关资产成本。

【例 13-3】 甲公司于 2018 年 1 月 1 日发行 5 年期，一次还本的分期付息债券 200 000 元，票面利率为年利率 8%，每年 6 月 30 日和 12 月 31 日支付利息。假设债券发行时的实际利率为年利率 8%，债券发行价格为 200 000 元，不考虑发行费用等因素。据此应作会计分录为：

借：银行存款　　200 000

　贷：应付债券——面值　　200 000

【例 13-4】 承【例 13-3】，假设债券发行时的实际利率为年利率 6%，债券发行价格为 217 062 元。据此应作会计分录为：

借：银行存款　　217 062

　贷：应付债券——面值　　200 000

　　　　　　——利息调整　　17 062

【例 13-5】 承【例 13-3】，假设债券发行时的实际利率为年利率 10%，债券发行价格为 184 554 元。据此应作会计分录为：

借：银行存款　　184 554

　　应付债券——利息调整　　15 446

　贷：应付债券——面值　　200 000

（二）公司债券存续期内的会计处理

公司发行债券后，在债券的存续期内，应按债券契约中约定的票面利率在付息日向债券持有人支付利息。如果公司债券按面值平价发行，由于此时债券不存在溢、折价摊销和利息调整等问题，其票面利息即为债券发行企业实际负担的利息费用，因而会计处理较为简单，通常在债券计息日按实际计提的票面利息金额，借记“财务费用”科目，贷记“应付利息”等科目。

【例 13-6】 承【例 13-3】，甲公司于 2018 年 6 月 30 日第一个计息日应作会计分录为：

借：财务费用　　8 000

　贷：应付利息　　8 000

但由于前述实际利率与票面利率的差异，导致债券的溢、折价发行，就会使得发行企业实际支付给债券持有人的票面利息金额既不能代表债权人实际得到的投资报酬，也不能反映企业使用借贷资本的实际成本。因此，债券存续期内，企业还应根据发行的溢、折价对应列计的实际利息费用进行调整。对于按溢价或折价发行的债券而言，在债券存续期内，债券付（计）息日的会计处理主要包括债券票面利息的支付和债券溢、折价的摊销两方面。

对债券溢、折价的摊销应采用实际利率法。溢、折价摊销及利息调整计算公式为

当期实际负担的利息费用 = 债券本期期初账面价值（摊余成本）× 实际利率

当期溢价摊销额 = 支付的票面利息 − 当期实际负担的利息费用

当期折价摊销额 = 当期实际负担的利息费用 − 支付的票面利息

会计处理上，应区别债券利息支付方式的不同分别处理。

对于分期付息债券，各付息日的溢价摊销，应按企业实际支付给债券持有人的票面利息金额贷记“银行存款”科目，按摊余成本和实际利率计算确定的实际负担利息费用借记“财务费用”“在建工程”等科目，两者的差额，即溢价摊销金额借记“应付债券——利息调整”科目；折价摊销，应按票面利息金额贷记“银行存款”科目，按实际负担利息费用

借记“财务费用”等科目，两者的差额，即折价摊销金额贷记“应付债券——利息调整”科目。

对于到期一次付息债券，各计息日的溢价摊销，应按企业实际支付给债券持有人的票面利息金额贷记“应付债券——应计利息”科目，按摊余成本和实际利率计算确定的实际负担利息费用借记“财务费用”“在建工程”等科目，两者的差额，即溢价摊销金额借记“应付债券——利息调整”科目；折价摊销，应按票面利息金额贷记“应付债券——应计利息”科目，按实际负担利息费用借记“财务费用”等科目，两者的差额，即折价摊销金额贷记“应付债券——利息调整”科目。

若债券的实际利率与票面利率差异不大的，也可直接采用票面利率计算确定利息费用。

为便于发行企业更准确地进行利息调整的核算，通常会编制“债券溢（折）价摊销表”，据以进行债券存续期内每个付息期的溢折价摊销。

【例 13-7】 承【例 13-4】，以实际利率法摊销债券溢价 17 062 元，编制债券溢价摊销表计算各期摊销金额，如表 13-2 所示.

表 13-2　　　　**债券溢价摊销表**　　　　单位：元

付息日	票面利息 ①＝面值×8%÷2	实际利息 ②＝⑤×6%÷2	溢价摊销 ③＝①－②	未摊销溢价 ④＝④－③	期末摊余成本 ⑤＝⑤－③
2018 年 01 月 01 日				17 062	217 062
2018 年 06 月 30 日	8 000	6 512	1 488	15 574	215 574
2018 年 12 月 31 日	8 000	6 467	1 533	14 041	214 041
2019 年 06 月 30 日	8 000	6 421	1 579	12 462	212 462
2019 年 12 月 31 日	8 000	6 374	1 626	10 836	210 836
2020 年 06 月 30 日	8 000	6 325	1 675	9 161	209 161
2020 年 12 月 31 日	8 000	6 275	1 725	7 436	207 436
2021 年 06 月 30 日	8 000	6 223	1 777	5 659	205 659
2021 年 12 月 31 日	8 000	6 170	1 830	3 829	203 829
2022 年 06 月 30 日	8 000	6 115	1 885	1 944	201 944
2022 年 12 月 31 日	8 000	6 056*	1 944	0	200 000
合计	80 000	62 938	17 062	—	—

*注：考虑了计算过程中出现的尾差。

依据表 13-2 中列示的相关数据，甲公司于 2018 年 6 月 30 日第一个计息日应作会计分录为：

借：应付债券——利息调整　　1 488
　　财务费用　　6 512
　贷：应付利息　　8 000

支付利息时，应作会计分录为：

借：应付利息　　8 000
　贷：银行存款　　8 000

以后各计（付）息日均作类似分录。但是，随着摊余成本的变化，以后每期确认的实际利息费用和溢价摊销金额会发生相应变化。依据溢价摊销表所示，该债券溢价总额通过10个付息日的调整，全部摊销完毕。

【例 13-8】 承【例 13-5】，以实际利率法摊销债券折价 15 446 元，编制债券折价摊销表计算各期摊销金额，如表 13-3 所示。

表 13-3　　债券折价摊销表　　单位：元

付息日	票面利息 ①＝面值×8%÷2	实际利息 ②＝⑤×10%÷2	折价摊销 ③＝②－①	未摊销折价 ④＝④－③	期末摊余成本 ⑤＝⑤＋③
2018 年 01 月 01 日				15 446	184 554
2018 年 06 月 30 日	8 000	9 228	1 228	14 218	185 782
2018 年 12 月 31 日	8 000	9 289	1 289	12 929	187 071
2019 年 06 月 30 日	8 000	9 354	1 354	11 575	188 425
2019 年 12 月 31 日	8 000	9 421	1 421	10 154	189 846
2020 年 06 月 30 日	8 000	9 492	1 492	8 662	191 338
2020 年 12 月 31 日	8 000	9 567	1 567	7 095	192 905
2021 年 06 月 30 日	8 000	9 645	1 645	5 450	194 550
2021 年 12 月 31 日	8 000	9 728	1 728	3 722	196 278
2022 年 06 月 30 日	8 000	9 814	1 814	1 908	198 092
2022 年 12 月 31 日	8 000	9 908*	1 908	0	200 000
合计	80 000	95 446	15 446	—	—

*注：考虑了计算过程中出现的尾差。

依据表 13-3 中列示的相关数据，甲公司于 2018 年 6 月 30 日第一个计息日应作会计分录为：

借：财务费用　　9 228
　贷：应付利息　　8 000
　　　应付债券——利息调整　　1 228

支付利息时：

借：应付利息　　8 000
　贷：银行存款　　8 000

以后各计（付）息日均作类似分录。但是，随着摊余成本的变化，以后每期确认的实际利息费用和折价摊销金额会发生相应变化。依据折价摊销表所示，该债券折价总额通过10个付息日的调整，全部摊销完毕。

若将【例 13-4】和【例 13-5】中债券的利息支付方式均改为到期一次支付，各计息日的会计处理将发生变化。以【例 13-7】中第一个计息日为例，甲公司会计分录应改为：

借：应付债券——利息调整　　1 488
　　财务费用　　6 512
　贷：应付债券——应计利息　　8 000

而【例 13-8】中，甲公司的会计分录应改为：

借：财务费用　　9 228

　贷：应付债券——应计利息　　8 000

　　　应付债券——利息调整　　1 228

（三）公司债券清偿的会计处理

公司债券的清偿属于金融负债的终止确认，即将金融负债从企业的账户和资产负债表内予以转销。“金融工具确认和计量准则”规定，金融负债的现时义务全部或部分已经解除的，才能终止确认该金融负债或其一部分。

一般来说，公司债券规定有明确的到期日，届时债券发行企业应按债券契约的条款偿还债券的本金，如为到期一次还本付息债券，还应同时偿还应付的利息，从而解决企业对债权人的现时义务。但鉴于部分公司债券可在市场上公开交易，还有部分公司债券的发行条款中附带有可提前赎回的内容，因此，也存在公司债券提前清偿的情况。现分述如下。

1. 公司债券的到期清偿

对于到期一次还本付息的债券，发行企业应于债券到期日支付债券本息时，按应偿付的本金额借记“应付债券——面值”科目，按应付未付利息金额借记“应付债券——应计利息”科目，按实际支付的还款额贷记“银行存款”科目。

分次付息，到期一次还本的债券，由于各期利息已提前发放，发行企业于债券到期日通常只需支付最后一期的利息并偿还本金。按应偿付的本金额借记“应付债券——面值”科目，按最后一期的实际利息费用借记“财务费用”等科目，按实际支付的还款额，即债券的本金额与最后一期的票面利息之和，贷记“银行存款”科目，借贷方差额即尚未摊销完的债券溢（折）价，借记或贷记“应付债券——利息调整”科目。

如【例 13-7】中的甲公司于 2022 年 12 月 31 日债券到期日，应作会计分录为：

借：应付债券——面值　　200 000

　　　　　　——利息调整　　1 944

　　财务费用　　6 056

　贷：银行存款　　208 000

又如【例 13-8】中的甲公司于 2022 年 12 月 31 日债券到期日，应作会计分录为：

借：应付债券——面值　　200 000

　　财务费用　　9 908

　贷：银行存款　　208 000

　　　应付债券——利息调整　　1 908

2. 公司债券的提前清偿

公司债券提前清偿，是指债券发行后，于到期日之前就偿还本金。提前清偿的方式主要有两种：一是对于在证券市场上公开交易的公司债券，发行企业可从市场上提前购回并予以注销；二是对于可赎回债券，其发行条款中明确规定了发行企业有权于一定期间按一

定价格提前赎回。

根据“金融工具确认和计量准则”的规定，上述两种情况均属于企业回购金融负债。若企业将某批公司债券全部提前清偿，应于清偿日即回购（赎回）日，按债券的账面价值与支付的回购（赎回）款项之间的差额，确认计入当期损益。若企业将某批公司债券部分提前清偿，则应当在回购（赎回）日，按照继续确认部分和终止确认部分的相对公允价值，将该批公司债券整体的账面价值进行分配。分配给终止确认部分的账面价值与支付的对价之间的差额，计入当期损益。

【例 13-9】 甲公司 2018 年 1 月 5 日以 106 000 元的价格赎回了 2016 年 1 月 1 日发行的面值为 100 000 元、期限为 5 年的分期付息债券。截止到 2017 年 12 月 31 日，该债券的摊余成本为 103 628 元。假设不考虑税费等其他因素。甲公司赎回日应该作的会计分录为：

借：应付债券——面值　　100 000

　　　　　　——利息调整　　3 628

　　营业外支出　　2 372

　贷：银行存款　　106 000

除上述公司债券的会计处理外，企业还应当设置“企业债券备查簿”，详细登记每一企业债券的票面金额、票面利率、还本付息期限与方式、发行总额、发行日期和编号、委托代售单位、转换股份等资料。企业债券到期结清时，应当在备查簿内逐笔注销。

四、可转换公司债券

（一）可转换公司债券的含义和性质

企业在发行债券的有关条款中，若规定债券持有者可以在一定期间之后，按规定的转换比率或转换价格，将所持有的公司债券转换为发行企业的普通股，这种公司债券称为可转换公司债券，简称可转债。

企业发行可转债对投资者与发行企业均具有较大的吸引力。对投资者而言，购买可转债一方面可以保证债权人的利益，因为可转债作为债券的一种，其持有人对发行企业具有强制性的契约要求权，从而使债权人的地位得到保障。而且债券利息收入固定，如果企业进行清算还有权要求本金优先清偿，风险较小。另一方面，投资者如果按规定在有利的时机将债券转换为股票，也可使其享受股东分享股利及股票增值利益的权利。也正因为如此，这种债券通常票面利率较低，如果发行企业盈利不多，股票市价不坚挺，债权人不得不持有至到期，这也是可转债的不足之处。对发行企业而言，由于可转债的票面利率较低，发行企业的利息支出相对较少，则发行债券的资金成本较低。此外，在市场条件不利、发行企业财务结构不健全、信用地位不稳定的情况下，直接发行股票融资不一定有好的效果，以一般市场利率发行债券也恐难实施，而以发行债券形式并附加转换权利，让投资者不需追加投资的情况下将债券转换为股票，取得股东的权益，有助于吸引投资者，也有利于债券的发行，从而保障发行企业资金的供给，达到筹集资金的目的。

目前，我国发行的可转债均采用记名式无纸化发行方式，债券最短期限为 3 年，最长期限为 5 年。

（二）可转换公司债券发行价格的确定

可转债的发行价格一般由两部分组成：一是负债成分，即债券面值及票面利息按实际利率折算的现值；一是权益成分，即转换权的价值。转换权之所以有价值，是因为当股价上涨时，债券持有人可按原定转换比率将公司债券转换为股票，从而获得股票增值的利益。如可转换公司债券发行条款中约定面值为 100 元的债券，在可转换期内可转换为 10 股普通股。债券转换期初，该公司股票市价为 8 元／股，此时债券持有人不会行使转换权。若后期该公司股票市价上涨至 15 元／股，债券持有人通过债券转换获得 10 股普通股的市值为 150 元，从而通过行使转换权获得 50 元的收益。而从发行企业角度出发，转换权的价值是发行可转债所得款超出同类无转换权债券发行所得款项的差额。

（三）可转换公司债券的会计处理

企业应在“应付债券”科目下设置“可转换公司债券”明细科目核算发行的可转债中负债成分，即债券的价值。

1. 可转换公司债券发行及溢折价摊销的会计处理

企业发行可转债，应在其初始确认时就将债券包含的债券的价值与转换权的价值分别入账，其中，债券的价值，即可转换债分拆后的负债成分，与其他公司债券相同，是对未来债券现金流量按发行时的实际利率进行折现后计算确定的现值。该部分价值计入“应付债券”科目；转换权的价值，即可转换债分拆后的权益成分，其计量金额应为发行价格总额扣除债券价值后的余额，该部分价值计入“其他权益工具”科目，因为债券附有转换权，其票面利率可以相对较低，或在同一票面利率下以较高的价格出售，以产生利益，这就是转换权的经济价值，核算时列为其他权益工具。发行可转债所发生的交易费用，应当在其负债成分和权益成分之间按各自的相对公允价值进行分摊。

【例 13-10】 甲公司经批准于 2018 年 1 月 1 日发行面值为 100 000 元的债券。该债券为 5 年期，票面年利率 6%，每年 6 月 30 日和 12 月 31 日各付息一次，若不附转换权，该债券发行价格为 91 893 元，市场利率 8%。若附有转换权，规定在发行一年后允许按每 1 000 元面值的债券转换为该公司普通股 50 股，每股面值 10 元，同类可转债市场利率为 5%，故该债券发行价格为 103 000 元。

2018 年 1 月 1 日，对该可转债初始确认时应进行价值分拆，其中，债券价值应为按市场实际利率 8%计算的未来应支付本息的折现值 91 893 元，转换权价值为债券实际发行价格 103 000 元与债券价值之间的差额 11 107 元。

2018 年 1 月 1 日发行可转债时，应作会计分录为：

借：银行存款　　103 000
　　应付债券——可转换公司债券（利息调整）　　8 107

贷：应付债券——可转换公司债券（面值） 100 000

其他权益工具 11 107

可转债的负债成分，在债券未转换为股份前，其存续期内的会计核算与一般债券相同。承【例 13-10】，该公司于 2018 年 6 月 30 日付息时，应作会计分录为：

借：财务费用 3 676

贷：应付债券——可转换公司债券（利息调整） 676

应付利息 3 000

其中：实际负担利息费用 3 676 元 = 摊余成本 91 893 元 × 实际利率 8% ÷ 2

2. 可转换公司债券转换的会计处理

当可转债持有人行使转换权利，将其持有的债券转换为股票时，须将债券的负债成分的余额，包括尚未摊销的溢折价、债券面值等予以转销；同时，应将权益成分的金额一并转销。对于债券面额不足转换 1 股股份的部分，企业应当以现金偿还。

具体会计处理时，应按转换部分对应的债券面值借记“应付债券——可转换公司债券（面值）”科目，按对应的未摊销溢、折价借记或贷记“应付债券——可转换公司债券（利息调整）”科目；同时，按转换部分对应的权益成分金额，借记“其他权益工具”科目，按照股票面值与实际转换的股数计算股票面值总额，贷记“股本”科目，如用现金支付不可转换部分金额的，还应贷记“库存现金”或“银行存款”等科目，按借贷方的差额贷记“资本公积——股本溢价”科目。

【例 13-11】 承【例 13-10】，假设 2019 年 1 月 1 日债券持有人行使转换权，该批可转债全部被转换为普通股共计 5 000 股（100 000 ÷ 1 000 × 50），此时，债券负债成分的账面价值为 93 272 元，其中包括债券面值 100 000 元，未摊销折价 6 728 元。据此应作会计分录为：

借：应付债券——可转换公司债券（面值） 100 000

其他权益工具 11 107

贷：股本 50 000

资本公积——股本溢价 54 379

应付债券——可转换公司债券（利息调整） 6 728

若可转债在转换期没有全部转换为股票，则未转换股份的可转债到期还本付息，应当比照一般债券进行会计处理。

第四节　长期借款及长期应付款

一、长期借款概述

长期借款，是指企业从银行或其他金融机构借入的期限在 1 年以上（不含 1 年）的借款。长期借款具有借款期限长、借款数额大、利率相对较高等特点。

长期借款按其偿还方式可分为定期偿还的借款和分期偿还的借款；按其付息方式可分为还本时一次付息的借款和在借款期限内分期付息的借款；按其借款的用途可分为生产经营借款（包括储备资金借款、生产资金借款和结算资金借款）、基本建设借款和技术改造借款；按借款条件可分为抵押借款、担保借款和信用借款；按借入币种可分为人民币借款和外币借款。

二、长期借款的会计处理

企业应设置“长期借款”科目核算企业发生的各类长期借款，该科目应当按照贷款单位和贷款种类，分别“本金”“利息调整”等进行明细核算。

企业借入长期借款时，借记“银行存款”科目，按长期借款的本金贷记“长期借款——本金”科目；按借贷双方的差额，借记“长期借款——利息调整”科目。

长期借款的后续计量应当采用实际利率法，按摊余成本计量，即资产负债表日，应按摊余成本和实际利率计算确定的长期借款的利息费用，借记“财务费用”“在建工程”等科目，按合同约定的名义利率计算确定的应付未付利息，贷记“应付利息”科目；两者的差额计入“长期借款——利息调整”科目。若实际利率与合同约定的名义利率差异不大的，也可直接采用合同约定的名义利率计算确定利息费用。

企业归还长期借款时，按归还的长期借款本金，借记“长期借款——本金”科目，按转销的利息调整金额，贷记“长期借款——利息调整”科目，按实际归还的款项，贷记“银行存款”科目，按借贷双方之间的差额，借记“财务费用”“在建工程”等科目。

【例 13-12】 甲公司于 2018 年 1 月 1 日向银行贷款 4 000 万元，用于购建一条新的生产线，该项专门借款期限为 2 年，年利率 5%，但实际取得借款金额为 3 926.66 万元。新生产线工期预计为一年零五个月，于 2019 年 6 月 1 日完工交付使用。根据贷款合同约定，每年末付息一次，到期一次偿还本金。假定不考虑闲置专门借款资金的利息收入或投资收益；同时经测算，该笔借款的实际利率约为 6%。则应作以下有关会计分录：

（1）2018 年 1 月 1 日取得专门借款时：

	借方	贷方
借：银行存款	39 266 600	
长期借款——利息调整	733 400	
贷：长期借款——本金		40 000 000

（2）2018 年 12 月 31 日确认当年借款利息时：

	借方	贷方
借：在建工程	2 355 996	
贷：应付利息		2 000 000
长期借款——利息调整		355 996

（3）支付借款利息时：

	借方	贷方
借：应付利息	2 000 000	
贷：银行存款		2 000 000

（4）2019 年 12 月 31 日确认当年借款利息时：

借：在建工程　　990 585

　　财务费用　　1 386 819

　贷：应付利息　　2 000 000

　　　长期借款——利息调整　　377 404*

*注：考虑到利息调整存在尾差，因此先确定利息调整金额，再确定在建工程和财务费用金额。

（5）支付借款利息时：

借：应付利息　　2 000 000

　贷：银行存款　　2 000 000

（6）2020 年 1 月 1 日到期偿还长期借款本金，应作分录为：

借：长期借款——本金　　40 000 000

　贷：银行存款　　40 000 000

三、长期应付款

长期应付款，是指企业除长期借款和应付债券以外的其他各种长期应付款项，包括以分期付款方式购入固定资产等发生的长期应付账款等。其性质上属于金融工具中的其他金融负债。

企业应设置“长期应付款”科目核算上述长期应付款项，该科目应当按照长期应付款的种类和债权人进行明细核算。

企业购买资产有可能延期支付有关价款。如果延期支付的购买价款超过正常的信用条件，实质上就具有了融资性质。此时，所购资产的成本应当以延期支付购买价款的现值为基础确定。比如，针对分期付款购入固定资产业务的会计处理中，应按购买价款的现值借记“固定资产”等科目，按应支付的价款总额贷记“长期应付款”科目，两者之间的差额，借记“未确认融资费用”科目。企业应当在信用期内采用实际利率法对未确认融资费用进行摊销，计入相关资产成本或当期损益。

长期应付款的具体核算已在本教材第七章中阐述，此处不赘述。

第五节　预 计 负 债

预计负债的发生与或有事项相关，因此，本节首先介绍或有事项。

一、或有事项的含义及特征

或有事项，是指过去的交易或者事项形成的，其结果须由某些未来事项的发生或不发生才能决定的不确定事项。如未决诉讼或仲裁、债务担保、产品质量保证(含产品安全保证)、承诺、亏损合同、重组义务、环境污染整治等均属于或有事项。

或有事项与不确定性联系在一起，但在会计处理过程中存在的不确定性并不都形成或有事项。例如，折旧的提取虽然涉及对固定资产净残值和使用寿命的估计，带有一定的不确定性，但固定资产原值本身是确定的，其价值最终要转移到产品中去也是确定的，因此，固定资产折旧不是或有事项。

或有事项具有如下特征。

（一）或有事项由过去的交易或事项形成

或有事项的现存状况是过去的交易或事项引起的客观存在。例如，产品质量保证是企业对已售出商品或已提供劳务的质量提供的保证，不是为尚未出售商品或尚未提供劳务的质量提供的保证；未决诉讼虽然是正在进行中的诉讼，但该诉讼是企业因过去的经济行为导致起诉其他单位或被其他单位起诉，这是现存的一种状况而不是未来将要发生的事项。因此，未来可能发生的自然灾害、交通事故、经营亏损等，不属于或有事项。

（二）或有事项的结果具有不确定性

或有事项的结果具有不确定性，是指或有事项的结果是否发生具有不确定性，或者或有事项的结果预计将会发生，但发生的具体时间或金额具有不确定性。例如，为其他单位提供债务担保，如果被担保方到期无力还款，那么担保方将负连带责任。对于担保方而言，担保事项构成其或有事项，但最后它是否应履行连带责任，在担保协议达成时是不能确定的。再例如，某企业因生产排污治理不力并对周围环境造成污染而被起诉，如无特殊情况，该企业很可能败诉。但是，在诉讼成立时，该企业因败诉将支出多少金额，或支出发生在何时，是难以确知的。或有事项的这种不确定性，是其区别其他不确定性会计事项的重要特征。

（三）或有事项的结果由未来事项决定

或有事项的结果，在或有事项发生时是难以证实的。这种不确定性的消失，只能由未来不确定事项的发生或不发生才能决定。例如，未决诉讼，其最终结果只能随案件的发展，由判决结果来确定；债务担保事项只有在被担保方到期无力还款时企业（担保方）才履行连带责任，如果被担保单位经营情况和财务状况良好，且有较好的信用，那么企业将不需要履行该连带责任。或有事项的结果由未来发生的事项证实，说明或有事项具有时效性，即随着影响或有事项结果的因素发生变化，或有事项最终会转化为确定事项。

由或有事项的含义及特征可知，或有事项的结果可能会形成企业的资产或负债，称为或有资产或或有负债。或有资产，是指过去的交易或事项形成的潜在资产，其存在须通过未来不确定事项的发生或不发生予以证实。或有负债，是指过去的交易或者事项形成的潜在义务，其存在须通过未来不确定事项的发生或不发生予以证实；或过去的交易或事项形成的现时义务，履行该义务不是很可能导致经济利益流出企业或该义务的金额不能可靠计量。按 CAS13 的规定，企业不应当确认或有负债和或有资产。只有符合有关条件时，才能将或有事项确认为预计负债。

二、预计负债的确认

预计负债是指过去的交易或事项形成的现时义务，履行该义务很可能导致经济利益流出企业且该义务的金额能够可靠地计量。CAS13 规定，与或有事项相关的义务同时满足下列条件的，应当确认为预计负债。

（1）该义务是企业承担的现时义务。

（2）履行该义务很可能导致经济利益流出企业。

（3）该义务的金额能够可靠地计量。

在理解预计负债的确认条件时，应注意以下两点。

第一，预计负债是企业承担的现时义务而非潜在义务，企业没有其他现实的选择，只能履行该义务。如甲公司与乙公司发生经济纠纷，调解无效，甲公司于 12 月 8 日向法院提起诉讼。至当年的 12 月 31 日，法院尚未判决，但法庭调查表明，乙公司的行为违反了国家的有关经济法规。对乙公司而言，一项现时义务已经产生。

第二，企业履行与或有事项相关的现时义务时，导致经济利益流出企业的可能性超过 50%。即经济利益流出企业的可能性小于或等于 50%时，不应确认为预计负债。履行或有事项相关义务导致经济利益流出的可能性，通常按照下列情况加以判断。

结果的可能性	对应的概率区间
基本确定	大于 95%但小于 100%
很可能	大于 50%但小于或等于 95%
可能	大于 5%但小于或等于 50%
极小可能	大于 0 但小于或等于 5%

三、预计负债的计量

预计负债的计量主要涉及两个问题：一是最佳估计数的确定，二是预期可获得的补偿。

（一）最佳估计数的确定

预计负债应当按照履行相关现时义务所需支出的最佳估计数进行初始计量。最佳估计数应当分别以下列几种情况进行确定。

（1）所需支出存在一个连续范围，且该范围内各种结果发生的可能性相同的，最佳估计数应当按照该范围内的中间值确定。

【例 13-13】 12 月 27 日，甲企业因合同违约而涉及一桩诉讼案。根据企业的法律顾问判断，最终的判决很可能对甲企业不利。截止到当年的 12 月 31 日，甲企业尚未接到法院的判决，因诉讼须承担的赔偿金额也无法准确地确定。不过，据专业人士估计，赔偿金额可能是 100 万元至 120 万元之间的某一金额。则甲企业应在 12 月 31 日预计一项负债的金额计算如下：

$$(1\ 000\ 000+1\ 200\ 000)/2=1\ 100\ 000（元）$$

（2）在其他情况下，最佳估计数应当分别下列情况处理。

①或有事项涉及单个项目的，按照最可能发生金额确定。

②或有事项涉及多个项目的，按照各种可能结果及相关概率计算确定。

【例 13-14】 乙企业销售产品 5 万件，销售额为 2 亿元。乙企业的产品质量保证条款规定：产品售出后一年内，如发生正常质量问题，乙企业将免费负责修理。根据以往的经验，如果出现较小的质量问题，则发生的修理费为销售额的 1%；而如果出现较大的质量问题，则发生的修理费为销售额的 2%。据预测，本年度已售产品中，有 80%不会发生质量问题，有 15%将发生较小质量问题，有 5%将发生较大质量问题。则本年年末乙企业应确认的该项预计负债金额为。

$$(200\ 000\ 000\times1\%)\times15\%+(200\ 000\ 000\times2\%)\times5\%=500\ 000（元）$$

企业在确定最佳估计数时，应当综合考虑与或有事项有关的风险、不确定性和货币时间价值等因素。货币时间价值影响重大的，如油气井及相关设施或核电站的弃置费用等，应当通过对相关未来现金流出进行折现后确定最佳估计数。

（二）预期可获得的补偿

企业清偿预计负债需支出全部或部分预期由第三方补偿的，补偿金额只有在基本确定能够收到时才能作为资产单独确认。确认的补偿金额不应当超过预计负债的账面价值。

可能获得补偿的情况通常有：①发生交通事故等情况时，企业通常可以从保险公司获得合理的赔偿；②在某些索赔诉讼中，企业可以通过反诉的方式对索赔人或第三方另行提出赔偿要求；③在债务担保业务中，企业在履行担保义务的同时，通常可以向被担保企业提出额外追偿要求。

【例 13-15】 甲企业因或有事项确认了一项负债 50 万元；同时，因该或有事项，甲企业还可从乙企业获得 35 万元的赔偿，且这项金额基本确定能收到。

在这种情况下，甲企业应分别确认一项负债 50 万元和一项资产 35 万元，而不能只确认一项金额为 15 万元的负债。若甲企业可以从乙企业获得 55 万元的赔偿，其确认的资产不应超过所确认的负债的账面价值，应为 50 万元。

企业应当在资产负债表日对预计负债的账面价值进行复核。有确凿证据表明该账面价值不能真实反映当前最佳估计数的，应当按照当前最佳估计数对该账面价值进行调整。

四、预计负债的核算

对于发生的预计负债，在会计上通过设置“预计负债”科目进行总分类核算，并按形成预计负债的交易或事项进行明细核算。企业按规定的预计项目和预计金额确认的预计负债，借记“管理费用”“销售费用”“营业外支出”等科目，贷记“预计负债”科目；实际偿付负债时，借记“预计负债”科目，贷记“银行存款”等科目。根据确凿证据需要对已确认的预计负债进行调整的，调整增加的预计负债，借记有关科目，贷记“预计负债”科目；调整减少的预计负债作相反的会计分录。

目前，属于预计负债核算范围的主要包括企业确认的对外提供担保和未决诉讼、产品质量保证、重组义务、亏损性合同等很可能产生的负债。

（一）对外提供担保和未决诉讼

企业在开展经营活动的过程中，若为其他单位提供债务担保，将会导致企业可能需要履行偿还债务的连带责任。企业有时也会因过去的经济行为被其他单位起诉，从而产生败诉的可能。在会计期末，如果有证据表明企业很可能履行偿还债务的连带责任，或在未决诉讼中很可能败诉，企业应将其确认为预计负债。

【例 13-16】 11 月 1 日，甲公司因与乙公司签订了互相担保协议，而成为相关诉讼的第二被告。截止到当年的 12 月 31 日，诉讼尚未判决。但是，由于乙公司经营困难，甲公司很可能要承担还款连带责任。据预计，甲公司承担还款金额 200 万元责任的可能性为 60%，而承担还款金额 100 万元责任的可能性为 40%。

甲公司因连带责任而承担了现时义务，该义务的履行很可能导致经济利益流出企业，且该义务的金额能够可靠地计量。根据 CAS13 的规定，甲公司应在当年 12 月 31 日确认一项负债 200 万元（最可能发生金额，且假定甲公司不承担诉讼费用），并作如下会计分录：

借：营业外支出——非常损失	2 000 000	
贷：预计负债——对外提供担保		2 000 000

【例 13-17】 11 月 20 日，甲银行批准乙公司的信用贷款（无担保、无抵押）申请，同意向其贷款 2 000 万元，期限一年，年利率 7.2%。次年的 11 月 20 日，乙公司的借款到期。乙公司具有还款能力，但因与甲银行之间存在其他经济纠纷，而未按时归还甲银行的贷款。甲银行遂与乙公司协商，但没有达成协议。12 月 25 日，甲银行向法院提起诉讼。12 月 31 日，法院尚未对甲银行提起的诉讼进行审理。

如无特殊情况，乙公司很可能败诉。为此，乙公司预计将要支付的罚息、诉讼费等费用估计为 20 万元至 24 万元之间（假定支付的诉讼费为 3 万元）。次年的 12 月 31 日，乙公司应作会计分录为：

借：管理费用——诉讼费	30 000	
营业外支出——非常损失	190 000	
贷：预计负债——未决诉讼		220 000

（二）产品质量保证

在市场经济条件下，企业之间竞争激烈。为了增加产品的竞争能力，促进产品销售，企业一般在销售产品时都随附书面担保，保证产品质量良好，或保证在规定期限内（保修期内），产品如发生不属于使用上的损坏、故障等质量问题，销货企业将提供免费修理服务或更换零配件等。保修费用和调换损失通常发生在企业销售产品以后的会计期间，但根据配比原则，这项费用应与其相应的产品销售收入相配比。因此，企业应在产品销售的会计期间对未来可能发生的产品保修费用和调换损失进行预计，作为当期费用，从当期销售收入中得到补偿。预计的保修费用和调换损失构成了企业对购货者的一种负债，这项负债在发生时没有确定的债权人，也没有确定的负债金额，企业只能根据担保的内容和规定期限，凭借以往的经验予以合理的估计。

【例 13-18】 乙公司销售产品 50 000 件，保修期为 3 年，估计保修期内产品的返修率为 3%，返修一件产品的平均费用为 10 元，应作会计处理如下。

（1）预计该年度产品质量保证债务时，应作会计分录为：

借：销售费用　　15 000

　贷：预计负债——产品质量保证　　15 000

（2）产品出售以后，本年度为保修服务而用现金支付劳务费 3 000 元，领用维修材料 2 000 元，应作会计分录为：

借：预计负债——产品质量保证　　5 000

　贷：库存现金　　3 000

　　　原材料　　2 000

在会计实务中，如果产品售出后的维修费用较少或质量担保的期限较短，顾客要求返修的可能性较小，企业可以采用简便的处理方法，将担保质量的修理支出直接作为发生期的费用，而不采用预计的方法。这种简便的处理不属于预计负债的核算范围。

（三）重组义务

企业在经营过程中，因种种原因可能会进行重组。这里的“重组”是指企业制定和控制的，将显著改变企业组织形式、经营范围或经营方式的计划实施行为。属于重组的事项主要包括：①出售或终止企业的部分经营业务；②对企业的组织结构进行较大调整；③关闭企业的部分营业场所，或将营业活动由一个国家或地区迁移到其他国家或地区。

CAS13 规定：企业承担的重组义务满足预计负债确认条件时，应当确认为一项预计负债。同时存在下列情况时，表明企业承担了重组义务：①有详细、正式的重组计划，包括重组涉及的业务、主要地点、需要补偿的员工人数及其岗位性质、预计重组支出、计划实施时间等；②该重组计划已对外公告。

企业应当按照与重组有关的直接支出确定预计负债金额。其中，直接支出是指企业重组必须承担的支出，不包括员工岗前培训、市场推广、新系统和营销网络投入等支出。

【例 13-19】 甲公司进行内部机构调整，计划关闭一个事业部，并将重组计划告知该事业部的人员。预计遣散相关人员将发生支出 200 000 元，应作会计分录为：

借：营业外支出——非常损失　　200 000

　贷：预计负债——重组义务　　200 000

（四）亏损性合同

企业在履行合同义务过程中，发生的成本预期将超过与合同相关的未来流入经济利益

的，待执行合同即变成了亏损合同。这里所称“发生的成本”，是指履行合同义务不可避免发生的成本，反映了退出该合同的最低净成本；待执行合同是指合同各方尚未履行任何合同义务，或部分地履行了同等义务的合同，如商品买卖合同、劳务合同、租赁合同等，均属于待执行合同；亏损合同是指履行合同义务不可避免会发生的成本超过预期经济利益的合同。

按照 CAS13 规定：待执行合同变成亏损合同的，该亏损合同产生的义务满足预计负债确认条件的，应当确认为预计负债，但企业不应当就未来经营亏损确认为预计负债。

待执行合同变成亏损合同时，有合同标的资产的，应当先对标的资产进行减值测试并按规定确认减值损失，如预计亏损超过该减值损失，应将超过部分确认为预计负债；无合同标的资产的，亏损合同相关义务满足预计负债确认条件时，应当确认为预计负债。

【例 13-20】 甲公司与乙公司签订合同，销售 200 件商品，合同价格每件 1 100 元，单位成本为每件 1 250 元。

（1）如果签订合同时商品不存在，甲公司应确认预计负债，并作如下会计处理：

①确认预计负债时，应作会计分录为：

借：营业外支出——非常损失　　30 000

　贷：预计负债——亏损性合同　　30 000

②商品完工验收入库时，应作会计分录为：

借：库存商品　　250 000

　贷：生产成本　　250 000

借：预计负债——亏损性合同　　30 000

　贷：库存商品　　30 000

（2）如果签订合同时商品已经存在，即存在标的资产，甲公司不确认预计负债，只需按照“存货准则”的要求进行减值测试，并计提减值损失。据此应作会计分录为：

借：资产减值损失——存货减值损失　　30 000

　贷：存货跌价准备　　30 000

一般情况下，由于企业签订商品销售合同时，商品都是存在的，因此即使一个待执行合同变为亏损合同，企业一般也不需要确认预计负债，只需确认商品减值损失即可。

【例 13-21】 2017 年 1 月，甲公司采用经营租赁方式租入一条生产线，租期 4 年，每年租金 8 万元。2019 年 1 月，因市政规划要求公司迁址，决定停产该产品。因租赁合同不可撤销，生产线不可转租，合同变为亏损合同。企业应确认预计负债，并作如下会计分录：

借：营业外支出——非常损失　　160 000

　贷：预计负债——亏损性合同　　160 000

练习题

练习题 1

一、目的：练习借款费用的核算。

二、资料：甲公司拟建造一栋厂房，预计工期为2年，有关资料如下：

1. 甲公司于2018年1月1日为该项工程专门借款3 000万元，借款期限为3年，年利率为6%，利息按年支付。

2. 工程建设期间占用了两笔一般借款，具体如下：

（1）2017年12月1日向某银行借入长期借款4 000万元，期限为3年，年利率为9%，利息按年于每年年初支付。

（2）2018年7月1日按面值发行5年期公司债券3 000万元，票面年利率为8%，利息按年于每年年初支付，款项已全部存入银行。

3. 工程于2018年1月1日开始动工兴建，工程采用出包方式建造，当日支付工程款1 500万元。工程建设期间的支出情况如下。

2018年7月1日：3 000万元。

2019年1月1日：2 000万元。

2019年7月1日：3 000万元。

截至2019年年末，工程尚未完工。其中，由于施工质量问题工程于2018年8月1日至11月30日停工4个月。

4.专门借款中未支出部分全部存入银行，假定月利率为0.5%。假定全年按照360天计算，每月按照30天计算。

三、要求：

1. 计算2018年利息资本化和费用化的金额并编制会计分录。

2. 计算2019年利息资本化和费用化的金额并编制会计分录。

练习题2

一、目的：练习债券溢价发行、溢价摊销及到期清偿的核算。

二、资料：乙公司于2018年1月1日发行5年期公司债券，面值1 000 000元，票面利率8%，每年年末付息一次，到期一次还本。发行时市场利率为6%，发行价格为1 084 292元。

三、要求：

1. 编制有关债券发行时的会计分录。

2. 按实际利率法编制债券溢价摊销表，并编制每期计息及溢价摊销会计分录。

3. 编制各期支付利息的会计分录。

4. 编制到期还本付息的会计分录。

练习题3

一、目的：练习债券折价发行、折价摊销及到期清偿的核算。

二、资料：乙公司于2018年1月1日发行5年期公司债券，面值1 000 000元，票面利率8%，到期一次还本付息。发行时市场利率为10%，发行价格为869 400元。

三、要求：

1. 编制有关债券发行时的会计分录。

2. 按实际利率法编制债券折价摊销表，并编制每期计息及折价摊销会计分录。

3. 编制到期还本付息的会计分录。

练习题 4

一、目的：练习可转换公司债券的核算。

二、资料：甲公司经批准于 2018 年 1 月 1 日按面值发行 200 000 000 元的可转换公司债券。该债券为 5 年期，票面年利率为 6%，每年年末付息一次。债券发行时类似的不附转换权的债券市场利率为 9%，附转换权债券市场利率为 6%。转换权条款规定在发行一年后允许按账面价值以每股 10 元的价格进行转换，每股面值 1 元。假定 2019 年 1 月 1 日债券持有人将持有的债券全部转换为股票。

三、要求：

1. 编制发行可转换债券的会计分录。

2. 编制可转换债券转换前折价摊销的会计分录。

3. 编制可转换债券转换的会计分录。

练习题 5

一、目的：练习长期借款的核算。

二、资料：乙公司于 2018 年 1 月 1 日向银行借入 3 年期长期借款 50 万元，年利率为 8%，每年年末付息一次，到期偿还本金，但实际取得借款金额为 48.73 万元。该借款用于公司厂房的建造，公司厂房于 2019 年年末完工并交付使用。假设建造期间的借款费用全部资本化，不考虑闲置专门借款资金的利息收入或投资收益；同时经测算，该笔借款的实际利率约为 9%。

三、要求：编制乙公司相关的会计分录。

练习题 6

一、目的：练习预计负债的核算。

二、资料：

1. 甲公司第一季度销售空调 5 000 台，每台售价 7 000 元。甲公司空调的质量保证条款规定：产品在售出 2 年内如出现非意外事件造成的故障和质量问题，公司免费负责保修。根据以往经验，发生保修费一般为销售额的 1%~3%。甲公司在第一季度实际发生空调维修费为 50 000 元。

2. 2017 年 11 月 1 日，甲公司从某银行取得一笔信用贷款 5 000 万元，期限为 1 年，年利率为 7.2%。2018 年 11 月，借款到期。甲公司具有还款能力，但因与该银行之间存在其他经济纠纷，而未按时归还贷款。银行于 2018 年 12 月 20 日向法院提起诉讼。截止到 2018 年 12 月 31 日，法院尚未对银行的诉讼进行审理。甲公司对诉讼案件分析后认为，如无特殊情况，本公司很可能败诉，为此不仅要偿还贷款本息，还需支付罚息和承担诉讼费用，估计总额为 50 万~60 万元之间，其中要支付的诉讼费为 5 万元。

三、要求：根据以上资料，分别编制相应的会计分录。

第十四章　债 务 重 组

本章学习提示

本章重点：债务重组的含义、债务重组的方式、债务重组的会计处理
本章难点：各类债务重组中债务人和债权人的会计处理

第一节　债务重组概述

一、债务重组的含义

随着市场竞争的日益激烈，企业应能够根据各种因素的变化而不断改变自身的经营策略，防范和控制经营及财务风险。但有时，由于各种因素的影响，企业可能出现资金周转不灵，暂时难以全部履行其债务责任。在这种情况下，企业的债权人一方面可以通过法律程序要求企业破产，以清偿债务；另一方面也可以通过互相协商或者法院的裁定，以债务重组的方式，帮助债务人渡过难关。债务重组，是指在不改变交易对手方的情况下，经债权人和债务人协定或法院裁定，就清偿债务的时间、金额或方式等重新达成协议的交易。

1. 关于交易对手方

债务重组是在不改变交易对手方的情况下进行的交易。在会计实务中，有时会出现第三方参与相关交易的情形，比如甲公司从乙公司购得债权然后再与债务人丙公司进行债务重组。在这种情形下，企业应当首先考虑债权和债务是否发生终止确认，适用金融工具的相关准则，再就债务重组交易适用债务重组准则。

2. 关于债权和债务的范围

债务重组中涉及的债权和债务，是指 CAS22 中规范的债权和债务，即属于一方的金融资产同时又属于另一方的金融负债，不包括合同资产、合同负债、预计负债等。债务重组中涉及的债权、重组债权、债务、重组债务和其他金融工具的确认、计量和列报，适用 CAS22 和 CAS37 的规定。

3. 关于债务重组的范围

债务重组构成权益性交易的，应当适用权益性交易的有关会计处理规定，双方均不确认债务重组相关损益；债务重组中不属于权益性交易的部分，仍应当确认债务重组相关损益。债务重组构成权益性交易的情形包括：（1）债权人直接或间接对债务人持股，或者债务人直接或间接对债权人持股且持股方以股东身份进行债务重组；（2）债权人与债务人在债务重组前后均受同一方或者相同多方的最终控制，且该债务重组的交易实质是债权人或者债务人进行了权益性分配或接受了权益性投入。在实务中，企业在判断债务重组是否构成权益性交易时，应当遵循实质重于形式原则。

例如，甲公司是乙公司的股东，为了弥补乙公司临时性经营现金流短缺，甲公司向乙公司提供600万元无息借款，并约定于6个月后收回。借款期满时，乙公司出现了较严重的财务困难，其他债权人对乙公司的债务普遍进行了减半的豁免，甲公司对乙公司豁免400万元。根据准则规定，在该例中，甲公司作为股东比其他债务人多豁免的100万元债务的交易应当作为权益性交易，正常豁免300万元债务的交易仍应当确认债务重组相关损益。

最后需要说明的是，债务重组不强调在债务人发生财务困难的背景下进行，也不论债权人是否做出让步，只要债权人和债务人就债务条款重新达成了协议，就符合债务重组的定义。例如，债权人减少了债务人的部分本金和利息，或者债权人同意债务人用等值的商品抵偿到期债务，这些都属于债务重组。

二、债务重组的方式

按照CAS12的规定，债务重组的方式主要包括以下四种。

（1）债务人以资产清偿债务

即债务人以债权人认可的资产清偿债务。债务人用于偿债的资产通常是已经在资产负债表中确认的资产，主要包括货币资金、存货、长期股权投资、固定资产、无形资产等。此外，债务人也可能以不符合确认条件而未予确认的资产清偿债务。例如，债务人以未确认的内部产生品牌清偿债务，债权人在获得的商标权符合无形资产确认条件的前提下作为无形资产核算。在少数情况下，债务人还可能以处置组（即一组资产和与这些资产直接相关的负债）清偿债务。

（2）债务人将债务转为权益工具

这里的权益工具，是指根据CAS37分类为“权益工具”的金融工具，会计处理上体现为股本、实收资本和资本公积等科目。如果债权人和债务人协议以一项同时包含金融负债成分和权益成分的复合金融工具替换原债权债务，这类交易不属于此类债务重组方式。

（3）修改其他条款

修改债权和债务的其他条款是指不包括上述几种方式在内的修改其他债务条款进行的债务重组。例如减少债务本金、减少或免去债务利息、降低利率、变更还款期限等。经修改其他条款的债权和债务分别形成重组债权和重组债务。

（4）组合方式

组合方式是指以上两种或两种以上债务重组方式的组合。例如，债务的一部分以资产清偿，另一部分则通过修改其他债务条款清偿。

第二节　债务重组的核算

一、债务重组涉及的债权和债务的终止确认

债务重组中涉及的债权和债务的终止确认，应当遵循 CAS22 和 CAS37 有关金融资产和金融负债终止确认的规定。债权人在收取债权现金流量的合同权利终止时终止确认债权，债务人在债务的现时义务解除时终止确认债务。

债务重组可能发生在债务到期前、到期日或到期后。债务重组日为债务重组完成日，即债务人履行协议或法院裁定，将相关资产转让给债权人、将债务转为权益工具或修改后的偿债条件开始执行的日期。由于债权人与债务人之间进行的债务重组涉及债权和债务的重新认定，以及清偿方式和期限等的协商，通常需要经历较长时间。只有在符合上述终止确认条件时才能终止确认相关债权和债务，并确认债务重组相关损益。对于在报告期间已经开始协商，但在报告期资产负债表日后的债务重组，不属于资产负债表日后调整事项。

（一）以资产清偿债务或将债务转为权益工具

对于以资产清偿债务或者将债务转为权益工具方式进行的债务重组，由于债权人在拥有或控制相关资产时，通常其收取债权现金流量的合同权利也同时终止，债权人一般可以终止确认该债权。同样，由于债务人通过交付资产或权益工具解除了其清偿债务的现时义务，债务人一般可以终止确认该债务。

（二）修改其他条款

对于债权人，债务重组通过调整债务本金、改变债务利息、变更还款期限等修改合同条款方式进行的，合同修改前后的交易对手方没有发生改变，合同涉及的本金、利息等现金流量很难在本息之间及债务重组前后作出明确分割，即很难单独识别合同的特定可辨认现金流量。因此，通常情况下，应当整体考虑是否对全部债权的合同条款作出了实质性修改。如果作出实质性修改，或者债权人与债务人之间签订协议，以获取实质上不同的新金融资产方式替换债权，应当终止确认原债权，并按照修改后的条款或新协议确认新金融资产。对于债务人，如果对债务或部分债务的合同条款作出实质性修改形成重组债务，或者债权人与债务人之间签订协议，以承担实质上不同的重组债务方式替换债务，债务人应当终止确认原债务，同时按照修改后的条款确认一项新金融负债。其中，如果重组债务未来现金流量（包括支付和收取的某些费用）现值与原债务的剩余期间现金流量现值之间的差异超过 10%，则意味着新的合同条款进行了实质性修改或者重组债务是实质上不同的，有

关现值的计算均采用原债务的实际利率。

（三）组合方式

对于债权人，与上述“修改其他条款”部分的分析类似，通常情况下应当整体考虑是终止确认全部债权。由于组合方式涉及多种债务重组方式，一般可以认为对全部债权的合同条款作出了实质性修改，从而终止确认全部债权，并按照修改后的条款确认新金融资产。对于债务人，组合中以资产清偿债务或者将债务转为权益工具方式进行的债务重组，如果债务人清偿该部分债务的现时义务已经解除，应当终止确认该部分债务。组合中以修改其他条款方式进行的债务重组，需要根据具体情况，判断对应的部分债务是否满足终止确认的条件。

二、以资产清偿债务或将债务转为权益工具

（一）债权人的会计处理

债务重组采用以资产清偿债务或将债务转为权益工具方式进行的，债权人应在受让的相关资产符合其定义和确认条件时予以确认。

1. 债权人受让金融资产

债权人受让包括货币资金在内的单项或多项金融资产的，应当按照CAS22的规定进行确认和计量。金融资产初始确认时应当以公允价值计量，金融资产确认金额与债权终止确认日账面价值之间的差额，记入“投资收益”科目。但是，收取的金融资产的公允价值与交易价格（即放弃债权的公允价值）存在差异的，应当按照CAS22第三十四条的规定处理。

2. 债权人受让非金融资产

债权人初始确认受让的非金融资产的成本时，原则上应以放弃债权的公允价值为基础来确定，具体来讲：（1）存货的成本，包括放弃债权的公允价值，以及使该资产达到当前位置和状态所发生的可直接归属于该资产的税金、运输费、装卸费、保险费等其他成本；（2）对联营企业或合营企业投资的成本，包括放弃债权的公允价值，以及可直接归属于该资产的税金等其他成本；（3）投资性房地产的成本，包括放弃债权的公允价值，以及可直接归属于该资产的税金等其他成本；（4）固定资产的成本，包括放弃债权的公允价值，以及使该资产达到预定可使用状态前所发生的可直接归属于该资产的税金、运输费、装卸费、安装费、专业人员服务费等其他成本，确定固定资产成本时，还应当考虑预计弃置费用因素；（5）生物资产的成本，包括放弃债权的公允价值，以及可直接归属于该资产的税金、运输费、保险费等其他成本；（6）无形资产的成本，包括放弃债权的公允价值，以及可直接归属于使该资产达到预定用途所发生的税金等其他成本。放弃债权的公允价值与账面价值之间的差额，记入“投资收益”科目。

3. 债权人受让多项资产

债权人受让多项非金融资产，或者包括金融资产、非金融资产在内的多项资产的，应当按照 CAS22 的规定确认和计量受让的金融资产；按照受让的金融资产以外的各项资产在债务重组合同生效日的公允价值比例，对放弃债权在合同生效日的公允价值扣除受让金融资产当日公允价值后的净额进行分配，并以此为基础分别确定各项资产的成本。放弃债权的公允价值与账面价值之间的差额，记入“投资收益”科目。

4. 债权人受让处置组

债务人以处置组清偿债务的，债权人应当分别按照 CAS22 和其他相关准则的规定，对处置组中的金融资产和负债进行初始计量，然后按照金融资产以外的各项资产在债务重组合同生效日的公允价值比例，对放弃债权在合同生效日的公允价值以及承担的处置组中负债的确认金额之和，扣除受让金融资产当日公允价值后的净额进行分配，并以此为基础分别确定各项资产的成本。放弃债权的公允价值与账面价值之间的差额，记入“投资收益”科目。

5. 债权人将受让的资产或处置组划分为持有待售类别

债务人以资产或处置组清偿债务，且债权人在取得日未将受让的相关资产或处置组作为非流动资产和非流动负债核算，而是将其划分为持有待售类别的，债权人应当在初始计量时，比较假定其不划分为持有待售类别情况下的初始计量金额和公允价值减去出售费用后的净额，以两者孰低计量。

（二）债务人的会计处理

1. 债务人以资产清偿债务

以资产清偿债务方式进行债务重组的，债务人应当在相关资产和所清偿债务符合终止确认条件时予以终止确认，所清偿债务账面价值与转让资产账面价值之间的差额计入当期损益。

（1）债务人以金融资产清偿债务

债务人以单项或多项金融资产清偿债务的，债务的账面价值与偿债金融资产账面价值的差额，记入“投资收益”科目。偿债金融资产已计提减值准备的，应结转已计提的减值准备。对于以分类为以公允价值计量且其变动计入其他综合收益的债务工具投资清偿债务的，之前计入其他综合收益的累计利得或损失应当从其他综合收益中转出，记入“投资收益”科目。对于以指定为以公允价值计量且其变动计入其他综合收益的非交易性权益工具投资清偿债务的，之前计入其他综合收益的累计利得或损失应当从其他综合收益中转出，记入“盈余公积”“利润分配——未分配利润”等科目。

（2）债务人以非金融资产清偿债务

债务人以单项或多项非金融资产清偿债务，或者以包括金融资产和非金融资产在内的多项资产清偿债务的，不需要区分资产处置损益和债务重组损益，也不需要区分不同资产的处置损益，而应将所清偿债务账面价值与转让资产账面价值之间的差额，记入“其他收益——债务重组收益”科目。偿债资产已计提减值准备的，应结转已计提的减值准备。

债务人以包含非金融资产的处置组清偿债务的，应当将所清偿债务和处置组中负债的账面价值之和，与处置组中资产的账面价值之间的差额，记入“其他收益——债务重组收益”科目。处置组所属的资产组或资产组组合按照 CAS8 分摊了企业合并中取得的商誉的，该处置组应当包含分摊至处置组的商誉。处置组中的资产已计提减值准备的，应结转已计提的减值准备。

2. 将债务转为权益工具

债务人采用将债务转为权益工具方式进行债务重组的，应当在所清偿债务符合终止确认条件时予以终止确认。债务人初始确认权益工具时应当按照权益工具的公允价值计量，权益工具的公允价值不能可靠计量的，应当按照所清偿债务的公允价值计量。所清偿债务账面价值与权益工具确认金额之间的差额，记入“投资收益”科目。债务人因发行权益工具而支出的相关税费等，应当依次冲减资本溢价、盈余公积、未分配利润等。

上述债权债务的账面价值如有利息的，还应加上应计未付利息，如长期借款；有溢（折）价的，还应加上尚未摊销的溢价或减去尚未摊销的折价，如应付债券。对用于清偿债务的资产中的增值税应税项目，债权人和债务人还要考虑是否另行收付增值税款。

【例 14-1】 乙公司欠甲公司货款共计 3 500 000 元，由于乙公司无法按合同规定偿还债务，经双方协议，甲公司同意减免乙公司 900 000 元债务，余额用银行存款立即偿清。甲公司对该项债权计提了 100 000 元的坏账准备。根据上述资料，双方应进行有关账务处理如下：

（1）甲公司的会计处理为：

	借方	贷方
借：银行存款	2 600 000	
坏账准备	100 000	
投资收益	800 000	
贷：应收账款		3 500 000

（2）乙公司的会计处理为：

	借方	贷方
借：应付账款	3 500 000	
贷：银行存款		2 600 000
投资收益		900 000

【例 14-2】 7 月 10 日，甲公司向乙公司销售一批商品，应收乙公司 190 万元。11 月 10 日，双方签订债务重组合同，乙公司以一项专利权偿还该欠款。该专利权的账面余额为 200 万元，累计摊销额为 20 万元，已经计提减值准备 4 万元。11 月 15 日，双方办理完该专利权的转让手续，甲公司另支付评估费用 8 万元，作为无形资产核算。当日，甲公司应收款项的公允价值为 174 万元，已经计提坏账准备 14 万元，乙公司应付款项的账面价值仍为 190 万元。假设不考虑相关税费。

（1）11 月 15 日，甲公司取得该无形资产的成本为该债权公允价值 174 万元与评估费用 8 万元之和，合计为 182 万元。其会计处理为：

借：无形资产　　1 820 000
　　坏账准备　　140 000
　　投资收益　　20 000
　贷：应收账款　　1 900 000
　　　银行存款　　80 000

（2）乙公司的会计处理为：

借：应付账款　　1 900 000
　　累计摊销　　200 000
　　无形资产减值准备　　40 000
　贷：无形资产　　2 000 000
　　　其他收益——债务重组收益　　140 000

接本例，假设甲公司管理层决议，受让该专利权后将在半年内将其出售，当日无形资产的公允价值为 174 万元，预计未来出售该专利权时将发生 2 万元的出售费用，该专利权满足持有待售资产的确认条件。

11 月 15 日，甲公司对该专利权进行初始确认时，按照该无形资产入账 182 万元与公允价值减出售费用 172 万元孰低计量。此时，甲公司的会计处理应为：

借：持有待售资产——无形资产　　1 720 000
　　坏账准备　　140 000
　　资产减值损失　　120 000
　贷：应收账款　　1 900 000
　　　银行存款　　80 000

【例 14-3】 甲公司因乙公司资金周转困难，同意就应收乙公司的账款 100 万元与乙公司签订债务重组合同。合同规定：乙公司以其一批库存商品和一项交易性金融资产偿付该项债务，相关资产转移到甲公司后，双方债权债务结清。8 月 10 日，乙公司将库存商品和交易性金融资产所有权转移至甲公司。同日，甲公司该重组债权已计提的坏账准备为 5 万元，假定该债权的公允价值为 90 万元；乙公司该批库存商品的账面余额为 50 万元，未计提存货跌价准备，公允价值为 60 万元；乙公司该金融资产的账面价值为 20 万元，其中成本为 15 万元，公允价值变动为 5 万元，公允价值为 30 万元。甲公司取得该金融资产以后仍作为交易性金融资产核算。根据上述资料，双方应进行有关会计处理如下：

（1）甲公司的会计处理为：

借：库存商品　　600 000
　　交易性金融资产——成本　　300 000
　　坏账准备　　50 000
　　投资收益　　50 000
　贷：应收账款　　1 000 000

（2）乙公司的会计处理为：

借：应付账款　　1 000 000

贷：库存商品　500 000
　　交易性金融资产——成本　150 000
　　　　　　　　　——公允价值变动　50 000
　　其他收益——债务重组收益　300 000

【例 14-4】 1 月 5 日，甲公司从乙公司购买一批材料，约定 6 个月后甲公司应结清款项 200 万元。乙公司将该应收款项分类为以公允价值计量且其变动计入当期损益的金融资产；甲公司将该应付款项分类为以摊余成本计量的金融负债。7 月 12 日，甲公司因无法支付货款与乙公司协商进行债务重组，双方商定乙公司将该债权转为对甲公司的股权投资。8 月 20 日，乙公司办结了对甲公司的增资手续，甲公司和乙公司分别支付手续费等相关费用 3 万元和 2.4 万元。债转股后甲公司总股本为 200 万元，乙公司持有的抵债股权占甲公司总股本的 30%,对甲公司具有重大影响，甲公司股权公允价值不能可靠计量。甲公司应付款项的账面价值仍为 200 万元。6 月 30 日，应收款项和应付款项的公允价值均为 170 万元。7 月 12 日，应收款项和应付款项的公允价值均为 152 万元。8 月 20 日，应收款项和应付款项的公允价值仍为 152 万元。假定不考虑其他相关税费。

（1）乙公司的会计处理：

6 月 30 日，确认公允价值变动，应作会计分录为：

借：公允价值变动损益　300 000
　贷：交易性金融资产——公允价值变动　300 000

7 月 12 日，确认公允价值变动，应作会计分录为：

借：公允价值变动损益　180 000
　贷：交易性金融资产——公允价值变动　180 000

8 月 20 日，乙公司对甲公司长期股权投资的成本为应收款项公允价值（152 万元）与相关税费（2.4 万元）的合计 154.4 万元。应作会计分录为：

借：长期股权投资——甲公司　1 544 000
　　交易性金融资产——公允价值变动　480 000
　贷：交易性金融资产——成本　2 000 000
　　　银行存款　24 000

（2）甲公司的会计处理：

8 月 20 日，由于甲公司股权的公允价值不能可靠计量，初始确认权益工具公允价值时应当按照所清偿债务的公允价值 152 万元计量，并扣除因发行权益工具支出的相关税费 3 万元。应作会计分录为：

借：应付账款　2 000 000
　贷：实收资本　600 000
　　　资本公积——资本溢价　890 000
　　　银行存款　30 000
　　　投资收益　480 000

三、修改其他条款

（一）债权人的会计处理

债务重组采用以修改其他条款方式进行的，如果修改其他条款导致全部债权终止确认，债权人应当按照修改后的条款以公允价值初始计量重组债权，重组债权的确认金额与债权终止确认日账面价值之间的差额，记入“投资收益”科目。

如果修改其他条款未导致债权终止确认，债权人应当根据其分类，继续以摊余成本、以公允价值计量且其变动计入其他综合收益，或者以公允价值计量且其变动计入当期损益进行后续计量。对于以摊余成本计量的债权，债权人应当根据重新议定合同的现金流量变化情况，重新计算该重组债权的账面余额，并将相关利得或损失记入“投资收益”科目。重新计算的该重组债权的账面余额，应当根据将重新议定或修改的合同现金流量按债权原实际利率折现的现值确定，购买或源生的已发生信用减值的重组债权，应按经信用调整的实际利率折现。对于修改或重新议定合同所产生的成本或费用，债权人应当调整修改后的重组债权的账面价值，并在修改后重组债权的剩余期限内摊销。

（二）债务人的会计处理

债务重组采用修改其他条款方式进行的，如果修改其他条款导致债务终止确认，债务人应当按照公允价值计量重组债务，终止确认的债务账面价值与重组债务确认金额之间的差额，记入“投资收益”科目。

如果修改其他条款未导致债务终止确认，或者仅导致部分债务终止确认，对于未终止确认的部分债务，债务人应当根据其分类，继续以摊余成本、以公允价值计量且其变动计入当期损益或其他适当方法进行后续计量。对于以摊余成本计量的债务，债务人应当根据重新议定合同的现金流量变化情况，重新计算该重组债务的账面价值，并将相关利得或损失记入“投资收益”科目。重新计算的该重组债务的账面价值，应当根据将重新议定或修改的合同现金流量按债务的原实际利率或按《企业会计准则第 24 号——套期会计》（CAS24）第二十三条规定的重新计算的实际利率（如适用）折现的现值确定。对于修改或重新议定合同所产生的成本或费用，债务人应当调整修改后的重组债务的账面价值，并在修改后重组债务的剩余期限内摊销。

【例 14-5】 甲公司 2×19 年 12 月 31 日应付乙公司票据的账面余额为 416 000 元，其中，16 000 元为累计未付的利息，票面年利率为 8%。由于甲公司连年亏损，资金周转困难，不能偿付应于 2×19 年 12 月 31 日前支付的应付票据。经过双方协商，于 2×20 年 1 月 1 日进行债务重组。乙公司同意将债务本金减至 320 000 元，免去债务人 2×19 年 12 月 31 日前所欠的全部利息；将利率从 8%降低到 5%，并将债务到期日延长到 2×21 年 12 月 31 日，利息按年支付。假设乙公司已对该项债权计提坏账准备 104 000 元，现行类似债权资产市场折现率为 5%。债务重组后债务的公允价值为 320 000 元。

根据上述资料，双方应进行有关会计处理如下：

（1）乙公司的会计处理：

债务重组日原债权应终止确认，应作会计分录为：

借：应收账款——重组债权　　320 000

　　坏账准备　　104 000

　贷：应收票据　　416 000

　　　投资收益　　8 000

2×20 年 12 月 31 日收到利息 16 000 元，应作会计分录为：

借：银行存款　　16 000

　贷：财务费用　　16 000

2×21 年 12 月 31 日收回本金和最后一年利息，应作会计分录为：

借：银行存款　　336 000

　贷：应收账款——重组债权　　320 000

　　　财务费用　　16 000

（2）甲公司的会计处理为：

债务重组日原债务应终止确认，应作会计分录为：

借：应付票据　　416 000

　贷：应付账款——重组债务　　320 000

　　　投资收益　　96 000

2×20 年 12 月 31 日支付利息 16 000 元，应作会计分录为：

借：财务费用　　16 000

　贷：银行存款　　16 000

2×21 年 12 月 31 日偿付本金并支付最后一年利息，应作会计分录为：

借：应付账款——重组债务　　320 000

　　财务费用　　16 000

　贷：银行存款　　336 000

四、组合方式

（一）债权人的会计处理

债务重组采用组合方式进行的，一般可以认为对全部债权的合同条款作出了实质性修改，债权人应当按照修改后的条款，以公允价值初始计量重组债权和受让的新金融资产，按照受让的金融资产以外的各项资产在债务重组合同生效日的公允价值比例，对放弃债权在合同生效日的公允价值扣除重组债权和受让金融资产当日公允价值后的净额进行分配，并以此为基础分别确定各项资产的成本。放弃债权的公允价值与账面价值之间的差额，记入“投资收益”科目。

（二）债务人的会计处理

债务重组采用以资产清偿债务、将债务转为权益工具、修改其他条款等方式的组合进行的，对于权益工具，债务人应当在初始确认时按照权益工具的公允价值计量，权益工具的公允价值不能可靠计量的，应当按照所清偿债务的公允价值计量。对于修改其他条款形成的重组债务，债务人应当参照“修改其他条款”部分的方法，确认和计量重组债务。所清偿债务的账面价值与转让资产的账面价值以及权益工具和重组债务的确认金额之和的差额，记入“其他收益——债务重组收益”或“投资收益”（仅涉及金融工具时）科目。

【例 14-6】 甲公司为上市公司，2×16 年 1 月 1 日，甲公司取得乙银行贷款 10 000 万元，约定贷款期限为 4 年（即 2×19 年 12 月 31 日到期），年利率 6%，按年付息，甲公司已按时支付所有利息。2×19 年 12 月 31 日，甲公司出现严重资金周转困难，无法偿还贷款本金。2×20 年 1 月 10 日，乙银行同意与甲公司就该项贷款重新达成协议，新协议约定：（1）甲公司将一项作为固定资产核算的房产转让给乙银行，用于抵偿债务本金 2 000 万元，该房产账面原值 2 400 万元，累计折旧 800 万元，未计提减值准备；（2）甲公司向乙银行增发股票 1 000 万股，每股面值 1 元，占甲公司股份总额的 1%，用于抵偿债务本金 4 000 万元，甲公司股票于 2×20 年 1 月 10 日的收盘价为每股 4 元；（3）在甲公司履行上述偿债义务后，乙银行免除甲公司 1 000 万元债务本金，并将尚未偿还的债务本金 3 000 万元展期至 2×20 年 12 月 31 日，年利率 8%；如果甲公司未能履行（1）和（2）偿债义务，乙银行有权终止债务重组协议，尚未履行的债权调整承诺随之失效。

乙银行以摊余成本计量该贷款，已计提贷款损失准备 600 万元。该贷款于 2×20 年 1 月 10 日的公允价值为 9 200 万元，予以展期的贷款的公允价值为 3 000 万元。2×20 年 3 月 2 日，双方办理完成房产转让手续，乙银行将该房产作为投资性房地产核算。2×20 年 3 月 31 日，乙银行为该笔贷款补提了 200 万元的损失准备。2×20 年 5 月 9 日，双方办理完成股权转让手续，乙银行将该股权投资分类为以公允价值计量且其变动计入当期损益的金融资产，甲公司股票当日收盘价为每股 4.02 元。甲公司以摊余成本计量该贷款，截至 2×20 年 1 月 10 日，该贷款的账面价值为 10 000 万元。不考虑相关税费。

（1）乙银行的会计处理

甲公司与乙银行以组合方式进行债务重组，同时涉及以资产清偿债务、将债务转为权益工具，包括债务豁免的修改其他条款等方式，可以认为对全部债权的合同条款作出了实质性修改，债权人在收取债权现金流量的合同权利终止时应当终止确认全部债权，即在 2×20 年 5 月 9 日该债务重组协议的执行过程和结果不确定性消除时，可以确认债务重组相关损益，并按照修改后的条款确认新金融资产。

3 月 2 日，确认投资性房地产成本时：

投资性房地产成本 = 放弃债权公允价值 − 受让股权公允价值 − 重组债权公允价值

= 9 200 − 4 000 − 3 000 = 2 200（万元）

借：投资性房地产　　22 000 000

　贷：贷款——本金　　22 000 000

3 月 31 日，计提贷款损失准备时：

借：信用减值损失　　2 000 000

　贷：贷款损失准备　　2 000 000

5 月 9 日，完成股权转让手续时：

受让股权的公允价值 = 4.02 × 1 000 = 4 020（万元）

借：交易性金融资产　　40 200 000

　　贷款——本金（重组债权）　　30 000 000

　　贷款损失准备　　8 000 000

　贷：贷款——本金　　7 800 000

　　　投资收益　　200 000

（2）甲公司的会计处理

该债务重组协议的执行过程和结果不确定性于 2×20 年 5 月 9 日消除时，债务人清偿该部分债务的现时义务已经解除，可以确认债务重组相关损益，并按照修改后的条款确认新金融负债。

3 月 2 日，完成房产转让手续时：

借：固定资产清理　　16 000 000

　　累计折旧　　8 000 000

　贷：固定资产　　24 000 000

借：长期借款——本金　　16 000 000

　贷：固定资产清理　　16 000 000

5 月 9 日，完成股权转让手续时：

借款的新现金流量现值 = 3 000 ×（1 + 8%）/（1 + 6%）= 3 056.6（万元）

现金流变化 =（3 056.6 − 3 000）/3 000 = 1.9%（小于 10%）

因此，针对 3 000 万元本金部分的合同条款的修改不构成实质性修改，不终止确认该部分负债。

借：长期借款——本金　　84 000 000

　贷：股本　　10 000 000

　　　资本公积——资本溢价　　30 200 000

　　　长期借款——本金（重组债务）　　30 566 000

　　　其他收益——债务重组收益　　13 234 000

本例中，即使没有“甲公司未能履行（1）和（2）所述偿债义务，乙银行有权终止债务重组协议，尚未履行的债权调整承诺随之失效”的条款，债务人仍然应当谨慎处理，考虑在债务的现时义务解除时终止确认原债务。

练 习 题 1

一、目的：练习以资产清偿债务进行债务重组的核算。

二、资料：甲公司欠乙公司货款 600 000 元。由于甲公司财务发生困难，短期内不能支付已于当年 6 月 1 日到期的货款。6 月 10 日，经双方协商，乙公司同意甲公司以其生产的产品偿还债务。该产品的公允价值为 400 000 元，实际成本为 240 000 元。乙公司于 6 月 20 日收到甲公司抵债的产品，并作为库存商品入库；乙公司已对该项应收账款计提了 100 000 元的坏账准备；当日应收款项的公允价值为 480 000 元。假设不考虑其他相关税费。

三、要求：

1. 编制债权人乙公司的相关会计分录。
2. 编制债务人甲公司的相关会计分录。

练 习 题 2

一、目的：练习将债务转为权益工具进行债务重组的核算。

二、资料：2 月 10 日，乙公司销售一批材料给甲公司，应收账款为 2 200 000 元，合同约定 6 个月后结清款项。6 个月后，由于甲公司资金周转问题，无法支付货款，与乙公司协商进行债务重组。经双方协商，乙公司同意甲公司以其股权抵偿该项货款。乙公司已对该项应收账款计提了 100 000 元的坏账准备，此时应收款项的公允价值为 2 000 000 元。假设转股后甲公司注册资本为 5 000 000 元，净资产公允价值为 8 000 000 元，抵债股权占甲公司注册资本的 25%。相关手续已办理完毕，假定不考虑其他相关税费。

三、要求：

1. 编制债权人乙公司的相关会计分录。
2. 编制债务人甲公司的相关会计分录。

练 习 题 3

一、目的：练习修改其他条款进行债务重组的核算。

二、资料：2×19 年 12 月 31 日甲公司持有的乙公司签发的面值 400 000 元、票面利率 8%的商业汇票到期。该票据累计应计利息 32 000 元。乙公司因财务困难无力偿还，双方已将该债务（权）转为应付（收）账款。经双方协商，于 2×20 年 1 月 1 日进行债务重组。甲公司同意免去乙公司所欠全部利息，同时将票面利率由 8%降至 6%，同时，将债务到期日延长至 2×21 年 12 月 31 日，利息按年支付，本金到期支付。假设甲公司已对该债权计提了 80 000 元的坏账准备，债务重组后债务的公允价值为 400 000 元。

三、要求：

1. 编制债权人甲公司的相关会计分录。
2. 编制债务人乙公司的相关会计分录。

第十五章　股 份 支 付

本章学习提示

本章重点：股份支付的含义，股份支付的确认、计量与核算

本章难点：限制性股票的核算、集团股份支付的处理

第一节　股份支付概述

一、股份支付的含义

股份支付，是指企业为获取职工和其他方提供服务而授予权益工具或者承担以权益工具为基础确定的负债的交易。这里的权益工具，是指企业自身权益工具，包括企业本身、企业的母公司或同一集团其他会计主体的权益工具。

现代企业的薪酬制度是一个由多种薪酬方式组成的薪酬组合，通常由基本工资、奖金、福利、股份期权等部分组成。基本工资、奖金属于传统薪酬制度的核心，用于回报职工本期或上期对企业的贡献，偏重于对以往、短期业绩的评估，与企业未来、长期的发展计划不匹配。以股份期权为代表的股份支付制度以企业股份的价值作为支付的基础，用于奖励职工为企业未来长期绩效作出的贡献，将职工的个人利益同企业股份的价值、企业的长远发展有机联系起来，从而有利于理顺现代企业的利益分配关系，避免经营者、普通职工的短期行为，这使得股份支付成为现代企业针对员工的主要长期激励方式。

股份支付按照支付的方式分为两大类：以权益结算的股份支付和以现金结算的股份支付。

股份支付按照支付的对象分为两种：换取职工服务的股份支付和换取其他方服务的股份支付。

换取职工服务的股份支付，属于职工薪酬；而换取其他方服务的股份支付，不属于职工薪酬。在换取职工服务的股份支付中，以权益结算的股份支付，在等待期内不形成企业的负债，不通过“应付职工薪酬”科目核算，但这并不意味着该股份支付不具有职工薪酬的性质。而以现金结算的股份支付，等待期内形成企业的负债，通过“应付职工薪酬”科目核算，属于职工薪酬。

（一）以权益结算的股份支付

以权益结算的股份支付，是指企业为获取服务而以股份或其他权益工具为对价进行结算的交易。例如，某公司规定服务满 3 年的管理人员即可以低于市价 30%的价格购买 1 000 股本公司的股票。

以权益结算的股份支付最常用的薪酬工具有两类：限制性股票和股票期权。

限制性股票是指职工或其他方按照股份支付协议规定的条款和条件，从企业获得一定数量的本企业股票。限制性股票的来源，可由企业定向增发或由股东受让等。股票期权是指企业授予职工或其他方在未来一定期限内以预先确定的价格和条件购买本企业一定数量股票的权利，它实质上是一种向激励对象定向发行的认购权证。在实务中，多数上市公司的股权激励方案采用限制性股票或采用股票期权，也有公司两种工具同时采用。

（二）以现金结算的股份支付

以现金结算的股份支付，是指企业为获取服务而承担的以股份或其他权益工具为基础计算的交付现金或其他资产的义务的交易。例如，某公司规定服务满 3 年的管理人员可以获得 1 000 份现金股票增值权，即根据股价的增长幅度获得现金。

以现金结算的股份支付最常用的薪酬工具有两类：模拟股票和现金股票增值权。

模拟股票和现金股票增值权，是用现金支付模拟的股权激励机制，即与股票挂钩，但用现金支付。除不需实际授予股票和持有股票之外，模拟股票的运作原理与限制性股票是一样的。除不需实际行权和持有股票之外，现金股票增值权的运作原理与股票期权是一样的，都是一种增值权形式的与股票价值挂钩的薪酬工具。

二、股份支付的特征

1. 股份支付是企业与职工或其他方之间发生的交易

股份支付可能发生在企业与股东之间、合并交易中的合并方与被合并方之间或者企业与其职工之间，只有发生在企业与其职工或向企业提供服务的其他方之间的交易，才可能符合股份支付的定义。

2. 股份支付以获取职工或其他方服务为目的

企业在股份支付交易中意在获取其职工或其他方提供的服务（费用）或取得这些服务的权利（资产），企业获取这些服务或权利的目的是更好地从事生产经营，不是转手获利等。

3. 股份支付交易的对价或其定价与企业自身权益工具未来的价值密切相关

在股份支付中，企业向职工支付其自身的权益工具，或者向职工支付一笔金额根据企业自身权益工具的公允价值进行结算的现金，因此，股份支付交易的对价或其定价与企业自身权益工具未来的价值密切相关。

三、股份支付的四个主要环节

以薪酬性股票期权为例，典型的股份支付通常涉及四个主要环节：授予、可行权、行权和出售。典型的股份支付交易环节如图 15-1 所示。

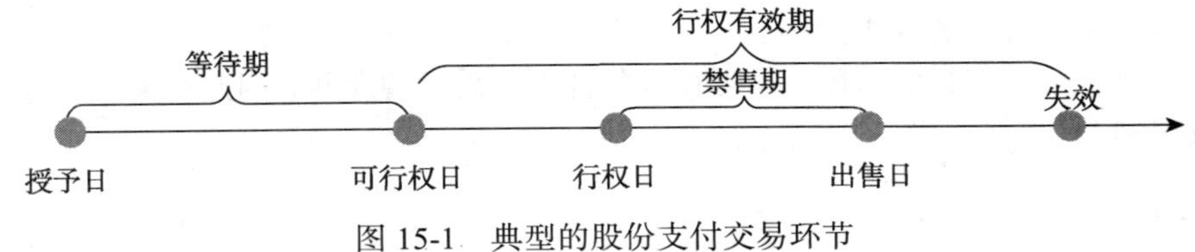

图 15-1 典型的股份支付交易环节

1. 授予日

授予日，是指股份支付协议获得批准的日期。其中“获得批准”，是指企业与职工或其他方就股份支付的协议条款和条件已达成一致，该协议获得股东大会或类似机构的批准。这里的“达成一致”，是指在双方对该计划或协议内容充分形成一致理解的基础上，均正式接受其条款和条件。如果按照相关法规的规定，在提交股东大会或类似机构之前存在必要程序或要求，则应首先履行该程序或满足该要求。

2. 可行权日

可行权日，是指可行权条件得到满足、职工或其他方具有从企业取得权益工具或现金权利的日期。

股份支付协议中的条件分为可行权条件和非可行权条件。可行权条件是指能够确定企业是否得到职工或其他方提供的服务，且该服务使职工或其他方具有获取股份支付协议规定的权益工具或现金等权利的条件，不满足上述条件的即为非可行权条件。最常用到的非可行权条件有如下三种：①取得股权后应履行的“不竞争协议”和对股权转让的限制。这种情况发生于可行权条件满足之后，因此被认定为非可行权条件。②基于商品价格指数的条件。商品价格指数的高低并不与职工或其他方向本企业提供的服务直接相关，也因此被认定为非可行权条件。③按照行权价格支付款项。在满足这些条件之前，职工无法获得股份。可行权条件包括服务期限条件和业绩条件。

（1）服务期限条件。服务期限条件是指职工或其他方完成规定服务期限才可行权的条件。例如，A 公司向某高管授予 500 000 股股票期权，约定该高管从即日起在该公司连续服务 5 年，即可以每股 6 元的价格购买 500 000 股该公司股票，“连续服务 5 年”就是服务期限条件。

（2）业绩条件。业绩条件是指职工或其他方完成规定服务期限且企业已经达到特定业绩目标才可行权的条件，具体包括市场条件和非市场条件：市场条件是指行权价格、可行权条件以及行权可能性与权益工具的市场价格相关的业绩条件，如股份支付协议中关于股价上升至何种水平职工可相应取得多少股份的规定。非市场条件是指除市场条件之外的其他业绩条件，如股份支付协议中关于达到最低盈利目标或销售目标才可行权的规定。

企业在确定权益工具授予日的公允价值时，应当考虑股份支付协议规定的可行权条件中的市场条件和非可行权条件的影响，而不考虑非市场条件的影响。但市场条件和非可行权条件是否满足，不影响企业对预计可行权情况的估计。股份支付存在非可行权条件的，只要职工或其他方满足了所有可行权条件中的非市场条件（如服务期限条件等），企业应当确认已得到服务相对应的成本费用。

从授予日至可行权日的时段，是可行权条件得到满足的期间，因此称为“等待期”，又称“行权限制期”。

3. 行权日

行权日，是指职工和其他方行使权利、获取现金或权益工具的日期。例如，2017 年 3 月 1 日持有股票期权的职工有权利以每股 6 元的价格购买 1 000 股本公司股票，该日期即为行权日。行权是按期权的约定价格实际购买股票，一般是在可行权日之后至期权到期日之前的可选择时段内行权。

4. 出售日

出售日，是指股票的持有人将行使期权所取得的期权股票出售的日期。按照我国法规的规定，用于期权激励的股份支付协议，应在行权日与出售日之间设立禁售期，其中国有控股上市公司的禁售期不得低于两年。

第二节　股份支付的确认和计量

一、权益结算的股份支付的确认和计量

（一）换取职工服务的股份支付的确认和计量

1. 换取职工服务的股份支付应当以股份支付所授予的权益工具的公允价值计量

企业应在等待期内的每个资产负债表日，以对可行权权益工具数量的最佳估计为基础，按照权益工具在授予日的公允价值，将当期取得的服务计入相关资产成本或当期费用，同时计入资本公积中的其他资本公积。应该注意的是：①授予日一般是股权激励方案获得股东大会批准的日期。②对当期取得的服务进行确认计量应以可行权权益工具的最佳估计为基础，如果后续信息表明需要调整对可行权情况估计的，应对前期估计进行修改。

对于授予后立即可行权的换取职工提供服务的权益结算的股份支付，应在授予日按照权益工具的公允价值，将取得的服务计入相关资产成本或当期费用，同时计入资本公积。

2. 权益工具公允价值的确定

股份支付中权益工具的公允价值的确定，应当以市场价格为基础。若股份和股票期权

没有活跃的交易市场，应当考虑估值技术。通常情况下，企业应当按照《企业会计准则第22号——金融工具确认和计量》的有关规定确定权益工具的公允价值，并根据股份支付协议条款和条件进行调整。

（1）股份。对于授予职工的股份，企业应按照其股份的市场价格计量，同时考虑授予股份所依据的条件和条款（不包括市场条件之外的可行权条件）进行调整。如果其股份未公开交易，则应按估计的市场价格计量，并考虑授予股份所依据的条件和条款进行调整。

在估计所授予股份在授予日的公允价值时，不应考虑在等待期内转让的限制和其他限制，因为这些限制是可行权条件中的非市场条件规定的。

（2）期权。对于授予职工的股票期权，如果不存在条款和条件相似的交易期权，企业应采用期权定价模型估计所授予的股票期权的公允价值。

在选择适用的期权定价模型时，企业应考虑熟悉情况和自愿的市场参与者将会考虑的因素。所有适用于估计授予职工期权的定价模型至少应考虑以下因素：①期权的行权价格；②期权期限；③基础股份的现行价格；④股价的预计波动率；⑤股份的预计股利；⑥期权期限内的无风险利率。

3. 确定股票期权授予价的原则

上市公司在授予激励对象股票期权时，应当根据公平市场价格确定授予价格（行权价格），授予价格不应低于下列价格的较高者。

（1）股权激励计划草案摘要公布前一个交易日的公司标的股票的收盘价。

（2）股权激励计划草案摘要公布前30个交易日内的公司标的股票的平均收盘价。

（二）换取其他方服务的股份支付的确认和计量

换取其他方服务，是指企业以自身权益工具换取职工以外其他有关方面为企业提供的服务。

对于换取其他方服务的股份支付，企业应当以股份支付所换取的服务的公允价值计量。一般而言，职工以外的其他方提供的服务能够可靠计量的，应当优先采用其他方所提供服务在取得日的公允价值；如果其他方服务的公允价值不能可靠计量，但权益工具的公允价值能够可靠计量的，应当按照权益工具在服务取得日的公允价值计量。企业应当按照其他方服务在取得日的公允价值，将取得的服务计入相关资产成本或费用。

（三）权益工具公允价值无法可靠计量时的处理

在极少情况下，授予权益工具的公允价值无法可靠计量。当授予权益工具的公允价值无法可靠计量时，企业应当在获取对方提供服务的时点、后续的每个资产负债表日以及结算日，以内在价值计量该权益工具，内在价值变动计入当期损益。

内在价值，是指交易对方有权认购或取得的股份的公允价值，与其按照股份支付协议应当支付的价格间的差额。企业对上述以内在价值计量的已授予权益工具进行结算，应当遵循以下要求。

（1）结算发生在等待期内的，企业应当将结算作为加速可行权处理，即立即确认本应于剩余等待期内确认的服务金额。

（2）结算时支付的款项应当作为回购该权益工具处理，即减少所有者权益。结算支付的款项高于该权益工具在回购日内在价值的部分，计入当期损益。

二、现金结算的股份支付的确认和计量

企业应当在等待期内的每个资产负债表日，以对可行权情况的最佳估计为基础，按照企业承担负债的公允价值，将当期取得的服务计入相关资产成本或当期费用，同时计入负债，并在结算前的每个资产负债表日和结算日对负债的公允价值重新计算，将其变动计入损益。

对于授予后立即可行权的现金结算的股份支付（如授予虚拟股票或业绩股票的股份支付），企业应当在授予日按照企业承担负债的公允价值计入相关资产成本或费用，同时计入负债，并在结算前的每个资产负债表日和结算日对负债的公允价值重新计量，将其变动计入损益。

三、股份支付条款和条件的修改

通常情况下，股份支付协议生效后，不应对其条款和条件随意修改。但在某些情况下，可能需要修改授予权益工具的股份支付协议中的条款和条件。

此外，为了得到更佳的激励效果，有关法规也允许企业依据股份支付协议的规定，调整行权价格或股票期权数量，但应当由董事会作出决议并经股东大会审议批准，或者由股东大会授权董事会决定。

在会计上，无论已授予的权益工具的条款和条件如何修改，甚至取消权益工具的授予或结算该权益工具，企业都应至少确认按照所授予的权益工具在授予日的公允价值来计量获取的相应的服务，除非因不能满足权益工具的可行权条件（除市场条件外）而无法行权。

（一）条款和条件的有利修改

企业应当分别以下情况，确认导致股份支付公允价值总额升高以及其他对职工有利的修改的影响。

（1）如果修改增加了所授予的权益工具的公允价值，企业应按照权益工具公允价值的增加相应地确认取得服务的增加。

权益工具公允价值的增加，是指修改前后的权益工具在修改日的公允价值之间的差额。

① 如果修改发生在等待期内，在确认修改日至修改后的可行权日之间取得服务的公允价值时，应当既包括在剩余原等待期内以原权益工具授予日公允价值为基础确定的服务金额，也包括权益工具公允价值的增加。

② 如果修改发生在可行权日之后，企业应当立即确认权益工具公允价值的增加。

③ 如果股份支付协议要求职工只有先完成更长期间的服务才能取得修改后的权益工具，则企业应在整个等待期内确认权益工具公允价值的增加。

（2）如果修改增加了所授予的权益工具的数量，企业应将增加的权益工具的公允价值相应地确认为取得服务的增加。

如果修改发生在等待期内，在确认修改日至增加的权益工具可行权日之间取得服务的公允价值时，应当既包括在剩余原等待期内以原权益工具授予日公允价值为基础确定的服务金额，也包括权益工具公允价值的增加。

（3）如果企业按照有利于职工的方式修改可行权条件，如缩短等待期、变更或取消业绩条件（而非市场条件），企业在处理可行权条件时，应当考虑修改后的可行权条件。

（二）条款和条件的不利修改

如果企业以减少股份支付公允价值总额的方式或其他不利于职工的方式修改条款和条件，企业仍应继续对取得的服务进行会计处理，如同该变更从未发生，除非企业取消了部分或全部已授予的权益工具。具体包括如下几种情况。

（1）如果修改减少了所授予的权益工具的公允价值，企业应当继续以权益工具在授予日的公允价值为基础，确认取得服务的金额，而不应考虑权益工具公允价值的减少。

（2）如果修改减少了所授予的权益工具的数量，企业应当将减少部分作为已授予的权益工具的取消来进行处理。

（3）如果企业以不利于职工的方式修改了可行权条件，如延长等待期、增加或变更业绩条件（而非市场条件），企业在处理可行权条件时，不应当考虑修改后的可行权条件。

例如，2017 年 1 月 1 日 A 公司对管理层和关键技术人员出台了激励措施，规定：上述人员自 2017 年 1 月 1 日起继续在 A 公司服务 2 年、A 公司每股收益年均递增 10%，将授予每人相当于 10 000 股股票于行权日对应价值的现金奖励。2017 年年度每股收益下滑，A 公司董事会在 2018 年年初决定延长服务期限条款至 3 年。

分析：该项激励措施属于以现金结算的股份支付。A 公司以不利于职工的方式修改了可行权条件，即延长等待期，企业仍应继续对取得的服务按规定进行确认和计量，如同该变更从未发生。

四、股份支付条款和条件的取消或结算

如果企业在等待期内取消了所授予的权益工具或结算了所授予的权益工具（因未满足可行权条件而被取消的除外），企业应当采取以下几种方式进行处理。

（1）将取消或结算作为加速可行权处理，立即确认原本应在剩余等待期内确认的金额。

（2）在取消或结算时支付给职工的所有款项均应作为权益的回购处理，回购支付的金额高于该权益工具在回购日公允价值的部分，计入当期费用。

（3）如果向职工授予新的权益工具，并在新权益工具授予日认定所授予的新权益工具是用于替代被取消的权益工具的，企业应以处理原权益工具条款和条件修改相同的方式，对所授予的替代权益工具进行处理。

第三节　股份支付的核算

一、以权益结算的股份支付的核算

（一）授予日

除了立即可行权的股份支付外，企业在授予日不作会计处理。对于立即行权的股份支付，按照授予日权益工具的公允价值借记“管理费用”等科目，按照授予权益工具的面值贷记“股本”科目，差额计入“资本公积——股本溢价”科目。

（二）等待期内的每个资产负债表日

企业应当在等待期内的每个资产负债表日，根据授予日权益工具的公允价值和预计可行权的权益工具数量所确定的金额，借记“管理费用”等科目，贷记“资本公积——其他资本公积”科目，不确认其后续公允价值变动。企业应当根据最新取得的可行权职工人数变动等后续信息作出最佳估计，修正预计可行权的权益工具数量，并以此为依据确认各期应分摊的费用。在可行权日，最终预计可行权权益工具的数量应当与实际可行权工具的数量一致。

（三）可行权日之后

在可行权日之后不再对已确认的成本费用和所有者权益总额进行调整。企业应在行权日根据行权情况，确定股本和股本溢价，同时结转等待期内确认的资本公积（其他资本公积）。

（四）回购股份进行职工期权激励

企业以回购股份形式奖励本企业职工的，应按回购股份的全部支出作为库存股处理，同时进行备查登记。在职工行权购买本企业股份时，企业应转销交付职工的库存股成本和等待期内资本公积（其他资本公积）累计金额，同时，按照其差额调整资本公积（股本溢价）。

（五）以限制性股票进行股权激励

实务中，越来越多上市公司实施限制性股票的股权激励安排，以非公开发行方式向激励对象授予一定数量的公司股票，并规定锁定期、解锁期和解锁条件，在锁定期和解锁期内，不得上市流通及转让。达到解锁条件，可以解锁；如果全部或部分股票未被解锁而失效或作废，通常由上市公司按照事先约定的价格立即进行回购。

对于此类授予限制性股票的股权激励计划，向职工发行的限制性股票按有关规定履行了注册登记等增资手续的，按照职工缴纳的认股款借记“银行存款”等科目，按照股本金额贷记“股本”科目，按照其差额贷记“资本公积——股本溢价”科目；同时，就回购义务确认负债（作收购库存股处理），按照发行限制性股票的数量以及相应的回购价格计算确定的金额，借记“库存股”科目，贷记“其他应付款——限制性股票回购义务”等科目。

上市公司应当综合考虑限制性股票锁定期和解锁期等相关条款，按照股份支付准则的相关规定判断等待期，进行与股份支付相关的会计处理：在等待期内的每个资产负债表日，以对可解锁限制性股票数量的最佳估计为基础，按照限制性股票在授予日的公允价值，将当期取得的服务计入相关资产成本或费用和资本公积。对于因回购产生的义务确认的负债，应当按照《企业会计准则第 22 号——金融工具确认和计量》相关规定进行会计处理。上市公司未达到限制性股票解锁条件而需回购的股票，按照应支付的金额，借记“其他应付款——限制性股票回购义务”等科目，贷记“银行存款”等科目；同时，按照注销的限制性股票数量相对应的股本金额，借记“股本”科目，按照注销的限制性股票数量相对应的库存股的账面价值，贷记“库存股”科目，按其差额，借记“资本公积——股本溢价”科目。上市公司达到限制性股票解锁条件而无须回购的股票，按照解锁股票相对应的负债的账面价值，借记“其他应付款——限制性股票回购义务”等科目，按照解锁股票相对应的库存股的账面价值，贷记“库存股”科目，如有差额，则借记或贷记“资本公积——股本溢价”科目。

上市公司在等待期内发放现金股利的会计处理，应视其发放的现金股利是否可撤销采取不同的方法。

（1）现金股利可撤销，即一旦未达到解锁条件，被回购限制性股票的持有者将无法获得（或需要退回）其在等待期内应收（或已收）的现金股利。

等待期内，上市公司在核算应分配给限制性股票持有者的现金股利时，应合理估计未来解锁条件的满足情况，该估计与进行股份支付会计处理时在等待期内每个资产负债表日对可行权权益工具数量进行的估计应当保持一致。对于预计未来可解锁限制性股票持有者，上市公司应分配给限制性股票持有者的现金股利应当作为利润分配进行会计处理，借记“利润分配——应付现金股利或利润”科目，贷记“应付股利——限制性股票股利”科目；同时，按分配的现金股利金额，借记“其他应付款——限制性股票回购义务”等科目，贷记“库存股”科目；实际支付时，借记“应付股利——限制性股票股利”科目，贷记“银行存款”等科目。对于预计未来不可解锁限制性股票持有者，上市公司应分配给限制性股票持有者的现金股利应当冲减相关的负债，借记“其他应付款——限制性股票回购义务”等科目，贷记“应付股利——限制性股票股利”科目；实际支付时，借记“应付股利——限制性股票股利”科目，贷记“银行存款”等科目。后续信息表明不可解锁限制性股票的数量与以前估计不同的，应当作为会计估计变更处理，直到解锁日预计不可解锁限制性股票的数量与实际未解锁限制性股票的数量一致。

（2）现金股利不可撤销，即不论是否达到解锁条件，限制性股票持有者仍有权获得（或

不得被要求退回)其在等待期内应收（或已收）的现金股利。

等待期内，上市公司在核算应分配给限制性股票持有者的现金股利时，应合理估计未来解锁条件的满足情况，该估计与进行股份支付会计处理时在等待期内每个资产负债表日对可行权权益工具数量进行的估计应当保持一致。对于预计未来可解锁限制性股票持有者，上市公司应分配给限制性股票持有者的现金股利应当作为利润分配进行会计处理，借记“利润分配——应付现金股利或利润”科目，贷记“应付股利——限制性股票股利”科目；实际支付时，借记“应付股利——限制性股票股利”科目，贷记“银行存款”等科目。对于预计未来不可解锁限制性股票持有者，上市公司应分配给限制性股票持有者的现金股利应当计入当期成本费用，借记“管理费用”等科目，贷记“应付股利——限制性股票股利”科目；实际支付时，借记“应付股利——限制性股票股利”科目，贷记“银行存款”等科目。后续信息表明不可解锁限制性股票的数量与以前估计不同的，应当作为会计估计变更处理，直到解锁日预计不可解锁限制性股票的数量与实际未解锁限制性股票的数量一致。

对于未达到限制性股票解锁条件而需回购的股票，应进行股票回购和注销的会计处理。首先，履行的回购义务冲减相关的负债；其次，注销股本时冲减相关的权益。对于达到限制性股票解锁条件而无须回购的股票，应当按照解锁股票相对应的负债的账面价值与库存股的账面价值对冲，如有差额，调整股本溢价。

【例 15-1】 A 公司是一家上市公司，2017 年 1 月 1 日，A 公司与员工签订了股份支付协议。

（1）企业每位职工（总数 5 000 人）可以获得该公司发行的 100 股股票。

（2）针对 200 名管理人员，每人授予 1 000 份股份期权。行权条件为从 2017 年 1 月 1 日起，上述人员必须在该公司连续服务 3 年，服务期满时才能以每股 4 元价格购买 1 000 股公司股票（股票面值为 1 元）。假设 2017 年有 20 名管理人员离开公司，该公司估计 3 年中离开的管理人员比例将达到 20%。2018 年又有 10 名管理人员离开公司，公司将管理人员离开比例修正为 15%。2019 年又有 15 名管理人员离开公司。2021 年 12 月 31 日（第五年年末），155 名管理人员全部行权。

（3）对于高级管理人员（6 人），如果当年该企业主营业务收入增长 6%，每人将获得 A 公司 10 000 股股票。

（4）A 公司与 B 咨询公司签订了咨询服务协议，B 公司对 A 公司提供咨询服务，服务内容为分析一个投资项目的可行性，费用为 10 000 股 A 公司的股权，B 公司于 2017 年 1 月底完成该项服务。

假设股份支付协议获得批准的日期为 2017 年 1 月 1 日，授予员工的股票来自 A 公司非公开定向发行，面值 1 元。该日 A 公司股票公允价值为每股 15 元。2017 年 1 月 31 日 A 公司股票公允价值为每股 18 元。预计 2017 年度实现销售收入增长 6%以上的可能性大于 95%。A 公司应作以下有关会计分录：

（1）针对所有职工的属于授予后立即可行权的 A 公司股票，授予日为 2017 年 1 月 1 日，所以应于 1 月 1 日按 15 元/股的公允价值确认。

借：生产成本等　　7 500 000

　贷：股本　　500 000

　　资本公积——股本溢价　　7 000 000

（2）针对核心技术人员的股份支付，属于完成等待期内的服务才可行权的股份支付，可行权条件为服务期限。应于每个资产负债表日估计可行权权益工具的数量，再按授予日的公允价值确认与计量。

根据上述资料，等待期内各期应确认的成本费用如表 15-1 所示。

表 15-1　　等待期内各期应确认的成本费用　　单位：元

年份	计算	当期费用	累计费用
2017	200 × 1 000 ×（1 − 20%）× 15 × 1/3	800 000	800 000
2018	200 × 1 000 ×（1 − 15%）× 15 × 2/3 − 800 000	900 000	1 700 000
2019	155 × 1 000 × 15 − 1 700 000	625 000	2 325 000

① 2017 年 1 月 1 日为授予日，企业不进行会计处理。

② 2017 年 12 月 31 日：

借：管理费用　　800 000

　贷：资本公积——其他资本公积　　800 000

③ 2018 年 12 月 31 日：

借：管理费用　　900 000

　贷：资本公积——其他资本公积　　900 000

④ 2019 年 12 月 31 日：

借：管理费用　　625 000

　贷：资本公积——其他资本公积　　625 000

⑤ 2021 年 12 月 31 日行权时：

借：银行存款　　620 000

　　资本公积——其他资本公积　　2 325 000

　贷：股本　　155 000

　　资本公积——股本溢价　　2 790 000

（3）针对高级管理人员的股份支付，可行权条件为非市场业绩条件，达到条件才可行权，估计的等待期为 1 年。2017 年 12 月 31 日应作会计分录为：

借：管理费用　　900 000

　贷：资本公积——其他资本公积　　900 000

假定 2018 年 2 月 1 日，6 名高级管理人员全部行权，应作会计分录为：

借：资本公积——其他资本公积　　900 000

　贷：股本　　60 000

　　资本公积——股本溢价　　840 000

（4）针对 B 公司的股权支付属于以权益结算的股份支付换取其他方服务，若 B 公司服务的公允价值不能可靠计量，A 公司应以服务取得日即 2017 年 1 月 31 日股票的公允价值入账。

借：管理费用　　180 000

　贷：资本公积——其他资本公积　　180 000

【例 15-2】 乙公司为上市公司，2016 年 12 月 31 日，股东大会通过了乙公司的限制性股票激励计划，授予日为 2017 年 1 月 1 日。2017 年 1 月 1 日，乙公司履行了相关增资手续，并以非公开发行方式向 500 名管理人员每人授予 100 股自身股票（每股面值为 1 元），授予价格为每股 10 元。当日，500 名管理人员出资认购了股票，总认购款项为 50 万元。乙公司估计该限制性股票股权激励在授予日的公允价值为每股 18 元。

根据激励计划，这些管理人员从 2017 年 1 月 18 日起在乙公司连续服务 3 年的，所授予股票将于 2020 年 1 月 1 日全部解锁；期间离职的，乙公司将按照原授予价格每股 10 元回购。2017 年 1 月 1 日至 2020 年 1 月 1 日期间，所授予股票不得上市流通或转让；激励对象因获授限制性股票而取得的现金股利由公司代管，作为应付股利在解锁时向激励对象支付；对于未能解锁的限制性股票，公司在回购股票时应扣除激励对象已享有的该部分现金分红。

2017 年度，20 名管理人员离职，乙公司估计 3 年中离职的管理人员合计为 75 名，当年宣告发放现金股利每股 1 元（限制性股票持有人享有同等分配权利）；2018 年度，又有 22 名管理人员离职，乙公司将 3 年离职人员合计数调整为 60 名，当年宣告发放现金股利为每股 1 元；2019 年度，乙公司将 3 年离职人员合计数调整为 75 名，当年年末实际有 15 名管理人员离职，当年宣告发放现金股利为每股 1 元。假定离职人员都是在年末离职，且乙公司年度内对离职人员的估计不变。根据上述资料，乙公司应作以下有关会计分录：

（1）2017 年 1 月 1 日授予日：

借：银行存款　　500 000

　贷：股本　　50 000

　　　资本公积——股本溢价　　450 000

借：库存股　　500 000

　贷：其他应付款——限制性股票回购义务　　500 000

（2）等待期内各期应确认的成本费用（表 15-2）和资本公积。

表 15-2　　等待期内各期应确认的成本费用　　单位：元

年份	计算	当期费用	累计费用
2017	（500 − 75）× 100 × 18 × 1/3	255 000	255 000
2018	（500 − 60）× 100 × 18 × 2/3 − 255 000	273 000	528 000
2019	443 × 100 × 18 − 528 000	269 400	797 400

① 2017 年 12 月 31 日：

借：管理费用　　255 000

　贷：资本公积——其他资本公积　　255 000

② 2018 年 12 月 31 日：

借：管理费用　　273 000

　贷：资本公积——其他资本公积　　273 000

③ 2019 年 12 月 31 日：

借：管理费用　　269 400

　贷：资本公积——其他资本公积　　269 400

（3）等待期内分配现金股利及股票回购。

等待期内分配现金股利及回购确定不可解锁的限制性股票计算过程如表15-3、表15-4所示。

表 15-3　等待期内分配现金股利　单位：元

年份	预计未来可解锁限制性股票		预计未来不可解锁限制性股票
	应分配现金股利	实际分配现金股利	应分配现金股利
2017	（500 − 75）× 100 × 1 = 42 500	42 500	75 × 100 × 1 = 7 500
2018	（500 − 60）× 100 ×（1 + 1）− 42 500 = 45 500	45 500	（60 − 20）× 100 ×（1 + 1）+ 2 000 − 7 500 = 2 500
2019	（500 − 22 − 20 − 15）× 100 ×（1 + 1 + 1）− 42 500 − 45 500 = 44 900	44 900	2 000 + 4 400 + 15 × 3 × 100 − 7 500 − 2 500 = 900

表 15-4　等待期内回购确定不可解锁的限制性股票　单位：元

年份	支付的股票回购价	支付的现金股利
2017	20 ×（10 − 1）× 100 = 18 000	20 × 100 × 1 = 2 000
2018	22 ×（10 − 2）× 100 = 17 600	22 × 100×2 = 4 400
2019	15 ×（10 − 3）× 100 = 10 500	15 × 100×3 = 4 500

① 2017 年分配现金股利：

借：利润分配——应付现金股利　　42 500

　贷：应付股利——限制性股票股利　　42 500

借：其他应付款——限制性股票回购义务　　42 500

　贷：库存股　　42 500

借：其他应付款——限制性股票回购义务　　7 500

　贷：应付股利——限制性股票股利　　7 500

② 2017 年 12 月 31 日回购限制性股票：

借：其他应付款——限制性股票回购义务　　18 000

　　应付股利——限制性股票股利　　2 000

　贷：银行存款　　20 000

借：股本　2 000
　　资本公积——股本溢价　18 000
　贷：库存股　20 000

③ 2018 年分配现金股利：

借：利润分配——应付现金股利　45 500
　贷：应付股利——限制性股票股利　45 500

借：其他应付款——限制性股票回购义务　45 500
　贷：库存股　45 500

借：其他应付款——限制性股票回购义务　2 500
　贷：应付股利——限制性股票股利　2 500

④ 2018 年 12 月 31 日回购限制性股票：

借：其他应付款——限制性股票回购义务　17 600
　　应付股利——限制性股票股利　4 400
　贷：银行存款　22 000

借：股本　2 200
　　资本公积——股本溢价　19 800
　贷：库存股　22 000

⑤ 2019 年分配现金股利：

借：利润分配——应付现金股利　44 900
　贷：应付股利——限制性股票股利　44 900

借：其他应付款——限制性股票回购义务　44 900
　贷：库存股　44 900

借：其他应付款——限制性股票回购义务　900
　贷：应付股利——限制性股票股利　900

⑥ 2019 年 12 月 31 日回购限制性股票：

借：其他应付款——限制性股票回购义务　10 500
　　应付股利——限制性股票股利　4 500
　贷：银行存款　15 000

借：股本　1 500
　　资本公积——股本溢价　13 500
　贷：库存股　15 000

（4）2020 年 1 月 1 日解锁日应作会计分录为：

借：应付股利　132 900
　贷：银行存款　132 900

借：其他应付款——限制性股票回购义务　310 100
　贷：库存股　310 100

借：资本公积——其他资本公积　797 400

贷：资本公积——股本溢价　　797 400

二、以现金结算的股份支付的核算

（一）授予日

除了立即可行权的股份支付外，企业在授予日不作会计处理。对于立即行权的股份支付，按照授予日权益工具的公允价值借记“管理费用”等科目，贷记“应付职工薪酬”科目。

（二）等待期内的每个资产负债表日

企业应当在等待期内的每个资产负债表日，根据承担负债的公允价值和预计可行权的权益工具数量所确定的金额，借记“管理费用”等科目，贷记“应付职工薪酬”科目，确认其后续公允价值变动。企业应当根据最新取得的可行权职工人数变动等后续信息作出最佳估计，修正预计可行权的权益工具数量，并以此为依据确认各期应分摊的费用。在可行权日，最终预计可行权权益工具的数量应当与实际可行权工具的数量一致。

（三）可行权日之后

企业在可行权日之后不再确认成本费用，负债（应付职工薪酬）公允价值的变动应当计入当期损益（公允价值变动损益）。

【例 15-3】 2016 年年末，乙公司股东大会批准一项股票增值权激励计划，为其 150 名中层干部以上职工每人授予 150 份现金股票增值权，这些职工从 2017 年 1 月 1 日起在公司连续服务 3 年，即可按照当时股价的增长幅度获得现金（执行日前 30 个交易日乙公司平均收盘价高于激励计划公告前 30 个交易日平均收盘价，每份股票增值权可获得每股价差收益），该增值权应在 2021 年 12 月 31 日之前行使。乙公司估计，该增值权在负债结算之前的每一个资产负债表日以及结算日的公允价值和可行权后的每份增值权现金支出，如表 15-5 所示。

表 15-5　　乙公司各期增值权公允价值及支付现金一览表　　单位：元

年份	公允价值	支付现金
2017	18	
2018	20	
2019	23	20
2020	24	23
2021		26

2017 年有 10 名职工离开乙公司，乙公司估计 2 年中还将有 15 名职工离开；2018 年又有 8 名职工离开，公司估计还将有 8 名职工离开；2019 年又有 10 名职工离开。2019 年年末，有 50 人行使了股份增值权；2020 年年末有 30 人行使股份增值权；2021 年年末，剩余

的 42 人也行使了股份增值权。乙公司各期确认的成本费用、负债及支付现金的计算过程如表 15-6 所示。

表 15-6　　乙公司各期确认的成本费用、负债及支付现金的计算过程　　单位：元

年份	负债计算（1）	支付现金计算（2）	负债（3）=（1）	支付现金（4）=（2）	当期费用（5）=（3）－上期（3）+本期（4）
2017	（150－25）×150×18×1/3		112 500		112 500
2018	（150－26）×150×20×2/3		248 000		135 500
2019	（150－28－50）×150×23	50×150×20	248 400	150 000	150 400
2020	（150－28－50－30）×150×24	30×150×23	151 200	103 500	6 300
2021	0	42×150×26	0	163 800	12 600
总额	—	—	—	417 300	417 300

根据上述计算结果，乙公司在各期应作以下有关会计分录：

（1）2017 年 12 月 31 日，应作会计分录为：

借：管理费用　　112 500

　贷：应付职工薪酬——股份支付　　112 500

（2）2018 年 12 月 31 日，应作会计分录为：

借：管理费用　　135 500

　贷：应付职工薪酬——股份支付　　135 500

（3）2019 年 12 月 31 日，应作会计分录为：

借：管理费用　　150 400

　贷：应付职工薪酬——股份支付　　150 400

借：应付职工薪酬——股份支付　　150 000

　贷：银行存款　　150 000

（4）2020 年 12 月 31 日，应作会计分录为：

借：公允价值变动损益　　6 300

　贷：应付职工薪酬——股份支付　　6 300

借：应付职工薪酬——股份支付　　103 500

　贷：银行存款　　103 500

（5）2021 年 12 月 31 日，应作会计分录为：

借：公允价值变动损益　　12 600

　贷：应付职工薪酬——股份支付　　12 600

借：应付职工薪酬——股份支付　　163 800

　贷：银行存款　　163 800

三、股份支付的特殊问题处理

（一）一次授予、分期行权的股份支付

目前实务中，大多数国内上市公司的股权激励计划是一次授予，按比例分期行权。在这种情况下，相关的费用就不能按照上述规定的比例在整个计划期内分摊。

“一次授予、分期行权”，即在授予日一次授予员工若干权益工具，之后每年分批达到可行权条件时行权。每个批次是否可行权的结果通常是相对独立的，即每一期是否达到可行权条件并不会直接决定其他几期是否能够达到可行权条件，在会计处理时应将其作为几个独立的股份支付计划处理。

【例 15-4】 乙公司为上市公司。2017 年 1 月 5 日，乙公司进行了限制性股票激励计划的授权，一次性授予乙公司高级管理人员共计 3 600 万股限制性股票。2017—2019 年每年年末，在达到当年行权条件的前提下，每年解锁 1 200 万股。在解锁时职工应当在职。当年未满足条件不能解锁的股票作废。假定每年的条件都能够满足的情况下，上述股权激励的费用应当如何在这三年中列支？

分析：从上述条款看，该股权激励计划属于一次授予、分期行权的股权激励计划，每期的结果相对独立，即第一期未达到可行权条件并不会直接导致第二期或第三期不能达到可行权条件，因此在会计处理时应将其作为三个独立的股份支付计划处理，即第一个计划的等待期是一年，第二个计划的等待期是两年，第三个计划的等待期是三年。各年应分摊的费用情况如表 15-7 所示。

表 15-7　　各年应分摊的费用情况（按股份数计算）　　单位：万股

分摊	第一期	第二期	第三期	合计
计入 2017 年	1 200	600	400	2 200
计入 2018 年	—	600	400	1 000
计入 2019 年	—	—	400	400
合计	1 200	1 200	1 200	3 600

（二）企业集团内涉及不同企业的股份支付交易

企业为获取职工的服务，向职工授予本身权益工具或者承担以本企业权益工具为基础确定的负债，是实务中常见的股份支付方式，通常接受服务和承担结算义务的是同一企业，按照股份支付准则的规定进行处理即可。随着我国实体经济与资本市场协同发展的不断深化，企业集团（由母公司和其全部子公司构成）管理和激励机制的完善以及对下属成员企业的有效控制不断加强，股份支付交易涉及的主体也呈现出多样化的态势，近期已经出现接受服务和承担结算义务的主体分别是企业集团内不同企业的股份支付交易。例如，企业集团内的母公司以本身股份授予子公司的高管人员，或者以母公司持有的集团内某子公司的股份授予另一子公司的高管人员。在这类交易中，股份支付交易可能同时涉及接受服务

企业、结算企业和发行权益工具的企业等多个主体。

1. 对于结算企业，应当区分两种情况进行处理

（1）结算企业以其本身权益工具结算的，应当将该股份支付交易作为权益结算的股份支付进行处理。

（2）结算企业不是以其本身权益工具而是以集团内其他企业的权益工具结算的，应当将该股份支付交易作为现金结算的股份支付进行处理。

例如，结算企业是接受服务企业的母公司，结算企业（母公司）由于承担了向接受服务企业（子公司）的职工（如高管人员）结算股份支付的义务，因而视为对该接受服务企业（子公司）的投入，应当按照授予日该权益工具的公允价值或应承担负债的公允价值增加对该接受服务企业（子公司）的长期股权投资成本，在该股份支付交易属于权益结算的股份支付的情况下，应当同时确认资本公积（其他资本公积）；在股份支付交易属于现金结算的股份支付的情况下，应当同时确认一项负债。

2. 对于接受服务企业，也应当区分两种情况进行处理

（1）接受服务企业没有结算义务（如由母公司直接向该子公司的高管人员授予股份），或者授予本企业职工的是其本身权益工具的，应当将该股份支付交易作为权益结算的股份支付进行处理，确认所接受服务的成本费用，同时确认资本公积（其他资本公积）。

（2）接受服务企业具有结算义务，且授予本企业职工的是企业集团内其他企业权益工具的，应当将该股份支付交易作为现金结算的股份支付进行处理，确认所接受服务的成本费用，同时确认一项负债。

【例 15-5】 A 公司为上市公司。2017 年 1 月 1 日，A 公司按照经批准的股权激励计划向 A 公司的子公司 B 公司及孙公司 C 公司的高管授予了 A 公司限制性股票。A 公司持有 B 公司 60%的股权，B 公司持有 C 公司 100%的股权。在等待期，母公司以及子公司和孙公司对于上述交易应当如何进行处理?

分析：在等待期内，母公司 A 应当按照授予日权益工具的公允价值确认为对接受服务企业 B 和 C 的长期股权投资，同时确认资本公积（其他资本公积）。

子公司 B 和孙公司 C 作为接受服务企业由于没有结算义务，应当将该股份支付交易作为权益结算的股份支付处理确认管理费用，同时确认资本公积（其他资本公积）。

练习题

练 习 题 1

一、目的：练习以现金结算的股份支付的核算。

二、资料：2016 年 11 月，南方公司董事会批准了一项股份支付协议。协议规定，2017 年 1 月 1 日，公司为其 200 名中层以上管理人员每人授予 100 份现金股票增值权，这些管

理人员必须在公司连续服务 3 年，即自 2019 年 12 月 31 日起可以根据股价的增长幅度行权获得现金。该股票增值权应在 2021 年 12 月 31 日之前行使完毕。南方公司估计，该股票增值权在负债结算之前每一个资产负债表日以及结算日的公允价值和可行权后的每份股票增值权现金支出额如表 15-8 所示。

表 15-8　南方公司各期增值权公允价值及支付现金一览表　　单位：元

年份	公允价值	支付现金
2017	15	
2018	16	
2019	18	16
2020	21	20
2021		25

第 1 年有 20 名管理人员离开南方公司，南方公司估计 2 年中还将有 15 名管理人员离开；第 2 年又有 10 名管理人员离开，公司估计还将有 10 名管理人员离开；第 3 年又有 15 名管理人员离开。假定：第 3 年年末有 70 人行使了股票增值权，第 4 年年末有 50 人行使了股票增值权，第 5 年年末剩余 35 人全部行使了股票增值权。

三、要求：根据以上资料，计算南方公司各期应承担的负债金额，并编制相关会计分录。

练 习 题 2

一、目的：练习以权益结算的股份支付的核算。

二、资料：A 公司为一上市公司。2017 年 1 月 1 日，公司向其 500 名管理人员每人授予 100 股股票期权，这些职员从 2017 年 1 月 1 日起在该公司连续服务 3 年，即可以每股 5 元的价格购买 100 股 A 公司股票，从而获益。公司估计该期权在授予日的公允价值为 18 元。

第 1 年有 20 名职员离开 A 公司，A 公司估计 3 年中离职的人数为 75 人；第 2 年又有 22 名职员离开公司，公司将估计的离职人数调整为 60 人，第 3 年又有 20 名职员离开。

三、要求：根据以上资料，计算 A 公司各期应承担的费用，并编制相关会计分录。

第十六章　所有者权益

本章学习提示

本章重点：所有者权益的构成、实收资本和其他权益工具的核算、资本公积和其他综合收益的核算、留存收益的含义及用途

本章难点：其他权益工具的确认和计量、资本公积和其他综合收益的核算

第一节　所有者权益概述

一、企业组织形式及其特征

在市场经济中企业是主体，虽然企业所有制性质不同，但与所有者权益会计密切相关的不是企业所有制的性质，而是企业的组织形式。企业组织形式不同，决定了所有者对企业所承担的义务、风险及其享有利益的不同。企业的组织形式有三种，即独资企业、合伙企业和公司制企业。

（一）独资企业

独资企业也称个人独资企业，是指由个人独立出资而形成的一种企业组织形式。独资企业不是独立的法律主体，开办程序简单，开办费用较少，便于筹建。企业所有者（业主）对企业的财产和赚取的利润拥有全部支配权。同时，企业的所有者（业主）也对企业的债务承担无限清偿责任。这种类型的企业一般规模比较小，资金来源有限，适用于生产条件和生产过程比较简单、财产经营规模比较小的生产经营活动。独资企业不是纳税主体，不缴纳企业所得税，但应由业主连同其本人从其他方面所获得的收入，一并交纳个人所得税。

（二）合伙企业

合伙企业是自然人、法人和其他组织依照《中华人民共和国合伙企业法》规定，在中国境内设立的共同出资、共担风险、以盈利为目的的企业组织形式。合伙企业的出资者称为合伙人。合伙企业分为普通合伙企业和有限合伙企业。普通合伙企业由普通合伙人组成，

合伙人对合伙企业债务承担无限连带责任。而有限合伙企业由 2 个以上 50 个以下合伙人设立，其中至少应当有一个普通合伙人，也即有限合伙企业由普通合伙人和有限合伙人组成。普通合伙人对合伙企业债务承担无限连带责任，而有限合伙人则以其认缴的出资额为限对合伙企业债务承担责任。

合伙企业不是独立的法律主体，也不是纳税主体。合伙企业需要订立书面形式的合伙合同（契约），以明确各合伙人之间的责、权、利关系以及企业收益分配方式等相关的企业组织行为。一般来说，在合伙企业确定的业务范围内，任何一个合伙人的业务行为均被法律视为所有合伙人共同执行的业务，也就是合伙人互为代理。与独资企业相比，合伙企业的优点在于能够扩大企业规模，分散经营风险，发挥合伙人的集体智慧和力量，但同时也具有权力分散、决策缓慢以及筹资困难等局限性。

（三）公司制企业

公司是依照一定的法律程序申请登记设立的并以盈利为目的的企业法人。我国《公司法》规定："公司是指依照本法在中国境内设立的有限责任公司和股份有限公司。"公司是企业法人，有独立的法人财产，享有法人财产权，并以其法人资产为限对公司的债务承担责任。

1. 有限责任公司

有限责任公司简称有限公司，由 50 个以下股东出资设立，股东以其认缴的出资额为限对公司债务承担有限责任，公司以其全部资产对其债务承担责任的企业法人。

有限责任公司具有以下特征。

（1）有限责任公司的全部资本不分为等额股份，不发行股票，只向股东签发出资证明。

（2）公司股份的转让有严格的限制，如需转让，需在其他股东同意的条件下方可进行。

（3）公司股东人数应在 50 人以下。

（4）公司股东以其出资额为限，对公司承担有限责任；当公司出现资不抵债而破产清算时，债权人不能追索股东的其他财产。

（5）公司股东可以作为雇员参与公司经营管理。

（6）财务不必公开，但应按公司章程规定的期限将财务报告送交各股东。

有限责任公司有两种特殊形式。

（1）一人有限公司。只有一个自然人股东或者一个法人股东的有限责任公司称为一人有限责任公司。一个自然人只能设立一个一人有限责任公司。该一人有限责任公司不能投资设立新的一人有限责任公司。一人有限责任公司应当在公司登记中注明自然人独资或者法人独资，并在公司营业执照中载明。

（2）国有独资公司。国有独资公司是指国家单独出资、由国务院或者地方人民政府授权本级人民政府国有资产监督管理机构履行出资人职责的有限责任公司。国有独资公司不设股东会，由国有资产监督管理机构行使股东会职权。国有资产监督管理机构可以授权公司董事会行使股东会的部分职权，决定公司的重大事项，但公司的合并、分立、解散、增减注册资本和发行公司债券，必须由国有资产监督管理机构决定。其中，重要的国有独资公司合并、分立、解散、申请破产的，应当由国有资产监督管理机构审核后，报本级人民政府批准。

2. 股份有限公司

股份有限公司简称股份公司，是指由一定数量的股东共同出资成立，股东以其所认购股份对公司承担责任，公司以其全部资产对其债务承担有限责任的企业法人。

股份公司具有如下特征。

（1）资本划分为等额股份。在股份公司中，需要将资本划分为若干等额的股份，每股金额与股份总数的乘积即是资本总额。

（2）以发行股票方式筹集资本。股份有限公司采取公开向社会发行股票的方式来筹集资本，为筹集资金开辟了广阔的渠道，且股东人数没有上限，便于吸引更多的投资者。

（3）股票可以自由转让。投资者可以根据自己的意愿，随时通过证券市场转让其所拥有的公司股份。

（4）财产所有权与经营权彻底分离。除独资企业外，其他形式的企业都具有所有权与经营权分离的特点，这一点在股份公司表现得最为彻底。股份公司的财产所有权属于全体股东，但股东并不直接参与公司的日常经营管理。他们通过选举董事会来维护和代表其利益，负责重大事项的管理，然后，由董事会聘任总经理负责公司的日常管理。

（5）公司财务公开。公司的财务状况是公司经营活动的综合反映。由于股份公司公开向社会发行股票筹资，因此，各国法律都要求股份公司财务公开，定期公布公司的经营业绩和财务状况及其变动情况。

二、所有者权益的含义及特征

会计上的权益有广义和狭义两种理解。广义的权益是指对企业资产所拥有的权利，包括债权人权益（企业的负债）和所有者权益两部分；狭义的权益仅指所有者权益。所有者权益是所有者对企业资产的剩余索取权，它是企业资产中扣除债权人权益后应由所有者享有的部分，既可反映所有者投入资本的保值增值情况，又能体现保护债权人权益的理念。在不同组织形式的企业中，所有者权益的表现形式不同。独资企业表现为业主资本或称业主权益，在合伙企业表现为合伙人权益，在公司制企业中表现为股东权益。

与负债相比，所有者权益具有以下明显特征。

（1）所有者权益是对投资人承担的经济责任，而负债则是对债权人承担的经济责任。

（2）所有者权益是企业的投资者对企业净资产的要求权，这种权利与投资人的投资行为相伴而生。所有者权益最初以投资人向企业投入资本而形成，在投资人的投资行为结束之后，其权益的增减完全取决于企业的生产经营状况。如果企业实现了利润，所有者权益随之增加；如果企业发生了亏损，则所有者权益随之减少。随着生产经营活动的进行，投入资本以盈利的不断积累或其他方式而逐渐增值。投入资本及其增值共同构成企业的所有者权益。而负债是企业在经营或其他事项中发生的债务，是债权人对企业资产的索偿权。

（3）所有者权益表明投资者与企业之间的产权投资和被投资的关系，所有者有权参与企业的利润分配。而负债表明债权人与企业之间的债权债务关系，债权人享有收回本金和利息的权利，但无权参与企业的收益分配。

（4）所有者权益与企业共存，没有约定的偿付期。在企业持续经营期间投资者不得抽回投入的资本金，只有在企业破产清算时（除按法律程序减资外），其破产财产在偿付了破产费用、债权人的债务后，如有剩余财产，才能按照一定的比例还给投资者，因而是企业一项长期使用的资金。而负债则必须在规定的偿付期内偿还本金和利息。

（5）所有者权益风险较高。所有者能够获得多少收益，需视企业的盈利水平及经营政策而定，风险较大；债权人获得的利息一般按一定的利率计算，并且是预先可以确定的固定数额，无论盈亏，企业都要按期付息，风险相对较小。

三、所有者权益的构成

所有者权益通常由实收资本（或股本）、其他权益工具、资本公积、其他综合收益、盈余公积和未分配利润等项目构成。

（一）实收资本

实收资本是指投资者按照企业章程或合同、协议的约定投入企业而形成的法定资本的价值。一般情况下无须偿还，可以长期周转使用。实收资本的构成比例即投资者的出资比例或股东的股份比例，通常是确定所有者在企业所有者权益中所占的份额和参与企业财务经营决策的基础，也是企业进行利润分配或股利分配的依据，同时还是企业清算时确定所有者对净资产要求权的依据。股份有限公司的实收资本称为股本。

我国法律规定采用法定资本制，即企业的实收资本必须等于注册资本。注册资本是企业在工商行政管理部门登记的注册资金，是投资者用于进行企业生产经营、承担民事责任而投入的资金。投资者应按其在注册资本中的份额享有相应的权益和承担责任，已注册的资本金如果追加或减少，必须办理变更登记。除了企业清算、减资、转让回购股份等特殊情况外，投资者不得随意从企业收回注册资本。

（二）其他权益工具

其他权益工具是指企业发行的除普通股以外，按照金融负债和权益工具区分原则分类为权益工具的各种金融工具，如企业可自行决定是否派发股息的非累积优先股；无固定期限、企业能自主决定是否支付股息的可转换优先股；无固定还款期限、企业可自主决定是否支付利息的不可累积永续债等。

（三）资本公积

资本公积是企业收到投资者投出的超过其在企业注册资本（或股本）中所占份额的投

入资本，以及直接计入所有者权益的利得和损失等。资本公积包括资本溢价（或股本溢价）和其他资本公积等。

（四）其他综合收益

其他综合收益是企业根据会计准则的规定未在当期损益中确认的各项利得和损失。包括以后会计期间不能重分类进损益的其他综合收益和以后会计期间满足规定条件时将重分类进损益的其他综合收益两类。

（五）留存收益

留存收益是企业历年实现的净利润留存于企业的部分，包括盈余公积和未分配利润。盈余公积是企业按照国家有关规定从税后利润中提取的公积金；未分配利润是企业实现的利润中留于以后年度分配或者待分配的部分。此外，高危行业企业如有按国家规定提取安全生产费的，还应增设“专项储备”项目。

四、股份有限公司所有者权益的构成

股份有限公司所有者权益又称作股东权益，是股东对企业净资产的所有权，由股本、其他权益工具、资本公积、其他综合收益和留存收益五部分组成。由于其他项目的含义前面已阐述，这里主要介绍股本。

（一）股本的含义

股本是指股份有限公司实际发行的股票面值。而股票是股份有限公司签发的证明股东按其所持股份享有权利和承担义务的书面凭证。为了便于理解股本，这里对会计实务中经常涉及的股本概念作简要介绍。

（1）核定股本，指公司章程中规定的依法可以发行的股份总数乘以每股面值的总和，我国将其称为注册资本。

（2）已发行股本，指公司在核定股本范围内实际发行的股本。在实收资本制下，已发行的股本等于核定股本；在授权资本制下，已发行股本是公司必须维持的法定资本，而核定资本则是公司已发行股本的最高限额，已发行股本可以小于核定股本。

（3）未发行股本，指核定股本中尚未发行的股本，它是核定股本扣除已发行股本后的余额。

（4）流通在外的股本，指公司已发行股本中正在由股东持有的部分。

（5）库存股本，指公司已发行、因特殊原因又收回但尚未注销的股本。

（6）已认购股本，指按认股合同认购的尚未发行的股本。这类股票在股款收足之前不发行。

上述各种股本概念及相互关系如图 16-1 所示。

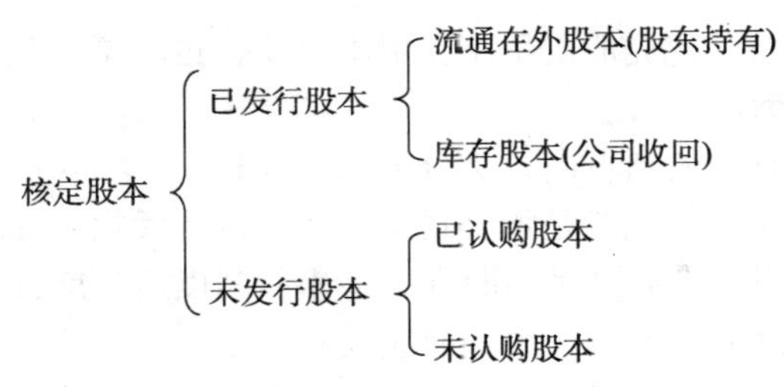

图 16-1　各种股本概念及相互关系

（二）股本的种类

股份有限公司的股本可按股东享有的权利不同，分为普通股和优先股。

1. 普通股

普通股是公司的基本股份，普通股股东主要有以下权利。

（1）参与管理权。股东大会是股份公司的最高权力机构，由拥有普通股的股东或股东代表组成。普通股股东按其持股比例享有投票表决权，通过行使投票权来参与公司的管理。

（2）收益分配权。公司实现的税后利润经董事会决定并宣告分派股利时，普通股股东有按持股比例获得股利的权利。

（3）优先认股权。公司为增加股本而需要增发普通股股票时，为了保持原来每一普通股股东在公司股份中的持股比例，允许其享有按原来持股比例优先认购新股的权利。

（4）剩余财产分派权。所谓剩余财产，即公司结束经营进行清算时全部资产在清偿了所有债务后的余额。普通股股东享有按其持有股分比例参加公司剩余财产分配的权利。

2. 优先股

优先股是指享有某些优先权利的股份。优先权是公司在筹集资本时，对股票认购人给予某些优惠条件的允诺。股份有限公司设置优先股的目的在于满足不同投资者的需要。优先股通常具有以下特征。

（1）优先于普通股股东分得股利。在分派普通股股利之前，优先股股东可以按约定的股利率或金额分得股利。

（2）优先于普通股股东分得公司剩余财产。如果公司解散清算，优先股股东可以在公司付清所有债务之后，优先于普通股股东分得公司剩余财产。

（3）通常没有表决权。优先股股东通常在股东大会上没有投票表决权。但按照有关规定，若股份有限公司连续 3 年未支付优先股股利，优先股股东可出席或委托代理人出席股东大会并行使表决权。

（4）具有双重性质。一方面，从优先股股息固定、清算时分得剩余财产优先于普通股、对企业经营决策通常没有表决权等方面来看，优先股具有类似于公司债券的性质；另一方面，由于优先股股息的支付与否，取决于公司董事会，而不像公司债券那样具有强制性，且优先股股息不能在企业税前抵扣，也没有到期日，因而，优先股又具有普通股股票的性质。

（5）不享有公积权益。优先股既不享受资本公积，也不享受盈余公积，所享有的公司净资产以优先股股票的面值为限。

优先股根据股东享有的权利不同，又分为以下几种。

（1）累积优先股。累积优先股是指公司某一年度发生亏损，或者虽有盈利但不足以支付优先股股利时，对于当期没有分派的股利，将累积到以后年度进行分派的优先股。公司在累积优先股股利付清之前，不得分派普通股股利。

（2）非累积优先股。非累积优先股是指当年应分派的股利未能分派，或者未达到规定的分派数额，则该年所欠的股利不予累积，以后年度不再补发的优先股。

（3）参加优先股。参加优先股是指优先股除按规定先于普通股分得一定的股利外，还有与普通股共享剩余利润分配的权利。参加优先股又可分为全部参加和部分参加两种。全部参加优先股的股东，在普通股股东取得了与优先股股利率相等的股利以后，任何剩余利润的分配，均在优先股与普通股之间按相同的比例进行，即优先股与普通股所分得的股利相同。部分参加优先股，是在普通股股东所能分得的股利率超过优先股股利率时，可以按一定的股利率参与剩余股利的分派，即优先股股东在与普通股股东一起共同分享用于分配股利盈余中的剩余部分时，有一个既定的限度，超过限度的盈余，则全部由普通股股东分享。

（4）不参加优先股。不参加优先股是指不论公司盈余多少及普通股股利的大小，优先股股东仅能享有定额或定率股利的优先股。一般公司所发行的优先股多为此类。

（5）可转换优先股。可转换优先股是指可以根据发行股票时规定的条件在一定期限内按一定的转换比率，将持有的优先股转换为普通股的优先股。发行可转换优先股可以吸引更多的投资者。持有可转换优先股的投资者，在公司盈利不多时，可享有比普通股优先分得股利的权利，获取收入较有保障；在公司盈利较多时，还可按规定行使转换权，将优先股转换为普通股，以获得较多的股利，并享有普通股股东的权利。

（6）可赎回优先股。可赎回优先股是指股份公司发行附有可赎回条款的优先股。股份公司按公司章程中规定的赎回条款，在一定时日赎回发行的优先股，归还优先股股东的投资。公司也可在证券市场按市价买回优先股。

第二节　实收资本和其他权益工具

企业设立时投资者投入企业的资本称为投入资本，包括实收资本（或股本）和资本溢价（或股本溢价）。按照投资主体不同，投入资本可分为国家资本、法人资本、个人资本和外商投入资本等；按投入资本的形式不同，可分为现金和银行存款等货币资金投资、建筑物及设备和原材料及其他物资等实物资产投资、股票或债券等各种有价证券投资和无形资产投资等。

一、实收资本的增加

企业增加资本的途径一般有三个：一是投资者投入，二是资本公积转为实收资本（或股本），三是将盈余公积转为实收资本（或股本）。

（一）投资者投入资本的核算

1. 投入资本的计价

接受投资者投入资本在计价时，应区分不同的出资方式。

（1）投资者以人民币现金投资，企业应以实际收到或者存入企业开户银行的时间和金额确定入账。

（2）投资者以外币投资，企业应按交易发生日即期汇率将外币折算为记账本位币金额入账。不得采用合同约定汇率和即期汇率的近似汇率折算，外币投入资本与相应的货币性项目记账本位币金额之间不产生外币资本折算差额。

（3）投资者以非现金资产投资，企业应按投资合同或协议约定的价值作为非现金资产的入账价值（但合同或协议约定价值不公允的除外）。

2. 非股份制企业投入资本的核算

非股份制企业的投入资本通过“实收资本”和“资本公积——资本溢价”科目核算。企业收到投资者投入的资本后，应根据有关原始凭证，分别按不同的出资方式进行账务处理。

（1）投资者投入货币资金的核算。

【例 16-1】 A 企业收到某投资者投入人民币 50 万元，存入企业开户银行。据此应作会计分录为：

借：银行存款　　500 000
　贷：实收资本　　500 000

【例 16-2】 A 企业收到国外投资者缴入资本 30 万美元，当日外汇牌价为 1∶6.3，在签订投资协议时，双方约定的外汇牌价为 1∶6.5。据此应作会计分录为：

借：银行存款　　1 890 000
　贷：实收资本　　1 890 000

（2）投资者投入非货币资产的核算。

【例 16-3】 A 企业收到某投资者投入的不需安装机器设备一台，账面价值 200 000 元，投资合同上约定的价值为 210 000 元。据此应作会计分录为：

借：固定资产　　210 000
　贷：实收资本　　210 000

【例 16-4】 A 企业收到某投资者投入的一项专利权，双方协议价值为 150 000 元。据此应作会计分录为：

借：无形资产　　150 000
　贷：实收资本　　150 000

（3）投资者追加投资的核算。

【例 16-5】 A 企业最初由甲、乙、丙三个投资者各出资 200 万元组建，经过两年的经营后，丁投资者加入该企业并希望拥有 25%的股份。经协商，该企业将注册资本增加到 800

万元，并要求丁投资者缴纳260万元投资。收到丁投资者的投资时，应作会计分录为：

借：银行存款　　2 600 000

　贷：实收资本——丁投资者　　2 000 000

　　资本公积——资本溢价　　600 000

3. 股份有限公司投入资本的核算

股份有限公司应设置"股本"和"资本公积——股本溢价"科目，核算股东按照公司章程和投资协议规定投入企业的股本。前者仅核算公司发行股票的面值，后者核算超出股票面值的溢价收入。

（1）股票发行。

股票的发行价格受发行时资本市场的需求和投资人对公司获利能力的估计等因素的影响，而往往与股票的面值不一致。可能会出现面值发行、溢价发行和折价发行等多种形式（我国目前规定不允许折价发行）。企业在实际收到认股款时，按其所发行股票的面值作为股本；超过面值的溢价部分扣除发行费用（与股票发行直接相关的手续费、佣金等交易费用）后的余额，作为股本溢价计入资本公积。如果用非现金资产折价入股，须按投资各方确认的价值作为股东的实际出资额，按资产换取的股份总数与每股面值的乘积作为股本，资产确认价高于折合股票面值的部分，作为股本溢价计入资本公积。

【例16-6】 A股份有限公司按面值发行普通股10 000 000股，每股面值1元。在收到股款时应作会计分录为：

借：银行存款　　10 000 000

　贷：股本——普通股　　10 000 000

【例16-7】 A股份有限公司发行普通股30 000 000股，每股面值1元，每股发行价10元，证券公司按发行收入的1%收取手续费，直接从发行收入中扣除。在收到股款时应作会计分录为：

借：银行存款　　297 000 000

　贷：股本——普通股　　30 000 000

　　资本公积——股本溢价　　267 000 000

（2）以资产折价入股。

【例16-8】 A国有企业向一股份有限公司投资，以现有的机器设备折价入股，经注册会计师事务所评估和国有资产管理部门确认，该项资产价值为100万元，换取面值1元的普通股80万股。该股份有限公司接受投资时应作会计分录为：

借：固定资产　　1 000 000

　贷：股本——普通股　　800 000

　　资本公积——股本溢价　　200 000

（二）转增资本的核算

《公司法》规定，公司可将资本公积或盈余公积转为实收资本或股本，此种增加资本的方式，称为转增资本。转增资本也导致企业资本的增加，但不同于上述各种方式的直接增资。由于资本公积、盈余公积和实收资本（或股本）均属所有者权益，转资的结果增加了注册资本，而减少了资本公积或盈余公积。因此，转资只引起所有者权益结构的变化，并未增加所有者权益总额。

企业在转增资本时，首先要办理增资手续，其次要按股东原持股比例结转，以使各股东的持股比例不变。并且，法定盈余公积金用于转资后的余额不得少于企业注册资本的25%。

【例 16-9】 A 有限责任公司经批准后将资本公积 1 000 000 元按股东原持股比例转增资本。股东原持股比例为：国家股 70%、法人股 20%、个人股 5%、外资股 5%。转资时企业应作会计分录为：

借：资本公积　　1 000 000
　贷：实收资本——国家资本金　　700 000
　　　　　　——法人资本金　　200 000
　　　　　　——个人资本金　　50 000
　　　　　　——外商资本金　　50 000

此外，企业根据对资本规模的需要，可在原有注册资本的基础上，依照有关法律法规的要求，采取其他方式增加资本。以股份有限公司为例，依照法律法规的规定，经股东大会分别作出决议，可以采取下列方式增加资本：向社会公众发售股票、向现有股东配售派送红股等增加资本，可转债转增为资本，重组债务转为资本，以权益结算的股份支付行权，等等。

发行新股增资与公司设立时发行股票的会计处理相同；公司以发行的可转换债券转换为股票增加资本已在第十三章说明；重组债务转为资本已在第十四章说明；以权益结算的股份支付行权已在第十五章说明；派送红股（分派股票股利）是股份公司进行利润分配的一种形式，其核算将在第十七章中阐述；非股份制企业经批准增加资本，其有关处理与本章所述的追加投资相同。以上内容的具体核算，此处均不再赘述。

二、实收资本的减少

我国《公司法》规定，公司成立后，股东不得抽逃出资。但符合《公司法》规定的，可以减少注册资本，如企业发生重大亏损、资本过剩、回购股份用于奖励职工、中外合作企业按照协议归还股东投资、股东因对股东大会作出的公司合并、分立决议持异议，要求公司收购其股份等。

1. 有限责任公司减资

有限责任公司减资的方式为直接返还投资者投资，其会计处理相对简单，在返还投资者投资时，借记“实收资本”科目，贷记“银行存款”科目。

【例 16-10】 A 有限责任公司因经营业务大幅萎缩，经股东大会决议减少注册资本。

公司原注册资本为 600 万元，由甲、乙两个股东出资建立，各占 1/2 股份。决议减资数额为 100 万元，以现金方式返还投资，经有关部门和债权人同意，具体处理时公司应作会计分录为：

借：实收资本——甲股东　　500 000
　　　　　　——乙股东　　500 000
　贷：银行存款　　1 000 000

2. 股份有限公司减资

股份有限公司减资的方式是收购本公司所发行的股票。按照我国有关规定，回购本公司的股票（为奖励本公司职工而收购本公司的股份除外）必须注销，不得重新发行已收回股票。在正式注销回购股票之前形成企业的库存股票。库存股是公司收回发行在外，但尚未注销的本公司股票。

按照规定，企业核算收购、转让或注销的本公司股份应设置“库存股”科目，并根据以下几种情况分别进行会计处理。

（1）企业为减少注册资本而收购本公司股份的，应按实际支付的金额，借记“库存股”科目，贷记“银行存款”等科目。

（2）转让库存股时，应按实际收到的金额，借记“银行存款”等科目，按转让库存股的账面余额，贷记“库存股”科目，若实际收到金额大于库存股账面价值的，按其差额贷记“资本公积——股本溢价”科目；若实际收到金额小于库存股账面价值的，按其差额借记“资本公积——股本溢价”科目。

（3）注销库存股时，应按股票面值和注销股数计算的股票面值总额，借记“股本”科目，按注销库存股的账面余额，贷记“库存股”科目，按其差额，借记“资本公积——股本溢价”科目，股本溢价不足冲减的，应借记“盈余公积”“利润分配——未分配利润”科目。

【例 16-11】 A 公司将已发行在外的面值 1 元的普通股收回 100 000 股，该股票原发行价每股 3.5 元，现以每股 4 元收购，收回后尚未注销。公司应作会计分录为：

借：库存股　　400 000
　贷：银行存款　　400 000

【例 16-12】 承【例 16-11】，如果 A 公司以后将库存股票按收回成本转让，则收到转让款时应作会计分录为：

借：银行存款　　400 000
　贷：库存股　　400 000

若转让时的价格为每股 4.5 元，则应作会计分录为：

借：银行存款　　450 000
　贷：库存股　　400 000
　　　资本公积——股本溢价　　50 000

【例 16-13】 承【例 16-12】，如果 A 公司收回股票后将其注销，应作会计分录为：

借：股本——普通股　　100 000

资本公积——股本溢价　　250 000
盈余公积　　50 000
贷：库存股　　400 000

三、其他权益工具

其他权益工具是指企业发行的除普通股以外，按照金融负债和权益工具区分原则分类为权益工具的各种金融工具。

（一）其他权益工具的确认和计量

企业发行的金融工具应该按照《企业会计准则第 22 号——金融工具确认和计量》进行初始确认和计量，之后于每个资产负债表日计提利息或分派股利，按照相关具体企业会计准则处理，即企业应当以所发行金融工具的分类为基础，确定该工具利息支出或股利分配等的会计处理。

对于归类为权益工具的金融工具，无论其名称中是否包含“债”，其利息支出或股利分配都应当作为发行企业的利润分配，其回购、注销等作为权益的变动处理；对于归类为金融负债的金融工具，无论其名称是否包含“股”，其利息支出或股利分配原则上按照借款费用处理，其回购或赎回产生的利得或损失等计入当期损益。

企业（发行方）发行金融工具，其发行的手续费、佣金等交易费用，如分类为债务工具且以摊余成本计量的，应当计入所发行工具的初始计量金额；如分类为权益工具的，应当从其他权益工具中扣除。

（二）其他权益工具的主要会计处理

企业设置“其他权益工具”科目对其进行核算，该科目属于所有者权益类科目，按照所发行金融工具的种类进行明细核算。

1. 发行其他权益工具

（1）发行方发行的金融工具归类为债务工具并以摊余成本计量的，应按照实际收到的金额借记“银行存款”等科目，按债务工具的面值贷记“应付债券——优先股、永续债（面值）”等科目，按其差额贷记或借记“应付债券——优先股、永续债（利息调整）”等科目。在该工具存续期间，计提利息并对账面的利息进行调整等的账务处理，按照有关金融负债按摊余成本后续计量的规定进行，与应付债券相同，此处不再赘述。

（2）发行方发行的金融工具归类为其他权益工具的，应按照实际收到的金额，借记“银行存款”等科目，贷记“其他权益工具——优先股、永续债”等科目。该金融工具在存续期间分派股利（含分类为权益工具的工具所产生的利息）的，作为利润分配处理。发行方应根据经批准的股利分配方案，按应分配给金融工具持有者的股利金额，借记“利润分配——应付优先股股利、应付永续债券利息”等科目，贷记“应付股利——优先股股利、

永续债利息”等科目。

【例 16-14】 A 企业经批准于 20×7 年 1 月 1 日发行优先股 2 000 万股，每股面值 1 元，发行价 1.16 元/股，另外，发生相关的发行税费 50 000 元，票面年股息率为 14%，企业可自行决定是否派发股息，支付优先股股息后，优先股股东不再参与普通股股利分配。按相关规定，该企业将优先股归类为权益工具，20×7 年年底，董事会制订优先股股息分配方案，决定按票面股息率分配优先股股息，并用银行存款支付。

① 发行优先股时，应作如下会计分录：

借：银行存款	23 150 000	
贷：其他权益工具——优先股		23 150 000

② 决定分配优先股股息时，应作如下会计分录：

借：利润分配——应付优先股股利	2 800 000	
贷：应付股利——优先股股利		2 800 000

③ 实际发放优先股股息时，应作如下会计分录：

借：应付股利——优先股股利	2 800 000	
贷：银行存款		2 800 000

（3）发行方发行的金融工具为复合金融工具的，应按实际收到的金额，借记“银行存款”等科目，按金融工具的面值，贷记“应付债券——优先股、永续债（面值）”等科目，按负债成分的公允价值与金融工具面值之间的差额，借记或贷记“应付债券——优先股、永续债（利息调整）”等科目，按实际收到的金额扣除负债成分的公允价值后的金额，贷记“其他权益工具——优先股、永续债”等科目。发行复合金融工具发生的交易费用，应当在负债成分和权益成分之间按照各自占总发行价款的比例进行分摊。具体核算参见第十三章非流动负债中有关可转换债券的例题，此处不再赘述。

2. 其他权益工具重分类

由于发行的金融工具原合同条款约定的条件或事项随着时间的推移或经济环境的改变而发生变化，导致原归类为其他权益工具的金融工具重分类为金融负债的，应当于重分类日，按该工具的账面价值，借记“其他权益工具——优先股、永续债”等科目，按该工具的面值，贷记“应付债券——优先股、永续债（面值）”等科目，按该工具的公允价值与面值之间的差额，借记或贷记“应付债券——优先股、永续债（利息调整）”等科目，按该工具公允价值与账面价值的差额，贷记或借记“资本公积——资本溢价（或股本溢价）”科目，如资本公积不够冲减的，依次冲减盈余公积和未分配利润。

【例 16-15】 承【例 16-14】，20×7 年年底，随着经济环境的变化，企业决定将 2 000 万股优先股重分类为金融负债。该企业“资本公积——股本溢价”账户余额为 1 000 000 元。20×7 年 12 月 31 日，该优先股的公允价值为 1.36 元/股。

重分类日（20×7 年 12 月 31 日），该优先股的公允价值=2 000 万×1.36=2 720（万元）

企业将优先股重分类为金融负债时，应作如下会计分录：

借：其他权益工具——优先股	23 150 000	

资本公积——股本溢价　　1 000 000
盈余公积　　3 050 000
贷：应付债券——优先股（面值）　　20 000 000
应付债券——优先股（利息调整）　　7 200 000

反之，由于发行的金融工具原合同条款约定的条件或事项随着时间的推移或经济环境的改变而发生变化，导致原归类为金融负债的金融工具重分类为权益工具的，应于重分类日，按金融负债的面值，借记“应付债券——优先股、永续债（面值）”等科目，按利息调整余额，借记或贷记“应付债券——优先股、永续债（利息调整）”等科目，按金融负债的账面价值，贷记“其他权益工具——优先股、永续债”等科目。

3. 赎回其他权益工具

发行方按合同条款约定赎回所发行的除普通股以外的分类为权益工具的金融工具，按赎回价格，借记“库存股——其他权益工具”科目，贷记“银行存款”等科目；注销所购回的金融工具，按该工具对应的其他权益工具的账面价值，借记“其他权益工具”科目，按该工具的赎回价格，贷记“库存股——其他权益工具”科目，按其差额，借记或贷记“资本公积——资本溢价（或股本溢价）”科目，如资本公积不够冲减的，依次冲减盈余公积和未分配利润。

【例 16-16】 A 企业将原划分为其他权益工具的优先股赎回 100 000 股，该优先股面值 1 元股，发行价 1.5 元/股，赎回价每股 2 元，并于赎回后注销。

（1）赎回优先股时，应作如下会计分录：

借：库存股——其他权益工具　　200 000
贷：银行存款　　200 000

（2）注销优先股时，应作如下会计分录：

借：其他权益工具——优先股　　150 000
资本公积——股本溢价　　50 000
贷：库存股——其他权益工具　　200 000

4. 其他权益工具转换为普通股

发行方按合同条款约定将发行的除普通股以外的确认为其他权益工具的金融工具转换为普通股的，按该其他权益工具的账面价值，借记“其他权益工具”等科目，按普通股的面值，贷记“实收资本（或股本）”科目，按其差额，贷记“资本公积——资本溢价（或股本溢价）”科目。如转股时，金融工具的账面价值不足转换为 1 股普通股而以现金或其他金融资产支付的，还需按支付的现金或其他金融资产的金额，贷记“银行存款”等科目。

【例 16-17】 假定 A 企业在发行可自行决定是否支付股息的可转换优先股时，约定优先股持有者可以按每 1 股优先股换取 5 股面值为 1 元的普通股的比例，将所持有的优先股转换为普通股，发行时已将该优先股确认为其他权益工具，优先股原发行价为 2 元/股，在规定的期限内已有 100 000 股优先股转换为普通股。

企业根据优先股的转换情况，应作如下会计分录：

借：其他权益工具——优先股　200 000
　资本公积——股本溢价　300 000
　贷：股本　500 000

第三节　资本公积和其他综合收益

一、资本公积

（一）资本公积的内容

资本公积主要包括资本溢价（或股本溢价）和其他资本公积。资本溢价（或股本溢价）是指企业收到投资者投入的超出其在注册资本（或股本）中所占份额的投资。形成资本溢价的原因有溢价发行股票、投资者超额缴入资本等。其他资本公积是指除资本溢价（或股本溢价）项目以外形成的资本公积，如以权益结算的股份支付、专项或特定用途拨款转入等。

（二）资本公积的会计处理

资本公积的核算通过设置“资本公积”科目进行，企业应当根据资本公积的构成内容分别设置“资本溢价（或股本溢价）”“其他资本公积”等明细科目进行明细核算。资本溢价（或股本溢价）已在上述的有关例题中涉及，以下主要阐述其他资本公积的核算。

1. 采用权益法核算的长期股权投资

长期股权投资采用权益法核算的，被投资单位除净损益、其他综合收益和利润分配以外所有者权益的其他变动，投资企业按持股比例计算应享有的份额，应当增加或减少长期股权投资的账面价值，借记或贷记“长期股权投资”科目，同时贷记或借记“资本公积——其他资本公积”科目。当处置采用权益法核算的长期股权投资，应当将原记入资本公积的相关金额转入投资收益，借记或贷记“资本公积——其他资本公积”科目，贷记或借记“投资收益”科目。具体核算见本教材第六章相关例题，此处不赘述。

2. 以权益结算的股份支付

以权益结算的股份支付换取职工或其他方提供服务的，应按照确定的金额，借记“管理费用”等科目，同时贷记“资本公积——其他资本公积”。在行权日，应按实际行权的权益工具数量计算确定的金额，借记“资本公积——其他资本公积”科目，按计入实收资本或股本的金额，贷记“实收资本或（股本）”科目，并将其差额记入“资本公积——资本溢价（或股本溢价）”科目。具体核算见本教材第十五章相关例题，此处不赘述。

3. 专项或特定用途拨款转入

在我国，政府作为某些企业的所有者会对企业拨入具有专项或特定用途的款项，如用于技术改造、技术研究的专项资金。企业在收到时暂作长期负债处理，借记“银行存款”科目，贷记“专项应付款”科目，在项目完工后，形成资产的部分，应视为国家对企业的投资，增加国家资本，但增资需要经过一定程序，所以暂记“资本公积——其他资本公积”科目，待办妥增资手续转增资本时，再转增国家资本。因此对于形成的固定资产并留给企业的，借记“固定资产”科目，贷记“在建工程”科目，同时借记“专项应付款”科目，贷记“资本公积——其他资本公积”科目。对于未形成资产需要核销的部分，应借记“专项应付款”科目，贷记“在建工程”等科目。对于按规定应上缴的结余专项应付款，应借记“专项应付款”科目，贷记“银行存款”科目。

【例 16-18】 A 国有企业于 20×7 年 1 月收到国家拨入的用于技术改造的专项拨款 500 万元，企业以 380 万元购入技术改造项目所需设备（需安装），同时发生各项安装和技术改造所需费用 100 万元，该技术改造项目于 20×8 年年末完成，并按规定将拨款余额上缴国家。

（1）收到国家专项拨款时，应作会计分录为：

借：银行存款　　5 000 000

　贷：专项应付款　　5 000 000

（2）以专项拨款购入设备时，应作会计分录为：

借：在建工程　　3 800 000

　贷：银行存款　　3 800 000

（3）以拨款支付各项技术改造费用时，应作会计分录为：

借：在建工程　　1 000 000

　贷：银行存款　　1 000 000

（4）技术改造项目完工时，应作会计分录为：

借：固定资产　　4 800 000

　贷：在建工程　　4 800 000

借：专项应付款　　4 800 000

　贷：资本公积——其他资本公积　　4 800 000

（5）按规定将剩余专项拨款上缴国家时，应作会计分录为：

借：专项应付款　　200 000

　贷：银行存款　　200 000

《公司法》规定，企业的资本公积可以转增资本，相关内容已在本章实收资本的增加核算中阐述，此处不赘述。

二、其他综合收益

其他综合收益是企业根据会计准则的规定未在当期损益中确认的各项利得和损失。包括以后会计期间不能重分类进损益的其他综合收益和以后会计期间满足规定条件时将重分类进损益的其他综合收益两类。

（一）以后会计期间不能重分类进损益的其他综合收益

以后会计期间不能重分类进损益的其他综合收益项目主要包括重新计量设定受益计划净负债或净资产导致的变动，以及按照权益法核算因被投资单位重新计量设定受益计划净负债或净资产变动导致的权益变动，投资企业按持股比例计算确认的该部分其他综合收益项目。

（二）以后会计期间满足规定条件时将重分类进损益的其他综合收益

1. 金融资产之间的重分类

以公允价值计量且其变动计入其他综合收益的金融资产所产生的所有利得或损失，除减值损失或利得和汇兑损益外，均应计入其他综合收益，直至该金融资产终止确认或被重分类。该金融资产终止确认时，之前计入其他综合收益的累计利得或损失应当从其他综合收益中转出，计入当期损益。企业将该金融资产重分类为其他类别金融资产的，对之前计入其他综合收益的累计利得或损失进行相应处理，主要有以下两种。

1）以公允价值计量且其变动计入其他综合收益的金融资产重分类为其他金融资产

企业将一项以公允价值计量且其变动计入其他综合收益的金融资产重分类为以摊余成本计量的金融资产的，应当将之前计入其他综合收益的累计利得或损失转出，调整该金融资产在重分类日的公允价值，并以调整后的金额作为新的账面价值，即视同该金融资产一直以摊余成本计量。

企业将一项以公允价值计量且其变动计入其他综合收益的金融资产重分类为以公允价值计量且其变动计入当期损益的金融资产，应当继续以公允价值对其进行计量，同时，应当将之前计入其他综合收益的累计利得或损失从其他综合收益转入当期损益。

2）其他金融资产重分类为以公允价值计量且其变动计入其他综合收益的金融资产

企业将一项以摊余成本计量的金融资产重分类为以公允价值计量且其变动计入其他综合收益的金融资产的，应当按照该金融资产在重分类日的公允价值计量。原账面价值和公允价值之间的差额计入其他综合收益。

企业将一项以公允价值计量且其变动计入当期损益的金融资产重分类为以公允价值计量且其变动计入其他综合收益的金融资产的，应当继续以公允价值对其进行计量。

2. 采用权益法核算的长期股权投资

采用权益法核算的长期股权投资，按照被投资单位实现其他综合收益以及持股比例计算应享有或分担的金额，调整长期股权投资的账面价值，借记（或贷记）“长期股权投资——××公司（其他综合收益）”，同时增加或减少其他综合收益，贷记（或借记）“其他综合收益”，待该项股权投资处置时，将原计入其他综合收益的金额转入当期损益。有关核算见本教材第六章相关例题，此处不赘述。

3. 自用房地产（或存货）核算方法的转换

将自用的房地产或作为存货的房地产转换为采用公允价值计量的投资性房地产时，转换日的公允价值大于账面价值的，按其差额贷记“其他综合收益”科目。该项投资性房地产处置时，因转换计入其他综合收益的部分应转入当期损益。有关核算见本教材第九章相关例题，此处不赘述。

第四节　留存收益

留存收益是企业历年实现的净利润留存于企业的部分。留存收益和投资者投入资本虽然同属于股东权益，但是投入资本是由所有者从外部投入的，构成公司股东权益的基本部分，而留存收益不是投资者从外部投入的，是由公司经营所得的盈利累积而形成的。根据《公司法》和公司章程的有关规定，企业既可以将留存收益在股东间进行分配，作为股东的投资所得，也可不予分配，作为企业的发展资金使用。因此，除了经营活动外，对留存收益影响较大的是股利分配行为，股利分配会导致留存收益的减少。但为了约束企业的过量分配，有关法规规定企业必须有一定积累，如提取盈余公积，以便于企业持续经营、维护债权人的利益。基于以上原则，留存收益由盈余公积和未分配利润构成。

一、盈余公积

企业的盈余公积包括法定盈余公积和任意盈余公积。法定盈余公积金是企业按《公司法》规定必须从税后净利润中提取并留存于企业，用于扩大生产经营的资本。为了防止企业超额分配，有关法律法规对盈余公积的提取规定了下限。按《公司法》规定，法定盈余公积一般按照税后利润的10%提取。当法定盈余公积累计金额达到公司注册资本的50%以上时，可不再提取。任意盈余公积金是公司出于经营管理等方面的实际需要或采取谨慎经营策略，从税后净利润中提取的一部分留存收益。任意盈余公积金的提取数额由股东大会决议提取。如果公司有优先股，必须在支付了优先股股利之后，才能提取任意盈余公积。

盈余公积金的用途主要有三项。

（1）转增资本。为了满足企业扩大再生产对资本不断扩大的需求，经企业决策机构决议，盈余公积金可以按规定转增资本金。

（2）弥补亏损。企业发生年度亏损时，可以用以后连续5年内实现的税前利润弥补；5年后仍未补足的，则可用税后利润或盈余公积弥补。企业需要以盈余公积金补亏的，应由公司董事会提议，并经股东大会批准。

（3）分配股利。企业年度无利润时，原则上不得分配股利。但股份有限公司为了维护企业股票信誉，符合规定条件的，经股东大会特别决议，也可以用以前年度积累的盈余公积金分配股利。但如果企业有未弥补亏损，应先弥补亏损，还有结余时，才可考虑分配股利。

但在转增资本、弥补亏损和分配股利后，所留存的法定盈余公积金不得低于企业注册资本的25%。

企业应当设置“盈余公积”科目，用来核算盈余公积的提取及其增减变动情况，在该科目下分别设置“法定盈余公积”“任意盈余公积”等进行明细核算。

【例 16-19】 A 企业本期按规定提取的法定盈余公积和任意盈余公积分别为 200 000 元和 100 000 元。据此应作会计分录为：

借：利润分配——提取法定盈余公积　　200 000
　　　　　　——提取任意盈余公积　　100 000
　贷：盈余公积——法定盈余公积　　200 000
　　　　　　　——任意盈余公积　　100 000

【例 16-20】 A 企业经股东大会批准用以前年度提取的盈余公积弥补当期亏损 350 000 元。据此应作会计分录为：

借：盈余公积——任意盈余公积　　350 000
　贷：利润分配——盈余公积补亏　　350 000

【例 16-21】 A 企业经股东大会决议，在本期将法定盈余公积 500 000 元用于转增资本。应作会计分录为：

借：盈余公积——法定盈余公积　　500 000
　贷：实收资本　　500 000

二、未分配利润

未分配利润是指企业留待以后年度分配的利润或待分配利润，是一种未指定特定用途的留存收益。从数量上看，未分配利润是期初未分配利润加上本期实现的税后净利润，减去当年利润分配后的余额。

企业未分配利润的核算通过“利润分配——未分配利润”科目进行。年度终了，企业应将全年实现的净利润，自“本年利润”科目转入“利润分配”科目，借记“本年利润”科目，贷记“利润分配——未分配利润”科目；发生净亏损的，作相反的会计分录。同时，将“利润分配”科目所属其他明细科目的余额转入“利润分配——未分配利润”明细科目，结转后，本科目除“未分配利润”明细科目外，其他明细科目应无余额。“未分配利润”明细科目的贷方余额即留待以后年度分配的利润；“未分配利润”明细科目的借方余额则为未弥补亏损额。有关利润分配的具体核算，见本教材第十七章相关例题。

练习题 1

一、目的：练习股份有限公司股票发行的核算。

二、资料：

1. A 股份有限公司委托证券公司发行普通股票 200 万股，每股面值 1 元，发行价 6 元；公司与受托方约定，按发行收入的 2.5%收取手续费，从发行收入中扣除。股票已发行完毕，股款全部收存银行。

2. B 企业以其所拥有的某项工业产权和一台机器设备向 A 股份有限公司投资。工业产权评估确认的价值为 10 万元，换取面值 1 元的普通股 9 万股；机器设备评估确认价值为 30 万元，换取面值 1 元的普通股 25 万股。

三、要求：根据以上资料编制会计分录。

练 习 题 2

一、目的：练习非股份有限公司投入资本的核算。

二、资料：A 公司设立时发生的有关交易和事项如下：

1. 初始设立时，有甲、乙、丙、丁四个公司为出资人，法定注册资本为 50 万元，合约规定，各股东分别按其出资份额以货币资金一次性缴足，其中：甲公司出资 15 万元，乙公司出资 13 万元，丙公司出资 10 万元，丁公司出资 12 万元，一并存入银行。

2. A 公司收到甲公司投入的不需要安装的机器设备一台，投资单位账面原价 9 万元，已提折旧 2 万元，经评估确认其价值为 7.5 万元。

3. A 公司收到乙公司投入原材料一批，该材料经评估确认其价值为 200 000 元，经税务部门认定，应交增值税为 32 000 元，由乙公司开具增值税专用发票。

4. A 公司收到丁公司投入的专利权一项，双方的合同协议价为 50 000 元。

三、要求：根据以上资料编制会计分录。

练 习 题 3

一、目的：练习留存收益的核算。

二、资料：

1. A 公司本年实现税后净利润 1 000 万元，按 10%提取法定盈余公积金，按 5%提取任意盈余公积金。

2. A 公司根据股东大会决议用累积的法定盈余公积弥补以前年度的亏损 300 000 元。

3. A 公司经股东大会决议，用 1 000 000 元的法定盈余公积转增资本。

三、要求：根据以上资料编制有关会计分录。

练 习 题 4

一、目的：练习库存股的核算。

二、资料：

1. A 公司 20×7 年 1 月 2 日，将其发行在外的面值 1 元的普通股，以 5 元的价格赎回 500 万股，原发行价为 4 元。

2. 20×7 年 3 月 10 日，将上述回购的股份转让 200 万股，转让价格为每股 6.5 元。

3. 20×7 年 5 月 15 日，经股东大会批准，以每股 2.5 元的价格作为奖励将剩余库存股全部出售给本公司的职工，6 月 15 日出售完毕，股款全部存入银行。

4. 若 A 公司没有转让和作为奖励出售该批股票，而是于 20×7 年 1 月 31 日，将上述回购的股份全部注销。

三、要求：根据上述资料编制有关会计分录。

练 习 题 5

一、目的：练习其他权益工具的核算。

二、资料：

1. A 上市公司经批准于 20×7 年 1 月 1 日发行票面年股息率为 10%的非累积优先股 1 000 万股，每股面值 1 元，发行价 2.5 元/股，另发生相关的发行税费 10 000 元，企业可自行决定是否支付股息，一旦支付优先股股息后，优先股股东不再参与普通股股利分配。按相关规定，该企业将优先股归类为权益工具。

2. 20×7 年年底，董事会决议按票面股息率分配优先股股息，用银行存款支付。

3. 根据年底经济环境的变化，企业决定将 1 000 万股优先股重分类为金融负债。年初时，该企业“资本公积——股本溢价”账户余额为 1 050 000 元。20×7 年年底，该优先股的公允价值为 2.6 元/股。

4. 20×7 年 1 月，该企业决定赎回优先股 100 000 股，赎回价每股 4 元，并于赎回后注销。

三、要求：根据上述资料编制有关会计分录。

第十七章　收入、费用和利润

本章学习提示

本章重点：收入的含义及特征、收入确认与计量模型、特定交易的会计处理、利润与利润分配的核算

本章难点：收入确认与计量模型、特定交易的会计处理、政府补助的核算、利润分配的核算

第一节　概　　述

一、收入

（一）收入的含义及特征

收入是指企业在日常活动中形成的、会导致所有者权益增加的、与所有者投入资本无关的经济利益的总流入。收入是利润表中的一项关键因素，也是衡量企业经营成果的一个重要指标。

收入的特征可以归纳为以下几个方面。

1. 收入是企业在日常活动中形成的

日常活动是指企业为完成其经营目标所从事的经常性活动以及与之相关的其他活动，如制造业企业生产并销售产品、商业企业销售商品、咨询公司提供咨询服务、软件公司为客户开发软件、安装公司提供安装服务等；另外，企业发生的与经常性活动相关的其他活动，如制造业企业对外出售不需用的原材料、利用闲置资金对外投资、对外转让无形资产使用权等所形成的经济利益的总流入也构成收入。明确界定日常活动是为了将收入与利得相区分，因为企业非日常活动所形成的经济利益的流入不能确认为收入，而应当计入利得。

2. 收入是与所有者投入资本无关的经济利益的总流入

收入可能表现为企业银行存款、应收账款、应收票据等资产的增加，也可能表现为企

业负债的减少，或者二者兼而有之。经济利益的流入有时是所有者投入资本的增加所导致的，所有者投入资本的增加不应当确认为收入，而是直接确认为所有者权益。

3. 收入最终必然导致企业净资产的增加

与收入相关的经济利益的流入应当会导致企业净资产的增加，即不会导致企业净资产增加的经济利益的流入不符合收入的定义，不应确认为收入。如企业向银行的借款尽管也导致了经济利益的流入，但同时使企业承担了一项现时义务，并没有导致企业净资产的增加，因此不应确认为收入，而应确认为一项负债。

收入按是否经常发生及重要程度，可分为主营业务收入和其他业务收入两类。

主营业务收入是指企业在其主要或主体性经营活动中所取得的营业收入，如销售商品取得的收入等。主营业务收入在企业的营业收入中一般占有较大的比重，直接影响着企业的经济利益，是形成企业利润的主要来源，具有经常性、重要性和可预见性等特点。

其他业务收入是指企业除主营业务以外的其他业务活动所取得的收入，如企业销售多余材料及出租包装物等所取得的收入。与主营业务收入相比，其他业务收入一般具有单笔金额较小、发生时间不太稳定、在收入总额中所占比重偏低等特点。但是还应注意，在目前企业多种经营的情况下，其他业务收入占总收入的比重也在逐渐增加。

在不同行业的企业里，主营业务与其他业务的划分应根据具体情况而定。某项业务在一个行业列为主营业务，而在另一行业可能划归其他业务。例如，在制造业企业，主营业务收入主要包括销售产成品、半成品和提供工业性劳务作业的收入等。旅游服务企业的主营业务收入主要包括门票收入、客房收入、餐饮收入等。对外出租固定资产的收入在制造业企业列为其他业务收入，而在租赁公司则属于主营业务收入；同样，提供运输劳务获得的收入，在交通运输企业列为主营业务收入，而在制造业企业则属于其他业务收入。因此，各类企业应根据其实际情况划分主次业务，一般应按该种业务是否经常发生及其收入金额的大小来判断。

（二）收入的确认与计量

收入确认的前提是企业与客户之间合同的存在，不存在客户合同的情况下，生产产品或提供服务仅仅是一个生产过程，不会产生收入确认问题。合同是指双方或多方之间订立有法律约束力的权利义务的协议，企业与客户签订的合同可以是书面形式、口头形式以及其他形式（如商业惯例等），无论是什么形式的合同，交易双方一定存在权利义务关系。

企业在确认与计量收入时要遵循五个步骤，又称为收入确认与计量模型，如图 17-1 所示。

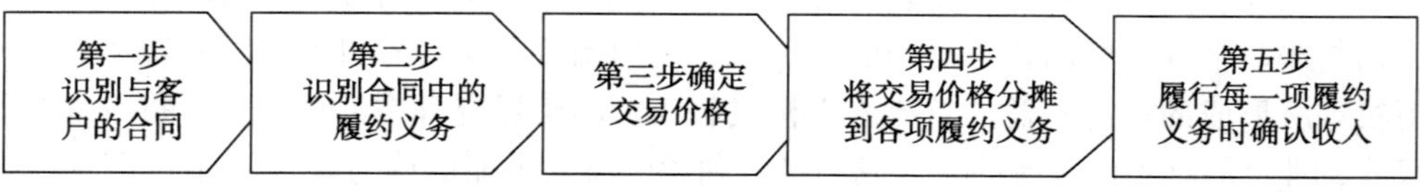

图 17-1　收入确认与计量模型

图 17-1 中，第一步、第二步和第五步主要解决收入确认问题，第三步和第四步主要解

决收入计量问题。

1. 识别与客户的合同

（1）收入确认的原则

收入确认的核心原则是企业应当在履行了合同中的履约义务，即客户取得相关商品控制权时确认收入。取得相关商品控制权是指能够主导该商品的使用并从中获得几乎全部的经济利益。

（2）收入确认的条件

当企业与客户之间的合同同时满足下列条件时，企业应当在客户取得相关商品控制权时确认收入。

① 合同各方已批准该合同并承诺将履行各自义务。

② 该合同明确了合同各方与所转让商品或提供劳务（以下简称“转让商品”）相关的权利和义务。

③ 该合同有明确的与所转让商品相关的支付条款。

④ 该合同具有商业实质，即履行该合同将改变企业未来现金流量的风险、时间分布或金额。

⑤ 企业因向客户转让商品而有权取得的对价很可能收回（这是合同存在的前提条件）。

在合同开始日（合同生效日）即满足上述条件的合同，企业在后续期间无须对其进行重新评估，除非有迹象表明相关事实和情况发生重大变化。在合同开始日不符合上述条件的合同，企业应当对其进行持续评估，并在其满足规定条件时进行确认与计量。企业如果在合同满足相关条件之前已经向客户转移了部分商品，当该合同在后续期间满足相关条件时，企业应当将在此之前已经转移的商品所分摊的交易价格确认为收入。对于不符合上述条件的合同，企业只有在不再负有向客户转让商品的剩余义务，并且向客户收取的对价无须退回时，才能将已收对价确认为收入；否则，应当将收到的对价作为负债处理。没有商业实质的非货币资产交换不确认收入。

（3）合同的合并

企业与同一客户（或该客户的关联方）同时订立或在相近时间内先后订立的两份或多份合同，在满足下列条件之一时，应当合并为一份合同进行确认与计量。

① 该两份或多份合同基于同一商业目的而订立并构成一揽子交易。

② 该两份或多份合同中的一份合同的对价金额取决于其他合同的定价或履行情况。

③ 该两份或多份合同中所承诺的商品（或每份合同中所承诺的部分商品）构成单项履约义务。

【例 17-1】 A 公司与 B 公司签订一份销售软件合同，确定交易价格 100 万元。B 公司采购部考虑到软件可能无法与现有的信息系统兼容，需要对软件中的某些项目进行修改，随后又与 A 公司签订了一份软件修改协议，预计修改费 10 万元，并规定如果修改不符合要求或成本过高，将对原销售的软件进行折价。

从上述两份合同来看，订立的时间接近，且符合下列条件：①基于同一商业目的，且

A 公司所承诺的内容都是为了销售软件。②一份合同是否能够执行，取决于另一份合同的执行结果。③A 公司所承诺的内容都是为了销售软件，构成单项履约义务。上述两份合同应当进行合并。实际上，只要符合上述条件中的一个，就应当进行合并，而不需要同时满足三个条件。

（4）合同变更

合同变更是指经合同各方批准对原有合同范围或价格作出的变更。企业应当区分下列三种情形对合同变更分别进行会计处理。

① 合同变更导致可明确区分的商品增加，同时合同价款增加，并且新增合同价款反映了新增商品单独售价的，应当将该合同变更作为一份单独的合同进行会计处理。

② 合同变更不属于①情形，并且，在合同变更日尚未转让商品与已转让商品之间可明确区分的，应当视为原合同终止，同时，将原合同的未履约部分与合同变更合并为新合同进行会计处理。

③ 合同变更不属于①情形，并且，在合同变更日尚未转让商品与已转让商品之间不可明确区分的，应当将该合同变更作为原合同的组成部分进行会计处理，由此产生的对已确认收入的影响，应当在合同变更日调整当期收入。

2. 识别合同中的履约义务

合同开始日，企业应当对合同进行评估，识别该合同所包含的各项履约义务，并确定各履约义务是在一段时间内履行还是在某一时点履行，然后，在履行了各单项履约义务时分别确认收入。履约义务是指合同中企业向客户转让可明确区分商品的承诺。履约义务既包括合同中明确的承诺，也包括由于企业的商业惯例、已公开承诺或已公开宣布的政策等导致合同订立时客户合理预期企业将履行的承诺。企业为履行合同而应开展的初始活动，通常不构成履约义务，除非该活动向客户转让了承诺的商品。例如，某俱乐部为注册会员建立档案的活动不构成单项履约义务。

企业应当将下列向客户转让商品的承诺作为单项履约义务。

（1）企业向客户转让可明确区分商品的承诺。企业向客户承诺的商品同时满足下列两个条件的，应当作为可明确区分商品：客户能够从该商品本身或从该商品与其他易于获得资源一起使用中受益；企业向客户转让该商品的承诺与合同中其他承诺可单独区分。这一条件主要强调商品本身的特征。

下列情形通常表明企业向客户转让该商品的承诺与合同中其他承诺不可单独区分：一是企业需提供重大的服务以将该商品与合同中承诺的其他商品整合成合同约定的组合产出转让给客户。如礼盒销售，不单独区分其中的每种商品价格。二是该商品将对合同中承诺的其他商品予以重大修改或定制。如房地产企业交付建好的房子，其中包含定制的电梯、入户门、中央空调等不单独区分，只按房子确认收入。三是该商品与合同中承诺的其他商品具有高度关联性。

（2）企业向客户转让一系列实质相同且转让模式相同的、可明确区分商品的承诺，也应当作为单项履约义务。

【例 17-2】 某软件开发商与客户签订合同，提供下述项目：①一项软件许可权；②一项安装服务；③未列名的软件更新（在有更新时予以提供）；④为期 2 年的技术支持。作为安装服务的一部分，软件需根据客户需求实施定制，增加重大新功能才能与客户使用的其他定制应用软件相匹配。软件在提供其他商品或服务前交付，该软件即使没有更新和技术支持也仍然可以使用。该合同中有几项履约义务？

根据上述合同条款，前两项义务是相互依赖的，合并成一项履约义务。后两项均为单独的履约义务。因此，该合同中共有三项履约义务。

【例 17-3】 C 建筑公司和 D 客户签订合同，设计并建造一家医院。C 负责项目的全局管理，确定所需提供的商品和服务，包括工程规划、工地清理、地基、采购、结构建造、配管布线、设备安装和完工事宜等。识别合同中的履约义务。

（1）商品或服务本身能够被明确区分：对于每项建造材料，D 客户均可按高于残值的价格转售。这些材料也可以与额外材料或另一承包商的服务等其他可用资源结合出售。因此每项建造材料本身是能够明确区分的。

（2）基于合同不可单独区分：从 D 客户的角度，C 建筑公司正提供一项重大整合服务，将合同中所有的商品和服务合并为与 D 客户商定的合并项目（医院建设项目）。所以该项服务在合同中是不可区分的。

因此该合同仅有一项履约义务，即设计并建造一家医院。

3. 确定交易价格

交易价格是指企业因向客户转让商品而预期有权收取的对价金额。企业收取的合同对价并不限于从客户收取，如医院的收入来源于患者、保险公司或政府组织；汽车厂商销售新能源汽车的收入来源于购车者和政府；等等。企业代第三方收取的款项以及企业预期将退还给客户的款项，应当作为负债进行会计处理，不计入交易价格。企业应当根据合同条款，并结合其以往的习惯做法确定交易价格。在确定交易价格时，企业应当考虑可变对价、合同中存在的重大融资成分、非现金对价、应付客户对价等因素的影响。

（1）可变对价

可变对价是在合同签订时已确定根据合同条款会导致对价变动。合同中存在可变对价的，企业应当按照期望值或最可能发生金额确定可变对价的最佳估计数，但包含可变对价的交易价格，应当不超过在相关不确定性消除时累计已确认收入极可能不会发生重大转回的金额。企业在评估累计已确认收入是否极可能不会发生重大转回时，应当同时考虑收入转回的可能性及其比重。每一资产负债表日，企业应当重新估计应计入交易价格的可变对价金额。

（2）合同中存在的重大融资成分

合同中存在的重大融资成分，企业应当按照假定客户在取得商品控制权时即以现金支付的应付金额确定交易价格。该交易价格与合同对价之间的差额，应当在合同期间内采用实际利率法摊销。

合同开始日，企业预计客户取得商品控制权与客户支付价款间隔不超过一年的，可以不考虑合同中存在的重大融资成分。

（3）非现金对价

如果客户支付非现金对价的，企业应当按照非现金对价的公允价值确定交易价格。非现金对价的公允价值不能合理估计的，企业应当参照其承诺向客户转让商品的单独售价间接确定交易价格。非现金对价的公允价值因对价形式以外的原因而发生变动的，应当作为可变对价，按可变对价的有关规定予以处理。如果该交易缺乏商业实质，则企业不能确认收入。

（4）应付客户对价

应付客户（或向客户购买本企业商品的第三方）对价的（如“开盖有奖”返还客户款等），应当将该应付对价冲减交易价格，并在确认相关收入与支付（或承诺支付）客户对价二者孰晚的时点冲减当期收入，但应付客户对价是为了向客户取得其他可明确区分商品的除外。

【例 17-4】 甲公司与一家全球大型零售超市签订为期一年的销售合同。该超市承诺合同期内至少购买 1 500 万的产品，甲公司需在合同开始日向超市支付 150 万元的不可退回款项，旨在零售超市用于在显著位置放置甲公司产品的价格补偿。假设第一个月销售商品 200 万元，应如何确认收入？

本例中，因为超市得到此笔款项并未向厂家提供可区分的商品和劳务，通常应当将应付给客户的对价作为交易价格的抵减处理，即每次厂家向超市转移商品时，交易价格按每件商品售价的 10%抵减。那么，第一个月应确认收入为 200 − 200 × 10% = 180 万元。

4. 将交易价格分摊到各项履约义务

企业应当按照分摊至各单项履约义务的交易价格计量收入。合同中包含两项或多项履约义务的，企业应当在合同开始日，按照各项履约义务所承诺商品的相对单独售价，将交易价格分摊至各项履约义务。

（1）分配原则和方法

企业必须在合同开始时，确定可区分商品相关各项义务的单独销售价格，并以单独销售价格为基础分摊交易价格。如果单独销售价格无法获得，企业应当合理估计单独售价。估计商品单独售价的方法包括市场调整法、预计成本加毛利法、余值法等。

市场调整法，是指企业根据某商品或类似商品的市场售价考虑本企业的成本和毛利等进行适当调整后，确定其单独售价的方法。

预计成本加毛利法，是指企业根据某商品的预计成本加上其合理毛利后，确定其单独售价的方法。

余值法，是指企业按照合同交易价格减去合同中其他商品单独售价后的余值，确定某商品单独售价的方法。只有在商品过往售价波动幅度巨大或无法可靠确定时，企业才可采用余值法估计其单独售价。目前电信公司买手机送话费服务即采用余值法。

（2）合同折扣的分配

合同折扣，是指合同中各项履约义务所承诺商品的单独售价之和高于合同交易价格的金额。对于合同折扣，企业应当在各项履约义务之间按比例分摊；但是，有确凿证据表明

合同折扣仅与合同中一项或多项（而非全部）履约义务相关的，企业应当在采用余值法估计单独售价（如有）之前，将相关合同折扣分摊至该一项或多项履约义务。向已履行义务分摊的金额，应当在交易价格变动当期确认为收入，或者作为收入的抵减。

【例 17-5】 A 公司与客户签订了一份防盗系统的安装和 5 年的保修合同。若每项服务单独标价，售价分别为 20 000 元和 10 000 元，两项服务合计售价为 24 000 元，假定不考虑相关税费。

则 A 公司应当确认安装收入为：[20 000 × 24 000/（20 000 + 10 000）] = 16 000（元）

应当确认保修服务收入为：[10 000 × 24 000/（20 000 + 10 000）] = 8 000（元）

（3）可变对价的分配

可变对价归属于整个合同的履约义务时，可变对价后续变化应当按照合同开始时的比例分配到所有的履约义务。

如果同时满足下列两个条件，将可变对价分配到一项履约义务或单一履约义务的可明确区分的一部分：一是可变付款额的条款专门针对履行该履约义务，二是如此分摊可以如实反映企业因向客户转让商品或服务而预计获得的对价。

【例 17-6】 A 公司对外销售 10 台空调和 10 台风扇，总价款 54 000 元，其中每台空调市场价格 5 000 元，每台风扇市场价格 1 000 元。考虑到风扇出厂日期比较早，同时在合同中注明风扇给予 1 500 元的折扣，实际收款 52 500 元。分摊各产品应确认的收入。

则 A 公司应当确认空调收入 = 50 000 × 54 000/（50 000 + 10 000） = 45 000（元）

确认风扇收入 = 54 000 − 45 000 − 1 500 = 7 500（元）

（4）交易价格的后续变动

交易价格发生后续变动的，企业应当按照在合同开始日所采用的基础将后续变动金额分摊至合同中的履约义务。对于已履行的履约义务，其分摊的可变对价后续变动额应当调整变动当期的收入。企业不得因合同开始日之后单独售价的变动而重新分摊交易价格。对于合同变更导致的交易价格后续变动，应按照合同变更的要求进行处理。

5. 履行每一项履约义务时确认收入

这一确定过程应当反映经济利益向客户的转移，并且应当从客户角度进行评估。企业应当评估履约义务是否在某一时段内得以履行，如果不是，则商品或服务是在某一时点转移。

企业应当在履行了合同中的履行义务，即在客户取得对商品的控制时确认收入。

履约义务实现方式包括两种，即在某一时段内履行履约义务和在某一时点履行履约义务，如图 17-2 所示。

（1）在某一时段内履行履约义务

满足下列条件之一的，属于在某一时段内履行履约义务。

① 客户在企业履约的同时即取得并消耗企业履约所带来的经济利益。这意味着如果另一企业接手向客户提供剩余的履约义务，其无须在实质上重新执行已由最初的供应商完成的工作。该标准适用于客户在企业提供服务的同时消耗服务所产生利益的服务合同。

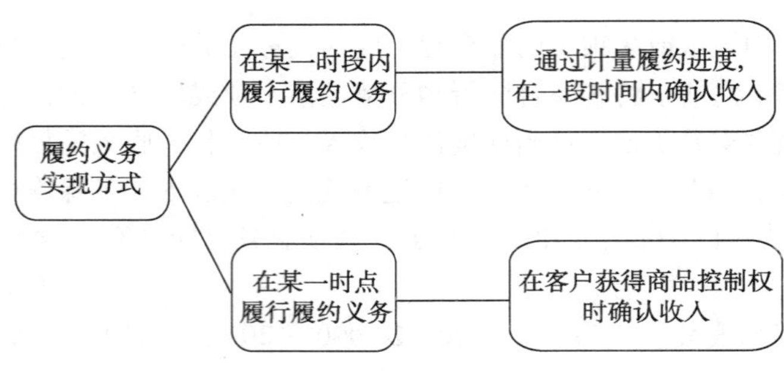

图 17-2　履约义务实现方式

② 客户能够控制企业履约过程中在建的商品。企业履约过程中在建的商品包括在产品、在建工程、正在进行的研发项目等。如企业在客户拥有的土地上按照客户的设计要求为其建造的房子，则企业提供的该建造服务即属于在某一时段内履行履约义务，应该在提供该服务的期间内确认收入。

③ 企业履约过程中所产出的商品具有不可替代用途，且该企业在整个合同期间内有权就累计至今已完成的履约部分收取款项。具有不可替代用途，是指因合同限制或实际可行性限制，企业不能轻易地将商品用于其他用途。有权就累计至今已完成的履约部分收取款项，是指在由于客户或其他方原因终止合同的情况下，企业有权就累计至今已完成的履约部分收取能够补偿其已发生成本和合理利润的款项，并且该权利具有法律约束力。如造船厂接受客户订单造一艘专用的轮船等。

对于在某一时段内履行履约义务，企业应当在该段时间内按照履约进度确认收入，但是，履约进度不能合理确定的除外。企业应当考虑商品的性质，采用产出法或投入法确定恰当的履约进度。其中，产出法是根据已转移给客户的商品对于客户的价值确定履约进度，如按照完工进度、已完工或交付的产品数量等确定履约进度；投入法是根据企业为履行履约义务的投入确定履约进度，如按已发生的成本或工时等投入指标确定履约进度。对于类似情况下的类似履约义务，企业应当采用相同的方法确定履约进度。

只有当企业能够合理确定其履约义务的完成进度时，才能按照在某一时段内履行履约义务进行收入确认。如果企业无法合理确定履约进度，但已经发生的成本预计能够得到补偿的，应当按照已经发生的成本金额确认收入，直到履约进度能够合理确定为止。

（2）在某一时点履行履约义务

不符合上述条件的，属于在某一时点履行履约义务。企业应当在客户取得相关商品控制权时点确认收入。在判断客户是否已取得商品控制权时，企业应当考虑下列迹象。

① 企业就该商品享有现时收款权利，即客户就该商品负有现时付款义务。

② 企业已将该商品的法定所有权转移给客户，即客户已拥有该商品的法定所有权。

③ 企业已将该商品实物转移给客户，即客户已占有该商品实物。

④ 企业已将该商品所有权上的主要风险和报酬转移给客户，即客户已取得该商品所有权上的主要风险和报酬。

⑤ 客户已接受该商品（主观上认可，认为符合要求）。

⑥ 其他表明客户已取得商品控制权的迹象。

企业应当根据合同条款和交易实质结合上述迹象，综合判断其是否以及何时将商品的控制权转移给客户，从而确定收入确认的时点。

【例 17-7】 A 电信公司向客户推出捆绑计划，客户花 4 500 元购买某品牌的一款手机，并约定通信服务合约期限为 2 年，每月保底套餐金额为 98 元（包括语音 220 分钟、流量 1G），电信公司向客户赠送 1 200 元话费，获赠话费按月平均返还，即每月返还 50 元。单独销售手机的市场零售价为 4 000 元。通信服务的单独售价为 2 352 元（98×24）。确认 A 公司该项业务的收入。

（1）合同总价 = 4 500 + 98 × 24 − 1 200 = 5 652（元）

（2）手机对价 = 5 652 × 4 000/（4 000 + 2 352）= 3 559（元）

（3）通信服务对价 = 5 652 × 2 352/（4 000 − 2 352）= 2 093（元）

A 电信公司将手机交付给客户时，客户即取得该手机的控制权，企业可以一次性确认 3 559 元销售商品收入；而通信服务的合约期限为 2 年，2 093 元服务对价需要为客户提供 24 个月的通信服务，客户在 A 履约的同时即取得并消耗企业履约所带来的经济利益，因此可以按照履约进度确认收入，通常按 24 个月平均分摊，每月确认 87.2 元通信服务收入。

综上所述，企业应当在合同开始时确定商品或服务的控制权是在某一时段内或是在某一时点被转移。首先判断履约义务是否满足在某一时段内履行的条件，对于在某一时段内履行履约义务，企业应当选取恰当的方法来确定履约进度，以使其如实反映企业向客户转让商品的履约情况，并在该段时间内按照履约进度确认收入。如果不满足在某一时段内履行履约义务的条件，则属于某一时点履行履约义务，企业应当综合分析控制权转移的迹象，判断其转移时点，在客户取得相关商品控制权时点确认收入。

二、费用

（一）费用的含义及特征

费用是指企业在日常活动中发生的、会导致所有者权益减少的、与向所有者分配利润无关的经济利益的总流出。费用包括企业日常活动所产生的经济利益的总流出，主要是企业为取得营业收入进行产品销售等营业活动所发生的企业货币资金的流出，具体包括生产费用和期间费用。这些费用的发生与企业日常经营活动关系密切，是与企业一定会计期间经营成果有直接关系的经济利益流出，最终会导致企业所有者权益减少。

费用具有以下特征。

1. 费用是企业在日常活动中形成的

费用必须是企业在日常活动中形成的，这些日常活动的界定与收入定义中涉及的日常活动的界定相一致。将费用界定为日常活动中形成的，目的是将其与损失相区分，企业非日常活动所形成的经济利益的流出不能确认为费用，而应当计入损失。

2. 费用会导致所有者权益的减少

与费用相关的经济利益的流出应当会导致所有者权益的减少，不会导致所有者权益减少的经济利益的流出不符合费用的定义，不应确认为费用。

3. 费用导致经济利益总流出与向所有者分配利润无关

费用的发生应当会导致经济利益的流出，从而导致资产的减少或者负债的增加（最终也会导致资产的减少）。其表现形式包括现金或者现金等价物的流出，存货、固定资产和无形资产等的流出或者消耗等。企业向所有者分配利润也会导致经济利益的流出，而该经济利益的流出属于投资者投资回报的分配，是所有者权益的直接抵减项目，不应确认为费用。

（二）费用的种类

费用按经济用途可划分为生产费用和期间费用两类。

1. 生产费用

生产费用，是指企业在生产产品过程中所发生的材料费用、职工薪酬等，以及不能直接计入而按一定标准分配计入成本的各种间接费用。生产费用从产品的销售收入中得到补偿。生产费用又可根据计入产品的方式分为直接费用和间接费用。

直接费用是指为生产某种产品发生的直接人工费、材料费等，可根据原始凭证直接计入该种产品成本；间接费用又称跨期分摊费用，是指企业为生产多种产品而发生的各种费用，如生产车间的制造费用应按一定的标准进行分配计入各种产品成本。间接费用与收入的取得不存在明显的直接因果关系，但具有未来经济效益，而且费用与效益取得间的关系可以比较合理地予以估计的费用。这种费用在各受益期间分摊，与各期的收入相配比，如固定资产折旧和无形资产摊销等。

2. 期间费用

期间费用是指本期发生的、不能直接或间接归入某种产品成本的、直接计入损益的各项费用，包括管理费用、财务费用和销售费用等。

期间费用是企业当期发生费用中的重要组成部分，与收入的实现并无明显的关系，而且也无法或没有必要用系统而合理的方法加以摊销，应直接从当期利润中扣除。

（三）费用的确认与计量

1. 费用的确认与计量条件

费用的确认与计量至少应当符合以下条件。

（1）与费用相关的经济利益应当很可能流出企业。

（2）经济利益流出企业的结果会导致资产的减少或者负债的增加。

（3）经济利益的流出额能够可靠地计量。

企业为生产产品、提供劳务等发生的可归属于产品成本、劳务成本的支出，应当在确认商品销售收入、劳务收入等时确认为费用；期间费用应当在发生时确认。

2. 费用的确认与计量标准

如果资产的减少或负债的增加，关系到未来经济利益的减少，并且能够可靠地用货币加以计量，就应当确认费用。这就意味着在确认费用的同时，要确认资产的减少或负债的增加。确认与计量费用的标准主要有以下几种。

（1）按其与收入的直接联系进行确认与计量。

按照这一标准，凡是与本期的收入直接联系的耗费，都是该期的费用。例如，销售成本的确认就是采用这一标准，企业售出的商品是直接与其所产生的收入相联系的，所以，该批商品的成本就可以而且应该随同本期销售收入的实现而确认为该期的费用。

（2）按系统而合理的分配方式进行确认与计量。

系统而合理的分配方式是指资产成本的分摊应尽可能符合配比原则的要求，谁受益，谁负担费用；受益多，分摊费用也多。在一项资产能够为若干个会计期间带来效益的情况下，需要采用一定的分配方法，将耗费合理而系统地分配到该项资产存续的各个会计期间，以实现收入与费用的配比。例如，将固定资产的成本采用一定的折旧计算方法，转化为各期的折旧费用，即是按合理和系统的分配方式确认费用的典型实例。

（3）在支出发生时直接进行确认与计量。

如果支出的效用仅及于本会计期间，与收入又无直接联系，则应在支出发生时直接确认为当期费用。例如，企业支付的办公费、企业行政管理人员薪酬等。

另外，有些支出可能在较长时间（超过一个会计期间）内为企业带来效益，但很难合理地估计其受益期间，因而可以直接确认为当期费用。广告费是一种耗费发生时立即确认为费用的典型实例。广告可以为企业产品打开销路，为企业取得长期效益发挥作用，因而从理论上讲，应将广告费分配于各个受益的会计期间。但广告费的效用究竟延续多长时间、哪个会计期间由于哪次广告获得了多少效益则很难确定。一个顾客购买企业的商品，可能不是由于最近一次的广告，而是早在几年前看过企业商品的广告。显然，广告费与当期收入的因果关系不是很密切，要将广告费在几个会计期间分摊有很大的主观随意性。所以，广告费一般在支付时就确认为费用。

（四）合同成本的确认与计量

合同成本是企业为履行合同而发生的支出，该支出不构成其他资产，也不能确认为当期销售费用，需要在未来确认收入期间确认为费用。合同成本包括履行合同发生的成本和取得合同发生的增量成本。

1. 合同履约成本的确认与计量

符合资本化条件的履行合同发生的成本必须是与一份当前合同（或预期取得的合同）直接相关的成本，包括：直接人工（如直接向客户提供已承诺服务的员工的工资和薪金）；直接材料（如向客户提供已承诺服务时使用的物料）；制造费用或类似费用（如合同管理和监督成本、履行合同时使用的工具及设备的保险和折旧）；明确由客户承担的成本；以及仅

因该合同而发生的其他成本（如向分包商支付的款项）。

企业为履行合同发生的成本，如果属于其他企业会计准则（如存货、固定资产、无形资产等准则）规范范围的，应按照相关会计准则进行确认与计量；除此之外的履行合同发生的成本，同时满足以下三个条件时应当确认为一项资产。

（1）该成本与一份当前或预期取得的合同直接相关。

（2）该成本增加了企业未来用于履行履约义务的资源。

（3）该成本预计能够收回。

企业为履行合同发生的下列支出采用费用化处理，在发生时计入当期损益：一是管理费用；二是非正常消耗的直接材料、直接人工和制造费用（或类似费用），这些支出为履行合同发生的但未反映在合同价格中；三是与履约义务中已履行部分相关的支出；四是无法在尚未履行的与已履行的履约义务之间区分的相关支出。

2. 合同取得成本的确认与计量

企业为取得合同发生的增量成本预计能够收回的，应当作为合同取得成本确认为一项资产；但是，该资产摊销期限不超过一年的，可以在发生时计入当期损益。企业为取得合同发生的、除预期能够收回的增量成本之外的其他支出（如无论是否取得合同均会发生的差旅费等），应当在发生时计入当期损益，但是，明确由客户承担的除外。

【例 17-8】 A 公司专门从事咨询服务，中标向客户提供咨询服务，为取得该合同发生成本如下：尽职调查的外部律师费 15 000 元，提交标书的差旅费 25 000 元，销售人员佣金 10 000 元，总成本 50 000 元。A 公司应如何确认上述支出？

本例中，A 公司为取得合同发生的销售人员佣金 10 000 元即为增量成本，这些成本将通过未来取得的咨询服务收入补偿，发生时应确认为一项资产。而律师费 15 000 元，差旅费 25 000 元无论是否中标，是否取得合同都将产生，因此在发生时直接确认为费用。

3. 合同成本确认为资产的后续处理

确认为资产的合同履约成本和合同取得成本，应当采用与该资产相关的商品收入确认相同的基础进行摊销，计入当期损益。

与合同成本有关的资产，其账面价值高于企业因转让与该资产相关的商品预期能够取得的剩余对价和为转让该相关商品估计将要发生的成本差额的，超出部分应当计提减值准备，并确认为资产减值损失。以前期间减值的因素之后发生变化，使得前述差额高于该资产账面价值的，应当转回原已计提的资产减值准备，并计入当期损益，但转回后的资产账面价值不应超过假定不计提减值准备情况下该资产在转回日的账面价值。

（五）商品销售成本的计量

1. 商品销售成本计量方法

在商品按实际成本核算时，确定商品销售成本可以采用先进先出法、加权平均法、移动平均法、个别计价法等，这些方法已在“存货”一章中介绍。如果商品采用计划成本（或售价）核算，则在计划成本（或售价）的基础上，通过调整商品成本差异（或进销差价），确定商品销售成本。

2. 商品销售成本的结转方式

为了遵循收入与费用配比的原则，商品销售成本与相应的销售收入必须在同一会计期间入账。在此前提下，销售成本的结转方式包括两方面的内容。

1）按结转时间不同可分为逐日结转和定期结转

逐日结转，是指每日实现销售收入时，立即结转其销售成本。这种方法适用于需要分批考核经营成果及能随时确定销售成本的情况。

定期结转，是指在一定时期末（一般在月末）将本期的销售成本一并结转。这种方法适用于月末集中计算销售成本的情况。

2）按结转内容不同可分为分散结转和综合结转

分散结转，是按商品品种在各存货明细账中，分别计算每种已销商品的实际成本，并逐一登记发出金额和结存金额；将同类的各种已销商品成本相加，得出每类已销商品实际成本，再将各类已销商品实际成本相加得出全部已销商品实际成本，并据以编制结转销售成本的会计分录。

综合结转又称集中结转，是按商品品种设置的存货明细账中，不计算每种已销商品的实际成本，而是计算其月末结存金额，将各种商品的月末结存金额相加，计算各类和全部商品的月末结存金额。根据“库存商品”科目中所记的月初结存金额、本月收入金额和月末结存金额，倒扣出本月各类和全部已销商品的实际成本，并据以编制结转销售成本的会计分录。采用综合结转法，由于不按商品的品种、规格计算已销商品的实际成本，可以简化核算工作。但由于各类和全部已销商品的实际成本是倒扣的，每种商品结存金额计算是否正确，直接影响到销售成本计算的正确性，并进而影响营业毛利及企业利润计算的正确性。所以，采用这种方法，应加强复核工作和存货的清查盘点工作，以免商品结转金额计算的差错以及商品短缺或溢余挤入销售成本。

三、利润

（一）利润的含义及特征

利润是企业在一定会计期间的经营成果。利润包括收入减去费用后的净额、直接计入当期利润的利得和损失等。利润的确认主要依赖于收入和费用以及利得和损失的确认，其金额的确定也主要取决于收入、费用、利得和损失等金额的计量。

利润的特征体现在以下方面。

（1）利润是广义收入和广义费用两个会计要素配比的结果。当某一会计期间的收入和利得大于费用和损失时，表现为企业利润，反之则表现为企业亏损。

（2）利润的形成导致所有者权益的增加，亏损的发生则导致所有者权益的减少。

（二）利润的构成

利润一般分为营业利润、利润总额和净利润。

1. 营业利润

营业利润是指企业一定期间日常活动产生的利润，是企业利润中最主要、最稳定的来源。计算公式为：

营业利润 = 营业收入 − 营业成本 − 税金及附加 − 销售费用 − 管理费用 − 财务费用
− 研发费用 − 资产减值损失 − 信用减值损失 + 其他收益 + 投资收益
+ 公允价值变动收益 + 资产处置收益 + 净敞口套期收益

其中，营业收入包括主营业务收入和其他业务收入，营业成本包括主营业务成本和其他业务成本，营业收入减去营业成本即为营业毛利；税金及附加，包括企业经营活动发生的消费税、城市维护建设税、资源税和教育费附加等相关税费；资产减值损失，反映企业计提各项资产减值准备所形成的损失，包括存货跌价损失、长期股权投资减值损失、固定资产减值损失、工程物资减值损失、在建工程减值损失、无形资产减值损失、投资性房地产减值损失、商誉减值损失等；信用减值损失，反映企业计提各项金融工具减值准备所形成的预期信用损失；其他收益，是指与企业日常经营活动密切相关的政府补助；投资收益，是指企业对外投资所取得的收益，减去发生的投资损失后的净额，包括投资于其他企业分得利润、取得债券利息、通过转让有价证券取得高于成本的价差收入等；公允价值变动收益，反映企业交易性金融资产、交易性金融负债，以及采用公允价值模式计量的投资性房地产、衍生工具、套期保值业务、指定为以公允价值计量且其变动计入当期损益的金融资产或金融负债等公允价值变动形成的应计入当期损益的利得（或损失）；资产处置收益，反映企业发生出售非流动资产的损益，包括划分为持有待售的非流动资产（金融工具、长期股权投资和投资性房地产除外）或处置组时确认的处置利得或损失，以及处置未划分为持有待售的固定资产、在建工程、生产性生物资产及无形资产而产生的处置利得或损失，还包括债务重组中因处置非流动资产产生的利得或损失和非货币性资产交换产生的利得或损失；净敞口套期收益，反映净敞口套期下被套期项目累计公允价值变动转入当期损益的金额或现金流量套期储备转入当期损益的金额（套期保值相关内容将在本系列教材《高级财务会计学》中介绍）。

2. 利润总额

利润总额是指企业在生产经营过程中各种收入扣除各种耗费后的盈余，反映企业在报告期内实现的盈亏总额。计算公式为：

利润总额 = 营业利润 + 直接计入当期利润的利得（营业外收入）
− 直接计入当期利润的损失（营业外支出）

直接计入当期利润的利得和损失，是指应当计入当期损益、会导致所有者权益发生增减变动的、与所有者投入资本或者向所有者分配利润无关的利得或损失。直接计入当期利润的利得和损失主要包括捐赠收入与捐赠支出、固定资产盘盈与盘亏、非常损失等。直接计入当期利润的利得和损失虽然与企业的生产经营活动没有直接的关系，但从企业主体来看，它同样带来收入或形成支出，引起利润总额的增加或减少。

3. 净利润

净利润是指在利润总额中按规定交纳了企业所得税以后公司的利润留存，一般也称税后利润或净收入。净利润是一个企业经营的最终成果，净利润多，企业的经营效益就好；净利润少，企业的经营效益就差，它是衡量一个企业经营效益的主要指标。计算公式为：

净利润 = 利润总额 – 所得税费用

所得税费用是指企业按规定确认的应从当期利润总额中扣除的当期所得税费用和递延所得税费用。有关所得税费用的确认与计量，详见本系列教材《税务会计学》的相关章节。

第二节　收入与费用的核算

一、基本销售业务的核算

（一）一般销售业务的处理

企业应当在履行了合同中的履约义务，即客户取得相关商品控制权时确认收入。应按确定的收入金额借记“银行存款”“应收账款”“应收票据”“合同资产”等科目，贷记“主营业务收入”等科目，并按确认销售商品等主营业务收入时应结转的成本，借记“主营业务成本”等科目，贷记“库存商品”等科目。

其中，合同资产是指企业已向客户转让商品而有权收取对价的权利，且该权利取决于时间流逝之外的其他因素。需要说明的是，合同资产和应收账款都是企业拥有的有权收取对价的合同权利。二者的主要区别在于：应收账款代表的是无条件收取合同对价的权利，而合同资产并不是一项无条件收款权；应收账款仅承担信用风险，而合同资产除信用风险之外还可能承担其他风险，如履约风险等。

【例 17-9】 8 月 1 日，A 公司与 B 公司签订合同，向其销售甲、乙两种商品，单独售价分别为 36 000 元和 9 000 元，成本分别为 26 000 元和 5 000 元。上述价格均不含增值税，且假设不考虑相关税费影响。

（1）假设合同价款为 45 000 元。合同约定，两种商品均于合同开始日交付，其控制权在商品交付日转移给客户。

（2）假设合同价款为 40 000 元。合同约定，甲商品于合同开始日交付，乙商品在一个月之后交付，只有当两种商品全部交付之后，A 公司才有权收取 40 000 元的合同对价。假定甲和乙商品分别构成单项履约义务，其控制权在乙商品交付日转移给客户。

（1）合同开始日，A 公司的会计分录为：

借：应收账款　　45 000
　贷：主营业务收入　　45 000
同时结转成本：
借：主营业务成本　　31 000
　贷：库存商品　　31 000
（2）分摊合同价款及交付商品：
① 分摊合同价款。
分摊到甲商品的合同价款为 40 000 × 36 000 ÷（36 000 + 9 000）= 32 000（元）
分摊到乙商品的合同价款为 40 000 × 9 000 ÷（36 000 + 9 000）= 8 000（元）
② 交付甲商品时，A 公司的会计分录为：
借：合同资产　　32 000
　贷：主营业务收入　　32 000
同时结转成本：
借：主营业务成本　　26 000
　贷：库存商品　　26 000
③ 交付乙商品时，A 公司的会计分录为：
借：应收账款　　40 000
　贷：合同资产　　32 000
　　　主营业务收入　　8 000
同时结转成本：
借：主营业务成本　　5 000
　贷：库存商品　　5 000

【例 17-10】某企业 5 月 6 日销售给大华日化公司一批商品，不含增值税的价款 240 000 元，成本为 180 000 元。双方约定采用托收承付方式结算货款，商品已经发出，并向银行办妥托收手续。此时得知大华日化公司在另一项交易中发生巨额损失，资金周转十分困难，经双方交涉确定此项收入目前收回的可能性不大，企业决定不确认为收入。11 月 2 日，该企业得知大华日化公司经营状况好转，经交涉，大华日化公司承诺近期付款。11 月 15 日收到货款，不考虑相关税费。

（1）合同存在的前提条件是企业很可能收回因向客户转让商品而有权取得的对价。所以，5 月 6 日，由于此项收入目前收回的可能性不大，因而不能确认收入；已经发出的商品成本应通过“发出商品”科目反映。据此应作会计分录为：
借：发出商品　　180 000
　贷：库存商品　　180 000
（2）11 月 2 日，企业确认收入并结转成本，应作会计分录为：
借：应收账款——大华日化公司　　240 000
　贷：主营业务收入　　240 000
借：主营业务成本　　180 000

贷：发出商品　　180 000

（3）11 月 15 日，收到货款，应作会计分录为：

借：银行存款　　280 800

贷：应收账款——大华日化公司　　280 800

【例 17-11】 1 月 1 日，A 公司与 B 公司签订合同，向 B 公司销售一部电梯并负责安装。电梯销售价格为 490 000 元，安装费为 10 000 元。电梯的成本为 280 000 元；电梯安装过程中发生安装费 6 000 元，均为安装人员薪酬。合同约定，电梯安装完毕验收合格时支付电梯价款及安装费。假定电梯已经安装完成并经验收合格，款项已收存银行。不考虑相关税费。

本例中，销售电梯和安装服务属于一项履约义务。电梯安装调试工作通常是电梯销售合同的重要组成部分，只有安装完毕并验收合格，B 公司才能正常使用，取得电梯的控制权。因此，本例属于在某一时点履行履约义务的情况，A 公司应在电梯安装完成并验收合格后，客户取得电梯控制权的时点才可确认收入。

电梯安装完毕交付使用时，A 公司的会计分录为：

借：银行存款　　500 000

贷：主营业务收入——销售商品　　490 000

——提供劳务　　10 000

结转成本时，应作会计分录为：

借：主营业务成本　　286 000

贷：库存商品　　280 000

合同履约成本　　6 000

（二）销售商品涉及折扣与折让的核算

企业销售商品涉及现金折扣及商业折扣的，应当作为可变对价，一般作为对销售收入的调整，按照扣除折扣后的金额确定销售商品收入金额。

企业销售商品涉及销售折让的，应分不同情况进行处理：尚未确认销售收入的售出商品发生销售折让的，应按扣除折让以后的金额确认收入；已确认收入的售出商品发生销售折让的，通常应在发生时冲减当期销售商品收入；已确认收入的销售折让属于资产负债表日后事项的，应当按照有关资产负债表日后事项的相关规定进行处理。其中，销售折让是指企业因售出商品的质量不合格等原因而在售价上给予的减让。

【例 17-12】 3 月 1 日，A 公司向 B 公司销售一批商品，开出的增值税专用发票上注明的销售价格为 10 000 元，增值税额为 1 600 元。商品已交付，商品控制权已转移。为及早收回货款，A 公司和 B 公司约定的现金折扣条件为：2/10，1/20，*n*/30。计算现金折扣时不考虑增值税额。A 公司应作如下会计分录：

（1）3 月 1 日销售实现时，按销售净额确认收入。

借：应收账款　　11 400

贷：主营业务收入　　9 800

应交税费——应交增值税（销项税额） 1 600

（2）如果B公司在3月9日付清货款，则按销售总价10 000元的2%享受现金折扣200（10 000×2%）元，实际付款11 400（11 600－200）元。

借：银行存款 11 400

贷：应收账款 11 400

（3）如果B公司在3月18日付清货款，则按销售总价10 000元的1%享受现金折扣100（10 000×1%）元，实际付款11 500（11 600－100）元。

借：银行存款 11500

贷：应收账款 11 400

主营业务收入 100

（4）如果B公司在3月底才付清货款，则按全额付款。

借：银行存款 11 600

贷：应收账款 11 400

主营业务收入 200

【例17-13】 A公司在6月1日向B公司销售一批商品，开出的增值税专用发票上注明的销售价格为800 000元，增值税额为128 000元,商品控制权已转移，款项尚未收到；该批商品成本为640 000元。B公司在验收过程中发现商品外观上存在瑕疵，基本上不影响使用，要求A公司在价格上（不含增值税额）给予5%的减让。假定A公司已确认销售收入，与销售折让有关的增值税额税务机关允许冲减，销售折让不属于资产负债表日后事项。A公司应作如下会计分录：

（1）商品控制权已转移时：

借：应收账款 928 000

贷：主营业务收入 800 000

应交税费——应交增值税（销项税额） 128 000

借：主营业务成本 640 000

贷：库存商品 640 000

（2）发生销售折让时：

借：主营业务收入 40 000

应交税费——应交增值税（销项税额） 6 400

贷：应收账款 46 400

（3）实际收到款项时：

借：银行存款 881 600

贷：应收账款 881 600

（三）销售退回的核算

销售退回，是指企业售出的商品由于质量、品种不符合要求等原因而发生的退货。企业售出商品发生的销售退回，应当分不同情况进行会计处理。

对于尚未确认销售收入的售出商品发生销售退回的，应当冲减已计入“发出商品”科目的商品成本金额，同时增加“库存商品”科目;对于已确认销售商品收入的售出商品发生销售退回的，除属于资产负债表日后事项外，一般应在发生时冲减（当期）销售商品收入，同时冲减（当期）销售商品成本。如按规定允许扣减增值税税额的，应同时扣减已确认的应交税费——应交增值税（销项税额）。

【例 17-14】 A 公司 3 月 20 日销售甲商品一批，增值税专用发票上注明售价为 350 000 元，增值税税额是 56 000 元，该批商品成本为 182 000 元。甲商品当日发出，控制权转移，购货方于 3 月 27 日付款，A 公司对该项销售确认了销售收入。同年 9 月 15 日，该商品出现严重质量问题，购货方将该批商品全部退回给 A 公司。A 公司同意退货，于退货当日支付了退货款，并按规定向购货方开具了红字增值税专用发票。A 公司应作如下有关会计分录：

（1）控制权转移时：

	借方	贷方
借：应收账款	406 000	
贷：主营业务收入		350 000
应交税费——应交增值税（销项税额）		56 000
借：主营业务成本	182 000	
贷：库存商品		182 000

（2）收到货款时：

	借方	贷方
借：银行存款	406 000	
贷：应收账款		406 000

（3）销售退回时：

	借方	贷方
借：主营业务收入	350 000	
应交税费——应交增值税（销项税额）	56 000	
贷：银行存款		406 000
借：库存商品	182 000	
贷：主营业务成本		182 000

二、附有销售退回条款的销售业务核算

附有销售退回条款的商品销售，是指购买方依照有关协议有权退货的销售方式。这里的退货权是指的无条件退货，不包含质量原因造成的退货。如销售商品承诺 7 天无理由退货等。由于销售具有不确定性事项，所以，在判断客户的退货权对合同对价的影响时，企业应适用变动对价相关的限制性条款，将在不确定性因素消除后客户很可能不予要求退还的款项确定为合同价款。

对于附有销售退回条款的销售，企业应当在客户取得相关商品控制权时，按照因向客户转让商品而预期有权收取的对价金额（不包含预期因销售退回将退还的金额）确认收入，按照预期因销售退回将退还的金额确认负债；同时，按照预期将退回商品转让时的账面价值，扣除收回该商品预计发生的成本（包括退回商品的价值减损）后的余额，确认为一项

资产，按照所转让商品转让时的账面价值，扣除上述资产成本的净额结转成本。每一资产负债表日，企业应当重新估计未来销售退回情况，如有变化，应当作为会计估计变更进行会计处理。

【例 17-15】 A 公司是一家健身器材销售公司，1 月 1 日，A 公司向 B 公司销售 5 000 件健身器材，单位销售价格为 500 元，单位成本为 400 元，开出的增值税专用发票上注明的销售价格为 2 500 000 元，增值税额为 400 000 元。协议约定，B 公司应于 2 月 1 日之前支付货款，在 6 月 30 日之前有权退还健身器材。健身器材已经发出，控制权转移，款项尚未收到。假定 A 公司根据过去的经验，估计该批健身器材退货率约为 20%；健身器材发出时纳税义务已经发生；实际发生销售退回时取得税务机关开具的红字增值税专用发票。A 公司应作如下会计分录：

（1）1 月 1 日发出健身器材时：

借：应收账款	2 900 000	
贷：主营业务收入		2 000 000
应交税费——应交增值税（销项税额）		400 000
预计负债——应付退货款		500 000
借：主营业务成本	1 600 000	
应收退货成本	400 000	
贷：库存商品		2 000 000

（2）2 月 1 日前收到货款时：

借：银行存款	2 900 000	
贷：应收账款		2 900 000

（3）6 月 30 日发生销售退回，如果实际退货量为 1 000 件，与预计退货量相同，款项已经支付：

借：库存商品	400 000	
贷：应收退货成本		400 000
借：预计负债——应付退货款	500 000	
应交税费——应交增值税（销项税额）	80 000	
贷：银行存款		580 000

如果实际退货量为 800 件，低于预计退货量，则差额部分确认收入，并结转成本：

借：库存商品	320 000	
主营业务成本	80 000	
贷：应收退货成本		400 000
借：预计负债——应付退货款	500 000	
应交税费——应交增值税（销项税额）	64 000	
贷：主营业务收入		100 000
银行存款		464 000

如果实际退货量为 1 200 件，高于预计退货量，差额部分作销售退回处理：

借：库存商品　480 000
　贷：应收退货成本　400 000
　　主营业务成本　80 000
借：预计负债——应付退货款　500 000
　应交税费——应交增值税（销项税额）　96 000
　主营业务收入　100 000
　贷：银行存款　696 000

三、附有质量保证条款的销售业务核算

对于附有质量保证条款的销售，企业应当评估该质量保证是否在向客户保证所销售商品符合既定标准之外提供了一项单独的服务。企业提供额外服务的，应当作为单项履约义务，按收入准则规定进行会计处理；否则，质量保证责任应当按照或有事项准则规定进行会计处理。

在评估质量保证是否在向客户保证所销售商品符合既定标准之外提供了一项单独的服务时，企业应当考虑该质量保证是否为法定要求、质量保证期限以及企业承诺履行任务的性质等因素。客户能够选择单独购买质量保证的，该质量保证构成单项履约义务。如果法律要求企业提供质量保证，这一法律的存在即表明所承诺的质量保证不是单项履约义务，因为这些要求的存在通常是为了保护客户免于承担购买不合格产品的风险。质保期越长，所承诺的质量保证就越可能是单项履约义务，因为更有可能提供产品符合既定标准的保证之外的服务。

【例 17-16】A 公司销售给 B 公司洗衣机一批，不含增值税售价 100 000 元。合同约定，在商品交付后 1 年内发生正常质量问题免费保修。根据以前年度的维修记录，该商品如果发生较小的质量问题，维修费用为销售收入的 1%；如果发生较大的质量问题，维修费用为销售收入的 2%。根据技术部门的预测，本月销售的商品中，80%不会发生质量问题；15%可能发生较小质量问题；5%可能发生较大质量问题。如果客户多付 3 000 元，可以延长保修期，多提供 3 年免费保修。货物已交付客户，假定不考虑相关税费。

本例中，A 公司的承诺包括销售洗衣机、1 年内免费保修和延长 3 年可选择的质量保证。其中提供的 1 年内免费保修属于正常的质量保证，不构成单项履约义务，应当作为或有事项处理。

预计负债金额 = 100 000 ×（0 × 80% + 1% × 15% + 2% × 5%）= 250（元）

延长保修期属于正常质保以外的可选择服务，且有单独售价，构成一项单独履约义务。所以，如果客户选择了延保服务，该合同共有两项履约义务，即销售洗衣机和提供额外的延长保修服务。销售洗衣机符合时点确认收入条件，延保服务应按时段分期确认收入。

销售洗衣机时，正常范围以内的质保服务，作为预计负债处理。A 公司的会计分录为：

借：应收账款　100 000

贷：主营业务收入 100 000

借：销售费用 250

贷：预计负债 250

如果客户选择了延保服务，应作为一项单独的履约义务，分期确认收入。假定每年末确认收入：

借：应收账款 1 000

贷：其他业务收入 1 000

四、主要责任人和代理人业务的核算

（一）主要责任人和代理人身份的判断

企业应当根据其在向客户转让商品前是否拥有对该商品的控制权，来判断其从事交易时的身份是主要责任人还是代理人。企业在向客户转让商品前能够控制该商品的，该企业为主要责任人，应当按照总额法（已收或应收对价总额）确认收入；否则，该企业为代理人，应当按照净额法（预期有权收取的佣金或手续费的金额）确认收入，该金额应当按照已收或应收对价总额扣除应支付给其他相关方的价款后的净额，或者按照既定的佣金金额或比例等确定。

1. 表明企业向客户转让商品前对商品拥有控制权的三种情形

（1）企业自第三方取得商品或其他资产控制权后，再转让给客户。

（2）企业能够主导第三方代表本企业向客户提供服务。

（3）企业自第三方取得商品控制权后，通过提供重大的服务将该商品与其他商品整合成某组合产出转让给客户。

2. 表明对商品拥有控制权的事实和情况

在具体判断向客户转让商品前是否拥有对该商品的控制权时，企业不应仅局限于合同的法律形式，而应当综合考虑所有相关事实和情况，这些事实和情况包括以下几个方面。

（1）企业承担向客户转让商品的主要责任。

（2）企业在转让商品之前或之后承担了该商品的存货风险。

（3）企业有权自主决定所交易商品的价格。

（4）其他相关事实和情况。

【例 17-17】 A 公司经营一家电商平台，客户从平台上的供应商处购买商品，这些供应商直接向客户交付产品。当通过该电商平台购买商品时，A 公司有权获得相当于售价 10% 的佣金。电商平台协助供应商与客户之间按供应商所设定的价格进行支付。A 公司在处理订单之前要求客户付款，且所有订单均不可退款。A 公司在安排向客户提供产品之后没有其他义务。

本例中，供应商直接向客户提供其商品，A 公司仅协助双方之间达成交易，并获取佣金，并未在向客户转让商品前取得商品的控制权，在任何时候都不能主导将商品转让给客户，不能主导或者阻止供应商向客户转让商品，不能控制供应商与客户在电商平台上确定的订单所涉及的存货，应当作为代理人进行会计处理。

（1）供应商承担向客户转让商品的主要责任。在供应商不能向客户转让商品时，A 公司既不用提供商品，也没有责任验收商品。

（2）供应商在转让商品之前或之后承担了该商品的存货风险。A 公司并未承诺在客户购买商品前从供应商处获取存货，也未承诺对商品的任何损坏或返修承担责任。

（3）A 公司没有对供应商商品的定价权。销售价格由供应商决定。

A 公司是该交易中的代理人，在其履行安排供应商向客户提供商品的承诺时，按其有权获得的佣金金额确认收入。

（二）主要责任人和代理人的会计处理

以委托代销业务为例，说明主要责任人和代理人的会计处理。委托代销是企业委托其他单位代销商品的一种销售方式，一般应与受托方签订合同或协议，规定代销商品的品种、价格、手续费标准以及结算办法等。委托方发出代销商品时，商品所有权不转移，不结算货款，只作商品移库处理；待受托方将商品销售后寄来代销清单时确认收入。受托方通常应按照委托方规定的价格销售，不得自行改变售价，在商品销售后，按应收取的手续费确认收入，这对受托方来说实际上是一种劳务收入，同时构成委托方的销售费用；所售商品收入构成应向委托方支付的负债。

在这类交易中，委托方是主要责任人，应当按照总额法（已收或应收对价总额）确认收入；而受托方是代理人，应当按照净额法（预期有权收取的佣金或手续费的金额）确认收入。

【例 17-18】 开元公司（委托方）委托经销商华阳公司（受托方）销售甲产品 400 件，单位成本 600 元。按照代销合同规定，华阳公司按每件 750 元的价格对外出售，开元公司按售价的 10%付给华阳公司手续费。华阳公司本月销售商品价款 300 000 元，月末开给委托方代销清单。假定不考虑相关税费。

（1）对于该项业务，委托方应作如下会计分处理：

① 向华阳公司交付商品时：

借：委托代销商品（或发出商品）　　240 000

　贷：库存商品　　240 000

② 收到代销清单时：

借：应收账款——华阳公司　　300 000

　贷：主营业务收入　　300 000

同时确认应支付的手续费用：

借：销售费用　　30 000

　贷：应收账款——华阳公司　　30 000

③ 结转成本时：

借：主营业务成本　240 000

　贷：委托代销商品（或发出商品）　240 000

④ 收到华阳公司汇来的货款净额：

借：银行存款　270 000

　贷：应收账款——华阳公司　270 000

（2）对该项业务，受托方应作如下会计处理：

① 收到代销商品时：

借：受托代销商品　300 000

　贷：受托代销商品款　300 000

② 代销商品售出时，应作会计分录为：

借：银行存款　300 000

　贷：应付账款——开元公司　300 000

月末开具代销清单：

借：受托代销商品款　300 000

　贷：受托代销商品　300 000

③ 支付货款并扣收代销手续费时：

借：应付账款——开元公司　300 000

　贷：银行存款　270 000

　　　其他业务收入　30 000

五、售后回购业务的核算

售后回购，是指企业销售商品的同时承诺或有权选择日后再将该商品（包括相同或几乎相同的商品，或以该商品作为组成部分的商品）购回的销售方式。对于售后回购交易，企业应当区分下列两种情形分别进行会计处理。

（1）企业因存在与客户的远期安排而负有回购义务或企业享有回购权利的，表明客户在销售时点并未取得相关商品控制权，企业应当作为租赁交易或融资交易进行相应的会计处理。其中，回购价格低于原售价的，应当视为租赁交易，按照《企业会计准则第 21 号——租赁》的相关规定进行会计处理；回购价格不低于原售价的，应当视为融资交易，在收到客户款项时确认金融负债，并将该款项和回购价格的差额在回购期间内确认为利息费用等。企业到期未行使回购权利的，应当在该回购权利到期时终止确认金融负债，同时确认收入。

（2）企业负有应客户要求回购商品义务的，应当在合同开始日评估客户是否具有行使该要求权的重大经济动因。客户具有行使该要求权重大经济动因的，企业应当将售后回购作为租赁交易或融资交易，按照上述规定进行会计处理；否则，企业应当将其作为附有销售退回条款的销售交易进行会计处理。

【例 17-19】20××年 6 月 10 日，A 房地产公司与旗下的 K 公司宣布针对其湖滨 1 号、爱琴海岸、柏林公馆三个项目，推出“3 年无理由 120%回购”购房保障计划。按照该计划，当日起购房者购买上述三盘的新房源，全款到账 3 年之后，可以选择无理由退房，由 K 公司按照《商品房买卖合同》房屋总价的 120%进行回购，且 K 公司承担所有过户税费。据售楼部介绍，3 年期限从开发商收到房款时开始计算，在 3 年期满前 1 个月，与购房者确认是否需要回购。如果是按揭的客户，还需要提前还完所有按揭款项才能将房源回售给 K 公司。

本例中，A 公司并不负有主动要求回购房产的权利或义务，而是在客户有要求回购商品的意愿时，A 公司才承担回购义务，因此属于第二类售后回购业务。上述业务发生后，A 公司财务人员应对客户买房动机作出分析：如果购房目的为自住，则 3 年期满时一般不会选择回购，因此，财务人员应将收到的款项直接作为销售处理；如果属于投资，则要判断 3 年期满后房价是否高于购买价的 120%，如果房价高于购买价的 120%，则客户没有要求回购的动机，销售合同所规定的义务已经履行完毕，应作为销售处理，否则客户有要求回购的动机，该销售合同的实质是以房屋作抵押，向客户借款，3 年后按购房价的 120%支付本金和利息，因此应作为融资处理。需要注意的是，认为 3 年后客户有回购动机是一种估计和判断，因此，应将收到的款项直接作为“预计负债”处理，而不计入“长期应付款”，并将 20%的差价在 3 年内平均分摊计入各年财务费用。如果 3 年后没有回购，作为会计估计变更，直接转入当期销售收入和营业外收入。

【例 17-20】 20×8 年 1 月 1 日，甲公司（销售方）与乙公司（客户）订立一项销售有形资产的合同，合同价款为 100 万元。合同要求甲公司承担在 20×8 年 12 月 31 日或之前以 75 万元回购该资产的义务。不考虑相关税费。

（1）1 月 1 日合同签订时，乙公司尚没有获得资产的控制权，甲公司收到现金时应确认一项金融负债。据此应作会计分录为：

借：银行存款	1 000 000	
贷：其他应付款		1 000 000

（2）12 月 31 日，甲公司以 75 万元回购这一资产，由于回购价格低于原售价，按租赁业务确认租赁收入。据此应作会计分录为：

借：其他应付款	1 000 000	
贷：租赁收入		250 000
银行存款		750 000

【例 17-21】 20×8 年 1 月 1 日，甲公司（销售方）与乙公司（客户）订立一项销售有形资产的合同，合同价款为 100 万元，资产的成本为 60 万元。合同赋予甲公司在 20×8 年 12 月 31 日或之前以 110 万元回购该资产的权利。不考虑相关税费。

（1）1 月 1 日合同签订时，客户尚没有获得资产的控制权，甲公司收到现金时确认一项金融负债。据此应作会计分录为：

借：银行存款	1 000 000	
贷：其他应付款		1 000 000

甲公司发出商品时：

借：发出商品　　600 000

　贷：库存商品　　600 000

（2）12 月 31 日，若该权利未被行使而失效，甲公司终止确认相关负债并确认 100 万元收入。据此应作会计分录为：

借：其他应付款　　1 000 000

　贷：主营业务收入　　1 000 000

借：主营业务成本　　600 000

　贷：发出商品　　600 000

（3）12 月 31 日，若该权利被行使，甲公司以 110 万元现金回购该资产，交易实质为一项融资安排。据此应作会计分录为：

借：其他应付款　　1 000 000

　　财务费用　　100 000

　贷：银行存款　　1 100 000

借：库存商品　　600 000

　贷：发出商品　　600 000

六、具有重大融资成分的销售

重大融资成分包括客户提前预付款（销售方融资）和客户推后付款（购买方融资）两种情况。合同中存在重大融资成分的，企业应当按照假定客户在取得商品控制权时即以现金支付的应付金额确定交易价格。该交易价格与合同对价之间的差额，应当在合同期间内采用实际利率法摊销。合同开始日，企业预计客户取得商品控制权与客户支付价款间隔不超过一年的，可以不考虑合同中存在的重大融资成分。

1. 确定重大融资成分——客户提前预付款（销售方融资）

【例 17-22】 1 月 1 日，B 公司与客户签订了一项出售商品的合同，该商品的控制权将于 2 年后转移给客户。合同包括两种可供选择的付款方式：在 2 年后当客户获得对商品的控制时支付 674.16 万元，或在合同签订时支付 600 万元。客户选择在合同签订时支付 600 万元的方式购买该商品。假定不考虑相关税费，作出 B 公司相关会计处理。

本例中，按照上述两种付款方式计算的内含利率为 6%。考虑到客户公司付款时间和转让商品的时间间隔以及现行市场利率水平，B 公司认为该合同包含重大融资成分，在确定交易价格时应当对合同承诺的金额进行调整以反映重大融资成分的影响。假定该融资费用不符合借款本化的要求。

B 公司的会计处理如下：

（1）合同签订收到客户货款时：

借：银行存款　　6 000 000

　　未确认融资费用　　741 600
　　贷：合同负债　　6 741 600

（2）当年末确认融资费用：

借：财务费用——利息支出　　（6 000 000 × 6%）360 000
　　贷：未确认融资费用　　360 000

（3）合同到期，转让该商品控制权时：

借：合同负债　　6 741 600
　　贷：主营业务收入　　6 741 600

借：财务费用——利息支出　　（6 360 000 × 6%）381 600
　　贷：未确认融资费用　　381 600

2. 确定重大融资成分——客户推后付款（购买方融资）

客户推后付款（购买方融资），又可以分为分期付款和延期付款。对销售方来说，会有分期收款销售和延期一次收款销售两种情况。

1）分期收款销售

分期收款销售是指商品已经交付，但货款分期收回的一种销售方式。分期收款销售商品具有融资性质，应当按照应收的合同或协议价款的现值确定其公允价值。应收的合同或协议价款与其公允价值之间的差额，应当在合同或协议期间内，按照应收款项的摊余成本和实际利率计算确定的摊销金额，冲减财务费用。

具有融资性质的分期收款销售商品或提供劳务满足收入确认条件的，按应收合同或协议价款，借记“长期应收款”科目，按应收合同或协议价款的公允价值（折现值），贷记“主营业务收入”科目，按其差额，贷记“未实现融资收益”科目。在合同或协议期间内，按照应收款项的摊余成本和实际利率计算确定的摊销金额，借记“未实现融资收益”，贷记“财务费用”科目。

【例 17-23】 12 月，A 公司销售产品给 B 公司，货款 2 400 000 元，双方约定，B 公司每半年付款 300 000 元，分 4 年付清。已知年折现率为 12%，该批产品成本为 1 800 000 元。（假定不考虑相关税费）

（1）计算应收合同或协议价款的公允价值（折现值）。折现率为 6%、期数为 8 的年金现值系数为 6.209 8，当年 12 月可确认的应收合同或协议价款的现值为：300 000 × 6.209 8 = 1 862 940（元），据此作会计分录为：

借：长期应收款　　2 400 000
　　贷：主营业务收入　　1 862 940
　　　　未实现融资收益　　537 060

借：主营业务成本　　1 800 000
　　贷：库存商品　　1 800 000

（2）融出资金各期利息收入和收回本金计算如表 17-1 所示。

第 1 年 6 月末收回的 300 000 元中，包含应收回本金的一部分 188 224 元和借出资金半年的利息收入 111 776 元。据此应作会计分录为：

借：银行存款　　300 000
　　贷：长期应收款　　300 000
借：未实现融资收益　　111 776
　　贷：财务费用　　111 776

以后各期依据表 17-1 的有关数据，参照上述分录进行，不再赘述。

表 17-1　　**融出资金各期利息收入和收回本金计算**　　单位：元

时间	期初余额 ①	利息收入 ②=①×6%	收回本金 ③=300 000－②	期末余额 ④=①－③
第 1 年 06 月 30 日	1 862 940	111 776	188 224	1 674 716
第 1 年 12 月 31 日	1 674 716	100 483	199 517	1 475 199
第 2 年 06 月 30 日	1 475 199	88 512	211 488	1 263 711
第 2 年 12 月 31 日	1 263 711	75 823	224 177	1 039 534
第 3 年 06 月 30 日	1 039 534	62 372	237 628	801 906
第 3 年 12 月 31 日	801 906	48 114	251 886	550 020
第 4 年 06 月 30 日	550 020	33 001	266 999	283 021
第 4 年 12 月 31 日	283 021	16 979	283 021①	0
合计		537 060	1 862 940	

注：①尾差调整数

2）延期一次收款销售

延期一次收款销售是指商品已经交付但货款延期一次收回的销售方式。延期收款销售中，销货企业要承担货币的时间价值和收回陈旧商品的损失，导致延期收款销售比普通销售的价格要高。其会计处理与分期收款销售基本相同，只是收款次数不同。

【例 17-24】 A 公司向客户销售一款新产品，合同约定不含税销售价格为 121 万元，在交货后的 24 个月内支付。客户在合同开始时即获得了该产品的控制权。合同允许客户在 90 天内无条件退回产品。A 公司没有任何相关的产品退货历史证据或任何其他可获得的市场证据。该产品的现销价为 100 万元，成本为 80 万元。假定不考虑相关税费，作出 A 公司相关会计处理。

本例中，因为存在退货权，并且 A 公司缺乏相关的历史证据，无法确定已确认的累计收入金额是否极可能不会发生重大转回，所以 A 公司应当在无条件退货期满后确认产品销售收入。将合同对价 121 万元折现为现销价 100 万元，折现期为 24 个月，可得该合同的内含利率为 10%。该利率与在合同开始时与其客户进行单独的融资交易所反映的折现率相一致。因此，采用该利率为折现率。A 公司的会计处理如下：

（1）在合同开始，向客户转让商品时：

借：发出商品　　800 000
　　贷：库存商品　　800 000

（2）90 天退货期满后，按折现后对价确认收入：

借：长期应收款　　1 210 000
　　贷：主营业务收入　　1 000 000

未实现融资收益　　210 000

同时结转成本：

借：主营业务成本　　800 000

　贷：发出商品　　800 000

（3）在付款期限内，按实际利率10%分期确认利息收入（为简化核算，这里不再分期计算利息收入）：

借：未实现融资收益　　210 000

　贷：财务费用——利息收入　　210 000

（4）收到客户实际付款时：

借：银行存款　　1 210 000

　贷：长期应收款　　1 210 000

需要说明的是，在收入准则应用指南附录（收入准则修订需要说明的问题）中提到，考虑到我国的市场环境和相关规定，建议沿用《企业会计准则——收入》（2006）的做法，即先以现销价格确定收入金额，再将该金额与合同对价金额的差异作为融资成分处理。

七、附有客户额外购买选择权的销售

客户额外购买选择权，是客户后续购买额外的商品和服务时可以享受免费或者打折的权利。如客户奖励积分、未来商品或服务的折扣券、续约选择权等。

对于附有客户额外购买选择权的销售，企业应当评估该选择权是否向客户提供了一项重大权利。如果不重大的选择权利在发生时直接作为促销的销售费用处理；企业提供重大权利的，应当作为单项履约义务，按照规定将交易价格分摊至该履约义务，在客户未来行使购买选择权取得相关商品控制权时，或者该选择权失效时，确认相应的收入。客户额外购买选择权的单独售价无法直接观察的，企业应当综合考虑客户行使和不行使该选择权所能获得的折扣的差异、客户行使该选择权的可能性等全部相关信息后，予以合理估计。

客户虽然有额外购买商品选择权，但客户行使该选择权购买商品时的价格反映了这些商品单独售价的，不应被视为企业向该客户提供了一项重大权利。

在客户享有的选择权是一项重大权利的情况下，如果其有权购买的额外商品或服务与其原本购买的商品或服务类似，且企业将按照初始合同条款提供额外的商品或服务（常见于续约选择权），则可以采用简化的处理方法，即直接估计其将提供的商品或服务的数量，并将相应预计收取的对价纳入初始合同的交易价格，而无须估计选择权的单独售价。

【例17-25】 M淘宝店铺开展促销活动。顾客购买1 000元的商品有以下几种促销方式：① 购物满1 000元，店铺给予8折优惠；② 顾客购物满1 000元，店铺奖励200积分值，10个积分在下次购物时可以抵减1元，积分不可兑换现金。作出M淘宝店铺的有关会计分录（不考虑相关税费）。

① 购物满1 000元，店铺给予8折优惠：

$$店铺的销售收入 = 1\ 000 \times 80\% = 800（元）$$

借：其他货币资金——支付宝账户　　800
　贷：主营业务收入　　800

② 购物满 1 000 元，店铺奖励 200 积分值（10 积分等于 1 元，积分不可兑换现金）：

店铺赠送的积分值 = 200/10 = 20（元）

销售收入 = 1000 − 20 = 980（元）

借：其他货币资金——支付宝账户　　1 000
　贷：主营业务收入　　980
　　合同负债　　20

合同负债是指企业已收或应收客户对价而应向客户转让商品的义务。企业在向客户转让商品之前，如果客户已经支付了合同对价或企业已经取得了无条件收取合同对价的权利，则企业应当在客户实际支付款项与到期应支付款项孰早时点，将已收或应收的款项列示为合同负债。

【例 17-26】 M 大型超市为增值税一般纳税人。在“双十一”到来之际，开展了顾客购货奖励积分的促销活动。超市规定在 20×7 年 11 月 1 日至 12 月 1 日期间购物每满 100 元（含税）奖励积分 1 分，不足 100 元部分不积分，积分可在 1 年内在本超市兑换任何商品，截止有效期为 20×8 年 11 月 1 日，1 个积分可抵现金 5 元。

（1）A 顾客在促销期间，购买了售价 34 800 元（含税）的一批床上用品，款项刷卡支付，并办理了积分卡，超市奖励 A 顾客积分 348 分。该批床上用品适用增值税税率 16%，进货成本为 18 000 元。

A 顾客共获得积分 348 分，其价值为 1 740（348 × 5）元。

销售收入 = 34 800 ÷ 1.16 − 1 740 = 30 000 − 1 740 = 28 260（元）

借：银行存款　　34 800
　贷：主营业务收入　　28 260
　　合同负债　　1 740
　　应交税费——应交增值税（销项税额）　　4 800

注：销售收入和合同负债，全额计算销项税额。

借：主营业务成本　　18 000
　贷：库存商品　　18 000

（2）20×8 年 1 月 A 顾客在积分兑换期内在 M 超市选购一件零售价为 2 320 元（含税）的商品，要求以积分卡上 348 积分抵付价款，并补付差价。该商品进货成本为 1 200 元。经超市确认，同意 A 顾客以积分抵付形式购买商品。

借：银行存款　　580
　合同负债　　1 740
　贷：主营业务收入　　2 000
　　应交税费——应交增值税（销项税额）　　320

借：主营业务成本　　1 200

贷：库存商品　　1 200

（3）假定A顾客在积分兑换期内未兑换。

逾期失效的积分由于在奖励积分环节已按全额计算了销项税额，所以在积分逾期失效结转计入当期损益时，不需要计算销项税额，将失效时“合同负债”科目的余额，全额确认为当期收入。

借：合同负债　　1 740

　贷：主营业务收入　　1 740

八、知识产权许可

企业向客户授予知识产权许可的，应当按照规定评估该知识产权许可是否构成单项履约义务，构成单项履约义务的，应当进一步确定其是在某一时段内履行还是在某一时点履行。

企业向客户授予知识产权许可，同时满足下列条件时，应当作为在某一时段内履行履约义务确认相关收入；否则，应当作为在某一时点履行履约义务确认相关收入。

（1）合同要求或客户能够合理预期企业将从事对该项知识产权有重大影响的活动。

（2）该活动对客户将产生有利或不利影响。

（3）该活动不会导致向客户转让某项商品。

企业向客户授予知识产权许可，并约定按客户实际销售或使用情况收取特许权使用费的，应当在下列两项孰晚的时点确认收入。

（1）客户后续销售或使用行为实际发生。

（2）企业履行相关履约义务。

【例17-27】 A公司与B公司签订合同，授予B专利许可证并收取特许权使用费。在合同开始日，合同满足收入确认的所有条件，在合同开始日即授权给B使用。在合同开始的第1年，B每季度提供使用情况报告并在约定的期间内支付使用费。在合同开始的第2年，B继续使用该专利，但其融资能力和可使用的现金受到限制，财务状况下滑。B在第1季度支付了特许使用费，但第2季度至第4季度的专利使用费仅支付了名义金额。在合同开始的第3年，B继续使用该专利技术。但是，A得知B已丧失获得信贷的能力及主要客户，支付能力显著恶化。

本例中，在合同开始日，合同满足收入确认的所有条件，A公司按约定的特许权使用费确认收入。在第2年，A公司确认特许权使用费收入，但由于B公司的信用风险升高，同时对B的现有应收账款进行减值测试。第3年，由于B公司支付能力显著恶化，不大可能为专利的持续使用支付特许使用费。A重新评估了合同成立的相关条件，并确定该合同再不符合收入确认的条件，因为A可能再不能够收回其有权获得的对价。据此，A公司不再确认该专利的使用权收入，同时对B公司的现有应收账款进行减值测试。

【例17-28】 甲公司为一家知名的快餐连锁企业。2017年1月1日，甲公司授权X加盟店在指定的地点经营快餐店，该快餐店将使用甲公司的品牌，并有权在未来5年内销售甲公司的产品。甲公司将开展活动以维护其品牌形象，包括改进产品、市场营销等，甲公司将要开展活动并不导致向 X 加盟店转移商品和服务。甲公司一次性收取 5 年的固定品牌使用费 500 万元。

本例中，甲公司收取的品牌使用费应在 5 年使用期内分期确认收入，每年确认收入 100 万元。

九、不予退回的初始费用

企业在合同开始（或接近合同开始）日向客户收取的无须退回的初始费（如俱乐部的入会费等）应当计入交易价格。企业应当评估该初始费是否与向客户转让已承诺的商品相关。该初始费与向客户转让已承诺的商品相关，并且该商品构成单项履约义务的，企业应当在转让该商品时，按照分摊至该商品的交易价格确认收入；该初始费与向客户转让已承诺的商品相关，但该商品不构成单项履约义务的，企业应当在包含该商品的单项履约义务履行时，按照分摊至该单项履约义务的交易价格确认收入；该初始费与向客户转让已承诺的商品不相关的，该初始费应当作为未来将转让商品的预收款，在未来转让该商品时确认为收入。

企业收取了无须退回的初始费且为履行合同应开展初始活动，但这些活动本身并没有向客户转让已承诺的商品的，该初始费与未来将转让的已承诺商品相关，应当在未来转让该商品时确认为收入，企业在确定履约进度时不应考虑这些初始活动；企业为该初始活动发生的支出应当按照规定确认为一项资产或计入当期损益。

【例 17-29】 某健身俱乐部与客户签订 1 年合同，客户需要支付注册费 180 万元且不可退还，以及会员年费每月支付 40 万元。客户未来续约时，俱乐部不会再要求客户支付注册费。俱乐部认为续约选择权是一项实质性权利，这是一项单独履约义务。基于经验俱乐部认为其客户在终止合同前平均会续约两次。因此，俱乐部决定该选择权向客户提供两年优惠续约价格的权利。

本例中，该注册费（初始费）与向客户转让已承诺的商品相关，并且该商品构成单项履约义务的，企业应当在转让该商品时，按照分摊至该商品的交易价格确认收入即 180 万元 ÷ 36 = 5 万元。

十、期间费用

（一）期间费用的内容

1. 管理费用

管理费用，是指企业为组织和管理企业生产经营所发生的各种费用。管理费用主要包括企业在筹建期间内发生的开办费（含人员工资、办公费、培训费、差旅费、印刷费、注册登记费以及不计入固定资产成本的借款费用等）、董事会和行政管理部门在企业的经营管理中发生的或者应由企业统一负担的公司经费（含行政管理部门职工工资及福利费、物料消耗、低值易耗品摊销、办公费和差旅费等费用）、工会经费、董事会费（含董事会成员津贴、会议费和差旅费等）、聘请中介机构费、咨询费（含顾问费）、诉讼费、业务招待费、技术转让费、研究费等。

2. 财务费用

财务费用，是指企业为筹集生产经营资金而发生的筹资费用，包括利息支出（减利息收入）、汇兑损益以及相关的手续费等。另外，企业融资租入的固定资产，未确认融资费用在租赁期内摊销时，也计入财务费用。

3. 销售费用

销售费用，是指企业在销售商品和材料、提供劳务的过程中所发生的各种费用以及专设销售机构的各项经费，包括保险费、包装费、展览费和广告费、商品维修费、预计产品质量保证损失、运输费、装卸费等以及为销售本企业商品而专设的销售机构（含销售网点、售后服务网点等）的职工薪酬、业务费、折旧费等经营费用，与专设销售机构相关的固定资产修理费等后续支出。

（二）期间费用的确认

期间费用是企业为获取收入而发生的间接费用，应在费用发生的当期予以确认。这是因为以下几个方面。

（1）期间费用的发生和收入的实现没有直接关系，因而不容易确定其归属对象，不能与收入直接配比（不能计入营业成本）。在许多情况下，一项无法与某项收入发生直接联系的费用，若对本企业经营活动是必不可少的，则应将其计入当期费用。

（2）期间费用不能提供明确的未来收益，因而结转至后续期间是不恰当的。企业的一般经营活动和销售活动都会涉及获取未来收入的产品生产，但如果没有合理的途径将相关费用与未来收益相联系，或未来期间经营活动的收益很不确定，那么，唯一的实际解决途径就是将它们直接确认为当期费用。

期间费用应按其实际发生额计入当期损益。如果这些费用一次支付的数额较大，全部列入当期费用会影响当期费用水平和财务成果，为了均衡各期费用负担，可以采用预提或者待摊的方式处理，但预提或待摊的期限不超过一个会计年度。

（三）期间费用的账务处理

为了核算企业发生的各种期间费用，需要设置“管理费用”“财务费用”和“销售费用”科目。这些科目都属于损益类。

【例 17-30】 企业行政管理部门支付业务招待费 800 元，购买办公用品 1 200 元，均用银行存款支付。根据有关单据，应作会计分录为：

借：管理费用——业务招待费	800
——办公费	1 200

贷：银行存款 2 000

【例 17-31】分配本月工资费用，行政管理部门、专设销售机构人员的工资分别为 16 000 元和 9 000 元。据此应作会计分录为：

借：管理费用 16 000

　　销售费用 9 000

　贷：应付职工薪酬——工资 25 000

【例 17-32】 企业按月预提短期借款利息，按季度支付。如果第 1 季度每月预提 1 200 元，3 月接银行转来的借款利息通知单，本季度实际应付利息 3 800 元。据此作以下有关会计分录：

（1）1、2 月预提利息费用时，应作会计分录为：

借：财务费用 1 200

　贷：应付利息 1 200

（2）3 月支付利息时，应作会计分录为：

借：应付利息 2 400

　　财务费用 1 400

　贷：银行存款 3 800

【例 17-33】 某企业本月支付电视广告费 48 000 元，以银行存款支付，从本月起分 6 个月摊销。据此应作以下有关会计分录：

（1）支付广告费时，应作会计分录为：

借：预付账款 48 000

　贷：银行存款 48 000

（2）各月摊销时，应作会计分录为：

借：销售费用 8 000

　贷：预付账款 8 000

第三节　利润及利润分配的核算

如前所述，企业的利润总额是营业利润加上直接计入当期利润的利得（营业外收入）减去直接计入当期利润的损失（营业外支出）后的余额。在直接计入当期利润的利得和损失中，各项内容大多已经在前面各章节介绍过，这里主要阐述政府补助的特征及其确认与计量。

一、政府补助

（一）政府补助的特征

政府补助，是指企业从政府无偿取得货币性资产或非货币性资产，但不包括政府作为企业所有者投入的资本。其特征为以下几个方面。

1. 来源于政府的经济资源

政府补助是企业从政府取得的经济资源，包括货币性资产和非货币性资产，形成企业的收益。对于企业收到的来源于其他方的补助，有确凿证据表明政府是补助的实际拨付者，其他方只起到代收代付作用，该项补助也属于来源于政府的经济资源。

2. 无偿性并附有条件

政府向企业提供补助具有无偿性的特点，即企业取得来源于政府的经济资源，不需要向政府交付商品或服务等对价。政府并不因此而享有企业的所有权，企业未来也不需要以提供服务、转让资产等方式偿还。政府补助通常附有一定的条件，是为了推行其宏观经济政策，对企业使用政府补助的时间、适用范围和方向进行了限制，与政府补助的无偿性并无矛盾，主要包括政策条件和使用条件。企业只有符合政府补助政策的规定，才有资格申请政府补助。符合政策规定不一定都能够取得政府补助；不符合政策规定、不具备申请政府补助资格的，不能取得政府补助。企业已获批准取得政府补助的，应当按照政府规定的用途使用。

政府资本性投入不属于政府补助。政府以投资者身份向企业投入资本，享有企业相应的所有权，企业有义务向投资者分配利润，政府与企业之间是投资者与被投资者的关系。政府拨入的投资补助等专项拨款中，国家相关文件规定作为“资本公积”处理的，也属于资本性投入的性质。政府的资本性投入无论采用何种形式，均不属于政府补助。

企业从政府取得的经济资源，如果与企业销售商品或提供劳务等活动密切相关，且来源于政府的经济资源是企业销售商品或服务的对价或者是对价的组成部分，应当按照CAS14进行会计处理，不适用于《企业会计准则第16号——政府补助》(CAS16)。如发电公司每月都会收到财政部门拨款，系对公司执行国家计划内政策电力价差的补偿，该补贴应构成电力公司的主营业务收入。

（二）政府补助的主要形式

政府补助表现为政府向企业转移资产，通常为货币性资产，也可能为非货币性资产。政府补助主要有以下形式。

（1）财政拨款，是政府无偿拨付给企业的资金，通常在拨款时明确规定了资金用途。例如，财政部门拨付给企业用于购建固定资产或进行技术改造的专项资金，鼓励企业安置职工就业而给予的奖励款项，拨付企业的粮食定额补贴，拨付企业开展研发活动的研发经费等，均属于财政拨款。

（2）财政贴息，是政府为支持特定领域或区域发展，根据国家宏观经济形势和政策目标，对承贷企业的银行贷款利息给予的补贴。财政贴息主要有两种方式：①财政将贴息资金直接拨付给受益企业；②财政将贴息资金拨付给贷款银行，由贷款银行以政策性优惠利率向企业提供贷款，受益企业按照实际发生的利率计算和确认利息费用。

（3）税收返还，是政府按照国家有关规定采取先征后返（退）、即征即退等办法向企业返还的税款，属于以税收优惠形式给予的一种政府补助。增值税出口退税不属于政府补助，是政府退还企业事先垫付的进项税额。

（4）无偿划拨非货币性资产。例如，行政划拨土地使用权、天然起源的天然林等。

（三）政府补助的确认

政府补助分为与资产相关的政府补助和与收益相关的政府补助。

与资产相关的政府补助，是指企业取得的、用于购建或以其他方式形成长期资产的政府补助。企业取得与资产相关的政府补助，不能直接确认为当期损益，应当冲减相关资产的账面价值或确认为递延收益。与资产相关的政府补助确认为递延收益的，应当在相关资产使用寿命内按照合理、系统的方法分期计入损益。相关资产在使用寿命结束前被出售、转让、报废或发生毁损的，应将尚未分配的递延收益余额一次性转入资产处置当期的损益（其他收益或营业外收入等）。

与收益相关的政府补助，是指除与资产相关的政府补助之外的政府补助。与收益相关的政府补助，用于补偿企业以后期间的相关费用或损失的，取得时确认为递延收益，在确认相关费用的期间计入当期损益或冲减相关成本；用于补偿企业已发生的相关费用或损失的，取得时直接计入当期损益或冲减相关成本。

对于同时包含与资产相关部分和与收益相关部分的政府补助，应当区分不同部分分别进行会计处理；难以区分的，应当整体归类为与收益相关的政府补助。

（四）政府补助的计量

企业取得的各种政府补助为货币性资产的，如通过银行转账等方式拨付的补助，通常按照实际收到的金额计量；存在确凿证据表明该项补助是按照固定的定额标准拨付的，如按照实际销量或储备量与单位补贴定额计算的补助等，可以按照应收的金额计量。

政府补助为非货币性资产的，应当按照公允价值计量；公允价值不能可靠取得的，按照名义金额计量。政府补助为非货币性资产的，如该资产附带有关文件、协议、发票、报关单等凭证注明的价值与公允价值差异不大的，应当以有关凭证中注明的价值作为公允价值；如没有注明价值或注明价值与公允价值差异较大、但有活跃市场的，应当根据有确凿证据表明的同类或类似资产市场价格作为公允价值；如没有注明价值，且没有活跃市场、不能可靠取得公允价值的，应当按照名义金额计量，名义金额为 1 元。按照名义金额计量的政府补助，直接计入当期损益。

（五）政府补助的会计处理

企业对政府补助的账务处理，需要设置“递延收益”“其他收益”“营业外收入”等会计科目。

政府补助的会计处理方法包括总额法和净额法。总额法下，将政府补助全额确认为收益，净额法下，将政府补助作为相关成本费用的扣减。企业对某项经济业务选择总额法或净额法后不得随意变更。

与企业日常活动相关的政府补助，应当按照经济业务实质计入其他收益或冲减相关成本费用。与企业日常活动无关的政府补助，应当计入营业外收支。

1. 与资产相关的政府补助

企业收到补助资金时，总额法下借记有关资产科目，贷记“递延收益”科目，在相关资产使用寿命内，按照合理、系统的方法分期计入损益，借记“递延收益”科目，贷记“其他收益”科目。相关资产在使用寿命结束前被出售、转让、报废或发生毁损的，应当将尚未分配的相关递延收益余额转入资产处置当期的损益。净额法下，将补助冲减相关资产账面价值。

【例 17-34】 1 月 5 日，甲企业取得 540 万元财政拨款，按要求用于购买大型科研设备 1 台。1 月 31 日，甲企业购入不需要安装的大型设备，实际成本为 576 万元，其中 36 万元以自有资金支付，设备使用寿命 10 年，无残值，采用直线法计提折旧。假定该设备于第 7 年 1 月出售，取得价款 200 万元。假定不考虑相关税费。

（1）总额法下，甲企业应作以下有关会计分录：

① 1 月 5 日，实际收到财政拨款时，应作会计分录为：

	借方	贷方
借：银行存款	5 400 000	
贷：递延收益		5 400 000

② 1 月 31 日购入设备,应作会计分录为：

	借方	贷方
借：固定资产	5 760 000	
贷：银行存款		5 760 000

③ 自当年 2 月起，每月计提折旧同时分摊递延收益时，应作会计分录为：

	借方	贷方
借：研发支出	48 000	
贷：累计折旧		48 000
借：递延收益	45 000	
贷：其他收益		45 000

④ 第 7 年 1 月出售，应作会计分录为：

	借方	贷方
借：固定资产清理	2 304 000	
累计折旧	3 456 000	
贷：固定资产		5 760 000
借：银行存款	2 000 000	
资产处置损益	304 000	
贷：固定资产清理		2 304 000

⑤ 转销递延收益余额，应作会计分录为：

	借方	贷方
借：递延收益	2 160 000	
贷：其他收益		2 160 000

（2）净额法下，甲企业应作以下有关会计分录：

① 收到财政拨款会计分录同总额法。

② 购入设备，应作会计分录为：

借：固定资产　　5 760 000

　贷：银行存款　　5 760 000

借：递延收益　　5 400 000

　贷：固定资产　　5 400 000

③ 自当年 2 月起，每月计提折旧，应作会计分录为：

借：研发支出　　3 000

　贷：累计折旧　　3 000

④ 第 7 年 1 月出售，应作会计分录为：

借：固定资产清理　　144 000

　　累计折旧　　216 000

　贷：固定资产　　360 000

借：银行存款　　2 000 000

　贷：固定资产清理　　144 000

　　　资产处置损益　　1 856 000

2. 与收益相关的政府补助

对与收益相关的政府补助，企业同样可以选择采用总额法或净额法进行会计处理。选择总额法的，应当计入其他收益或营业外收入；选择净额法的，应当冲减相关成本费用或营业外支出。

【例17-35】 某空港新区政府为了吸引投资，推出投资补贴政策，对在本区内投资的企业，如果 5 年内不迁离本区可以给予 1 500 万元的政策性补贴，用于企业人才引进奖励。2×16 年 12 月，A 公司与开发区政府签订合作协议，在该地区投资设立生产基地。协议约定，自签订合作协议之日起半年内向 A 公司提供 1 500 万元产业补贴资金，A 公司 5 年内不迁离本区。A 公司于 2×17 年 1 月 10 日收到补贴资金 1 500 万元，分别在 2×17 年 12 月、2×18 年 12 月和 2×19 年 12 月使用了 600 万元、500 万元、400 万元用于企业人才引进奖励。假定 A 公司收到补贴时满足递延收益确认条件，公司选择净额法进行会计处理。有关会计分录如下：

（1）实际收到补助资金时：

借：银行存款　　15 000 000

　贷：递延收益　　15 000 000

（2）2×17 年 12 月发放奖励时：

借：递延收益　　6 000 000

贷：管理费用 6 000 000

（3）2×18 年 12 月、2×19 年 12 月发放奖励时会计分录与（1）基本相同，只是金额不同。

【例 17-36】 某年 5 月，A 公司遭受严重的地震灾害，于当年 7 月收到了政府补助资金 300 万元。

由于该补助与公司日常经营活动无关，所以公司收到补助资金时，应作会计分录为：

借：银行存款 3 000 000

贷：营业外收入 3 000 000

二、本年利润的结转

（一）本年利润的结转方法

利润的结转方法，是指企业根据损益类科目的本期发生额记录，定期计算结清本期利润的方法。会计期末结转本年利润的方法有表结法和账结法两种。

1. 表结法

表结法，是指在会计年度内将某一期间有关损益类科目的发生额记录直接列入利润表，通过利润表计算结清该期利润的方法。

表结法是为了满足会计年度内及时披露利润信息的需要而采用的方法。采用表结法，每月（季）结账时只需要结出各损益类科目自年初至本月（季）末的累计数，就可以逐项填列利润表，通过利润表计算出自年初至本月（季）末止的本年累计数，然后减去上月（季）末的本年累计数，就可求得本月（季度）的利润（或亏损）额。表结法下，平时不需结转各损益类科目的发生额，只有到年终决算时，才将各损益类科目的全年累计发生额一次转入“本年利润”科目，集中反映本年度的利润及其构成情况。

表结法的优点是平时可以减少损益结转工作，从各损益科目可直接了解各种损益的本期发生额和自年初起的累计发生额。其不足之处是“本年利润”科目在年度内无发生额，不便于从账簿中直接了解损益发生的总括情况。

2. 账结法

账结法，是指每期末将各损益类科目的本期发生额汇总结转到“本年利润”科目中，通过“本年利润”科目结出本期利润（或亏损）总额以及本年累计损益的方法。

账结法的优点是在平时可以通过“本年利润”科目随时了解年度内损益的总括情况，不必等到利润表编制完成。其不足之处是每月末都必须结转各损益科目的本期发生额，加大了月末结账的工作量。

可见，采用表结法，平时不使用“本年利润”科目，只有到年终决算时才使用。各损益类科目各月末的余额表示自年初至该月末的累计损益额。而采用账结法，每月末都要使用“本年利润”科目，各损益类科目月末结转后无余额。无论采用哪种方法，年度终了时都必须将“本年利润”科目结平，转入“利润分配——未分配利润”科目，反映企业年度净利润（或亏损）总额。

（二）结转本年利润的账务处理

企业应设置“本年利润”科目，核算企业当期实现的净利润（或发生的净亏损）。该科目属于所有者权益类科目，是将收入与费用进行对比的核心科目，是一个专用的汇总性科目。

1. 损益类科目的结转

将“主营业务收入”“其他业务收入”“营业外收入”等收入类科目的期末余额和“公允价值变动损益”“投资收益”等科目的净收益分别转入“本年利润”科目贷方；将“主营业务成本”“税金及附加”“其他业务成本”“管理费用”“财务费用”“销售费用”“营业外支出”等费用类科目期末余额和“投资收益”等科目的净损失分别转入“本年利润”科目借方。“本年利润”科目借贷方相抵后的数额，反映的即是企业本期所获利润（或亏损）总额。

2. 所得税费用的结转

将“所得税费用”科目借方余额转入“本年利润”科目借方，此时，“本年利润”科目中反映的已实现利润总额与转入所得税费用的差额构成企业的税后净利润。因此，“本年利润”科目不仅反映企业利润总额的形成，还可以确定税后净利润。

3. “本年利润”科目的结转

年末，将“本年利润”的年末余额（本年净利润或亏损）转入“利润分配——未分配利润”科目，结转后“本年利润”科目应无余额。

【例 17-37】 某公司在年度决算时，各损益类科目全年发生净额（单位：元）分别为：主营业务收入 19 800 000，其他业务收入 2 068 000，投资收益 330 000，营业外收入 770 000，主营业务成本 11 000 000，税金及附加 990 000，其他业务成本 1 628 000，销售费用 440 000，管理费用 1 870 000，财务费用 440 000，营业外支出 396 000，所得税费用 1 870 000。据此应作以下有关会计分录：

（1）结转各种收入时：

	借方	贷方
借：主营业务收入	19 800 000	
其他业务收入	2 068 000	
投资收益	330 000	
营业外收入	770 000	
贷：本年利润		22 968 000

（2）结转各种成本、费用、税金等时：

	借方	贷方
借：本年利润	18 634 000	
贷：主营业务成本		11 000 000

税金及附加	990 000
其他业务成本	1 628 000
销售费用	440 000
管理费用	1 870 000
财务费用	440 000
营业外支出	396 000
所得税费用	1 870 000

（3）计算并结转本年净利润 4 334 000 元：

借：本年利润　　4 334 000

　贷：利润分配——未分配利润　　4 334 000

三、利润分配

利润分配是指将可供分配的利润按照规定的分配顺序，在企业与投资者之间进行的划分。利润分配不仅关系着企业投资者投资目的的实现程度，也关系着企业的未来发展以及企业职工个人的切身利益，因此，利润分配的合理性，对投资者、企业以及职工个人都具有重要意义。企业应根据产权关系，按照国家有关法规、政策和制度的规定和投资者的决议，将利润进行合理分配。

（一）利润分配原则

1. 发展优先原则

企业的分配应有利于提高企业的发展能力。从长期来看，只有企业不断发展，各方面利益才能最终得到满足。为此，在进行分配时，必须正确处理积累与消费的关系，保证企业的健康成长。

2. 注重效率原则

在规范的市场经济条件下，企业将在市场竞争中求生存、求发展，在市场竞争中实现优胜劣汰，这就必然要求企业重视效率，视效率为生命。效率的实质是最大限度地发挥企业潜力，实现各种资源的有效配置，不断提高企业竞争能力。在分配中体现注重效率的原则，主要应处理好企业与出资者、企业管理者和企业一般职工的关系，有效地调动各方面的积极性，从而有利于企业的长期稳定发展。

3. 制度约束原则

由于利润分配具有很强的政策性，关系到有关各方的利益，因此，企业进行利润分配时，必须严格按照国家有关法律、制度进行，确定相应的分配方向、分配顺序以及分配数额，制定合乎要求的分配政策。

4. 亏损弥补原则

根据税法规定，纳税人发生年度亏损，可以用下一年度的税前利润弥补；下一年度税前利润不足的，可以逐年延续弥补，但一般企业最长不得超过 5 年。这是国家为了保障企业均衡发展，获得更大的经济效益而实施的一项重要措施，符合国际通行做法。但是由于目前我国国家财力有限，对企业还难以给予更长期限的亏损弥补，同时，准予 5 年亏损弥补，对于促进企业发展生产，提高经济效益，尽快扭亏为盈也是有益的。在规定期限内未弥补完亏损的，应用企业税后利润或盈余公积弥补，累计亏损未弥补完时，一般不得进行其他的利润分配。

（二）利润分配顺序

企业实现的税后净利润，除国家另有规定外，应按照以下顺序进行分配。

1. 弥补以前年度的亏损

公司的法定盈余公积金不足以弥补以前年度亏损的，在提取法定盈余公积金之前，应当先用当年利润弥补亏损。

2. 提取法定盈余公积金

法定盈余公积金按照税后净利润的一定比例提取，法定盈余公积金累计额为公司注册资本的 50%以上时，可不再提取。

3. 提取任意盈余公积金

公司从税后利润中提取法定盈余公积金后，经股东会或者股东大会决议，可以从税后利润中提取任意公积金。

4. 向投资者分配利润

企业以前年度的未分配利润，可以并入本年度向投资者分配。公司持有的本公司股份不得分配利润。

（三）股利分配方式

股利分配方式有现金股利、股票股利、财产股利、负债股利等。目前我国实务中主要采用现金股利和股票股利两种形式。

1. 现金股利

现金股利，是指以现金形式向股东分派的股利。这是最常见的一种股利形式，也是投资者最为理想的分配方式。发放现金股利，股东可以直接获得收益。而董事会则较关心公司的长期发展与财务状况，可能希望限制股利至最低数额，从而保留足够的现金以添置设备、偿付债务或用于公司的其他用途。股利的增减通常会立即影响公司股票价格的涨跌。如果将股利长期压得太低，致使投资者丧失信心，直接或间接地影响公司股票的市价，削弱公司的筹资能力，则对公司不利。由于公司股票价格的涨跌、公司信誉与公司筹资能力三者密切相关，所以，董事会必须权衡轻重、全盘考虑，制订出合理的股利分派方案。

公司要分派现金股利，一般必须同时具备以下三个条件。

（1）公司有足够的未指定用途的留存收益。因为，没有盈利的公司就不能向投资者分派股利。

（2）有足够的现款（包括库存现金和银行存款）。留存收益通常被投资于公司的资产中，过去所积累的利润，总是以厂房设备、存货或其他各种形式存在，而不是以现金形式持有。因此，公司若要发放现金股利，就必然受其现金支付能力的制约。一般来说，公司现款越多，资产流动性越大，支付现金股利的能力也就越强。相反，有些公司即使其过去长时期有丰厚的盈余，而且留存收益科目中的余额很大，仍然会因资产的流动性不足而无法发放现金股利。

（3）有股东大会的决定。股东大会的决定，要以前两个条件为基础，结合公司的发展战略来考虑。如果公司有留存收益和足够现金，但需要保留足够现金用于公司的扩展和即将发生的其他重大的现金支出，也不能分派现金股利。

【例 17-38】 某股份有限公司经股东大会决议，于 1 月 20 日宣布分派现金股利。优先股按规定股利率分配股利，普通股每股股利 1.5 元。除权日为当年 3 月 1 日，股利发放起讫日期为同年 3 月 10—20 日。该公司有优先股 80 000 股，每股面值 10 元，股利率为 8%；普通股 200 000 股，每股面值 1 元。据此应作如下会计分录：

（1）1 月 20 日股利宣告分派日，应作会计分录为：

借：利润分配——应付现金股利　　364 000

　贷：应付股利　　364 000

（2）3 月 1 日除权日不作会计分录。

（3）股利支付日，应作会计分录为：

借：应付股利　　364 000

　贷：银行存款　　364 000

2. 股票股利

股票股利又称红股或送股，是指公司用增发股票的方式分配给股东的股利。股票股利实质上是公司利润的资本化。公司宣告和分发股票股利，既不影响公司的资产和负债，也不影响股东权益总额。它只是股东权益内部各项目之间发生的增减变动，即减少留存收益，增加了股本。

公司发放股票股利的原因主要有以下几个方面。

（1）为了增加外发股票数量，便于股票流通。发放股票股利将增加流通在外股数，从而使股票市价下跌，有利于股票的流通。

（2）为了实现收益的资本化，增加永久性资本，满足公司扩展经营的需要。

（3）为了保留现金。由于股票股利既不减少企业扩大生产经营规模所需的现金，又可使股东似有所得，而不致丧失信心。因此，从公司方面看，特别是当公司收益增长趋势令人乐观，而需要现金以扩展业务时，发放股票股利是一种既不减少公司现金资产，又能使股东分享收益的两全齐美的做法。

（4）为了使股东免缴所得税。股票股利在大多数国家并不认为是一种所得，股东可因此而免缴个人所得税。

股东是否乐于接受股票股利，要根据公司是否有良好的投资机会及经营效率而定。如果公司将留存收益用于再投资，其投资报酬率低于股东以现金股利用于其他投资所得的报酬率，则股东不愿意接受股票股利；相反，若公司的投资报酬率高于股东自行投资的报酬率，则股东乐于接受股票股利。

按照企业会计准则的规定，企业分配股票股利时，应在办理增资手续后，按股票面值计入“股本”科目，按实际发放的股票股利金额计入“利润分配——转作股本的股利”科目，二者的差额计入“资本公积”科目。

【例 17-39】 设某公司股本总额为 1 500 000 元，由面值为 1 元的普通股构成。假设参照股票市价确定的派送价为每股 6 元。股东大会于 3 月 20 日通过 10 送 1 的股票股利方案，4 月 10 日为除权日，5 月 1 日支付股票股利。

（1）3 月 20 日、4 月 10 日均不作会计处理。

（2）5 月 1 日，应作会计分录为：

借：利润分配——转作股本的股利　　900 000
　贷：股本　　150 000
　　资本公积——股本溢价　　750 000

3. 财产股利

财产股利，是指用企业现金之外的其他资产分配给股东的一种股利，如有价证券、存货等非货币性资产。其中，有价证券是典型的财产股利形式，即以企业拥有的其他公司的证券发给股东。在宣告分派财产股利时，应以其公允市价作为入账基础。公允市价的确定应以股利宣告日为准，因为用作股利分配的资产，在宣告之日便已有了指定用途，公司不能因其市价的上下波动而获益或发生损失。抵作股利的资产账面价值与其公允市价的差额，应作为投资收益（或损失）处理。

【例 17-40】 某公司拥有 A 公司普通股股票共 60 000 股，账面价值为 210 000 元。该公司于 12 月 18 日宣告将该股票作为股利发放，当日该股票市价为 235 000 元。股利支付日为下年 1 月 10 日。据此应作以下有关会计分录：

（1）12 月 18 日，按市价调整账面价值，应作会计分录为：

借：交易性金融资产　　25 000
　贷：投资收益　　25 000
借：利润分配——转作股本的股利　　235 000
　贷：应付股利　　235 000

（2）发放股利时，应作会计分录为：

借：应付股利　　235 000
　贷：交易性金融资产　　235 000

4. 负债股利

负债股利，是指公司用签发应付票据或发行公司债券等形式发放的股利。发放这种股利多发生在公司已宣告了现金股利，但在股利发放期间，财务状况突变，临时出现现金不足，出于无奈，而向股东开出短期应付票据，在约定的日期付款。抵作股利的票据，可带息也可不带息。带息的票据，其利息应计入财务费用。另外，如果股东大会同意，公司在不得已的情况下，可以发行公司债券抵付股利。负债股利在实际工作中极为罕见，因为公司可以推迟作出分派股利的宣告，或者推迟支付股利的日期。

【例 17-41】 某公司于 5 月 15 日通过负债股利为 180 000 元的股利分配方案，6 月 30 日签发给股东应付票据，票据利息率 10%，期限 1 年。据此应作以下有关会计分录：

（1）5 月 15 日，通过股利分配方案时，应作会计分录为：

借：利润分配——应付利润	180 000	
贷：应付股利		180 000

（2）6 月 30 日签发票据时，应作会计分录为：

借：应付股利	180 000	
贷：应付票据		180 000

（3）12 月 31 日，计算利息费用时，应作会计分录为：

借：财务费用	9 000	
贷：应付利息		9 000

（4）票据到期支付本息时，应作会计分录为：

借：应付票据	180 000	
应付利息	9 000	
财务费用	9 000	
贷：银行存款		198 000

（四）利润分配的账务处理

为反映利润分配的过程和结果，企业应设置“利润分配”科目。该科目属于所有者权益类，专门用来核算企业利润的分配（或亏损的弥补）和历年分配（或补亏）后的余额。年度终了，企业应将本年实现的净利润，自“本年利润”科目转入“利润分配——未分配利润”；同时，将“利润分配”科目所属其他明细科目的余额转入“利润分配——未分配利润”明细科目。结转后，除“未分配利润”明细科目外，利润分配其他明细科目应无余额。在“利润分配”科目下，设置“提取法定盈余公积”“提取任意盈余公积”“应付现金股利或利润”“转作股本的股利”“盈余公积补亏”和“未分配利润”等明细科目，进行有关明细分类核算。

1. 弥补亏损

企业发生年度亏损，其主要弥补来源有三项：①以后年度的税前利润；②盈余公积金；③以后年度的税后利润。

在会计核算上，用税后利润弥补亏损，不需要作会计分录。因为根据前述利润结转的会计处理，以前年度未弥补的亏损，已计入“利润分配——未分配利润”科目的借方，以后年度实现的净利润，转入该科目的贷方，相抵后自然弥补了亏损，而不用专门再作弥补亏损的会计分录。用盈余公积金弥补亏损，需要通过借记“盈余公积”科目，贷记“利润分配——盈余公积补亏”科目进行。

【例 17-42】 某企业经其最高权力机构批准，用盈余公积金弥补以前年度亏损 50 000 元。据此应作会计分录为：

借：盈余公积　　50 000
　贷：利润分配——盈余公积补亏　　50 000

2. 提取盈余公积金

【例 17-43】 某企业本年度实现净利润 860 万元，按规定提取 10%的法定盈余公积金和 5%的任意盈余公积金。据此应作会计分录为：

借：利润分配——提取法定盈余公积　　860 000
　　　　　——提取任意盈余公积　　430 000
　贷：盈余公积——法定盈余公积　　860 000
　　　　　——任意盈余公积　　430 000

3. 向投资者分配利润

企业的净利润经以上分配后的余额，加上以前年度未分配利润，减去企业决定本期不作分配的利润（未分配利润）数额，向投资者分配利润。

【例 17-44】 根据有关决议，向投资者分配利润 260 万元。据此企业应作会计分录为：

借：利润分配——应付现金股利或利润　　2 600 000
　贷：应付股利　　2 600 000

4. 利润的年终结转

年终，企业应将“利润分配”的其他各明细科目的余额转入“利润分配——未分配利润”科目，结平其他各明细科目。同时，将“本年利润”科目的余额转入“利润分配——未分配利润”科目，结平“本年利润”科目。如果“利润分配——未分配利润”科目出现贷方余额，形成企业年末未分配利润；如果出现借方余额，则为企业尚未弥补的亏损。

【例 17-45】 承例【17-43】、例【17-44】，年末结转净利润及利润分配的其他项目，确定年末未分配利润。据此应作以下有关会计分录：

（1）结转本年净利润，应作会计分录为：

借：本年利润　　8 600 000
　贷：利润分配——未分配利润　　8 600 000

（2）结转各利润分配项目，应作会计分录为：

借：利润分配——未分配利润　　3 890 000
　贷：利润分配——提取法定盈余公积　　860 000
　　　　　——提取任意盈余公积　　430 000

——应付现金股利或利润 2 600 000

经过结转后，“利润分配——未分配利润”科目有贷方余额 4 710 000 元，即为企业年末的未分配利润，可以留待以后年度分配。

练 习 题 1

一、目的：练习基本销售业务的核算。

二、资料：某企业（一般纳税人）6 月发生的销售业务如下。

1. 3 日，销售甲产品 300 件，每件售价 420 元，开出增值税专用发票注明的价款 126 000 元，增值税额 20 160 元。收到购货方的转账支票并送交开户银行。每件甲产品成本 350 元。

2. 12 日，销售乙产品 600 件，每件售价 85 元，开出增值税专用发票注明的价款 51 000 元，增值税额 8 160 元。收到对方签发并承兑的商业承兑汇票一张，期限 3 个月。每件乙产品成本 50 元。

3. 15 日，发出丙产品 1 600 件，每件售价 50 元，开出增值税专用发票注明的价款 80 000 元，增值税额 12 800 元。企业曾于 5 月收到购货单位预付的货款 50 000 元，订购该产品。不足货款购货单位已经补足，款已存入银行。每件丙产品成本 30 元。

4. 26 日，本月 3 日销售的甲产品，有 2 件不合格作退货处理，另外有 3 件外观损伤，经购销双方协商，同意折让 10%的价款。退货及折让已开具红字发票，货款已退回。

三、要求：根据以上经济业务，编制该企业会计分录。

练 习 题 2

一、目的：练习主要责任人和代理人业务的核算。

二、资料：企业委托一商场代销甲产品 2 000 件，每件售价 420 元，单位成本 350 元。受托方按已售货物售价的 2%收取手续费。本月末收到商场的代销清单上注明销售数量为 560 件，价款 235 200 元，不考虑相关税费。

三、要求：根据以上经济业务，编制业务双方的会计分录。

练 习 题 3

一、目的：练习分期收款销售的核算。

二、资料：某设备生产企业本年 1 月采用分期收款销售方式出售一台大型设备，合同约定，每年末支付不含税货款 200 000 元，分 5 次付清，合计 1 000 000 元。该大型设备成本为 780 000 元。购货方如果在销售成立日支付货款只需付 800 000 元，假定年折现利率为 7.93%。

三、要求：根据上述资料编制有关会计分录。

练习题 4

一、目的：练习具有融资成分销售的会计处理。

二、资料：

1. 3 月 1 日，A 公司向 M 公司销售产品。合同约定，M 公司在当年 12 月 31 日前 3 天内付款，合同交易价格 2 060 万元。经查，该产品的现销价格为 2 000 万元。

2. 如果合同约定，A 公司给予 3 个月的免费账期，即 3 个月内付款支付 2 000 万元。当年 12 月 31 日收到全部价款和 3%（付款时商定）的利息 60 万元。不考虑相关税费。

三、要求：

1. 根据资料 1 分别作出 A 公司出售日和收款日的会计分录。

2. 根据资料 1、2 分别作出 A 公司出售日、3 个月收款和 12 月 31 日收款的会计分录。

练习题 5

一、目的：练习售后回购的核算。

二、资料：A 房地产企业某年 1 月 1 日将一幢房产销售给 B 企业，售价 900 万元。该房产成本 600 万元。2 年后 A 企业重新购回该房产，回购价 1 000 万元。该企业每年分摊利息 50 万元。不考虑相关税费。

三、要求：编制 A 企业的有关会计分录。

练习题 6

一、目的：练习奖励积分业务的核算。

二、资料：甲公司为综合性百货公司，全部采用现金结算方式销售商品。20×8 年度和 20×9 年度，甲公司发生的有关交易或事项如下。

1. 20×8 年 1 月 1 日，甲公司董事会批准了管理层提出的客户忠诚度计划。该客户忠诚度计划为：办理积分卡的客户在甲公司消费一定金额时，甲公司向其授予奖励积分，客户可以使用奖励积分（每一奖励积分的公允价值为 0.01 元）购买甲公司经营的任何一种商品；奖励积分自授予之日起 3 年内有效，过期作废；甲公司采用先进先出法确定客户购买商品时使用的奖励积分。

20×8 年度，甲公司销售各类商品共计 70 000 万元（不包括客户使用奖励积分购买的商品，下同），授予客户奖励积分共计 70 000 万分，客户使用奖励积分共计 36 000 万分。20×8 年末，甲公司估计 20×8 年度授予的奖励积分将有 60%使用。

2. 20×9 年度，甲公司销售各类商品共计 100 000 万元，授予客户奖励积分共计 100 000 万分，客户使用奖励积分 40 000 万分。20×9 年末，甲公司估计 20×9 年度授予的奖励积分将有 70%使用。

三、要求：分别计算甲公司 20×8 年度、20×9 年度授予奖励积分的公允价值、因销售商品应当确认的销售收入，以及因客户使用奖励积分应当确认的收入，并编制相关会计分录（不考虑相关税费）。

练 习 题 7

一、目的：练习政府补助的核算。

二、资料：20×1 年 1 月 5 日，政府拨付 D 企业 450 万元财政拨款（同日到账），要求用于购买管理部门使用的专用设备 1 台。20×1 年 1 月 31，D 企业购入专用设备（假设不需安装），实际成本为 480 万元，其中 30 万元以自有资金支付，使用寿命 10 年，采用直线法计提折旧（假设无残值）。20×9 年 2 月 1 日，D 企业出售了这台设备，取得价款 120 万元。假定不考虑相关税费。

三、要求：根据上述资料，分别采用总额法和净额法进行有关会计处理。

练 习 题 8

一、目的：练习利润形成的核算。

二、资料：某企业本年各损益类科目的年末结账前余额如下：

科目名称	结账前余额（万元）
主营业务收入	9 500（贷）
主营业务成本	6 100（借）
税金及附加	300（借）
管理费用	1 100（借）
财务费用	200（借）
销售费用	400（借）
其他业务收入	800（贷）
公允价值变动损益	180（贷）
投资收益	120（贷）
营业外收入	400（贷）
营业外支出	700（借）
其他业务成本	580（借）

该企业采用表结法结算利润，年末一次结转损益类科目。

三、要求：

1. 计算企业的营业利润、利润总额，并据此按所得税率 25%计算所得税费用，确定净利润。

2. 编制年终损益结转的有关会计分录。

练 习 题 9

一、目的：练习利润形成与利润分配的核算。

二、资料：某股份公司本年度实现营业利润 900 万元，营业外收入 18 万元，营业外支出 28 万元，所得税费用按利润总额的 25%计算。按税后净利润的 10%提取法定盈余公积金，按 5%提取任意盈余公积金。该公司股本总额 5 000 万元，由面值 1 元的普通股构成。股东大会决定将可供股东分配利润的 60%以现金股利的形式分配，并决定从资本公积中提取 500 万元转增股本。

三、要求：

1. 计算当年的利润总额、净利润、提取的法定盈余公积金、提取的任意盈余公积金及应分配的现金股利和未分配利润。

2. 编制有关会计分录。

第十八章　财务报告

本章学习提示

本章重点：财务报表列报的基本要求、财务报表编制的基本方法、资产负债表的相关理论及编制方法、利润表的相关理论及编制方法、现金流量表的相关理论及编制方法、财务报表附注的相关内容

本章难点：资产负债表的编制方法、现金流量表编制中应计制向现金制转换的转换调整分录

第一节　财务报告概述

一、财务报告的内容及分类

财务报告，是指企业对外提供的反映企业某一特定日期的财务状况和某一会计期间的经营成果、现金流量等财务信息的文件，是对企业财务活动及其结果利用会计方法所作的报告。各个财务信息使用者，都企盼着能从财务报告中及时获取各种有用的财务信息，以便为以后的决策行动作出理智的选择。因此，财务报告已经成为国际上通行的连接企业与财务信息使用者的重要载体，是实现财务会计目标所必须的主要信息媒介，编制财务报告自然也成为会计工作的一项重要内容。

（一）财务报告的内容

报告是正式告诉上级或公众的关于事情、消息、意见等信息的口头或书面陈述。财务报告自然应当采取书面陈述，但是，由于财务报告中核心内容是以货币所表现的数据性财务信息，为了使这些信息能够有条理地分类展示给财务信息使用者，在报告时一方面需要采取结构性表述的表格形式分类汇总列示；另一方面还需要对表格中的数据信息产生的基础、前提条件、遵循的会计准则、采用的会计政策以及重要项目等作出必要的文字陈述和解释，以便未置身于财务信息产生环境中的财务信息使用者能够准确地阅读、分析和利用财务信息，尽量减少财务信息的不对称和沟通摩擦，提高财务信息的利用效果。因此，财

务报告所采取的形式是结构性的数据表格和必要的文字陈述的有效结合。

我国“基本准则”规定，财务报告包括财务报表及其附注和其他应当在财务报告中披露的相关信息和资料。

财务报表，是对企业财务状况、经营成果和现金流量的结构性表述，是财务报告的核心内容。根据我国财政部于 2014 年 1 月 26 日修订发布的《企业会计准则第 30 号——财务报表列报》（CAS30）规定，财务报表至少应当包括资产负债表、利润表、现金流量表和所有者权益（或股东权益，下同）变动表、附注，这些在会计上统称为“四表一注”。其中：资产负债表是指反映企业在某一特定日期的财务状况的会计报表，利润表是指反映企业在一定会计期间的经营成果的会计报表，现金流量表是指反映企业在一定会计期间的现金和现金等价物流入和流出的会计报表，所有者权益变动表是指反映企业一定期间构成所有者权益各组成部分增减变动情况的会计报表，附注是指对在会计报表中列示项目所作的进一步说明，以及对未能在这些报表中列示项目的说明等。

其他应当在财务报告中披露的相关信息和资料，是指需要向财务信息使用者提供的、但不符合全部确认标准、在财务报表中没有反映的其他相关信息，具体可以根据相关法律法规的规定和外部使用者的信息需求而定。如企业在财务报告中披露的管理层讨论和分析、社会责任报告、财务预测报告及审计报告等。

（二）财务报告的分类

为了全面正确地理解、认识财务报告体系，并正确编制和及时提供财务报告，需要从不同的角度对财务报告进行分类观察。

1. 按财务报告编制和反映的会计期间点及会计期间长短不同分类

（1）年度财务报告（简称年报），即在年度终了编制的财务报告。按照人们的传统习惯，年终一般要对全年的工作进行一次总结，所以，有人也将年度财务报告称为年终决算报告，简称“年终决算”。这种年度的划分遵循了会计期间的前提约束，称为“会计年度”。国际上一般依据本国的财政年度来确定会计年度。

（2）中期财务报告（简称中报），即在会计年度中期编制的财务报告。根据需要可以分为半年报、季报甚至月报。我国对上市公司中报的要求是需要披露半年报和季报。

2. 按财务报告服务的对象不同分类

财务报告服务对象即财务报告的阅读使用者。这些阅读使用者从企业的角度看可以分为企业外部的阅读使用者和企业内部的阅读使用者，因此，财务报告可以分为以下两类。

（1）对外财务报告，即主要为企业外部的财务信息使用者从事经济决策提供服务的财务报告。这是财务报告的主要服务对象，报告的内容包括上述“四表一注”。

（2）对内财务报告，即主要为企业内部经营管理者从事各种经营管理与决策活动提供服务的财务报告。对外的财务报告，对企业内部经营者来说当然是需要的，除此之外，为了满足企业内部经营管理与决策的需要，还应有一套与此相适应的仅供企业内部经营者阅读应用的财务报表资料，如收入报表、成本报表、费用报表等，这些报表资料一般都涉及许多商业秘密，不宜对外公开。

3. 按财务报告编报单位不同分类

在我国，为了满足行政隶属关系管理以及政府统计的需要，除了企业这种基层单位编制财务报告之外，上级主管部门或财政部门也需要汇总编制本部门或本地区甚至某个行业的财务报告，由此就形成了以下两类财务报告。

（1）基层单位财务报告，即由独立核算的各个具有法人资格的单位所编报的财务报告。

（2）汇总财务报告，即由企业行政或财政主管部门或上级行政机关根据所属的基层单位上报的财务报告而层层汇总编制的财务报告，其目的主要是为国民经济宏观管理提供所需的价值信息。

4. 按财务报告所体现的会计个体和权益关系不同分类

由于企业经营的集团化发展，财务报告在以某一单个企业为基础进行编报的同时，还需要反映企业集团整体的财务报告，以便体现企业集团中母子公司的权益关系，由此形成了以下两类财务报告。

（1）个别财务报告，即以单个企业为会计个体，仅体现单级权益关系的财务报告。本教材所阐述的是个别财务报告。

（2）合并财务报告，即以企业集团为会计个体，以企业集团内各成员企业的个别财务报告为基础，由母公司编制、体现企业集团内多级权益关系的财务报告。这将在本系列教材《高级财务会计学》中专门阐述。

二、财务报表列报的基本要求

为了充分保证财务信息的本质特征即对决策的有用性，企业编制的财务报告必须符合有用财务信息的质量要求，在此基础上，各国对财务报告的核心内容即财务报表的列报还提出了专门的要求。下面结合我国发布的 CAS30，将其归纳列示如下。

（一）依据各项会计准则确认和计量的结果列报

企业应当根据实际发生的交易或事项，遵循“基本准则”、各项具体会计准则及解释的规定进行确认与计量，在此基础上编制财务报表，并应在附注中对这一情况作出声明，只有遵循了企业会计准则的所有规定时，财务报表才应当被称为“遵循了企业会计准则”。企业不应以在附注中披露代替对交易和事项的确认和计量，即企业采用的不恰当的会计政策，不得通过在附注中披露等其他形式予以更正，应当对交易和事项进行正确的确认与计量。

如果按照各项会计准则规定披露的信息不足以让报表使用者了解特定交易或事项对企业财务状况、经营成果和现金流量的影响时，企业还应披露其他的必要信息。

（二）列报基础

企业应当以持续经营为基础，根据实际发生的交易、事项和其他情况，按照“概念框

架”（基本准则）和其他各项会计准则的规定进行确认和计量，在此基础上编制财务报表。

在编制财务报表的过程中，企业管理层应当利用其所有可获得的信息，全面评估企业的持续经营能力。评估涵盖的期间应包括企业自资产负债表日起至少 12 个月，评价时需要考虑宏观政策风险、市场经营风险、企业目前或长期的盈利能力、偿债能力、财务弹性以及企业管理层改变经营政策的意向等因素。评价结果表明对持续经营能力产生重大怀疑的，企业应当在附注中披露导致对持续经营能力产生重大怀疑的影响因素以及企业拟采取的改善措施。

企业在评估持续经营能力时应当综合考虑企业的具体情况。通常情况下，如果企业过去每年都有可观的净利润，并且易于获取所需的财务资源，则对持续经营能力的评估易于判断，这表明企业以持续经营为基础编制财务报表是合理的，而无须进行详细的分析。反之，如果企业过去多年有亏损的记录等情况，则需要通过考虑更加广泛的相关因素来作出评价，如目前和预期未来的获利能力、债务清偿计划、替代融资的潜在来源等。

企业如果存在下列情况之一，则通常表明其处于非持续经营状态，应当采用清算价值等其他基础编制财务报表：①企业已在当期进行清算或停止经营；②企业已经正式决定在下一个会计期间进行清算或停止营业；③企业已确定在当期或下一个会计期间没有其他可供选择的方案而将被迫进行清算或停止营业。在非持续经营情况下，企业应当在附注中声明财务报表未以持续经营为基础列表、披露未以持续经营为基础的原因以及财务报表的编制基础。

（三）会计处理基础

除现金流量表按照收付实现制编制外，企业应当按照权责发生制（应计制）编制其他财务报表。在采用权责发生制会计的情况下，当项目符合“基本准则”中财务报表要素的定义和确认标准时，企业就应当确认相应的资产、负债、所有者权益、收入和费用，并在财务报表中加以反映。

（四）财务报表项目列报要求

财务报表中列示的各个项目代表了企业财务状况、经营成果、现金流量等信息的指标性质以及功能，对财务信息使用者来说，是一贯理解财务信息的基础，因此，需要遵循以下要求。

1. 一致性列报

财务报表项目的列报应当在各个会计期间保持一致，不得随意变更，但下列情况除外：①会计准则要求改变财务报表项目的列报；②企业经营业务的性质发生重大变化或对企业经营影响较大的交易或事项发生后，变更财务报表项目的列报能够提供更可靠、更相关的会计信息。如制造业企业增加了房地产经营等，变更财务报表项目的列报能够为财务信息使用者提供更可靠、更相关的财务信息。

2. 重要性及汇总列报

财务报表是对大量交易、事项和其他情况，依据其性质或功能汇总成类别后加以处理的结果。汇总及分类程序的最后阶段是列报浓缩及分类的资料，该等资料构成财务报表的各个单项目，每个项目都代表了不同性质或功能的财务指标，由此构成了财务报表的指标体系，这对财务信息使用者分类阅读财务信息是必须的，因此，需要按其性质或功能进行分类列报。这里所说的“性质”主要是指资产负债表中各项资产、负债和所有者权益的经济特性以及资产、负债的流动性；“功能”主要是指利润表中各项目对利润形成的功能，以及资产负债表、现金流量表中各项目在企业经营中所发挥的功能。

按照这一要求，对于性质或功能不同的项目，应当在财务报表中单独分类列报，但不具有重要性的除外。例如存货和固定资产，虽然都属于实物资产，在性质上却分别属于流动资产和非流动资产，在功能上分别属于劳动对象和劳动资料，因此，需要在资产负债表中分别列为“存货”和“固定资产”两个项目。再如营业收入和营业成本，对利润的形成起着增加和减少两种相反的功能，应分别列报。

对于性质或功能类似的项目，一般可以在财务报表中汇总列报。例如，企业在销售过程中发生的各种应收项目，在性质上可能都属于流动资产，虽然以合同信用方式产生的应收账款和以商业信用方式产生的应收票据，在体现信用风险的程度上存在差别，但因其性质或功能类似，因此，在资产负债表中合并列报。

上述分类列报中所说的“重要性”，是特指在合理预期下，财务报表某项目的省略或错报会影响使用者据此作出经济决策的，则该项目具有重要性。重要性应当根据企业所处的具体环境，从省略或错报项目的性质和金额大小（或两者的组合）予以判断，这可能是重要性的决定因素。判断项目性质的重要性，应当考虑该项目在性质上是否属于企业日常活动，是否显著影响企业的财务状况、经营成果和现金流量等因素；判断项目金额大小的重要性，应当通过该项目金额占资产总额、负债总额、所有者权益总额、营业收入总额、营业成本总额、净利润、综合收益总额等直接相关或所属报表单列项目金额的比重加以确定。例如，企业的包装物、低值易耗品等可供多次使用的周转性物资，性质上属于企业日常活动所必需的，并且可能会在超过一个正常营业周期的期间使用，具有与固定资产类似的性质，但其单个的金额往往较小，且周转使用期限也难以作出相对准确预期，因此，按照重要性要求，可以将其视为流动资产并入“存货”项目予以列报。

3. 总额列报

财务报表中许多项目的金额存在着互相抵销关系，如何对这些抵销关系予以列示，对财务信息使用者来说也具有重要的影响作用。为了便于财务信息使用者更清晰地理解有关报表项目，一般都要求采取非抵销方式即总额方式予以列报，即财务报表中的资产与负债、收入与费用、直接计入当期利润的利得项目与损失项目的金额不得相互抵销，应当分别列报，否则，将会降低使用者了解已发生交易、事项和其他情况的能力以及评估企业未来现金流量的能力。但其他会计准则另有规定的除外。

下列三种情况不属于抵销：①一组类似交易形成的利得和损失以净额列示，如为交易目的而持有的金融工具形成的利得和损失；②资产或负债项目按扣除备抵项目后的净额列示；③非日常活动产生的利得和损失、以同一交易形成的收益扣减相关费用后的净额列示等。

（五）比较列报

财务信息使用者在利用财务信息过程中，往往需要进行前后各期的比较，通过比较，可以提升信息的跨期间可比性，有助于使用者作出经济决策，尤其可以让使用者评估财务信息的趋势以供预测之用，因此，当期财务报表的列报，至少应当提供所有列报项目上一个可比会计期间的比较数据，以及与理解当期财务报表相关的说明，但其他会计准则另有规定的除外。如果财务报表的列报项目发生变更的，除了应符合上述一致性的要求外，应当至少对可比期间的数据按照当期的列报要求进行调整，并在附注中披露调整的原因和性质，以及调整的各项目金额。对可比数据进行调整不切实可行的（企业在以前期间可能没有按照可以进行重分类的方式收集数据，并且重新生成这些信息是不切实可行的），应当在附注中披露不能调整的原因、以及假设金额重新分类可能进行的调整的性质。

（六）报告频率

企业至少应每年列报一次完整财务报表（包含比较信息）。年度财务报表涵盖的期间短于一年的，如企业在年度中期的某一时日设立，当年财务报表的编制期限只能涵盖从开业之日至年度终了，对此应当披露年度财务报表的涵盖期间及短于一年的原因，并应说明由此引起财务报表项目与比较数据不具可比性这一事实。

除上述要求之外，企业还应当在财务报表的显著位置（通常是表首部分）至少披露企业的名称、资产负债表日或财务报表涵盖的会计期间、列报货币名称及单位等。若是合并财务报表的，还应当在财务报表名称上加“合并”予以标明。CAS30 规定在财务报表中单独列报的项目，应当单独列报。其他会计准则规定单独列报的项目，应当增加单独列报项目。

财务报表是一种重要的会计档案，且由于其具有经济后果而使其具有相当严格的法律效果，因此，要求必须通过签章的形式，明确相关单位和人员应当承担的经济和法律责任，除了必须加盖单位和财务部门的公章外，企业负责人、主管会计工作的负责人、会计机构负责人（会计主管人员）和总会计师等还必须签名并盖章。

三、财务报表编制的基本方法

根据财务报表项目与所需数据资料来源的关系以及填列的思路不同，即是根据财务报表项目去搜寻所需数据资料，还是为各数据资料寻找对应的财务报表项目，由此形成了不同的财务报表编制基本方法。

（一）逆向搜寻法

逆向搜寻法，是指根据财务报表项目逐一搜寻出所对应的账簿资料（数据资料），再根据账簿资料进行必要的分析计算后，将其填入财务报表对应项目中的一种编制方法。简单表示为“财务报表项目→数据资料”。这种方法适用于财务报表项目与有关账簿资料存在有较为固定的对应关系，各财务报表项目所需资料来源相对较为单一，根据财务报表项目进行数据资料搜寻比较容易的情况。资产负债表、利润表、所有者权益变动表等，因对应的数据资料只有各种账簿，故均可采用这种方法进行编制。

（二）顺向安置法

顺向安置法，是指将编制财务报表所需的数据资料按照应对应的财务报表项目进行分析后，逐一填入相应的财务报表项目中的一种方法。简单表示为“数据资料→财务报表项目”。这种方法适用于财务报表所需数据资料繁多、对应关系复杂的现金流量表的编制。因为企业日常的财务会计核算采用的会计基础是权责发生制，平时并未按现金制积累现金流量表所需的数据资料，编制时所需的数据资料主要是资产负债表、利润表和部分账簿资料，可以说是依“表”编“表”，每个报表项目需要多个数据资料来源，每项数据资料可能进入不同的报表项目，使数据资料和报表项目之间的关系非常复杂，并存在大量的相互交叉现象，从而使报表编制难度加大，如果采用逆向搜寻法，很容易出现数据资料的遗漏或重复，并且一旦出现差错，查找非常困难。而采用顺向安置法，就可以有效避免这些缺陷，提高编制结果的准确性。

四、财务报告的局限性

财务报告为财务信息使用者进行各种决策活动提供了非常有用的信息资料，但还存在一些固有的缺陷，了解这些，对于正确认识、分析和利用财务报告是有益的。

（一）相关性减弱

财务报告所提供的信息，主要是对企业过去的经营历史进行阶段性的描述，且过多地坚持规范性要求，随着现代社会的快速发展，使得新出现的交易或事项难以及时作出反映，而利用这些信息是为了未来的决策，以过去的定型模式来指导未来大量不确定的决策，难免会导致其相关性不断削弱。并且，财务报告的目的并非是财务信息使用者设定的，这样，财务信息使用者在进行决策时，难免会受到报告者的诱导。

（二）可靠性受限

随着市场经济的快速发展，企业面临的不确定因素越来越多，这就必然导致会计确认和计量过程中越来越离不开会计估计和多样化的会计政策选择。在很大程度上，财务报告是基于估计、判断及模式，而非基于精确的描述。估计必然与现实准确结果有差距，并且不同的会计估计者产生的估计结果也会有所不同，因此，作为会计核算结果的财务报告，难免带有估计的差错和估计者的偏见，从而导致所体现的财务信息在一定程度上出现失实失真，影响财务信息质量。例如企业计提的各项资产减值准备、固定资产折旧、无形资产摊销等。会计政策的可选择性，在允许的范围内选择出的每项会计政策都是合理的，虽然有一致性原则的限制，但是确定了一种会计政策，就会存在与其他未选择会计政策的差异，

许多种会计政策差异综合在一起，有时将会产生让人难以理解的结果。上述这些因素综合的结果，使财务信息越来越显得难以捉摸，可靠性必然受到很大的限制。

（三）信息披露不足

会计核算坚持“实际已经发生”为处理依据，无形中忽视了一些既存的、但又难以量化的事实，导致财务信息披露不足，而这些事实又是注册会计师或财务信息使用者非常关心或有用的。例如企业的商誉在企业没有发生合并、分立等变更时是不予确认的，而商誉有时对企业的经营将会产生重大影响。此外，财务报告并不且无法提供财务信息使用者所需的所有信息，使用者必须考虑来自其他来源的适当信息，如一般经济情况与预期、政治事件与政治气候、产业与公司的前景等。现行财务报告对企业的风险总是披露不足，将对风险的判断留给了财务信息使用者，这也是不公平的。

（四）财务信息使用者所处的地位越来越被动

企业披露财务信息是为了财务信息使用者的决策，但是，企业披露的财务信息量不断增加且越来越复杂，财务报告者与财务信息使用者之间信息不对称现象越来越突出，主要使用者中的不同个体，其信息需求和期望也并不相同，由此导致的沟通摩擦、契约摩擦、利益摩擦等多种冲突时有发生，加之财务信息使用者对会计知识的了解和掌握程度总是滞后，必然使其在利用财务信息时越来越处于被动地位，结果是不自觉地常常被财务报告者所左右。

（五）资本保全受到冲击

在传统的会计核算模式下，以名义货币作为会计计量单位，以历史成本作为会计计量属性，忽略了物价变动对资产和负债的真实计价和盈亏的真实计量，并且过分强调对利润的计量，利润质量和现金流动性的反映受到限制，直接影响着资本是否能够保全的问题。

因此，对于财务信息使用者来说，在阅读和利用财务报告时，应当有所分析，并且依靠自身的职业经验，对财务信息误差能够作出合理的判断和估计，以便提高决策活动的正确性。

第二节　资产负债表

一、资产负债表及其作用

资产负债表是会计发展史上最早出现的财务报表，它是综合反映企业在某一特定日期财务状况的报表，也被称为财务状况表。

市场经济条件下，企业投资者最关心的是所投入的资本在企业经营中的分布情况及其质量，由此来判断预期的资本保全、投资回报以及投资目的是否得到最大化的实现，这就导致了资产负债观成为财务信息利用的首要观念，因此，资产负债表自然成为第一财务报表。编制资产负债表可以为财务信息使用者提供某一特定日期的资产、负债及所有者权益等情况，对财务信息使用者至少可以发挥如下重要作用。

（1）可以为解释、分析、评价企业财务状况及其结构分布的合理性提供资料。

（2）可以为解释、评价、预测企业短期、长期偿债及支付能力等提供资料。

（3）可以为解释、分析、评价财务结构、资本结构的合理性提供资料。

（4）可以为解释、评价、预测企业财务实力与财务弹性提供资料（企业财务实力是指企业在经营过程中筹措资金和有效利用资金的能力，主要取决于企业的资产结构和资本结构；财务弹性是指企业迎接各种环境挑战、捕捉经营机遇的能力）。

（5）将资产负债表与利润表、现金流量表结合分析，可以为解释、评价和预测企业营运能力、获利能力、现金支付能力等提供资料。

二、资产负债表的项目列示原则

资产负债表中资产和负债项目应当按照其流动性和非流动性的原则顺序列示，而所有者权益项目则按照其重要性原则列示。流动性和非流动性的划分是依据是否超过一个正常营业周期。一个正常营业周期，是指企业从购买用于加工的资产起至实现现金或现金等价物（简称变现）的期间，通常短于一年。但因生产周期较长等导致正常营业周期长于一年的，尽管相关资产往往超过一年才变现、出售或耗用，如用于出售的房地产开发产品、大型船只制造、飞机制造等，仍应划分为流动资产。正常营业周期不能确定的，应当以一年（12 个月）作为正常营业周期。企业对资产、负债进行流动性分类时，应当采用相同的正常营业周期。

资产满足下列条件之一的，应当归类为流动资产。

（1）预计在一个正常营业周期中变现、出售或耗用。

（2）主要为交易目的而持有。

（3）预计在资产负债表日起一年内（含一年，下同）变现。

（4）自资产负债表日起一年内，交换其他资产或清偿负债的能力不受限制的现金或现金等价物。

流动资产以外的资产应当归类为非流动资产，并应按其性质分类列示。被划分为持有待售的非流动资产应当归类为流动资产。

负债满足下列条件之一的，应当归类为流动负债。

（1）预计在一个正常营业周期中清偿。

（2）主要为交易目的而持有。

（3）自资产负债表日起一年内到期应予以清偿。

（4）企业无权自主地将清偿推迟至资产负债表日后 1 年以上。

企业正常营业周期中的经营性负债项目即使在资产负债表日后超过一年才予清偿的，仍应划分为流动负债。

流动负债以外的负债应当归类为非流动负债，并应按其性质分类列示。被划分为持有待售的非流动负债应归类为流动负债。此外，还要注意以下两种情况。

①对于在资产负债表日起一年内到期的负债，企业有意图且有能力自主地将清偿义务展期至资产负债表日后一年以上的，应当归类为非流动负债；不能自主地将清偿义务展期的，即使在资产负债表日后、财务报告批准报出日前签订了重新安排清偿计划协议，该项负债仍应归类为流动负债。

②企业在资产负债表日或之前违反了长期借款协议，导致贷款人可随时要求清偿的负债，应当归类为流动负债。贷款人在资产负债表日或之前同意提供在资产负债表日后一年以上的宽限期，企业能够在此期限内改正违约行为，且贷款人不能要求随时清偿的，该项负债应归类为非流动负债。

其他长期负债存在类似情况的，比照上述①、②处理。

三、资产负债表项目列示要求

根据财务报表项目分类列报的要求，资产负债表三大要素中至少应当单独列示反映如下信息的项目。

（1）资产类：货币资金；交易性金融资产；应收款项；预付款项；存货；合同资产；持有待售资产；债权投资；其他债权投资；长期应收款；长期股权投资；其他权益工具投资；其他非流动金融资产；投资性房地产；固定资产；生产性生物资产；油气资产；无形资产；开发支出；长期待摊费用；递延所得税资产；流动资产合计和非流动资产合计。

（2）负债类：短期借款；交易性金融负债；应付款项；预收款项；合同负债；应付职工薪酬；应交税费；持有待售负债；长期借款；应付债券；长期应付款；专项应付款；预计负债；递延收益；递延所得税负债；流动负债合计、非流动负债合计和负债合计。

（3）所有者权益类：实收资本（或股本）；其他权益工具；资本公积；其他综合收益；盈余公积；未分配利润；所有者权益合计。高危行业企业如有按国家规定提取安全生产费的，还应在“其他综合收益”项目和“盈余公积”项目之间增设“专项储备”项目。

资产负债表中还应当列示资产总计项目、负债和所有者权益总计项目。

四、资产负债表的编制

资产负债表项目的数据应依据资产、负债和所有者权益类科目的期末余额，采用逆向搜寻法，经过对有关科目余额分析计算后进行填列。具体情况如下。

（1）根据总账科目的余额直接填列。“其他权益工具投资”“投资性房地产”（以公允价值模式计量）“递延所得税资产”“长期待摊费用”“短期借款”“交易性金融负债”“应付票据”“持有待售负债”“递延收益”“递延所得税负债”“实收资本（或股本）”“其他权益工具”“库存股”“资本公积”“其他综合收益”“专项储备”“盈余公积”等项目，应根据有关总账科目的余额填列。其中，自资产负债表日起一年内到期应予以清偿的租赁负债的期末账面价值，在“一年内到期的非流动负债”项目反映；长期待摊费用项目中摊销年限（或期限）只剩一年或不足一年的，或者预计在一年内（含一年）进行摊销的部分，仍在“长期待摊费用”项目中列示，不转入“一年内到期的非流动资产”项目；“递延收益”项目中摊销期限只剩一年或不足一年的，或预计在一年内（含一年）进行摊销的部分，仍在该项目中列示，不得转入“一年内到期的非流动负债”项目。

（2）根据几个总账科目的余额计算填列。“货币资金”项目，需根据“库存现金”“银行存款”“其他货币资金”三个总账科目余额的合计数填列；“其他应付款”项目，需根据“其他应付款”“应付利息”“应付股利”三个总账科目余额的合计数填列。

（3）根据明细账科目的余额计算填列。“交易性金融资产”项目，应根据“交易性金融资产”科目的相关明细科目期末余额分析填列，自资产负债表日起超过一年到期且预期持有超过一年的以公允价值计量且其变动计入当期损益的非流动金融资产，在“其他非流动金融资产项目中”填列；“应收款项融资”项目，应根据“应收票据”“应收账款”科目的明细科目期末余额分析填列；“其他债权投资”项目，应根据“其他债权投资”科目的相关明细科目期末余额分析填列，自资产负债表日起一年内到期的长期债权投资，在“一年内到期的非流动资产”项目中填列，购入的以公允价值计量且其变动计入其他综合收益的一年内到期的债权投资，在“其他流动资产”项目中填列；“开发支出”项目，应根据“研发支出”科目中所属的“资本化支出”明细科目期末余额填列；“应付账款”项目，应根据“应付账款”和“预付账款”科目所属的相关明细科目的期末贷方余额合计数填列；“预收款项”项目，应根据“应收账款”和“预收账款”科目所属的相关明细科目的期末贷方余额合计数填列；“应交税费”项目，应根据“应交税费”科目的明细科目期末余额分析填列，其中的借方余额，应当根据其流动性在“其他流动资产”或“其他非流动资产”项目中填列；“一年内到期的非流动资产”“一年内到期的非流动负债”项目，应根据有关非流动资产或负债项目的明细科目余额分析填列；“应付职工薪酬”“预计负债”项目，应分别根据“应付职工薪酬”“预计负债”科目的明细科目期末余额分析填列；“未分配利润”项目，应根据“利润分配”科目中所属的“未分配利润”明细科目期末余额填列。

（4）根据总账科目和明细账科目的余额分析计算填列。“长期借款”“应付债券”项目，应分别根据“长期借款”“应付债券”总账科目余额扣除“长期借款”“应付债券”科目所属的明细科目中将在资产负债表日起一年内到期，且企业不能自主地将清偿义务展期的部分后的金额计算填列；“其他流动资产”“其他流动负债”项目，应根据有关总账科目及有关科目的明细科目期末余额分析填列；“其他非流动负债”项目，应根据有关科目的期末余额减去将于一年内（含一年）到期偿还数后的金额填列。

（5）根据有关科目余额减去其备抵科目余额后的净额填列。“持有待售资产”“长期股权投资”“商誉”项目，应根据相关科目的期末余额填列，已计提减值准备的，还应扣减相应的减值准备；“固定资产”项目，应根据“固定资产”和“固定资产清理”科目的期末余额，减去“累计折旧”和“固定资产减值准备”科目的期末余额后的金额填列；“在建工程”科目，应根据“在建工程”和“工程物资”科目的期末余额，扣减“在建工程减值准备”和“工程物资减值准备”科目的期末余额后的金额填列；“无形资产”“投资性房地产”“生产性生物资产”“油气资产”项目，应根据相关科目的期末余额扣减相关的累计折旧（或摊销、折耗）填列，已计提减值准备的，还应扣减相应的减值准备，折旧（或摊销、折耗）年限（或期限）只剩一年或不足一年的，或者预计在一年内（含一年）进行折旧（或摊销、折耗）的部分，仍在上述项目中列示，不转入“一年内到期的非流动资产”项目，采用公允价值计量的上述资产，应根据相关科目的期末余额填列；“长期应收款”项目，应根据“长期应收款”科目的期末余额，减去相应的“未实现融资收益”科目和“坏账准备”科目所属相关明细科目期末余额后的金额填列；“使用权资产”项目，应根据“使用权资产”科目的期末余额，减去“使用权资产累计折旧”和“使用权资产减值准备”科目的期末余额后的金额填列；“长期应付款”项目，应根据“长期应付款”和“专项应付款”科目的期末余额，减去相应的“未确认融资费用”科目期末余额后的金额填列。

（6）综合运用上述填列方法分析填列。主要包括：“应收票据”“应收账款”项目，应分别根据“应收票据”“应收账款”科目的期末余额，减去“坏账准备”科目中相关坏账准备期末余额后的金额分析填列；“其他应收款”项目，应根据“其他应收款”“应收利息”“应收股利”科目的期末余额合计数，减去“坏账准备”科目中相关坏账准备期末余额后的金额分析填列；“预付款项”项目，应根据“预付账款”和“应付账款”科目所属各明细科目的期末借方余额合计数，减去“坏账准备”科目中相关坏账准备期末余额后的金额填列；“债权投资”项目，应根据“债权投资”科目的相关明细科目的期末余额，减去“债权投资减值准备”科目中相关减值准备的期末余额后的金额分析填列，自资产负债表日起一年内到期的长期债权投资，在“一年内到期的非流动资产”项目中填列，购入的以摊余成本计量的一年内到期的债权投资，在“其他流动资产”项目中填列；“合同资产”和“合同负债”项目，应分别根据“合同资产”“合同负债”科目的明细科目期末余额分析填列，同一合同下的合同资产和合同负债应当以净额列示，其中净额为借方余额的，应当根据其流动性在“合同资产”或“其他非流动资产”项目中填列，已计提减值准备的，还应减去“合同资产减值准备”科目中相应的期末余额后的金额填列，其中净额为贷方余额的，应当根据其流动性在“合同负债”或“其他非流动负债”项目中填列；“存货”项目，应根据“在途物资”（或“材料采购”）“原材料”“发出商品”“库存商品”“周转材料”“委托加工物资”“生产成本”“受托代销商品”等科目的期末余额及“合同履约成本”科目的明细科目中初始确认时摊销期限不超过一年或一个正常营业周期的期末余额合计，减去“受托代销商品款”“存货跌价准备”科目期末余额及“合同履约成本减值准备”科目中相应的期末余额后的金额填列，材料采用计划成本核算，以及库存商品采用计划成本核算或售价核算的企业，还应按加或减材料成本差异、商品进销差价后的金额填列；“其他非流动资产”项目，应根据有关科目的期末余额减去将于一年内（含一年）收回数后的金额，及“合同取得成本”科目和“合同履约成本”科目的明细科目中初始确认时摊销期限在一年或一个正常营业周期以上的期末余额，减去“合同取得成本减值准备”科目和“合同履约成本减值准备”科目中相应的期末余额填列。

企业应根据上年末资产负债表“期末余额”栏有关项目填列本年度资产负债表“年初余额”栏。如果企业发生了会计政策变更、前期差错更正，应对“年初余额”栏中的有关项目进行相应调整；如果企业上年度资产负债表规定的项目名称和内容与本年度不一致，应当对上年年末资产负债表相关项目的名称和金额按照本年度的规定进行调整，填入“年初余额”栏。

资产负债表编制完毕后，应根据财务报表中有关项目的对应勾稽关系进行核对，以便检验编制过程的正确性。存在对应勾稽关系的项目主要有：资产总计等于负债和所有者权益总计；资产负债表中的“未分配利润”项目应等于所有者权益变动表中最末一项“本年年末余额”对应的“未分配利润”栏目数；资产负债表中“货币资金”项目以及“以公允价值计量且其变动计入当期损益的金融资产”项目中 3 个月内到期的债券投资等现金等价物年末与年初数的差额，应等于现金流量表中的“现金及现金等价物净增加额”。

【例 18-1】假设东化股份有限公司 2019 年 12 月 31 日科目余额汇总表如表 18-1 所示。

表 18-1　　2019 年 12 月 31 日科目余额汇总表　　单位:元

科目名称	借方余额	科目名称	贷方余额
库存现金	15 000	坏账准备——应收账款	500
银行存款	52 000	存货跌价准备	2 500
其他货币资金	4 500	债权投资减值准备	10 000
交易性金融资产	25 000	固定资产减值准备	20 000
应收票据	12 000	累计折旧	80 000
应收账款	110 000	累计摊销	16 000
应收利息	2 100	短期借款	158 000
其他应收款	2 300	应付票据	17 500
预付账款	17 600	应付账款	22 070
原材料	263 500	合同负债	16 000
周转材料	26 300	应付职工薪酬	13 940
生产成本	74 000	应交税费	71 230
债权投资	50 000	应付股利	27 400
其他债权投资	20 000	其他应付款	5 900

续表

科目名称	借方余额	科目名称	贷方余额
固定资产	520 000	长期借款	30 000
在建工程	80 000	应付债券	90 000
无形资产	36 000	递延所得税负债	500
长期待摊费用	12 000	股本	620 000
递延所得税资产	3 600	资本公积	11 060
库存股	15 080	其他综合收益	1 500
		专项储备	1 000
		盈余公积	104 680
		利润分配	21 200
借方合计	**1 340 980**	贷方合计	**1 340 980**

注：“债权投资”中一年内到期的部分有 20 000 元；“应付债券”中一年内到期的部分有 25 000 元。

根据上述资料，编制成资产负债表如表 18-2 所示（年初余额已直接列入表中）。

表 18-2 资产负债表

会企 01 表

编制单位：东化股份有限公司 2019 年 12 月 31 日 单位：元

资产	期末余额	年初余额	负债和所有者权益	期末余额	年初余额
流动资产：			流动负债：		
货币资金	71 500	67 700	短期借款	158 000	147 000
交易性金融资产	25 000	30 000	交易性金融负债		
衍生金融资产			衍生金融负债		
应收票据	12 000	10 500	应付票据	17 500	20 000
应收账款	109 500	85 600	应付账款	22 070	20 240
应收款项融资			预收款项		
预付款项	17 600	15 200	合同负债	16 000	11 000
其他应收款	4 400	5 400	应付职工薪酬	13 940	14 200
存货	361 300	347 900	应交税费	71 230	62 320
合同资产			其他应付款	33 300	37 650
持有待售资产			持有待售负债		
一年内到期的非流动资产	20 000	15 000	一年内到期的非流动负债	25 000	30 000
其他流动资产			其他流动负债		
流动资产合计	621 300	577 300	**流动负债合计**	357 040	342 410
非流动资产：			非流动负债：		
债权投资	20 000	10 000	长期借款	30 000	30 000
其他债权投资	20 000	19 000	应付债券	65 000	40 000
长期应收款			其中：优先股		
长期股权投资			永续债	65 000	40 000
其他权益工具投资			租赁负债		
其他非流动金融资产			长期应付款		
投资性房地产					
固定资产	420 000	385 000	预计负债		

续表

资产	期末余额	年初余额	负债和所有者权益	期末余额	年初余额
在建工程	80 000	56 000	递延收益		
使用权资产			递延所得税负债	500	250
固定资产清理			其他非流动负债		
无形资产	20 000	18 000	**非流动负债合计**	**95 500**	**70 250**
开发支出			**负债合计**	**452 540**	**412 660**
商誉			所有者权益：		
长摊待摊费用	12 000	24 000	实收资本	620 000	620 000
递延所得税资产	3 600	2 400	其他权益工具		
其他非流动资产			其中：优先股		
非流动资产合计	**575 600**	**514 400**	永续债		
			资本公积	11 060	11 060
			减：库存股	15 080	
			其他综合收益	1 500	750
			专项储备	1 000	500
			盈余公积	104 680	33 570
			未分配利润	21 200	13 160
			所有者权益（或股东权益）合计	**744 360**	**679 040**
资产总计	**1 196 900**	**1 091 700**	**负债和所有者权益总计**	**1 196 900**	**1 091 700**

第三节 利 润 表

一、利润表及其作用

利润表，是指综合反映企业在某一期间除与所有者以其所有者身份进行的交易之外的其他交易或事项所引起的所有者权益变动的财务报表，包括本期净损益和其他综合收益两部分。本期净损益也称本期净利润，或简称利润，是指企业本期广义收入（包含利得）减去广义成本费用（包含损失）后的经营成果。其他综合收益，是指企业根据会计准则规定未在当期损益中确认的各项利得和损失，包括以后会计期间不能重分类进损益的其他综合收益项目和以后会计期间在满足规定条件时将重分类进损益的其他综合收益项目。

我国 2006 年颁布的《企业会计准则》引入“利得”和“损失”概念，并将其分类为“直接计入当期利润的利得和损失”和“直接计入所有者权益的利得和损失”，为引入综合收益提供了基础。2009 年 6 月，财政部颁布《企业会计准则解释第 3 号》，首次在财务报表中正式引入其他综合收益（是指反映企业根据企业会计准则规定未在损益中确认的各项利得和损失扣除所得税影响后的净额，实质上就是指“直接计入所有者权益的利得和损失”）。2014 年 1 月发布修订后的 CAS30 明确在利润表中增加“其他综合收益”和“综合收益总额”项目并进行了定义。

相对于净收益，增加了其他综合收益的利润表比较全面地反映了企业的经济状况和经济实质，并借此打通了资产负债表和利润表之间的勾稽关系，进一步提高了财务信息的决策相关性。利润表对财务信息使用者至少可以发挥以下作用。

（1）可以为评估投资价值，估计经营管理成功程度和企业信誉提供有用的信息。投资者投资的目的是通过企业收益的最大化而实现其投资报酬的最大化。一项投资只有经常获得尽可能多的投资报酬，才能实现投资的真正目的，这将通过企业不断赚取尽可能多的收益来实现。在正常情况下，收益的多寡与企业经营管理的成功与否有直接关系，在一定程度上可以体现企业的社会信誉。

（2）可以为解释、预测、评价企业获利能力提供有用的资料。企业获利能力，是指企业运用所持有的经济资源获取利润的能力。通过本企业与不同时期或其他不同企业实现利润情况的比较，可以判断企业的竞争能力和可持续发展能力。

（3）可以为评价企业的偿债能力提供有用的资料。企业的偿债能力，即企业面对到期债务的清偿支付能力。偿债能力尽管受很多因素的影响，但最终必须依赖不断实现利润而增值的资产来偿还，如果长期处于非获利甚至连年亏损状态，企业不可能保持长久的偿债能力，最终还将导致资不抵债而被清算。

（4）可以为分析、评价企业资本保全能力提供有用的资料。无论何种要求下的资本保全，最基本的条件就是企业应当获利，获利能力越大，资本保全的能力就越强。

（5）可以为评价经营业绩和未来有效的决策提供有用的资料。通过利润表，企业经营管理人员可以进一步熟知收入、成本费用的消长趋势及主要影响因素，尤其是管理因素和管理工作的好坏，从而为以后采取更有效的经营决策、不断改善经营管理提供有用的信息。

（6）通过其他综合收益，可以了解除本期损益之外其他非来自所有者的变动对所有者权益变动的影响程度，更能体现资产负债观的要求，弥补了传统净收益难以处理和反映的物价变动或其他一些外在环境之间所引起的未实现的资产和负债变动的问题，压缩了盈余管理空间，为信息使用者分析其他综合收益信息提供了便利，从而提高了财务信息的决策有用性。

二、利润表的项目列示方法及内容要求

利润表的列示方法有两种。

一是功能分类列示法，即通过利润表各项目的列示，能够为财务信息使用者分类阅读、理解企业的收入、费用、营业利润、利润总额、净利润、其他综合收益、综合收益总额以及每股收益等重要结构性信息发挥作用。特别是有关的费用项目，应按照在企业经营中所发挥的相关功能采用费用功能分类法，分为从事经营业务发生的成本、管理费用、销售费用和财务费用等，这样更有利于财务信息使用者了解费用发生的活动领域。

二是费用性质分类列示法，即按照费用发生的经济内容和性质分为材料费、职工薪酬费、折旧费、摊销费、水电费等。这种分类方法虽然能够了解费用发生的内容，但财务信息使用者更多关注企业利用经济资源从事经营的能力及效果，并不太关注利用了什么。所

以，现在许多国家已经不再采用这种方法列示。

根据 CAS30 的规定，利润表至少应当单独列示反映下列信息的项目，但其他会计准则另有规定的除外：营业收入；营业成本；税金及附加；管理费用；销售费用；财务费用；投资收益；公允价值变动损益；资产减值损失；资产处置损益；其他收益；营业外收支、所得税费用；净利润；其他综合收益各项目扣除所得税影响后的净额；综合收益总额。

在此需要特别说明其他综合收益的内容。我国的 CAS30 将其他综合收益规定为两类：（1）以后会计期间不能重分类进损益的其他综合收益，主要包括重新计量设定受益计划净负债或净资产导致的变动、权益法下不能转损益的其他综合收益、其他权益工具投资公允价值变动等；（2）以后会计期间在满足规定条件时将重分类进损益的项目，主要包括权益法下可转损益的其他综合收益、其他债权投资公允价值变动、金融资产重分类计入其他综合收益的金额、其他债权投资信用减值准备、现金流量套期储备、外币财务报表折算差额等。

三、利润表的编制

利润表的编制比较简单，其数据依据是各损益类科目本期发生额。编制时对照利润表各项目与资料来源的关系，可采用逆向搜寻法进行填列编制。具体情况如下。

（1）“营业收入”。本项目反映企业经营主要业务和其他业务所确认的收入总额，应依据“主营业务收入”和“其他业务收入”两个科目本期发生的净额（扣除本期借方发生的收入冲销额）合计填列。

（2）“营业成本”。本项目反映企业经营主要业务和其他业务发生的实际成本总额，应依据“主营业务成本”和“其他业务成本”两个科目本期发生的净额（扣除本期贷方发生的成本冲销额）合计填列。

（3）“税金及附加”。本项目反映企业经营业务应负担的消费税、城市维护建设税、资源税、土地增值税和教育费附加等，应依据“税金及附加”科目本期发生的净额（扣除本期贷方发生的冲销额）填列。

（4）“销售费用”。本项目反映企业在销售商品过程中发生的包装费、广告费等费用和为销售本企业商品而专设的销售机构的职工薪酬、业务费等费用，应依据“销售费用”科目本期发生的净额（扣除本期贷方发生的冲销额）填列。

（5）“管理费用”。本项目反映企业为组织和管理生产经营发生的管理费用，应依据“管理费用”科目本期发生的净额（扣除本期贷方发生的冲销额）扣除其所属“研发费用”明细科目本期发生额后的差额填列。

（6）“研发费用”。本项目反映企业进行研究与开发过程中发生的费用化支出，以及计入管理费用的自行开发无形资产的摊销，应依据“管理费用”科目下的“研究费用”明细科目的发生额，以及管理费用科目下的“无形资产摊销”明细科目的发生额分析填列。

（7）“财务费用”。本项目反映企业筹集生产经营所需资金等而发生的筹资费用，其中，“利息费用”项目，反映企业为筹集生产经营所需资金等而发生的应予费用化的利息支出，

“利息收入”项目，反映企业按照相关会计准则确认的应冲减财务费用的利息收入，二者均应根据“财务费用”科目的相关明细科目的发生额分析填列。

（8）“其他收益”。本项目反映计入其他收益的政府补助，以及其他与日常经营活动相关且计入其他收益的项目（如债务重组中债务人以非金融资产清偿债务，所清偿债务账面价值与转让资产账面价值之间的差额），应根据“其他收益”科目的发生额填列。企业作为个人所得税的扣缴义务人，收到税务机关的扣缴税款手续费，应作为其他与日常经营活动相关的收益在本项目中填列。

（9）“投资收益”。本项目反映企业以各种方式对外投资所取得的净损益，其中，“对联营企业和合营企业的投资收益”项目，反映采用权益法核算的对联营企业和合营企业投资在被投资单位实现的净损益中应享有的份额（不包括处置投资形成的收益），应依据“投资收益”科目本期发生的净额（即本期贷方发生额扣除借方发生额的净额）填列，其中净收益以“+”号填列，净损失以“-”号填列；“以摊余成本计量的金融资产终止确认收益”项目，反映企业因转让等情形导致终止确认以摊余成本计量的金融资产而产生的利得或损失，应根据“投资收益”科目的相关明细科目的发生额分析填列，如为损失，以“-”号填列。

（10）净敞口套期收益。本项目反映净敞口套期下被套期项目累计公允价值变动转入当期损益的金额或现金流量套期储备转入当期损益的金额，应根据“净敞口套期损益”科目的发生额分析填列；如为套期损失，以“-”号填列。

（11）“公允价值变动收益”。本项目反映企业以公允价值计量且其变动计入当期损益的金融资产、以公允价值计量且其变动计入当期损益的金融负债、采用公允价值模式计量的投资性房地产、以现金结算的股份支付等公允价值变动形成的应计入当期损益的净利得或损失，应依据“公允价值变动损益”科目本期发生的净额（即本期贷方发生额扣除借方发生额的净额）填列，其中净利得以“+”号填列，净损失以“-”号填列。

（12）“信用减值损失”。本项目反映企业按照CAS22的要求计提的各项金融工具减值准备所确认的信用损失，应根据“信用减值损失”科目的发生额分析填列。

（13）“资产减值损失”。本项目反映企业各项资产发生的减值净损失，应依据“资产减值损失”科目本期发生的净额（即本期借方发生额扣除贷方发生额的净额）填列。

（14）“资产处置收益”。本项目反映企业出售划分为持有待售的非流动资产（金融工具、长期股权投资和投资性房地产除外）或处置组（子公司和业务除外）时确认的处置利得或损失，以及处置未划分为持有待售的固定资产、在建工程、生产性生物资产及无形资产而产生的处置利得或损失。非货币性资产交换中换出非流动资产（金融工具、长期股权投资和投资性房地产除外）产生的利得或损失，也包括在本项目内。本项目应根据“资产处置损益”科目的发生额分析填列；如为处置损失，以“-”号填列。

（15）“营业外收入”。本项目反映企业发生的除营业利润以外的收益，应依据“营业外收入”科目的发生额分析填列。

（16）“营业外支出”。本项目反映企业发生的除营业利润以外的支出，应依据“营业外支出”科目的发生额分析填列。

（17）“所得税费用”。本项目反映企业根据所得税会计规定确认的应从当期利润总额中扣除的所得税费用，应依据“所得税费用”科目本期发生的净额（即扣除本期贷方发生的冲销额）填列。

（18）“净利润”。本项目反映上述各项目计算的税后净利润，若为净亏损以“－”号填列。其中，“持续经营净利润”和“终止经营净利润”项目，分别反映净利润中与持续经营相关的净利润和与终止经营相关的净利润，应按照 CAS42 的相关规定分别填列；如为净亏损，以“－”号填列。

（19）“其他综合收益的税后净额”。本项目反映其他综合收益扣除所得税影响后的净额，应按“不能重分类进损益的其他综合收益”“将重分类进损益的其他综合收益”分别列示。在填列时应根据“其他综合收益”科目及其所属明细科目的本期发生额分析填列。

其中：“其他权益工具投资公允价值变动”项目，反映企业指定为以公允价值计量且其变动计入其他综合收益的非交易性权益工具投资发生的公允价值变动；“企业自身信用风险公允价值变动”项目，反映企业指定为以公允价值计量且其变动计入当期损益的金融负债，由企业自身信用风险变动引起的公允价值变动而计入其他综合收益的金额；“其他债权投资公允价值变动”项目，反映企业分类为以公允价值计量且其变动计入其他综合收益的债权投资发生的公允价值变动，企业将一项以公允价值计量且其变动计入其他综合收益的金融资产重分类为以摊余成本计量的金融资产，或重分类为以公允价值计量且其变动计入当期损益的金融资产时，之前计入其他综合收益的累计利得或损失从其他综合收益中转出的金额作为该项目的减项；“金融资产重分类计入其他综合收益的金额”项目，反映企业将一项以摊余成本计量的金融资产重分类为以公允价值计量且其变动计入其他综合收益的金融资产时，计入其他综合收益的原账面价值与公允价值之间的差额；“其他债权投资信用减值准备”项目，反映企业按照 CAS22 规定，分类为以公允价值计量且其变动计入其他综合收益的金融资产的损失准备；“现金流量套期储备”项目，反映企业套期工具产生的利得或损失中属于套期有效的部分。

（20）“综合收益总额”。本项目反映净利润和其他综合收益相加后的合计金额。

此外，还应在利润表中列示“基本每股收益”和“稀释每股收益”，应当根据《企业会计准则第 34 号——每股收益》规定计算的金额计算填列。

【例 18-2】 假设东化股份有限公司 2019 年度相关科目本年累计发生额汇总如表 18-3 所示（上年金额如表 18-4 所示）。

表 18-3 **相关科目本年累计发生额汇总表**

科目名称	借方发生额	贷方发生额
主营业务收入	21 000	4 021 000
主营业务成本	2 829 000	13 000
税金及附加	251 654	
其他业务收入		160 000
其他业务成本	110 000	

续表

科目名称	借方发生额	贷方发生额
销售费用	119 046	
管理费用	210 010	
财务费用	46 790	
资产减值损失——固定资产减值损失	15 000	
信用减值损失	5 500	
其中：坏账损失	500	
债权投资减值损失	5 000	
投资收益		10 200
资产处置损益		2 100
其他综合收益	250	1 000
营业外收入		17 000
营业外支出	15 300	
其中：固定资产报废净损失	1 500	
所得税费用	198 000	

根据上述资料编制利润表如表 18-4 所示。

表 18-4 利润表

会企 02 表

编制单位：东化股份有限公司 2019 年度 单位：元

项 目	本年金额	上年金额
一、营业收入	4 160 000	3 400 000
减：营业成本	2 926 000	2 418 575
税金及附加	251 654	235 200
销售费用	119 046	128 000
管理费用	210 010	218 140
研发费用		
财务费用	46 790	43 000
其中：利息费用	46 790	43 000
利息收入		
加：其他收益		
投资收益（损失以“－”号填列）	10 200	8 000
其中：对联营企业和合营企业的投资收益		
以摊余成本计量的金融资产终止确认收益（损失以“－”号填列）		
净敞口套期收益（损失以“－”号填列）		
公允价值变动收益（损失以“－”号填列）		
信用减值损失（损失以“－”号填列）	－5 500	3 000
资产减值损失（损失以“－”号填列）	－15 000	8 000
资产处置收益（损失以“－”号填列）	2 100	3 500

续表

项 目	本年金额	上年金额
二、营业利润（亏损以“－”号填列）	598 300	354 085
加：营业外收入	17 000	11 700
减：营业外支出	15 300	6 300
其中：非流动资产报废损失	1 500	2 100
三、利润总额（亏损总额以“－”号填列）	600 000	362 985
减：所得税费用	198 000	119 785
四、净利润（净亏损以“－”号填列）	402 000	243 200
（一）持续经营净利润（净亏损以“－”号填列）	402 000	243 200
（二）终止经营净利润（净亏损以“－”号填列）		
五、其他综合收益的税后净额	750	750
（一）不能重分类进损益的其他综合收益		
1. 重新计量设定受益计划变动额		
2. 权益法下不能转损益其他综合收益		
3. 其他权益工具投资公允价值变动		
4. 企业自身信用风险公允价值变动		
……		
（二）将重分类进损益的其他综合收益	750	750
1. 权益法下可转损益的其他综合收益		
2. 其他债权投资公允价值变动损益	750	750
3. 金融资产重分类计入其他综合收益的金额		
4. 其他债权投资信用减值准备		
5. 现金流量套期准备		
6. 外部财务报表折算差额		
……		
六、综合收益总额	402 750	243 950
七、每股收益		
（一）基本每股收益	0.648	0.392
（二）稀释每股收益		

第四节 现金流量表

一、现金流量表产生的历史过程

现金流量表是继资产负债表和利润表之后于20世纪80年代末期产生的一张财务报表，其前身是财务状况变动表。但是，一经出现就立即引起了会计界乃至整个经济界的高度关注。

现金流量表的产生，是与资产负债表和利润表存在先天不足、难以满足日益发展的社会经济现实需要分不开的。资产负债表以静态反映企业在某一特定日期的财务状况，但无法回答财务状况如何变化到现在的情况、现在的财务状况是优是劣（质量与风险）、引起财务状况变化的主要原因是什么、对企业以后的经营将产生何种影响、是否能够满足今后经营的需求等问题。利润表虽然说明了企业在一定会计期间取得的经营成果及其大小，但没有说明经营成果对财务状况有何影响、经营成果的现金实现程度有多大、经营成果的质量如何、与资产负债表存在什么关系等等。此外，企业的营业活动、投资活动、筹资活动对财务状况有何需求和影响，对企业创利有何影响，企业今后应当如何合理安排和调剂这三种活动来改善财务状况，以便于促进企业良好运转，这些在资产负债表和利润表中也难以找到答案。

现金流量表的产生，实现了财务报表领域的一大创新。19 世纪末期，美国的会计学者和实务界经过不断的探索试验，率先创造了专门反映资金流量情况的“资金来龙去脉表”，这是最早的财务状况变动表，后又改成“资金表”。虽然还非常不成熟，但是，很快就引起了许多方面的注意和对其研究的兴趣。1971 年，美国会计原则委员会发布第 19 号意见书，正式以“财务状况变动表”命名，并规定将其作为财务报表的一部分要求企业予以陈报。其他国家的会计准则制定机构（组织）和国际会计准则委员会也相继对其进行研究、改进，并逐步予以推行实施。

经过近 20 年的实践和运用，虽然使财务状况变动表得到了不断发展和完善，地位也不断得以提高，但是，后来人们又逐步发现，以营运资本为编制基础的财务状况变动表仍然难以适应日益激烈的市场竞争和财务信息使用者需求的变化，财务状况变动表期望的目的并没有完全实现，对反映财务状况变动内容的理解也出现了许多争议。于是，在现实中又引发了改革财务状况变动表的研究。经过大量的财务信息需求调查，人们逐步发现，现金流量情况不仅对企业经营影响巨大，而且反映企业财务状况变动更为直接，以现金流量为基础编制的财务状况变动表能够更好地满足现实的各种需求。1987 年，美国又一次率先将财务状况变动表改造为现金流量表，同年 11 月，FASB 正式发布“财务会计准则公告第 95 号——现金流量表”，1989 年 2 月、12 月又分别发布财务会计准则公告第 102 号、104 号，对财务会计准则公告第 95 号进行了必要的修订、补充和完善。之后，西方许多国家相继效仿，开始以现金流量表代替财务状况变动表。

我国自 1985 年起为适应对外开放和引进外资的需要，在中外合资经营企业会计制度中首次推行财务状况变动表。随着 1993 年 7 月 1 日起“两则两制”（企业会计准则和企业财务通则、企业会计制度和企业财务制度）在全国范围内的实施，财务状况变动表开始在全国得以推行，并提出企业也可以编制现金流量表。在使用过程中，我国也同样遇到和发现了财务状况变动表存在的固有缺陷，如难以真实反映企业资产的流动性和企业即付能力，会计利润的实现程度不能得到充分揭示，营运资金的概念存在理解上的歧义等。1998 年财政部发布了《企业会计准则——现金流量表》及应用指南，取代了财务状况变动表。后经 2001 年和 2006 年两次修订，最终以《企业会计准则第 31 号——现金流量表》（CAS31）及其应用指南发布实施。

二、现金流量表及其作用

现金流量表是反映企业一定会计期间现金和现金等价物（以下统一简称“现金”）流入、流出及其净流量情况的财务报表。

现金是企业运营的“血液”。财务信息使用者非常关注企业创造现金的能力，现金流量的活性化表现对企业的经营者从事正常生产经营、偿还债务、支付投资回报等至关重要。其主要作用如下。

（1）可以及时反映企业现金流入、流出的综合信息。

（2）有助于财务信息使用者分析和评价企业创造现金的能力，并了解企业是如何使用现金的。

（3）与其他财务会计信息联系起来，有助于财务信息使用者评价企业净资产变动情况、财务资源的大小、财务结构优劣（包括资产流动性和偿债能力）、应付财务风险的能力以及收益质量的高低等。

（4）有助于沟通企业的财务分析、收益能力分析与资金流动性分析的相互关系。

（5）可以预测判断企业未来的发展前景和创造现金流量的潜能。

三、现金流量表的编制基础

现金流量表是以现金制为会计处理基础，以现金及其等价物为编制基础。

现金，是指企业库存现金以及可以随时用于支付的存款。其特征是不受任何限制、可随时用于支付。在我国，包括库存现金、除一年以上定期存款以外的银行存款以及其他货币资金。对于一年以上的定期存款，尽管企业可以提前通知支取，但是，存款的目的是获取较高的存款利息收益，并不准备随时用于支付，存入银行时已经在意图上失去了即付能力，所以，应当从现金中剔除，作为投资列入现金流量表中。

现金等价物也称约当现金（Cash equivalents），是指企业持有的同时具备期限短、流动性强、易于转换为已知金额现金、价值变动风险很小的投资。其中：①期限短，一般是指从购买日起 3 个月内到期；②流动性强，即应当具有富有流通性的相应市场；③易于转换为已知金额的现金，即可以在流通的市场上随时能够转换为现金，且转换为现金的数额事先能够确定；④价值变动风险很小，即在变现过程中其金额不受市场变动的影响，或者其影响可以忽略不计。同时符合这四个条件的投资，在我国通常是指 3 个月内到期的债券投资。权益性投资变现的金额通常不确定，因而不属于现金等价物。企业应当根据经营特点等具体情况，确定现金等价物的范围，一经确定不得随意变更。

现金流量，是指企业现金及现金等价物的流入和流出，包括三个要素：现金流入、现金流出、现金净流量。现金净流量也称现金及其等价物的净增加（或减少）额，是指现金流入合计与现金流出合计的差额。企业从银行提取现金、用现金购买短期到期的国库券等现金和现金等价物之间的转换不属于现金流量。

四、现金流量的内容分类

为了满足财务信息使用者阅读和利用现金流量表的需要，现金流量表不仅要反映现金流入、流出的信息，而且还应结合企业的各类活动，分类反映各类活动对现金流量的影响及现金流量过程。因此，结合企业活动类别，可以将企业的现金流量的内容分为以下三大类。

1. 经营活动现金流量

经营活动，是指企业投资活动和筹资活动以外的所有交易和事项。各类企业由于行业特点不同，对经营活动的认定将存在差异，但其共同特征是与企业营业收入的取得密切相关，具有经常性。与此有关的现金流入和流出即为经营活动现金流量。

2. 投资活动现金流量

投资活动，是指企业长期资产的购建和不包括在现金等价物范围内的投资及其处置活动。其中：长期资产是指固定资产、在建工程、无形资产、其他资产等持有期限在一年以上或超过一年的一个营业周期以上的资产。其特征是与资本支出和对外投资密切相关，与此有关的现金流入和流出即为投资活动现金流量。

3. 筹资活动现金流量

筹资活动，是指导致企业资本及债务规模和构成发生变化的活动。其中：资本包括实收资本（股本）、资本（股本）溢价，涉及的内容有吸收投资、发行股票、分配股利等；债务是指企业对外专门举借的债务，涉及的内容有发行债券、借入款项以及债务的偿还和利息支付等。其特征是与资本筹集和对外举债密切相关，与此有关的现金流入和流出即为筹资活动现金流量。

上述现金流量的分类是对其内容所作的基本分类，此外，还有以下两个特殊问题需予说明。

（1）非常项目的现金流量。非常项目，是指明显区别于企业正常活动、因此预计不会经常发生或定期发生的交易或事项产生的收益或费用。如资产被征用、地震或其他自然灾害等。

一般来说，非常项目应具备两个条件：一是非经常性、偶发性；二是特殊性，不属于或不能归为经营活动、投资活动、筹资活动。由此而引起的现金流入和流出，即称为非常项目的现金流量。

对于非常项目现金流量的会计揭示问题，国际上有两种观点：一是应恰当地归并到来自经营活动、投资活动、筹资活动的现金流量中，并单独披露。国际会计准则和我国会计准则采用了这种做法，如 CAS31 第六条规定："自然灾害损失、保险索赔等特殊项目，应当根据其性质，分别归并到经营活动、投资活动和筹资活动现金流量类别中单独列报"。

二是认为它虽然增加或减少了企业的净收益，但有时很难划归于何种活动，既然属于非常项目，由此而产生的现金流量理应单独在现金流量表中予以披露。

（2）外币现金流量。随着企业经营的全球化发展，外币交易或事项将会越来越多，由此引起了外币交易或事项的折算以及外汇风险所带来的汇兑损益等问题。现金流量表对此应当如何揭示，也成为国际会计领域所关注的一个问题。国外的会计准则大多数都对此作了专门的规定，并且在以下方面达成共识：外币现金流量除币种表示有区别外，与其他现金流量并无本质差别，本身并不能独立为一种现金流量；在认识上的差异主要集中在折算汇率的选择和汇兑损益的处理两个方面。国际会计准则主张用发生现金流动当日的汇率，作为外币现金流量的折算汇率；汇率变动引起的未实现汇兑损益并不是现金流量，然而，为了调节期初和期末现金及其等价物，持有的或到期的外币现金及其等价物受汇率变动的影响应该在现金流量表中列为单独项目报告。CAS31 采用了国际会计准则的做法，即“外币现金流量以及境外子公司的现金流量，应当采用现金流量发生日的即期汇率或按照系统合理的方法确定的、与现金流量发生日即期汇率近似的汇率折算。汇率变动对现金的影响额应当作为调节项目，在现金流量表中单独列报（注：列在各类现金流量之后）”。

五、现金流量表的项目列示方法

由于现金流量表以现金制为会计处理基础，理论依据是“现金流入－现金流出＝现金净流量”，因此，可以通过现金流入和现金流出的主要类别列示现金流量，这种现金流量的列示方法称为“直接法”。

但是，日常的会计核算采用的是应计制，并以此形成了利润表和资产负债表，在编制利润表时以“收入－费用＝利润”为理论依据，这与编制现金流量表的理论依据在原理上存在类似之处。因此，在编制现金流量表时，可以以现有的应计制下的会计核算资料为依据，按照应计制与现金制之间的关系，采用一定的方式将其转换为现金制下的现金流量，即在现金流量表中，将应计制下的净利润（其他综合收益均不涉及现金流量的变动，因此，可不用综合收益总额）按照现金制的要求，对非收现、付现项目进行必要的调整转换，从而求得现金制下的现金净流量，这种现金流量的列示方法称为“间接法”。

将这两种方法进行比较可以发现：直接法完全遵循现金流量变化的客观规律，充分揭示了现金流量的全过程，为现金流量信息的分析和利用提供了许多方便，很多国家都推崇采用直接法。但是，这种方法没有与利润表和资产负债表密切结合列示；并且编制时需要重新进行资料的收集处理，为编制现金流量表增加了一定的困难。间接法则有效地利用了现有的会计核算资料，编制过程比较简单；并且是在净利润基础上进行的调整转换，有利于对利润质量进行分析。但是，这种方法没有表现出现金流量形成的原过程，也无法分类反映现金流量的信息，为现金流量表的分析利用造成了困难；并且，投资活动类和筹资活动类的现金流量中的许多内容与利润计算并没有直接关系，难以全部采用间接法求得，应用上只能限定在经营活动类现金流量。

通过上述两种方法的利弊分析，为了扬长避短，充分发挥现金流量表的作用，一般都是在经营活动类现金流量中来讨论是采用直接法还是采用间接法的问题。CAS31 规定，在现金流量表的正表中对经营活动产生的现金流量采用直接法列示；同时，企业应当在附注中披露将净利润调节为经营活动现金流量的信息。

六、现金流量表的项目金额列报要求

现金的流入、流出及净流量是构成现金流量表的三个要素，三者之间的关系也非常简单明了，但在现金流量表中列报各类现金流量的项目金额时，存在以下两种选择。

（1）总额法。总额法即分别按照现金流入和现金流出总额列报现金流量，从而在表中求得现金净流量。采用这种方法能够全面反映企业现金流量的方向、规模和结构，以便了解现金流量的全貌，有利于同直接法有效结合，提高现金流量信息的分析利用效果，所以，各国基本上都采用了这种方法。

（2）净额法。净额法即直接以现金流入减去现金流出后的现金净流量在表中予以列报。采用这种方法虽然使报表项目得到了简化，但不能体现现金流量的全貌，不利于现金流量的分析利用。所以，对采用净额法，各国一般都作了严格的限定。

CAS31 规定：现金流量应当分别按照现金流入和现金流出总额列报。但是，下列各项可以按照净额列报：①代客户收取或支付的现金；②周转快、金额大、期限短项目的现金流入和现金流出；③金融企业的有关项目，包括短期贷款发放与收回的贷款本金、活期存款的吸收与支付、同业存款和存放同业款项的存取、向其他金融企业拆借资金以及证券的买入与卖出等。

七、现金流量表的项目列示要求

CAS31 及其应用指南规定的一般企业各类现金流量至少应当单独列示反映信息的项目及内容如下。

（一）经营活动现金流量

（1）“销售商品、提供劳务收到的现金”。反映企业本期销售商品、提供劳务收到的现金，以及前期销售商品、提供劳务本期收到的现金（包括销售收入和应向购买者收取的增值税销项税额）和本期预收的款项，减去本期销售本期退回商品和前期销售本期退回商品支付的现金；企业销售材料和代购代销业务收到的现金，也在本项目反映。

（2）“收到的税费返还”。反映企业收到返还的所得税、增值税、消费税、关税和教育费附加等各种税费返还款。

（3）“收到其他与经营活动有关的现金”。反映企业除上述项目外，收到的其他与经营活动有关的现金，金额较大的应当单独列示。如经营租赁收到的租金、罚款收入、个人赔偿的现金收入、除税费返还外的其他政府补助收入等。

（4）“购买商品、接受劳务支付的现金”。反映企业本期购买商品、接受劳务实际支付的现金（包括增值税进项税额），以及本期支付前期购买商品、接受劳务的未付款项和本期预付款项，减去本期发生的购货退回收到的现金；企业购买材料和代购代销业务支付的现金，也在本项目反映。

（5）“支付给职工以及为职工支付的现金”。反映企业本期实际支付给职工的工资、奖金、各种津贴、补贴等（包括代扣代缴的职工个人所得税）、离职后福利、辞退福利、以现金结算的股份支付以及为职工支付的其他费用，如为职工支付的医疗、工伤、生育等社会保险费、住房公积金、职工福利费等。但上述内容不包括由在建工程和无形资产负担的部分。

（6）“支付的各项税费”。反映企业本期发生并支付、以前各期发生本期支付以及预交的各项税费，包括所得税、增值税、消费税、印花税、房产税、土地增值税、车船税、教育费附加等。

（7）“支付其他与经营活动有关的现金”。反映企业经营租赁支付的租金、支付的差旅费、业务招待费、保险费、罚款支出等其他与经营活动有关的现金流出，金额较大的应当单独列示。

（二）投资活动现金流量

（1）“收回投资收到的现金”。反映企业出售、转让或到期收回除现金等价物以外的对其他企业的权益工具、债务工具和合营中的权益。

（2）“取得投资收益收到的现金”。反映企业除现金等价物以外的对其他企业的权益工具、债务工具和合营中的权益投资分回的现金股利和利息等。

（3）“处置固定资产、无形资产和其他长期资产收回的现金净额”。反映企业出售、报废固定资产、无形资产和其他长期资产所取得的现金（包括因资产毁损而收到的保险赔偿收入），减去为处置这些资产而支付的有关费用后的净额。

（4）“处置子公司及其他营业单位收到的现金净额”。反映企业处置子公司及其他营业单位所取得的现金减去相关处置费用以及子公司及其他营业单位持有的现金和现金等价物后的净额。

（5）“购建固定资产、无形资产和其他长期资产支付的现金”。反映企业购买、建造固定资产、取得无形资产和其他长期资产所支付的现金（含增值税款等），以及用现金支付的应由在建工程和无形资产负担的职工薪酬。

（6）“投资支付的现金”。反映企业取得除现金等价物以外的对其他企业的权益工具、债务工具和合营中的权益所支付的现金以及支付的佣金、手续费等附加费用。

（7）“取得子公司及其他营业单位支付的现金净额”。反映企业购买子公司及其他营业单位购买出价中以现金支付的部分，减去子公司及其他营业单位持有的现金和现金等价物后的净额。

（8）“收到其他与投资活动有关的现金”“支付其他与投资活动有关的现金”。反映企业除上述（1）至（7）项目外收到或支付的其他与投资活动有关的现金，金额较大的应当单独列示。

（三）筹资活动现金流量

（1）“吸收投资收到的现金”。反映企业以发行股票、债券等方式筹集资金实际收到的款项，减去直接支付给金融企业的佣金、手续费、宣传费、咨询费、印刷费等发行费用后的净额。

（2）“取得借款收到的现金”。反映企业举借各种短期、长期借款而收到的现金。

（3）“偿还债务支付的现金”。反映企业以现金偿还债务的本金。

（4）“分配股利、利润或偿付利息支付的现金”。反映企业实际支付的现金股利、支付给其他投资单位的利润或用现金支付的借款利息、债券利息。

（5）“收到其他与筹资活动有关的现金”“支付其他与筹资活动有关的现金”。反映企业除上述（1）至（4）项目外，收到或支付的其他与筹资活动有关的现金，金额较大的应当单独列示。

（四）“汇率变动对现金的影响”

“汇率变动对现金的影响”，反映如下两个项目之间的差额：①企业外币现金流量折算为记账本位币时，所采用的现金流量发生日的即期汇率或按照系统合理的方法确定的、与现金流量发生日即期汇率近似的汇率折算的金额（编制合并现金流量表时还包括折算境外子公司的现金流量，应当比照处理）；②“现金及现金等价物净增加额”中外币现金净增加额按期末汇率折算的金额。

（五）附注补充资料中“将净利润调节为经营活动现金流量”

表中所列的项目可以分为以下三类。

第一类，应计制下计算利润时将其作为减（或加）项，但在现金制下属于非付（收）现项目，需要将其加回（或减去）。属于这一类的项目有以下四种。

（1）“资产减值准备”。反映企业本期计提的坏账准备、存货跌价准备、长期股权投资减值准备、债权投资减值准备、其他债权投资减值准备、固定资产减值准备、在建工程减值准备、工程物资减值准备、无形资产减值准备、投资性房地产减值准备、商誉减值准备等，在利润表中列为资产减值损失。

（2）“固定资产折旧”“无形资产摊销”“投资性房地产累计折旧（摊销）”“长期待摊费用摊销”。分别反映企业本期计提的固定资产折旧、无形资产摊销、投资性房地产累计折旧（摊销）、长期待摊费用摊销，在利润表中列为成本或费用。

（3）“公允价值变动损失（或收益）”。反映企业持有的采用公允价值计量且其变动计入当期损益的金融资产、金融负债等的公允价值变动损益。

（4）“递延所得税资产减少”“递延所得税负债增加”。分别反映企业资产负债表“递延所得税资产”“递延所得税负债”项目的期初余额与期末余额的差额，在利润表中列为所得税费用增加（或减少）。

第二类，属于利润计算项目，但不属于现金制下的经营活动现金流量，需要将其剔除。属于这一类的项目有以下四种。

（1）“处置固定资产、无形资产和其他长期资产的损失（或收益）”。反映企业本期处置固定资产、无形资产和其他长期资产发生的损益。

（2）“固定资产报废损失（或收益）”。反映企业本期固定资产报废发生的损益。

（3）“财务费用”。反映企业本期发生的应属于投资活动或筹资活动的财务费用。

（4）“投资损失（或收益）”。反映企业本期投资所发生的损失减去收益后的净损益。

第三类，将应计制下经营活动收支调整为现金制下经营活动现金流量。属于这一类的项目有以下三种。

（1）“存货的减少（或增加）”。反映企业资产负债表“存货”项目的期初余额与期末余额的差额，这是对“营业成本”进行调整的项目。当期末余额小于期初余额时，说明营业成本中不仅全部消耗了本期购入的存货，而且还消耗有以前期间购入的存货，以营业成本列计现金流出则出现多计，应当加回这一差额；反之，则应当减去。

（2）“经营性应收项目的减少（或增加）”。反映企业本期应收票据、应收账款、预付款项、长期应收款和其他应收款中与经营活动有关的部分及应收的增值税销项税额等经营性应收项目的期初余额与期末余额的差额，这是对“营业收入”进行调整的项目（但预付款项则属于调整购货支出项目）。当期末余额小于期初余额时，说明不仅本期营业收入全部收现，而且还收回了以前期间的营业收入，以营业收入列计现金流入则出现少计，应当加上这一差额；反之，则应当减去。

（3）“经营性应付项目的增加（或减少）”。反映企业本期应付票据、应付账款、预收款项、应付职工薪酬、应交税费、长期应付款、其他应付款中与经营活动有关的部分及应付的增值税进项税额等经营性应付项目的期初余额与期末余额的差额，这是对“存货”进行调整的项目（但预收款项则属于调整营业收入项目）。当期末余额大于期初余额时，说明本期购入的存货并未全部付现，以存货差额列计现金流出则出现多计，应当加上这一差额；反之，则应当减去。

（六）附注补充资料中“不涉及现金收支的重大投资和筹资活动”

该项目反映企业一定期间内影响资产或负债但不形成该期现金收支的所有投资和筹资活动的信息。其中：①“债务转为资本”项目，反映企业本期转为资本的债务金额；②“一年内到期的可转换公司债券”项目，反映企业一年内到期的可转换公司债券的本息。

八、现金流量表的编制方法

（一）工作底稿法

工作底稿法是指以专门设置的现金流量表工作底稿为手段，依据利润表、资产负债表

及相关科目记录资料，通过编制应计制向现金制转换的调整分录，并将其过入现金流量表工作底稿中，逐项分析计算求得现金流量表的各项目数据，最后将其填入正式现金流量表的一种方法。其主要步骤如下。

（1）设置现金流量表工作底稿，按利润表、资产负债表和现金流量表的顺序，将三张表均放入其中，表中的金额栏分设为：转换调整分录栏（分为借方和贷方）、资产负债表的年初数和期末数栏、利润表和现金流量表的本期金额栏。

（2）将利润表本期（年）数和资产负债表的年初数与期（年）末数分别填入工作底稿的对应金额栏中。

（3）分析应计制与现金制的关系，应计制下的利润表、资产负债表与现金制下的现金流量表之间的具体关系，编制应计制向现金制转换的调整分录（关键的环节），并将其分别过入工作底稿中。

（4）在工作底稿中对每个财务报表具体项目的调整分录栏进行计算整理，并从两个方面验证其正确性：利润表各项目的借方与贷方调整数的差额应等于对应项目的本期数；资产负债表各项目的借方与贷方的差额应等于对应项目的期（年）末数与年初数的差额。

（5）验证无误，并保证现金流量表各项目数据计算正确的前提下，将其填入正式的现金流量表中。

工作底稿法的优点是：三张主表汇于一张工作底稿中，并以工作底稿为手段实现了应计制向现金制的转换，为正确分析利润表、资产负债表和现金流量表之间的相互关系，提高财务报表的可读性和可理解性提供了许多方便，尤其是对编制者来说可以全面、详细地诠释财务报表；同时，由于编制的转换调整分录涉及利润表和资产负债表的所有项目，从而为检验编制过程的正确性带来了便利。但是，工作底稿的内容多，篇幅较长，设计较为复杂。

（二）T 型账户法

T 型账户法，是以设置的特定 T 型账户为手段，将工作底稿法下相同的转换调整分录过入 T 型账户中，然后在 T 型现金账户中逐项分析计算求得现金流量表的各项数据，并将其记入正式现金流量表的一种方法。其主要步骤如下。

（1）为利润表和资产负债表各项目分别开设 T 型账户，为现金流量表开设一个“现金”综合 T 型账户，并能分类分项目反映现金流量。

（2）将利润表本期（年）数和资产负债表的年初数与期（年）末数按照其性质分别列入对应的 T 型账户的借方或贷方中。

（3）采用与工作底稿法相同的做法编制转换调整分录，并将其分别过入对应的 T 型账户中。

（4）分别计算整理各 T 型账户的借贷方记录，并按与工作底稿法类似的方法验证其正确性。

（5）验证无误后，将正确的“现金”T 型账户中的各项结果填入正式的现金流量表中，从而完成现金流量表的编制工作。

T 型账户法的优点是：T 型账户设置方便灵活，登记过程简单，如果转换调整分录编制方法得当，可以仅设置“现金”T 型账户，从而大大减轻编制的工作量。但是，这种方法将三大财务报表分而置之，在阅读分析财务报表的功效上远不如工作底稿法。

从以上两种方法的对比可知，二者并无本质的差别，只是形式或手段的不同，关键之处均在于编制应计制向现金制转换的调整分录。编制现金流量表的过程，实质上就是通过编制转换调整分录，取得和整理数据资料的过程。由于现金流量表对应的数据资料及其关系非常复杂，不像利润表和资产负债表那样存在固定对应的账户记录，不仅需要利润表和资产负债表的资料，还需要有关账户记录资料，有些项目的资料来源多达近 10 处，而一项资料可能又要分散进入现金流量表的多个项目。若采用逆向搜寻法编制转换调整分录，很容易出现遗漏、重复等差错，且查找纠正困难，而采用顺向安置法则可以避免这种缺陷。按顺向安置法正确编制转换调整分录的关键有两点：一是正确理解和分析应计制与现金制的关系，以及利润表、资产负债表每个项目与现金流量表有关项目之间的对应关系；二是正确选择转换调整分录中的借贷方向。下面按照顺向安置法的原理，说明转换调整分录的编制过程。

（1）根据利润表，逐项编制转换调整分录。此时需设定一系列假设，如各种收入或收益项目，假设本期均收现（收到现金），各种成本、费用、支出项目，假设本期均付现（付出现金），按利润表各项目的性质记入借方或贷方；按现金流量表中属于现金流入的项目记入借方，现金流出的项目记入贷方。例如，依据“营业收入”项目，借记“销售商品、提供劳务收到的现金”，贷记“营业收入”；依据“营业成本”项目，借记“营业成本”，贷记“购买商品、接受劳务支付的现金”。

（2）根据资产负债表，逐项编制转换调整分录。

首先，分析利润表和现金流量表对应项目的关系，如果资产负债表中某项目与利润表有关项目相关，在编制转换调整分录时，对应的现金流量表项目应与编制利润表时的转换调整分录的有关项目相同，并且一般应以资产负债表项目的期末数与年初数的差额填列，这种调整分录是为了消除以前的收现或付现的假设而编制的，若借（贷）记了现金流入项目或贷（借）记了现金流出项目，则均表示对前期假设所作增加（冲减）调整。例如，资产负债表中“应收票据”“应收账款”等项目与利润表中“营业收入”项目相关，因此，依据其期末余额大于年初余额的差额，应借记“应收票据”“应收账款”等项目，贷记“销售商品、提供劳务收到的现金”（小于时作相反分录）；资产负债表中“存货”项目与利润表中“营业成本”项目相关，因此，依据其期末余额大于年初余额的差额，应借记“存货”，贷记“购买商品、接受劳务支付的现金”（小于时作相反分录）；资产负债表中“应付票据”“应付账款”等项目与“存货”项目相关，继而与“营业成本”相关，因此，依据其期末余额小于年初余额的差额，借记“应付票据”“应付账款”等项目，贷记“购买商品、接受劳务支付的现金”（大于时作相反分录）。如果资产负债表中与利润表无关的项目，一般属于投资或筹资活动类现金流量项目，大部分需要从有关科目的记录中分别按其借方和贷方的发生额分析编制，并且，如果以后的项目还会与之相关，为了编制简便，前面的项目也可以先假设为收现或付现，待以后再作消除调整。

其次，根据资产负债表有关项目及其变化在借贷记账法中的性质，确定转换调整分录中各项目的应借应贷方向，逐项编制转换调整分录。在编制转换调整分录时尤其应注意，每笔转换调整分录中涉及的每个资产负债表项目的借方或贷方数额或借贷方的差额，应与本项目的期末数与年初数的差额相等，以便及时检验所编分录的正确性，从而保证编制结果的正确性。

（三）多栏式现金账户分析法

多栏式现金账户分析法，是指通过事先设计的多栏式现金账户（指现金流量表中的现金），对日常发生的交易或事项中涉及现金的内容，专门作出登记，期末可直接依据该账户记录编制现金流量表的一种方法。这种方法的要点是：事先设置一个多栏式现金日记账（属于备查账），该科目的借方和贷方均分别按“经营活动、投资活动、筹资活动、合计”设置成四栏。在日常发生交易或事项时，如果涉及现金及其等价物的内容，就将其记入多栏式现金日记账的有关栏目中，并在“摘要”中注明应记入现金流量表的对应项目（可以按现金流量表中有关项目的行次来表示）。到了每个会计期末，即可根据多栏式现金日记账的记录，分析整理出现金流量表各项目所需的数据资料，从而编制成现金流量表。这种方法非常简单，并为相应的财务软件设计带来了很大方便，可以有效避免上述编制转换调整分录的复杂性，大大提高现金流量表编制效率和质量。

【例 18-3】 承【例 18-1】、【例 18-2】，另补充其他相关资料如下。

（1）“财务费用”中利息支出为 42 140 元，汇兑损失为 220 元，其余为债券发行费等支出。

（2）“营业外收入”的构成为：教育费附加返还款 13 840 元，罚款收入 3 160 元。

（3）“营业外支出”的构成为：对外公益性捐赠现金支出 13 800 元，固定资产报废清理净损失 1 500 元。

（4）“交易性金融资产”借方发生额 45 000 元（含现金等价物 21 200 元），贷方发生额 50 000 元（含现金等价物 20 000 元）；交易性金融资产年初余额中含现金等价物 14 000 元，期末余额中含现金等价物 15 200 元。

（5）“其他应收款”中应收利息期初、期末余额分别为 2 400 元、2 100 元，包装物押金期初、期末余额分别为 3 000 元、2 300 元。

（6）“债权投资”借方发生额 32 000 元，其中应计利息 3 000 元；贷方发生额 12 000 元，其中应计利息 2 000 元。

（7）“其他债权投资”借方发生额 1 000 元为确认的公允价值变动收益。

（8）“固定资产”借方发生额 101 000 元均为购建形成，贷方发生额 46 000 元均为处置、报废。

（9）“累计折旧”贷方发生额 48 000 元均为计提数，其中计入制造费用为 38 000 元、销售费用为 4 000 元、管理费用为 6 000 元；借方发生额 43 000 元为处置报废固定资产冲销数。

（10）“在建工程”中“在建工程”科目期初、期末余额分别为 36 000 元、80 000 元；“工程物资”科目期初、期末余额分别为 20 000 元、0 元。

（11）“无形资产”借方发生额 10 000 元均为现金购入，本期发生累计摊销 8 000 元。

（12）“长期待摊费用”在摊销时一并计入管理费用。

（13）“短期借款”贷方发生额 361 000 元，借方发生额 350 000 元。

（14）“应付职工薪酬”贷方发生额 410 400 元，分别分配计入生产成本及制造费用 273 600 元、销售费用 45 600 元、管理费用 68 400 元、其他业务成本 22 800 元，借方发生额 410 660 元。

（15）“其他应付款”中应付股利期初、期末余额分别为 25 800 元、27 400 元，包装物押金期初、期末余额分别为 11 850 元、5 900 元。

（16）“长期借款”借、贷方发生额均为 1 200 元，且均为应计利息计入“在建工程”。

（17）“应付债券”贷方发生额为 50 000 元（其中应计利息 2 000 元计入“在建工程”），借方发生额为 30 000 元（均为本金）。

（18）“递延所得税负债”贷方发生额 250 元，为其他债权投资因确认公允价值变动收益而导致可抵扣暂时性差异对所得税的影响。

（19）本年增加的库存股 15 080 元是为了奖励公司职工而以银行存款收购的。

（20）“专项储备”贷方发生额 500 元为本期计提的安全生产费用。

（21）根据董事会的决议，从税后净利中分别提取法定盈余公积 40 200 元和任意盈余公积 30 910 元，向股东分配现金股利 322 850 元。

根据上述有关资料，按照顺向安置法的思路，首先编制转换调整分录如下（为了减少篇幅，分录中涉及现金流量表项目，按我国的现金流量表格式简化为“现金—××行”）。

根据利润表编制转换调整分录如表 18-5 所示。

表 18-5 转换调整分录簿

序号	借方科目	金额/元	贷方科目	金额/元
1	现金—1 行	4 160 000	营业收入	4 160 000
2	营业成本	2 926 000	现金—5 行	2 926 000
3	税金及附加	251 654	现金—7 行	251 654
4	销售费用	119 046	现金—8 行（注：先作此假设，以后将予以调整）	329 056
	管理费用	210 010		
5	财务费用（见补充资料 1）	46 790	现金—28 行	42 140
			现金—29 行	4 430
			现金—32 行	220
6	现金—12 行	10 200	投资收益	10 200
7	信用减值损失	5 500	现金—8 行（注：先作此假设，以后将予以调整）	5 500
8	资产减值损失	15 000	现金—8 行（注：先作此假设，以后将予以调整）	15 000
9	现金—13 行	2 100	资产处置收益	2 100
10	现金—2 行	13 840	营业外收入（见补充资料 2）	17 000
	现金—3 行	3 160		
11	营业外支出（见补充资料 3）	15 300	现金—8 行	13 800
			现金—13 行	1 500
12	所得税费用	198 000	现金—7 行	198 000
13	净利润（转入所有者权益增减变动表）	402 000	未分配利润（资产负债表项目）	402 000

根据资产负债表，并结合其他相关资料，按照资产、负债、所有者权益的顺序逐项编制转换调整分录如续表 18-5 所示（分录序号续前）。

续表 18-5

序号	借方科目	金额/元	贷方科目	金额/元
14	货币资金	3 800	现金及现金等价物净增加额（注：结转性质）	3 800
15-1	交易性金融资产（借方发生额） （见补充资料 4）	45 000	现金—18 行 现金及现金等价物净增加额（注：结转性质）	23 800 21 200
15-2	现金—11 行 现金及现金等价物净增加额(注：结转性质)	30 000 20 000	交易性金融资产（贷方发生额）	50 000
16	应收票据	1 500	现金—1 行（注：调整分录 1）	1 500
17-1	应收账款（不含本期计提坏账准备抵销数）	24 400	现金—1 行（注：调整分录 1）	24 400
17-2	现金—8 行（注：调整分录 7）	500	应收账款（本期计提坏账准备抵销数）	500
18	预付款项	2 400	现金—5 行（注：调整分录 20）	2 400
19-1	现金—12 行（注：调整分录 6）	300	其他应收款（见补充资料 5）	1 000
19-2	现金—3 行	700		
20	存货	13 400	现金—5 行（注：调整分录 2）	13 400
21	一年内到期的非流动资产	5 000	债权投资（注：编表过程重述）	5 000
22-1	债权投资（借方发生额） （见补充资料 6）	32 000	现金—12 行（调整分录 6） 现金—18 行	3 000 29 000
22-2	现金—8 行（注：调整分录 7） 现金—11 行 现金—12 行（调整分录 6）	5 000 10 000 2 000	债权投资（贷方发生额及计提减值准备抵销数）	17 000
23	其他债权投资（见补充资料 7）	1 000	其他综合收益（注：编表过程重述）	1 000
24-1	固定资产（借方发生额） （见补充资料 8）	101 000	现金—17 行	101 000
24-2	现金—13 行（注：调整分录 9、11）	46 000	固定资产（贷方发生额）	46 000
25-1	现金—5 行（注：调整分录 2） 现金—8 行（注：调整分录 4） 现金—8 行（注：调整分录 8）	38 000 10 000 15 000	固定资产（本期计提累计折旧及减值准备抵销数）（见补充资料 9）	63 000
25-2	固定资产（累计折旧借方发生额）	43 000	现金—13 行（注：调整分录 9、11）	43 000
26-1	在建工程	44 000	现金—17 行（见补充资料 10）	44 000
26-2	现金—17 行	20 000	在建工程（见补充资料 10）	20 000
27-1	无形资产（借方发生额） （见补充资料 11）	10 000	现金—17 行	10 000
27-2	现金—8 行（调整分录 4）	8 000	无形资产（本期摊销额）	8 000
28	现金—8 行（注：调整分录 4） （见补充资料 12）	12 000	长期待摊费用（本期摊销额）	12 000
29	递延所得税资产	1 200	现金—7 行（注：调整分录 12）	1 200

续表

序号	借方科目	金额/元	贷方科目	金额/元
30-1	现金—24 行（见补充资料 13）	361 000	短期借款（贷方发生额）	361 000
30-2	短期借款（借方发生额）	350 000	现金—27 行	350 000
31	应付票据	2 500	现金—5 行（注：调整分录 20）	2 500
32	现金—5 行（注：调整分录 20 ）	1 830	应付账款	1 830
33	现金—1 行（注：调整分录 1）	5 000	合同负债	5 000
34-1	应付职工薪酬（借方发生额）	410 660	现金—6 行（见补充资料 14）	410 660
34-2	现金—5 行（注：调整分录 2） 现金—8 行（注：调整分录 4）	296 400 114 000	应付职工薪酬（贷方发生额）	410 400
35	现金—7 行（注：调整分录 3、12）	8 910	应交税费	8 910
36-1	现金—28 行（注：调整分录 43）	1 600	其他应付款（见补充资料 15）	1 600
36-2	其他应付款（见补充资料 15）	5 950	现金—8 行	5 950
37	一年内到期的非流动负债	5 000	应付债券（注：编表过程重述）	5 000
38-1	现金—17 行（见补充资料 16） （注：调整分录 26-1）	1 200	长期借款（贷方发生额）	1 200
38-2	长期借款（借方发生额）	1 200	现金—28 行	1 200
39-1	现金—17 行（见补充资料 17） 现金—23 行	2 000 48 000	应付债券（贷方发生额）	50 000
39-2	应付债券（借方发生额）	30 000	现金—27 行	30 000
40	其他综合收益	250	递延所得税负债（见补充资料 18）	250
41	库存股（见补充资料 19）	15 080	现金—29 行	15 080
42	现金—5 行（注：调整分录 2）	500	专项储备（见补充资料 20）	500
43	未分配利润（注：本年分配数；注意结合第 13 笔分录，与资产负债表核对）	393 960	盈余公积 现金—28 行（见补充资料 21）	71 110 322 850

采用工作底稿法，将上述利润表、资产负债表的资料数据以及转换调整分录过入现金流量表工作底稿如表 18-6 所示，并进行整理与核对。

表 18-6　　现金流量表工作底稿

项　目	转换调整分录				金额
一、利润表项目	分录序号	借方	分录序号	贷方	本年金额
营业收入			1	4 160 000	4 160 000
营业成本	2	2 926 000			–2 926 000
营业税金	3	251 654			–251 654
管理费用	4	210 010			–210 010
销售费用	4	119 046			–119 046

续表

项目		转换调整分录				金额
一、利润表项目		分录序号	借方	分录序号	贷方	本年金额
财务费用		5	46 790			-46 790
投资收益				6	10 200	10 200
信用减值损失		7	5 500			-5 500
资产减值损失		8	15 000			-15 000
资产处置收益				9	2 100	2 100
营业外收入				10	17 000	17 000
营业外支出		11	15 300			-15 300
所得税费用		12	198 000			-198 000
净利润		13	402 000			**402 000**
二、资产负债表项目	年初余额	分录序号	借方	分录序号	贷方	期末余额
资产项目：						
货币资金	67 700	14	3 800			71 500
交易性金融资产	30 000	15-1	45 000	15-2	50 000	25 000
应收票据	10 500	16	1 500			12 000
应收账款	85 600	17-1	24 400	17-2	500	109 500
预付款项	15 200	18	2 400			17 600
其他应收款	5 400			19-1 19-2	300 700	4 400
存货	347 900	20	13 400			361 300
一年内到期的非流动资产	15 000	21	5 000			20 000
债权投资	10 000	22-1	32 000	21 22-2	5 000 17 000	20 000
其他债权投资	19 000	23	1 000			20 000
固定资产	385 000	24-1 25-2	101 000 43 000	24-2 25-1	46 000 63 000	420 000
在建工程	56 000	26-1	44 000	26-2	20 000	80 000
无形资产	18 000	27-1	10 000	27-2	8 000	20 000
长期待摊费用	24 000			28	12 000	12 000
递延所得税资产	2 400	29	1 200			3 600
资产总计	**1 091 700**					**1 196 900**
负债和所有者权益项目						
短期借款	147 000	30-2	350 000	30-1	361 000	158 000
应付票据	20 000	31	2 500			17 500
应付账款	20 240			32	1 830	22 070
合同负债	11 000			33	5 000	16 000
应付职工薪酬	14 200	34-1	410 660	34-2	410 400	13 940

续表

项　目		转换调整分录				金额
二、资产负债表项目	年初余额	分录序号	借方	分录序号	贷方	期末余额
应交税费	62 320			35	8 910	71 230
其他应付款	37 650	36-2	5 950	36-1	1 600	33 300
一年内到期的非流动负债	30 000	37	5 000			25 000
长期借款	30 000	38-2	1 200	38-1	1 200	30 000
应付债券	40 000	39-2	30 000	37 39-1	5 000 50 000	65 000
递延所得税负债	250			40	250	500
实收资本	620 000					620 000
资本公积	11 060					11 060
库存股		41	15 080			15 080
其他综合收益	750	40	250	23	1 000	1 500
专项储备	500			42	500	1 000
盈余公积	33 570			43	71 110	104 680
未分配利润	13 160	43	393 960	13	402 000	21 200
负债和所有者权益总计	**1 091 700**					**1 196 900**
三、现金流量表项目	行次	分录序号	借方	分录序号	贷方	本期净金额
（一）经营活动产生的现金流量						
销售商品、提供劳务收到的现金	1	1 33	4 160 000 5 000	16 17-1	1 500 24 400	4 139 100
收到的税费返还	2	10	13 840			13 840
收到其他与经营活动有关的现金	3	10 19	3 160 700			3 860
经营活动现金流入小计	**4**					**4 156 800**
购买商品、接受劳务支付的现金	5	25-1 32 34-2 42	38 000 1 830 296 400 500	2 18 20 31	2 926 000 2 400 13 400 2 500	2 607 570
支付给职工以及为职工支付的现金	6			34-1	410 660	410 660
支付的各项税费	7	35	8 910	3 12 29	251 654 198 000 1 200	441 944
支付其他与经营活动有关的现金	8	17-2 22-2 25-1 27-2 28 34-2	500 5 000 25 000 8 000 12 000 114 000	4 7 8 11 36-2	329 056 5 500 15 000 13 800 5 950	204 806
经营活动现金流出小计	**9**					**3 664 980**
经营活动产生的现金流量净额	**10**					**491 820**
（二）投资活动产生的现金流量						

续表

项　目		转换调整分录				金额
三、现金流量表项目	行次	分录序号	借方	分录序号	贷方	本期净金额
收回投资所收到的现金	11	15-2 22-2	30 000 10 000			40 000
取得投资收益所收到的现金	12	6 19 22-2	10 200 300 2 000	22-1	3 000	9 500
处置固定资产、无形资产和其他长期资产所收回的现金净额	13	9 24-2	2 100 46 000	11 25-2	1 500 43 000	3 600
处置子公司及其他营业单位收到的现金净额	14					
收到其他与投资活动有关的现金	15					
投资活动现金流入小计	**16**					**53 100**
购建固定资产、无形资产和其他长期资产所支付的现金	17	26-2 38-1 39-1	20 000 1 200 2 000	24-1 26-1 27-1	101 000 44 000 10 000	131 800
投资所支付的现金	18			15-1 22-1	23 800 29 000	52 800
取得子公司及其他营业单位收到的现金净额	19					
支付其他与投资活动有关的现金	20					
投资活动现金流出小计	**21**					**184 600**
投资活动产生的现金流量净额	**22**					**–131 500**
（三）筹资活动产生的现金流量						
吸收投资所收到的现金	23	39-1	48 000			48 000
取得借款收到的现金	24	30-1	361 000			361 000
收到其他与筹资活动有关的现金	25					
筹资活动现金流入小计	**26**					**409 000**
偿还债务所支付的现金	27			30-2 39-2	350 000 30 000	380 000
分配股利、利润或偿付利息支付的现金	28	36-1	1 600	5 38-2 43	42 140 1 200 322 850	364 590
支付其他与筹资活动有关的现金	29			5 41	4 430 15 080	19 510
筹资活动现金流出小计	**30**					**764 100**
筹资活动产生的现金流量净额	**31**					**–355 100**
（四）汇率变动对现金的影响	32			5	220	–220
（五）现金及现金等价物净增加额	33	15-2	20 000	14 15-1	3 800 21 200	5 000
转换调整分录借贷合计			**10 978 840**		**10 978 840**	

下面再以 T 型账户法，将转换调整分录登记到“现金”T 型账户如表 18-7 所示（限于篇幅，为利润表和资产负债表项目开设的 T 型账户在此从略。表中数字前面的括号内表示转换调整分录的序号）。

表 18-7　　　　**T 型现金账户**

行次	现金流入		现金流出		行次
		（经营活动类）			
1	(1)4 160 000–(16)1 500–(17-1)24 400+(33)5 000=4 139 100		(2)2 926 000+(18)2 400+(20)13 400–(25-1)38 000+(31)2 500–(32)1 830–(34-2)296 400–(42)500=2 607 570		5
2	(10)13 840		(34–1)410 660		6
3	(10)3 160+(19)700=3 860		(3)251 654+(12)198 000+(29)1 200–(35)8 910=441 944		7
			(4)329 056+(7)5 500+(8)15 000+(11)13 800–(17-2)500–(22-2)5 000–(25-1)25 000–(27-2)8 000–(28)12 000–(34-2)114 000+(36-2)5 950=204 806		8
4	现金流入小计	**4 156 800**	现金流出小计	**3 664 980**	9
	现金流入	**（投资活动类）**	现金流出		
11	(15-2)30 000+(22-2)10 000=40 000		(24-1)101 000+(26-2)44 000–(26-2)20 000+(27-1)10 000–(38-1)1 200–(39-1)2 000=131 800		17
12	(6)10 200+(19)300–(22-1)3 000+(22-2)2 000=9 500		(15-1)23 800+(22-1)29 000=52 800		18
13	(9)2 100–(11)1 500+(24-2)46 000–(25-2)43 000=3 600				19
14					20
15					
16	现金流入小计	**53 100**	现金流出小计	**184 600**	21
	现金流入	**（筹资活动类）**	现金流出		
23	(39-1)48 000		(30-2)350 000+(39-2)30 000=380 000		27
24	(30-1)361 000		(5)42 140–(36-2)1 600+(38-2)1 200+(43)322 850=364 590		28
25			(5)4 430+(41)15 080=19 510		29
26	现金流入小计	**409 000**	现金流出小计	**764 100**	30
	现金流入总计	**4 618 900**	现金流出总计	**4 613 680**	
32	汇率变动对现金的影响		(5)220		
33	**现金及现金等价物净增加额** (14)3 800+(15-1)21 200–(15-2)20 000＝4 618 900–4 613 680–220=5 000				

根据现金流量表工作底稿（或 T 型现金账户）整理的资料，经过与利润表、资产负债表核对以及转换调整分录的借贷合计数平衡后，没有错误，即可据此填列正式的现金流量表（表 18-8）。

表 18-8 现金流量表

会企 03 表

编制单位：东化股份有限公司 2019 年度 单位：元

	行次	本年金额	上年金额（略）
一、经营活动产生的现金流量：			
销售商品、提供劳务收到的现金	1	4 139 100	
收到的税费返还	2	13 840	
收到其他与经营活动有关的现金	3	3 860	
经营活动现金流入小计	4	**4 156 800**	
购买商品、接受劳务支付的现金	5	2 607 570	
支付给职工以及为职工支付的现金	6	410 660	
支付的各项税费	7	441 944	
支付其他与经营活动有关的现金	8	204 806	
经营活动现金流出小计	9	**3 664 980**	
经营活动产生的现金流量净额	10	**491 820**	
二、投资活动产生的现金流量：			
收回投资收到的现金	11	40 000	
取得投资收益收到的现金	12	9 500	
处置固定资产、无形资产和其他长期资产收回的现金净额	13	3 600	
处置子公司及其他营业单位收到的现金净额	14		
收到其他与投资活动有关的现金	15		
投资活动现金流入小计	16	**53 100**	
购建固定资产、无形资产和其他长期资产支付的现金	17	131 800	
投资支付的现金	18	52 800	
取得子公司及其他营业单位支付的现金净额	19		
支付其他与投资活动有关的现金	20		
投资活动现金流出小计	21	**184 600**	
投资活动产生的现金流量净额	22	**（131 500）**	
三、筹资活动产生的现金流量：			
吸收投资收到的现金	23	48 000	
取得借款收到的现金	24	361 000	
收到其他与筹资活动有关的现金	25		
筹资活动现金流入小计	26	**409 000**	
偿还债务支付的现金	27	380 000	
分配股利、利润或偿付利息支付的现金	28	364 590	
支付其他与筹资活动有关的现金	29	19 510	
筹资活动现金流出小计	30	**764 100**	
筹资活动产生的现金流量净额	31	**（355 100）**	
四、汇率变动对现金及现金等价物的影响	32	**（220）**	
五、现金及现金等价物净增加额	33	**5 000**	
加：期初现金及现金等价物余额	34	81 700	
六、期末现金及现金等价物余额	35	**86 700**	

现金流量表附注的补充资料中，“将净利润调节为经营活动现金流量”的各项内容的填列方法，可以依据有关科目的记录分析计算填列，也可以从上述转换调整分录的有关内容中寻找出相应的项目进行填列。为了减少篇幅，本例中按照后者的做法将有关分录序号附于相应项目之后，以便读者自行理解。

表 18-9　　现金流量表附注

编制单位：东化股份有限公司　　2019 年度　　单位：元

补充资料	行次	本年金额	上年金额（略）
1. 将净利润调节为经营活动现金流量：			
净利润	1	402 000	
加：资产减值准备（17-2）+（22-2）+（25-1）	2	20 500	
固定资产折旧、油气资产折耗、生产性生物资产折旧（25-1）	3	48 000	
无形资产摊销（27-2）	4	8 000	
长期待摊费用摊销（28）	5	12 000	
资产处置损失（收益以“－”号填列）（9）	6	−2 100	
固定资产报废损失（收益以“－”号填列）（11）	7	1 500	
公允价值变动损失（收益以“－”号填列）	8		
财务费用（收益以“－”号填列）（5）	9	46 790	
投资损失（收益以“－”号填列）（6）	10	−10 200	
递延所得税资产减少（增加以“－”号填列）（29）	11	−1 200	
递延所得税负债增加（减少以“－”号填列）	12		
存货的减少（增加以“－”号填列）（20）	13	−13 400	
经营性应收项目的减少（增加以“－”号填列）[－（16）－（17-1）－（18）+（19-2）]	14	−27 600	
经营性应付项目的增加（减少以“－”号填列）[－（31）+（32）+（33）－（34-1）+（34-2）+（35）－（36-2）]	15	7 030	
其他[+（42）]	16	500	
经营活动产生的现金流量净额	17	491 820	
2. 不涉及现金收支的重大投资和筹资活动：			
债务转为资本	18		
一年内到期的可转换公司债券	19		
融资租入固定资产	20		
3. 现金及现金等价物净变动情况：			
现金的期末余额	21	71 500	
减：现金的期初余额	22	67 700	
加：现金等价物的期末余额	23	15 200	
减：现金等价物的期初余额	24	14 000	
现金及现金等价物净增加额	25	5 000	

第五节　所有者权益变动表

一、所有者权益变动表及其作用

所有者权益变动表，或称股东权益变动表，是指反映构成所有者（或股东）权益的各组成部分当期增减变动情况的一张财务报表。综合收益和与所有者（或股东，下同）的资本交易导致的所有者权益的变动，应当分别列示。与所有者的资本交易，是指企业与所有者以其所有者身份进行的、导致企业所有者权益变动的交易。

通过本表，可以为财务信息使用者，尤其是企业的所有者提供各项交易和事项导致的所有者权益增减变动情况，以及所有者权益各组成部分增减变动的结构性信息，以便全面了解影响所有者权益变动的各项因素。

二、所有者权益变动表的列示方法与列示要求

所有者权益变动表，采用矩阵的形式设计，其金额栏分为“本年金额”和“上年金额”两大栏目，每个栏目下再按所有者权益的构成内容分别列示，以便于财务信息使用者进行对比分析。在项目上以上年年末余额为起点，加上因会计政策变更和前期差错更正导致的以前年度损益调整（主要是未分配利润），作为本年年初余额；在此基础上，加上因本期综合收益、所有者投入和减少资本、利润分配、所有者权益内部结转等因素引起的各项所有者权益增减变动，最终计算出本年年末余额。

所有者权益变动表至少应当单独列示反映下列信息的项目：综合收益总额（在合并所有者权益变动表中还应单独列示归属于母公司所有者的综合收益总额和归属于少数股东的综合收益总额）；会计政策变更和前期差错更正的累积影响金额；所有者投入资本和向所有者分配利润等；按照规定提取的盈余公积；所有者权益各组成部分的期初和期末余额及其调节情况。高危行业企业如有按国家规定提取安全生产费的，还应反映“专项储备”项目。

三、所有者权益变动表的编制

本表各项目应当根据所有者权益类科目和损益类有关科目的发生额分析填列。具体情况如下。

（1）“上年年末余额”项目，应根据上年资产负债表中各所有者权益项目的年末余额填列。

（2）“会计政策变更”和“前期差错更正”项目，应根据“盈余公积”“利润分配”“以前年度损益调整”等科目的发生额分析填列，并在“上年年末余额”的基础上调整得出“本年年初金额”项目。

（3）“本年增减变动额”项目分别反映如下内容。

表 18-10

所有者权益变动表

会企 04 表

编制单位: ________年度 单位：元

	行次	本年金额											上年金额										
		实收资本(或股本)	其他权益工具			资本公积	减：库存股	其他综合收益	专项储备	盈余公积	未分配利润	所有者权益合计	实收资本(或股本)	其他权益工具			资本公积	减：库存股	其他综合收益	专项储备	盈余公积	未分配利润	所有者权益合计
			优先股	永续债	其他									优先股	永续债	其他							
一、上年年末余额																							
加：会计政策变更																							
前期差错更正																							
其他																							
二、本年年初余额																							
三、本年增减变动金额（减少以“-”号填列）																							
（一）综合收益总额																							
（二）所有者投入和减少资本																							
1. 所有者投入的普通股																							
2. 其他权益工具持有者投入资本																							
3. 股份支付计入所有者权益的金额																							
4. 其他																							
（三）利润分配																							
1. 提取盈余公积																							
2. 对所有者（或股东）的分配																							
3. 其他																							
（四）所有者权益内部结转																							
1. 资本公积转增资本（或股本）																							
2. 盈余公积转增资本（或股本）																							
3. 盈余公积弥补亏损																							
4. 设定受益计划变动额结转留存收益																							
5. 其他综合收益结转留存收益																							
6. 其他																							
四、本年年末余额																							

①“综合收益总额”项目，应根据当年利润表中“其他综合收益的税后净额”和“净利润”项目填列，并对应列在“其他综合收益”和“未分配利润”栏。

②“所有者投入和减少资本”中的“所有者投入的普通股”项目、“其他权益工具持有者投入资本”项目，应根据“实收资本（股本）”“资本公积”等科目的发生额及“其他权益工具”科目所属明细科目的发生额分析填列；“股份支付计入所有者权益的金额”项目，应根据“资本公积”科目所属的“其他资本公积”二级科目的发生额分析填列。以上项目，还需对应列在“实收资本”“其他权益工具”和“资本公积”栏。

③“利润分配”下各项目，应根据“盈余公积”“利润分配”科目的发生额分析填列，并对应列在“盈余公积”和“未分配利润”栏。

④“所有者权益内部结转”下各项目，应根据“实收资本”“资本公积”“盈余公积”“未分配利润”等科目的发生额及“其他综合收益”相关明细科目的发生额分析填列。

企业应当根据上年度所有者权益变动表“本年金额”栏内所列数字填列本年度“上年金额”栏内各项数字。如果上年所有者权益变动表规定的项目名称和内容同本年度不一致，应对上年度所有者权益变动表相关项目的名称和金额按本年度的规定进行调整，填入所有者权益变动表“上年金额”栏内。

由于所有者权益变动表编制过程比较简单，所以不再单独举例说明，只将报表样式列示如表 18-10 所示。

第六节　财务报表附注

一、财务报表附注及其作用

财务报表附注（以下简称附注）是对在资产负债表、利润表、现金流量表和所有者权益变动表等报表中列示项目的文字描述或明细资料，以及对未能在这些报表中列示项目的说明等。

由于受财务报表表格、既定项目、内容、表述方式等的限制，企业许多更深层次的具体情况难以全面表达，但财务信息使用者对此又非常关心。在财务报表之外增加附注，主要是为了帮助财务信息使用者更好地阅读和理解财务报表所提供的信息内容，而在财务报表之外以附注的形式，对财务报表中无法或难以充分表达但又必须表达的主要项目和内容所作的描述性补充说明或分解，或进一步解释表内确认的项目，完善财务会计报告的内容，提高财务报表信息的可理解性、可比性和全面准确性，最大限度地缩短财务报表提供者和使用者之间的距离，减少阅读利用的误解和误差，增强财务报表的信息沟通功能和利用功效。随着市场经济的不断发展，企业经营活动内容日益复杂多样，附注的作用越来越强，财务报表越来越离不开附注的补充说明，财务信息使用者了解企业的财务状况、经营成果和现金流量，应当全面阅读附注，而阅读利用附注时，当然不能脱离财务报表的对应项目及其内容。

二、附注的结构设计与披露要求

作为财务报表的组成部分，附注应当按照一定的结构进行系统合理的排列和分类设计，以便于有顺序地披露信息，实现与财务报表信息的有效衔接。在结构上应当与主要财务报表及表内各项目所提供的相关信息相互交叉参照。在列报披露相关信息时应当符合下列要求。

（1）提供财务报表的编制基础以及采用的具体会计政策的信息，这是理解财务报表信息的首要前提。

（2）披露遵循企业会计准则的声明，以及遵循会计准则要求的、但未在主要财务报表内列报的信息。

（3）提供未在主要财务报表内列报，但对于理解其内容具有相关性的附加信息。

（4）对于重要财务报表项目的说明，应当尽可能采用文字和数字相结合的方式，以列表形式披露其构成以及当期增减变动情况。

（5）严格遵守公允表达，不得随意作出有悖于财务报表内容的粉饰性解释和说明；可以解释和补充说明财务报表所确认的资料，但不能用来更正财务报表中的错误。

三、附注披露的内容及顺序

依据 CAS30 及其应用指南的有关规定，附注一般应当按照下列顺序披露。

（一）企业的基本情况

附注中应首先向财务信息使用者提供如下有关企业的基本信息：企业注册地、组织形式和总部地址；企业的业务性质和主要经营活动；母公司以及集团最终母公司的名称；财务报告的批准报出者和财务报告批准报出日，或者以签字人及其签字日期为准；营业期限有限的企业，还应披露有关其营业期限的信息。

（二）财务报表的编制基础

此项主要应明确是否以持续经营为基础进行编报。如果以此为基础编制财务报表不再合理的，采用了其他基础进行编报，应说明其理由和事实。

（三）遵循企业会计准则的声明

企业应当声明编制的财务报表符合企业会计准则的要求，真实、完整地反映了企业的财务状况、经营成果和现金流量等有关信息，以此申明财务报表披露的信息是公允和客观的，这是财务报表提供者必须向公众所作出的承诺。如果企业编制的财务报表只是部分地遵循了企业会计准则，附注中不得做出这种表述。

（四）重要会计政策和会计估计

重要会计政策的说明，包括财务报表项目的计量基础和在运用会计政策过程中所作的重要判断等。重要会计估计的说明，包括可能导致下一会计期间内资产、负债账面价值重大调整的会计估计的确定依据等。

企业应当披露采用的重要会计政策和会计估计，并结合企业的具体实际披露其重要会计政策的确定依据和财务报表项目的计量基础，及其会计估计所采用的关键假设和不确定因素。

（五）会计政策和会计估计变更以及差错更正的说明

会计政策和会计估计变更以及差错更正，是企业面临不确定因素所允许作出的客观选择，但是这种选择的结果，必然会使同样交易或事项因进行不同的会计处理导致财务报表结果产生差异。为便于财务信息使用者进行前后各期对比，企业应当按照《企业会计准则第 28 号——会计政策、会计估计变更和差错更正》（CAS28）的规定，披露会计政策和会计估计变更以及差错更正的情况。

（六）报表重要项目的说明

企业应当按照资产负债表、利润表、现金流量表、所有者权益变动表及其项目列示的顺序，对报表重要项目采用文字和数字相结合的方式进行披露。报表重要项目的明细金额合计，应当与报表项目金额相衔接。企业还应在附注中披露费用按照性质分类的利润表补充资料，可将费用分为耗用的原材料、职工薪酬费用、折旧费用、摊销费用等。

（七）或有事项、资产负债表日后事项、关联方关系及其交易等需要说明的事项

1. 企业对或有事项应披露的信息

（1）预计负债的种类、形成原因以及经济利益流出不确定性的说明；各类预计负债的期初、期末余额和本期变动情况；与预计负债有关的预期补偿金额和本期已确认的预期补偿金额。

（2）或有负债（不包括极小可能导致经济利益流出企业的或有负债）的种类及其形成原因，包括已贴现商业承兑汇票、未决诉讼、未决仲裁、对外提供担保等形成的或有负债；经济利益流出不确定性的说明；或有负债预计产生的财务影响，以及获得补偿的可能性，无法预计的，应当说明原因。

（3）企业通常不应当披露或有资产，但或有资产很可能会给企业带来经济利益的，应当披露其形成的原因、预计产生的财务影响等。

（4）在涉及未决诉讼、未决仲裁的情况下，按照上述（1）、（2）、（3）的要求披露全部或部分信息预期对企业造成重大不利影响的，企业无须披露这些信息，但应当披露该未决诉讼、未决仲裁的性质，以及没有披露这些信息的事实和原因。

2. 企业对资产负债表日后事项应披露的信息

详见本教材第十九章第二节，此处不赘述。

3. 企业对关联方关系及其交易应披露的信息

详见本教材第十九章第三节，此处不赘述。

（八）其他应披露事项

（1）有助于财务报表使用者评价企业管理资本的目标、政策及程序的信息。

（2）关于其他综合收益各项目的信息，包括其他综合收益各项目及其所得税影响，其他综合收益各项目原计入其他综合收益、当期转出计入当期损益的金额，其他综合收益各项目的期初和期末余额及其调节情况等信息。

（3）终止经营的收入、费用、利润总额、所得税费用和净利润，以及归属于母公司所有者的终止经营利润。终止经营，是指满足下列条件之一的已被企业处置或被企业划归为持有待售的、在经营和编制财务报表时能够单独区分的组成部分，该组成部分代表一项独立的主要业务或一个主要经营地区；或该组成部分是拟对一项独立的主要业务或一个主要经营地区进行处置计划的一部分；或该组成部分是仅仅为了再出售而取得的子公司。同时满足下列条件的企业组成部分（或流动的资产，下同）应当确认为持有待售：该组成部分必须在其当前状态下仅根据出售此类组成部分的惯常条款即可立即出售；企业已经就处置该组成部分作出决议，如按规定需得到股东批准的，应当已经取得股东的批准；企业已经与受让方签订了不可撤销的转让协议；该项转让将在一年内完成。

（4）在资产负债表日后、财务报告批准报出日前提议或宣布发放的股利总额和每股股利金额（或向投资者分配的利润总额）。

练 习 题 1

一、目的：练习比较资产负债表、利润表的编制。

二、资料：甲股份有限公司为增值税一般纳税人，增值税率为16%，所得税率为20%。2018年1月1日有关科目余额表如表18-11所示。

该公司2018年发生的交易或事项汇总如下。

1. 以银行存款支付到期的商业承兑汇票100 000元。

2. 购入原材料一批，价款共计150 000元，增值税款24 000元，一并通过银行存款支付，材料未到。

3. 收到上期购入的原材料一批验收入库，实际采购成本为100 000元，计划成本为95 000元。

表 18-11　　科目余额表

科目名称	借方余额	科目名称	贷方余额
库存现金	2 000	短期借款	300 000
银行存款	1 280 000	应付票据	200 000
其他货币资金	124 300	应付账款	953 800
交易性金融资产	15 000	应付利息	51 000
应收票据	246 000	应付职工薪酬	110 000
应收账款	300 000	应交税费(无增值税)	36 600
预付款项	100 000	长期借款(其中:一年内到期部分 1 000 000)	1 600 000
其他应收款	105 000	股本	5 000 000
材料采购	225 000	盈余公积	100 000
原材料	550 000	利润分配	50 000
周转材料	88 050	坏账准备	900
库存商品	1 680 000	累计折旧	400 000
材料成本差异	36 950		
长期股权投资	250 000		
固定资产	1 500 000		
在建工程	1 500 000		
无形资产	600 000		
长期待摊费用	200 000		
合计	8 802 300	合计	8 802 300

4. 以开出的银行汇票购入原材料一批,价款及运费共计 99 800 元,增值税款 15 968 元,已验收入库,其计划成本共计 100 000 元,汇票多余款 232 元已退存银行。

5. 赊销产品一批,发票价格为 300 000 元,增值税销项税额为 48 000 元。

6. 将持有的以公允价值计量且其变动计入当期损益的金融资产——股票 15 000 元售出,实际收到款项 16 500 元存入银行。

7. 购入不需安装设备一台,价款 86 207 元,包装运杂费 1 000 元,增值税款 13 793 元,全部以银行存款支付,设备已投入使用。

8. 购入工程物资一批,价款 129 310 元,增值税款 20 690 元,已通过银行支付。

9. 列计在建工程应负担的长期借款利息 150 000 元。

10. 在建工程完工交付使用,计算并结转的固定资产价值为 1 400 000 元。

11. 一台生产用设备报废,原价为 200 000 元,已提累计折旧 180 000 元,以银行存款支付清理费 500 元,收回残值收入 800 元存入银行,该固定资产清理完毕。

12. 为购建固定资产从银行申请 3 年期借款 400 000 元存入银行。

13. 现销产品一批,价款为 700 000 元,增值税款 112 000 元,一并存入银行。

14. 将一张到期的面值为 200 000 元(商品价款)的无息银行承兑汇票办妥进账手续。

15. 通过银行收到被投资企业分得现金股利 30 000 元(该项投资采用成本法核算,被投资企业的所得税率为 25%)。

16. 出售不需用设备一台，通过银行收到价款 300 000 元，该设备原值为 400 000 元，已提累计折旧为 150 000 元。

17. 通过银行归还到期的短期借款本金 250 000 元及已预提的利息 12 500 元、长期借款本金 1 000 000 元（年初的一年内到期部分）。

18. 向银行开出转账通知单，通知银行向职工个人账户划转支付工资共计 500 000 元。

19. 分配工资费用 500 000 元，其中应列入：生产成本 275 000 元、制造费用 10 000 元、管理费用 15 000 元、在建工程 200 000 元。

20. 按照上述工资分配的内容及数额的 14%分别计提应为职工缴纳的养老保险、医疗保险等。

21. 列计本期应计但未付的短期借款利息 11 500 元、长期借款利息 10 000 元，全部计入财务费用。

22. 结转生产成本应负担的直接材料计划成本 700 000 元，制造费用应负担的低值易耗品（采用一次摊销法）计划成本 50 000 元。

23. 按照综合材料成本差异率 5%，计算并结转上述成本费用应负担的材料成本差异。

24. 摊销无形资产 60 000 元，分摊计入其他应收款中的财产保险费 10 000 元和应由生产部门负担的长期待摊费用 90 000 元。

25. 计提固定资产折旧费，其中：应计入制造费用 80 000 元、管理费用 20 000 元。

26. 收回应收账款 51 000 元存入银行。

27. 列计本期应计提的坏账准备 900 元、存货跌价准备 1 000 元、固定资产减值准备 2 000 元、无形资产减值准备 800 元。

28. 以银行存款支付产品展览费及广告费 20 000 元。

29. 将本期制造费用 233 900 元全部结转到生产成本科目，并将完工产品成本 1 282 400 元予以结转。

30. 以商业承兑汇票结算方式销售产品一批，价款 250 000 元，增值税 40 000 元。

31. 将上述商业承兑汇票 290 000 元向银行办理贴现，贴现利息为 20 000 元，贴现收入存入银行。

32. 开出现金支票支付退休人员费用 46 200 元（未参加统筹）。

33. 列计本期应交未交的教育费附加 2 000 元。

34. 用银行存款支付所得税 97 089 元、增值税 100 000 元、教育费附加 2 000 元。

35. 结转本期已销产品实际成本 750 000 元。

36. 计算并结转应交所得税 102 399 元。

37. 计算本期各损益科目的净数额，并将其转入本年利润科目。

38. 本期净损益计算为 237 901 元，据此进行利润分配情况如下：按照本期净利润的 10%和 5%分别计提法定盈余公积和任意盈余公积，应付普通股现金股利 32 215.85 元。

39. 结转本年实现的利润及有关利润分配。

三、要求：

1. 根据上述交易或事项，编制有关会计分录。

2. 根据会计分录登记有关T型科目。

3. 为甲公司编制2018年利润表。

4. 为甲公司编制2018年比较资产负债表。

练习题2

一、目的：练习现金流量表的编制方法。

二、资料：依据练习题1及所编制的利润表和比较资产负债表等资料。

三、要求：

1. 分析并汇总编制应计制向现金制转换的转换调整分录。

2. 根据上述有关资料和已编制的转换调整分录，设计并登记现金流量表工作底稿。

3. 根据上述有关资料和已编制的转换调整分录，登记T型现金科目。

4. 根据编制完成的现金流量表工作底稿或T型现金科目的记录，经核对无误后编制现金流量表。

第十九章　会计调整与关联交易

本章学习提示

本章重点：会计政策及其变更的相关理论与会计处理方法、会计估计及其变更的相关理论与会计处理方法、前期会计差错及其更正方法、资产负债表日后事项及其会计处理方法、关联方关系及其披露

本章难点：追溯调整法及其应用、未来适用法及其应用、追溯重述法及其应用

第一节　会计政策、会计估计变更和前期差错更正

会计政策、会计估计变更和前期差错更正以及资产负债表日后事项，从性质上看，都属于财务信息披露中的会计调整事项。会计调整是指企业因国家法律、行政法规和会计准则的要求，或者因特定情况下按照会计准则规定，对企业原采用的会计政策、会计估计以及发现的前期差错、发生的资产负债表日后事项等所作的必要调整。

一、会计政策及其变更

（一）会计政策的含义

选择恰当的会计政策，是会计确认、计量和报告的重要基础；不同会计政策运用的结果，则是财务信息利用者极为关心的内容。因为，会计确认、计量和报告是在特定的会计政策约束下进行的，会计政策不仅具有可选择性，而且选择不同的会计政策，对相同交易或事项的会计处理结果将会出现差异，而这种差异的存在又是被允许的。

国际会计准则将会计政策定义为："主体编制财务报表时采用的特定原则、基础、惯例、规则和做法。"而我国的 CAS28 将其定义为："企业在会计确认、计量和报告中所采用的原则、基础和会计处理方法。企业采用的会计计量基础也属于会计政策。"其中："原则"是指按照企业会计准则规定的、适合于会计核算所采用的具体会计原则，如销售收入确认所应遵循的具体标准、存货的确认标准等；"基础"是指为了将会计原则应用于交易或事项而

采用的会计处理基础，主要是指各种会计计量基础及其应用；“会计处理方法”是指企业在会计核算中按照有关法律法规等规定采用或选择的、适合于本企业的具体会计处理方法，如发出存货采用了先进先出法核算等。这三者之间具有鲜明的层次性和密不可分的逻辑关系，构成了会计政策的整体。

（二）会计政策确定的基本要求

按照 CAS28 及其应用指南的规定，企业应当根据准则的要求并结合本企业的实际情况，确定会计政策，经股东大会或董事会、经理（厂长）会议或类似机构批准，按照法律、行政法规等的规定报送有关各方备案。

企业采用的会计政策一经确定，不得随意变更。如需变更，应重新履行上述程序，并按准则的规定处理。对相同或者相似的交易或事项，企业应当采用相同的会计政策进行处理。但是，其他会计准则另有规定的除外。实务中某项交易或事项的会计处理，具体会计准则或应用指南未作规范的，应根据“基本准则”规定的原则、基础和会计处理方法进行处理；待作出具体规定时，从其规定。因此，企业在选择和运用会计政策时，应当对本企业的各种情况作出充分的分析与估计，慎重确定。

（三）会计政策变更及其条件限制

会计政策变更，是指企业对相同的交易或事项由原来采用的会计政策改用另一会计政策的行为。按照一致性的要求，企业选择会计政策后不得随意变更，但并不意味着绝对不允许变更。现实中随着各种环境的变化，可能会出现原来确定的会计政策已经不符合现实的要求，需要对其作出变更。所以，CAS28 允许在符合下列条件之一时，适时变更会计政策。

（1）法律、行政法规或国家统一的会计制度等要求变更。这种变更在会计上称为法规变更或强制性变更。例如，一旦一项新的企业会计准则颁布，就要求在规定的日期起开始强制执行，企业必须作出变更。

（2）会计政策变更能够提供更可靠、更相关的会计信息。受某种客观环境或条件变化的影响，使企业原采用的会计政策所提供的会计信息，已不能恰当地反映企业的财务状况、经营成果、现金流量等情况，应改变原有会计政策，按变更后新的会计政策进行会计处理，以便提供更可靠、更相关、更恰当的财务信息。这种变更，在会计上称为自愿性变更。例如，企业原来一直采用应收账款余额百分比法计提坏账准备，但是，随着企业经营范围的扩大，市场占有率的提高，对应应收账款的客户情况越来越复杂，仅靠单一比率计提坏账准备已经明显不能反映坏账发生的现实情况，如果改用账龄分析法计提坏账准备更符合现实要求，则应适时改用账龄分析法。这种变更属于企业行为，不受统一性和强制性要求。但是，变更时必须有充分理由，并在财务报告中作出充分说明，以避免利用会计政策变更随意操纵资产计价和盈亏计算。

对于以下两种情况，则不属于会计政策变更。

（1）本期发生的交易或事项与以前相比具有本质差别而采用新的会计政策。如企业将

原来自用的办公大楼对外出租，就不属于会计政策变更，应该采用新的会计政策。

（2）对初次发生或不重要的交易或事项采用新的会计政策。如企业原来从未发生过对外投资，本期购买了另一企业 60%的股权，因此，企业采用了长期股权投资的会计处理方法，就不属于会计政策变更。再如企业原来同类低值易耗品较多，一直采用分期摊销法对领用的低值易耗品进行核算，但企业进行产品结构调整后，该类低值易耗品的需求量已经很少，在领用时改用一次摊销法，由于这种改变对低值易耗品和成本费用的信息影响不大，属于不重要事项，可不按会计政策变更对待，以减少会计处理的复杂性。

（四）会计政策变更的会计处理方法

对于会计政策变更，企业可以根据变更的具体情况，分别按照下列规定进行处理。

（1）对于强制性会计政策变更，应当按照国家相关会计规定执行。例如，2006 年我国颁布的企业会计准则体系，要求企业在开始执行这一套会计准则体系之日，按照《企业会计准则第 38 号——首次执行企业会计准则》（CAS38）的规定进行相应的会计政策变更处理。如果以后国家对某项会计准则作出了修订，则应按照 CAS28 的要求，进行会计政策变更处理。

（2）对于自愿性会计政策变更，应当采用追溯调整法处理，将会计政策变更累积影响数调整列报前期最早期初留存收益，其他相关项目的期初余额和列报前期披露的其他比较数据也应当一并调整，但确定该项会计政策变更累积影响数不切实可行的除外。不切实可行，是指当企业在付出所有合理的努力之后仍然无法取得累积影响数的情况。

追溯调整法，是指对某项交易或事项变更会计政策，视同该项交易或事项初次发生时即采用变更后的会计政策，并以此对财务报表相关项目进行调整的方法。采用追溯调整法需要区分以下三种情况。

（1）将会计政策变更累积影响数调整列报前期最早期初留存收益。会计政策变更的累积影响数（简称累积影响数），是指按照变更后的会计政策对以前各期追溯计算的列报前期最早期初留存收益应有金额与现有金额之间的差额。列报前期最早期初，是指计算累积影响数的时间终点。现行会计准则规定，年度财务报表至少要提供两年期的比较财务报表。那么，列报前期最早期初就是指年度比较财务报表的上年期初，而不是本年期初。例如，某企业 2017 年 1 月 1 日开始执行现行会计准则，那么，对 2015 年发生的一项交易在 2017 年 1 月 1 日仍然在财务报表中列报时，应视同为该项交易发生时就已经采用现行会计准则的方法，计算累积影响数的时间段，应为从 2015 年该项交易发生时到 2016 年 1 月 1 日止，2016 年 1 月 1 日（而不是 2017 年 1 月 1 日）就是列报前期最早期初，应将累积影响数调整 2016 年 1 月 1 日的留存收益。而 2016 年 1 月 1 日到 2017 年的影响，应体现在所列报的财务报表中，不是再追溯调整到 2017 年。

（2）确定会计政策变更对列报前期影响数不切实可行的，应当从可追溯调整的最早期间期初开始应用变更后的会计政策。如果由于种种原因，确定会计政策变更对列报前期影响数的有关资料难以取得，导致对列报前期影响数不切实可行，则应当从可追溯调整的最

早期间期初开始应用变更后的会计政策。例如，上述 2015 年发生的一项交易，由于相关信息掌握得不全面，无法确定 2015 年交易发生时到 2016 年 1 月 1 日的累积影响数，而可以确定到 2017 年的累积影响数，那么，最早期间期初就是 2017 年 1 月 1 日。

（3）在当期期初确定会计政策变更对以前各期累积影响数不切实可行的，应当采用未来适用法处理。这种情况下，确定会计政策变更对以前各期累积影响数不是不需要，而是不切实可行，所以，无法进行追溯调整，只能视同变更日及以后发生的交易或事项，按新的会计政策进行处理，这就是会计上所说的未来适用法，即将变更后的会计政策应用于变更日及以后发生的交易或者事项，不必对会计政策变更前的累积影响数进行确认和调整。

从以上可以看出，对于会计政策变更，应当尽可能采用追溯调整法进行会计处理，但是，如果确实无法采用追溯调整法的，可以采取未来适用法。

应用追溯调整法一般需要按下面四个步骤来进行。

第一步，计算包括变更会计政策所导致的对净损益的累积影响额，以及由此导致的对利润分配及未分配利润的累积影响额，但不包括分配的利润或股利。留存收益包括当年和以前年度的未分配利润与按照相关法律规定提取并累积的盈余公积。调整期初留存收益是指对期初未分配利润和盈余公积两个项目的调整。累积影响数可以按下列步骤进行计算。

（1）按新的会计政策重新计算受影响的前期交易或事项的金额。

（2）计算出两种会计政策下的差异额。

（3）计算该差异的所得税影响额（需要调整所得税的）。

（4）计算前期中的每一期的税后差异额。

（5）计算累积影响数。

第二步，进行相关会计处理。

第三步，调整财务报表相关项目。

第四步，附注披露。

（五）会计政策变更的披露

按照 CAS28 的规定，企业发生会计政策变更，应当于变更当期在附注中披露：①会计政策变更的性质、内容和原因；②当期和各个列报前期财务报表中受影响的项目名称和调整金额；③无法进行追溯调整的，说明该事实和原因以及开始应用变更后的会计政策的时点、具体应用情况。

【例 19-1】 甲公司与乙公司签署了办公楼租赁协议，根据协议规定，甲公司从 2017 年 1 月 1 日起将其拥有的将一幢办公楼出租给乙公司使用，租期为 3 年。甲公司对该投资性房地产采用成本模式计量，采用年限平均法折旧，预计净残值为 0，出租时办公楼的原价为 7 000 万元，已提折旧额 1 000 万元，预计尚可使用年限为 30 年，假定甲公司计提折旧的方法及预计使用年限符合税法规定。从 2017 年起，甲公司所在地有活跃的房地产交易市场，公允价值能够持续可靠取得，甲公司决定从 2019 年 1 月 1 日起，对该投资性房地产由成本模式改为公允价值模式计量。甲公司对外出租的办公楼 2016 年 12 月 31 日、2017 年 12 月 31 日、2018 年 12 月 31 日的公允价值分别为 6 000 万元、6 800 万元、7 700 万元。假定按年确认公允价值变动损益，甲公司适用的所得税税率为 25%，按净利润的 10%提取法定盈余公积。

该种情况属于自愿性会计政策变更。甲公司 2019 年 12 月 31 日的比较财务报表列报前期最早期初为 2018 年 1 月 1 日。且能够确定会计政策变更对列报 2018 年年初的影响数，应采用追溯调整法进行处理。

第一步，计算截至 2018 年 1 月 1 日会计政策变更的累积影响数结果如表 19-1 所示。

表 19-1　　会计政策变更的累积影响数计算表　　单位：万元

列报期	计量当期损益		累积影响数		所得税影响
	成本模式	公允价值模式	税前	税后	
2017 年	–200	800	1 000	750	250
2018 年	–200	900	1 100	825	275
合计	–400	1 700	2 100	1 575	525

第二步，进行相关会计处理：

（1）调整会计政策变更累积影响数时：

借：投资性房地产——成本　　60 000 000
　　　　　　　　——公允价值变动　　17 000 000
　　投资性房地产累计折旧　　14 000 000
　贷：投资性房地产　　70 000 000
　　　递延所得税负债　　5 250 000
　　　利润分配——未分配利润　　15 750 000

（2）调整利润分配时：

借：利润分配——未分配利润　　1 575 000
　贷：盈余公积　　1 575 000

第三步，调整财务报表相关项目：

（1）资产负债表项目的调整：调增投资性房地产年初余额 2 100 万元；调增递延所得税负债年初余额 525 万元；调增盈余公积年初余额 157.5 万元；调增未分配利润年初余额 1 417.5 万元。

（2）利润表项目的调整：调减营业成本上年金额 200 万元，调增公允价值变动收益上年金额 900 万元，则调增利润总额上年金额 1 100 万元；调增所得税费用上年金额 275 万元；调增净利润上年金额 825 万元。

（3）所有者权益变动表项目的调整：调增会计政策变更项目中盈余公积上年金额 75 万元，未分配利润上年金额 675 万元，所有者权益合计上年金额 750 万元；调增会计政策变更项目中盈余公积本年金额 82.5 万元，未分配利润本年金额 742.5 万元，所有者权益合计本年金额 825 万元。

第四步，附注披露。在 2019 年年度财务报表附注中“会计政策和会计估计变更以及差错更正的说明”部分应披露如下信息：

从 2016 年起，甲公司所在地有活跃的房地产交易市场，公允价值能够持续可靠取得，甲公司决定从 2019 年 1 月 1 日起，对该投资性房地产由成本模式改为公允价值模式计量。这一会计政策变更符合 CAS28 及其应用指南的规定，并采用了追溯调整法。截至 2018 年年初列报的会计政策变更税前累积影响数为 1 000 万元，税后累积影响数为 750 万元，已将 2018 年初资产负债表“投资性房地产”年初余额调增 2 100 万元；“递延所得税负债”年初余额调增 525 万元；“盈余公积”年初余额调增 157.5 万元；“未分配利润”年初余额调增 1 417.5 万元。并在所有者权益变动表中“会计政策变更”项目对应的上年金额盈余公积和未分配利润栏做相应的调整，报表的其他相关计算项目也一并做相应调整。

二、会计估计及其变更

（一）会计估计的含义及其类型

“估计”是指人们根据经验或最近可利用的信息及其他相关知识对未来事物发展所作的大致判断、推测或推算。会计估计则是指企业对结果不确定的交易或事项以最近可利用的信息为基础所作的判断。

现实中，企业的会计人员总是力求使会计确认、计量和报告与财务信息陈报客观准确。但是，经济现象的复杂性和多变性，有些交易或事项或者发生日，或者发生结果等总是存在着不确定性，需要会计人员对其作出及时处理，因而只有依靠会计人员作出职业判断和估计。会计估计在会计确认、计量和报告中是经常存在的，常见的需要进行会计估计的项目主要有：固定资产使用寿命、报废时的预计净残值的估计；无形资产受益期的估计；长期待摊费用分摊期限的估计；各种资产减值准备计提的估计；或有损失的估计等。可以说，会计确认、计量、报告总是离不开会计估计，会计估计是现实会计工作中必然存在的一种客观现象。

（二）会计估计确定的基本要求

既然是估计，必然会存在与现实结果的不一致性。但是，不能因此就可以随意进行会计估计而严重影响财务信息的准确性和可信赖性。为了使会计估计做到尽可能准确，不至于影响财务信息质量，企业也应当根据 CAS28 及其应用指南的规定，结合本企业的实际情况，确定会计估计，经股东大会或董事会、经理（厂长）会议或类似机构批准，按照法律、行政法规等的规定报送有关各方备案。企业的会计估计一经确定，不得随意变更。如需变更，应重新履行上述程序，并按 CAS28 的规定处理，这一点与会计政策确定的要求是一致的。

（三）会计估计变更及其处理

随着会计期间的推移和某一交易或事项发展结果的日益逼近，原来采用会计估计的结

果与实际结果的差异将会逐渐显现出来。如果企业据以进行估计的基础发生了变化，或者由于取得新的信息、积累更多的经验以及后来的发展变化，以至于影响到财务信息质量时，就需要对原会计估计进行适当的变更或修正，这种变更，称之为会计估计变更，即由于资产和负债的当前状况及预期经济利益与义务发生了变化，从而对资产或负债的账面价值或者资产的定期消耗金额进行调整。

对于会计估计变更，国际上通行的会计处理方法是未来适用法，具体而言要区分以下两种情况。

（1）会计估计变更仅影响变更当期的，其影响数应当在变更当期予以确认，计入与前期相同的相关项目中。例如，对超过一年而不足两年的应收账款，原来按该应收账款余额的 10%计提坏账准备，现根据经验估计不能收回的可能性至少已达 15%，则企业决定改按 15%计提坏账准备，这种变更仅影响变更当期，因此，只在变更当期予以确认。

（2）如果这种变更既影响变更当期又影响未来期间的，其影响数应当在变更当期和未来期间予以确认，计入与前期相同的相关项目中，如固定资产折旧年限的变更。

在理解和处理会计估计变更时需要注意以下三点。

①变更会计估计，并不能认为是原有的会计估计方法出现了错误或不真实，而是由于时间的延续，原有会计估计与以后的实际情况出现了较大的差异，需要对其进行的变更或修订，以便使会计估计尽可能接近于实际。

②会计估计变更与会计政策变更虽然都属于会计变更，但也存在差异。会计估计是在相应的会计政策下进行的，如固定资产是采用加速折旧法还是采用直线法计提折旧，这属于会计政策问题，而无论采取何种折旧方法，对折旧年限的选择则是会计估计问题；会计估计变更往往是在会计政策未变的前提下进行的，如某项固定资产折旧年限原估计为 10 年，根据现实的发展变化，在以后的某一期间（如第 3 年）认为其折旧年限应为 8 年，则应将其改为 8 年计提折旧，但折旧方法不变，即属于会计估计变更。在具体划分时，一般以是否属于会计确认、会计计量基础、财务报表列报项目的变更等为基础进行。如果属于这些变更则都应归属于会计政策变更，否则，属于会计估计变更。但依据会计确认、计量基础和列报项目所选择的、为取得与该项目有关的金额或数值所采用的会计处理方法的变更，则属于会计估计变更，如选定公允价值计量基础对某项资产进行计量时，各期确定其公允价值的方法的变更，则属于会计估计变更。

③如果出现会计估计变更与会计政策变更难以区分的情况，如企业在改变折旧方法的同时，缩短折旧年限，按照国际会计准则和大部分国家的做法，则一律按会计估计变更处理，我国也采用了这种处理方法。

（四）会计估计变更的披露

对于会计估计变更，除了应按照上述方法进行相关会计处理外，还应当在附注中披露：①会计估计变更的内容和原因；②会计估计变更对当期和未来期间的影响数；③会计估计变更的影响数不能确定的，披露这一事实和原因。

【例 19-2】 甲公司对原有一台价值为 100 000 元的生产用设备按照 10 年平均计提折旧，预计净残值率为 10%，已使用 4 年，2018 年年初发现原估计折旧年限过长，应改为 8 年较为适宜，且预计净残值率应为 5%，于是从 2018 年起开始变更。按照未来适用法，不需调整以前各期折旧，也不计算累积影响数，只在变更当期及以后 3 年内改按新估计折旧年限提取折旧，并确认其影响数，有关计算和会计处理如下（该公司适用的所得税税率为 25%）。

按原估计每年折旧额为 9 000 元，累计已提折旧为 36 000 元，第 5 年起改按新估计时该设备的账面净值为 64 000 元，按新估计以后每年应计提折旧额为 14 750 元［（64 000 − 100 000 × 5%）÷ 4］，并以此进行相应的会计处理。2018 年的财务报表附注中应披露如下有关信息：

本公司一台生产用原值为 100 000 元的设备，原估计使用年限为 10 年，预计净残值率为 10%，按直线法计提折旧，已使用 4 年。由于科学技术的进步，该设备已不能按原估计计提折旧，按照 CAS28 的规定，采用未来适用法，从 2018 年起将该设备折旧年限改为 8 年，预计净残值率改为 5%，以反映该设备的真实使用年限和净残值。此会计估计变更影响当年利润总额减少 5 750 元（14 750 − 9 000），影响当年净利润减少 4 312.50 元［5 750 × (1−25%)］。

三、前期差错及其更正

（一）前期差错的含义及内容

前期差错，是指由于没有运用或错误运用编报前期财务报表时预期能够取得并加以考虑的可靠信息，或前期财务报告批准报出时能够取得的可靠信息，而对前期财务报表造成省略或错报。

前期差错通常包括计算错误、应用会计政策错误、疏忽或曲解事实以及舞弊产生的影响、存货与固定资产盘盈等。但是，其中的存货盘盈并未影响前期财务报表，可以不作为前期差错进行更正。

前期差错分为重要的前期差错和不重要的前期差错。前者是指足以影响财务报表使用者对企业财务状况、经营成果和现金流量作出正确判断的前期差错；后者是指不足以影响财务报表使用者对企业财务状况、经营成果和现金流量作出正确判断的前期差错。

前期差错的重要性取决于在相关环境下对遗漏或错误表述的规模和性质的判断。一般而言，前期差错所影响的财务报表项目的金额越大、性质越严重，其重要性水平越高。

（二）前期差错的更正方法

前期差错从性质上说是一种错误，一经发现，必须及时予以更正或纠正。对于重要的前期差错，应当采用追溯重述法进行更正，即在发现前期差错时，视同该项前期差错从未发生过，从而对财务报表相关项目进行更正的方法，以保证财务报表的可比性。但确定前期差错累积影响数不切实可行或其影响很小的，可以从可追溯重述的最早期间开始调整留存收益的期初余额，财务报表其他相关项目的期初余额也应当一并调整，也可以采用未来适用法。

对于不重要的前期差错，企业不需要调整财务报表相关项目的期初数，但应调整发现当期与前期相同的相关项目。属于影响损益的，应直接计入本期与上期相同的净损益项目；属于不影响损益的，应调整本期与前期相同的相关项目。

（三）前期差错的披露

对于企业发生的前期差错，除了需要进行相关会计处理外，还应当在附注中披露：①前期差错的性质；②各个列报前期财务报表中受影响的项目名称和更正金额；③无法进行追溯重述的，说明该事实和原因以及对前期差错开始进行更正的时点、具体更正情况。

【例 19-3】 甲公司 2018 年发现上年应计入在建工程的利息费用 150 000 元全部计入了上年的财务费用中，这是一项重要的前期差错，2018 年发现后应作如下调整（所得税税率为 25%）：

借：在建工程	150 000	
贷：以前年度损益调整		150 000
借：以前年度损益调整	150 000	
贷：应交税费——应交所得税		37 500
利润分配——未分配利润		112 500

并在 2018 年的资产负债表中对在建工程、应交税费、未分配利润等项目的年初数进行相应的调整。在 2018 年的附注中应披露如下有关信息：

本年度发现 2017 年因工作疏忽将应计入在建工程的利息费用 150 000 元错计入财务费用中，属于重大前期差错，按照 CAS28 的规定，采用了追溯重述法进行更正。该项差错使 2017 年年末的在建工程少计 150 000 元，应交税费（应交所得税）少计 37 500 元，未分配利润少计 112 500 元，在编制 2018 年与 2017 年比较财务报表时，已经对该项差错进行了更正，并对财务报表的相关项目作了重新调整。

对于上述会计政策变更和前期差错更正，在以后期间的财务报表中，不需要重复披露在以前期间的附注中已披露的信息。

第二节 资产负债表日后事项

一、资产负债表日后事项的含义及内容

资产负债表日后事项，简称“期后事项”，是指资产负债表日至财务报告批准报出日之间发生的有利或不利事项。理解这个定义时应注意，期后事项并不是指资产负债表日后期间发生的所有事项，仅是指资产负债表日后所涵盖的特定期间内发生的、与资产负债表日

已经存在状况（已经编入了各财务报表的有关项目中）直接相关的事项。

财务报表按照编制日存在的状况提供了企业在某一特定日期或某一会计期间的财务状况、经营成果以及现金流量等方面的信息。但有时往往由于某些事项的不确定性或采用了会计估计等方面的原因，使其提供的信息与现实存在出入，待财务报表批准报出时，于编制日财务报表中存在的这些不确定状况可能已得到了证实，或者发生了新的有必要对资产负债表日存在的状况提供进一步说明的事项等。为了保证财务信息利用者能够按照看到财务报表时的现实情况进行准确地阅读和利用，就需要对这些事项根据不同情况进行必要的调整或说明。

处理期后事项时必须明确其特定的会计期间范围，应是指自资产负债表日至财务报告批准报出日止的期间。资产负债表日一般是指年度资产负债表日即会计年度结束日，在我国就是每年的 12 月 31 日。财务报告批准报出日，是指董事会或类似机构批准财务报告报出的日期。但是，在上述批准报出日之后到实际对外报出日之间，又发生了有关影响资产负债表日存在状况的需要调整或说明的事项，则以上述有权批准的机构或人员再次予以批准报出的日期为准。上述批准报出日不受其他需要对财务报告审核或审查的影响（如注册会计师审计、股东大会审批、监事会审查等）。因此，期后事项所涵盖的期间，应是自财务报告年度次年的 1 月 1 日至上述批准报出日止的期间。在期后事项所涵盖的期间内发生的与资产负债表日存在状况有关的需要调整或说明的事项，均属于资产负债表日后事项，但不包括中止营业。

期后事项的内容按照其性质分为以下两大类。

（一）资产负债表日后调整事项

资产负债表日后调整事项，简称“调整事项”，是指对资产负债表日已经存在的情况提供了新的或进一步证据的事项。这种事项是在资产负债表日或以前已经发生但结果不确定，而在以后获得新的或进一步的证据得以证实或者对财务报表产生重大影响，若仍依据资产负债表日存在状况编制的财务报表已不再具有有用性，需按照新发生的情况对资产负债表日原财务报表有关项目进行调整。调整事项通常包括下列各项。

（1）资产负债表日后诉讼案件结案，法院判决证实了企业在资产负债表日已经存在现时义务，需要调整原先确认的与该诉讼案件相关的预计负债，或确认一项新负债。

（2）资产负债表日后取得确凿证据，表明某项资产在资产负债表日发生了减值或者需要调整该项资产原先确认的减值金额。

（3）资产负债表日后进一步确定了资产负债表日前购入资产的成本或售出资产的收入。

（4）资产负债表日后发现了财务报表舞弊或差错。

（二）资产负债表日后非调整事项

资产负债表日后非调整事项，简称“非调整事项”，是指表明资产负债表日后发生的情况的事项。该事项不影响资产负债表日存在状况，不应当调整资产负债表日的财务报表，但需要加以说明，否则，将会影响财务信息利用者作出正确估计和决策。非调整事项，通常包括下列各项。

（1）资产负债表日后发生重大诉讼、仲裁、承诺。

（2）资产负债表日后资产价格、税收政策、外汇汇率发生重大变化。

（3）资产负债表日后因自然灾害导致资产发生重大损失。

（4）资产负债表日后发行股票和债券以及其他巨额举债。

（5）资产负债表日后资本公积转增资本。

（6）资产负债表日后发生巨额亏损。

（7）资产负债表日后发生企业合并或处置子公司。

（8）资产负债表日后满足持有待售类别划分条件的非流动资产或处置组。

资产负债表日后，企业利润分配方案中拟分配的以及经审议批准宣告发放的股利或利润，不确认为资产负债表日的负债，但应当在附注中单独披露。

判断调整事项和非调整事项的标准，主要是区分开属于为资产负债表日已经存在的情况提供证据的事项，还是资产负债表日后发生的情况的事项。

二、资产负债表日后事项的会计处理原则

对于调整事项，应当如同资产负债表所属期间发生的事项一样，作出相关会计处理，并调整重编资产负债表日编制的财务报表相关项目的数字、当期编制的财务报表相关项目的年初数、比较财务报表相关项目的上年数等（现金流量表正表不必调整）。但在进行账务处理时，如果涉及损益的事项，因为是以前年度的损益，无法在原损益类科目中进行调整，所以，都应将其集中在专门设置的“以前年度损益调整”科目中进行调整处理，并将与此相关的所得税及利润分配的调整处理完毕后，余额转入“利润分配——未分配利润”科目；如果不涉及损益的事项，直接在有关科目中调整处理。

对于非调整事项，由于是资产负债表日后才发生的事项，不影响资产负债表日存在的状况，所以，应按照正常发生的交易或事项进行会计处理，不需要进行任何调整。但是，由于其发生离已编制的上年度财务报表日期接近，且一般是在财务报表阅读者阅读到财务报表之前，可能这类事项影响重大，如果不加以专门提示说明，将会影响财务报表的利用质量。因此，应在附注中加以披露。

三、资产负债表日后事项的披露

企业应当在附注中披露与资产负债表日后事项有关的下列信息。

（1）财务报告的批准报出者和财务报告批准报出日。按照有关法律、行政法规等规定，企业所有者或其他方面有权对报出的财务报告进行修改的，应当披露这一情况。

（2）每项重要的资产负债表日后非调整事项的性质、内容，及其对财务状况和经营成

果的影响。无法作出估计的，应当说明原因。

企业在资产负债表日后取得了影响资产负债表日存在情况的新的或进一步的证据，应当调整与之相关的披露信息。

四、资产负债表日后调整事项业务举例

【例 19-4】 甲公司 2017 年度出售的价款为 600 000 元的存货，按照合同约定应于 2017 年 5 月收回货款，但是，由于购货方财务状况欠佳，2017 年 12 月 31 日仍未付款，甲公司于 2017 年度对其按 5%提取了坏账准备。到了 2018 年 2 月 23 日财务报告批准报出日之前接到对方通知，对方企业开始进行破产清算，预计可按 50%清算支付上述欠款。甲公司适用的所得税率为 25%，并按税后净利的 10%提取法定盈余公积。本例属于涉及损益的调整事项，对此，甲公司应及时作以下有关会计分录：

（1）补提坏账准备计 270 000 元［600 000 ×（50% − 5%）］：

借：以前年度损益调整　　270 000

　贷：坏账准备　　270 000

（2）调整所得税费用：

借：递延所得税资产（270 000 × 25%）　　67 500

　贷：以前年度损益调整　　67 500

（3）结转“以前年度损益调整”科目的余额 202 500 元：

借：利润分配——未分配利润　　202 500

　贷：以前年度损益调整　　202 500

（4）调整利润分配有关数字：

借：盈余公积——法定盈余公积（202 500 × 10%）　　20 250

　贷：利润分配——未分配利润　　20 250

（5）调整 2017 年度财务报表相关项目的数字。

①资产负债表项目：调减应收票据及应收账款（因计提坏账准备）270 000 元，调增递延所得税资产 67 500 元，调减盈余公积 20 250 元，调减未分配利润 182 250 元。

②调整 2017 年度利润表和所有者权益变动表有关项目：调增信用减值损失 270 000 元，调减所得税费用 67 500 元，调减提取盈余公积 20 250 元，调减未分配利润 182 250 元。

（6）相应调整 2018 年 2 月资产负债表上述项目的年初数、利润表上述项目的上年数。

（7）在附注中按要求增加相应内容的披露。

【例 19-5】 甲公司 2018 年 2 月 15 日召开的董事会上制订出 2017 年利润分配方案如下：按规定提取法定盈余公积金 250 000 元，任意盈余公积金 125 000 元，分派普通股现金股利 500 000 元，财务报告批准报出日为 3 月 18 日。甲公司应如何处理该事项？

本例中，甲公司制订利润分配方案，拟分配或经审议批准宣告发放股利或利润的行为，并不会使公司在资产负债表日（2017 年 12 月 31 日）形成现时义务，因此虽然发生该事项

可导致公司负有支付股利或利润的义务，但支付义务在资产负债表日尚不存在，不应该调整资产负债表日的财务报告，因此，该事项为非调整事项。但由于该事项对公司资产负债表日后的财务状况有较大影响，可能导致现金较大规模流出、公司股权结构变动等，为便于财务报告使用者更充分了解相关信息，甲公司需要在2017年度财务报表附注中单独披露该信息。在2018年2月15日，甲公司对审议通过的利润分配方案进行正常的会计处理，并在2018年财务报表中进行反映。

第三节 关联方及其交易

一、关联方

关联方，是指一方控制、共同控制另一方或对另一方施加重大影响，以及两方或两方以上同受一方控制、共同控制或重大影响的各个企业、单位或个人。关联方之间存在的相互关系，称为关联方关系。

随着市场经济发展的多样化，关联方关系将成为商业经营活动中的普遍特征。由于关联方的存在，市场的竞争性、自由市场交易等条件可能会或多或少地减弱甚至消失。这样，关联方之间将可能会以一种微妙的方式，发生一些在非关联方之间不一定会发生的交易或价格条款；或者仅仅因为存在这种关系，即使它们之间不发生交易，但也可能足以影响报告企业与其他方面的交易。因此，由于关联方的存在，将可能会对报告企业的财务状况、经营成果以及现金流量产生影响。为了保证财务信息的公正、公开及充分性，在财务报告中对关联方及其交易进行披露，将是非常有用的。

判断是否存在关联方，应当遵循实质重于形式的原则要求，即在处理与企业的交易时，是否存在着有碍公平交易的因素，以及交易结果是否影响投资者和债权人的利益等。其主要标准在于是否通过下列方式对企业财务和经营决策产生影响。

（1）一方能够控制另一方或几方。这里所说的控制，是指有权决定一个企业的财务和经营政策，并能据以从该企业的经营活动中获取经济利益。获取控制的途径主要有：①一方通过直接、间接或混合（直接和间接）拥有另一方或几方半数以上表决权资本，以所有权的方式达到控制的目的；②在上述方式拥有表决权资本不过半数，但通过其拥有表决权资本和其他方式，如通过签订协议、制定章程、董事会任免权限约定、在权力机构中拥有半数以上表决权等达到控制目的；③在不具备上述两种情况即没有拥有表决权资本，但能以法律或协议形式达到实质控制的目的，如通过签订承包或托管协议，承包或托管一家虽无投资以及其他关联方关系的企业而对其进行控制。

（2）几方能够共同控制另一方。这里所说的共同控制，是指按照合同约定对某项经济活动所共有的控制，仅在与该项经济活动相关的重要财务和经营决策需要分享控制权的投资方一致同意时存在。如合营各方通过合营合同对合营企业实施的共同控制。

（3）一方或几方对另一方能够施加重大影响。这里所说的重大影响，是指一方对一个企业的财务和经营政策有参与决策的权力，但并不能够控制或者与其他方一起共同控制这些政策的制定。参与决策的途径主要有：有权在另一方权力机构中派有代表；参与另一方政策的制定过程；互换管理人员或使另一方依赖于本企业的技术资料等。

在现实生活中，关联方的表现形式主要有以下几种。

（1）该企业的母公司。

（2）该企业的子公司。

（3）与该企业受同一母公司控制的其他企业。

（4）对该企业实施共同控制的投资方。

（5）对该企业施加重大影响的投资方。

（6）该企业的合营企业。

（7）该企业的联营企业。

（8）该企业的主要投资者个人及与其关系密切的家庭成员。其中主要投资者个人，是指能够控制、共同控制一个企业或者对一个企业施加重大影响的个人投资者。

（9）该企业或其母公司的关键管理人员及与其关系密切的家庭成员。其中关键管理人员，是指有权力并负责计划、指挥和控制企业活动的人员。与主要投资者个人或关键管理人员关系密切的家庭成员，是指在处理与企业的交易时可能影响该个人或受该个人影响的家庭成员。

（10）该企业主要投资者个人、关键管理人员或与其关系密切的家庭成员控制、共同控制或施加重大影响的其他企业。

如果仅与企业存在下列关系的各方，不构成企业的关联方。

（1）与该企业发生日常往来的资金提供者、公用事业部门、政府部门和机构。

（2）与该企业发生大量交易而存在经济依存关系的单个客户、供应商、特许商、经销商或代理商。

（3）与该企业共同控制合营企业的合营者。

仅仅同受国家控制而不存在其他关联方关系的企业，也不构成关联方。

二、关联方交易

关联方交易，是指在关联方之间转移资源、劳务或义务的行为，而不论是否收取价款。这一定义具有以下几方面要求。

（1）关联方交易通常是在已经存在关联方的情况下而发生的。

（2）其主要特征是将带来资源、劳务或义务的转移，且风险和报酬也相应转移。

（3）判断是否属于关联方交易，应以交易是否实际发生为依据，而不论是否收取价款。

（4）了解关联方交易的意义，关键在于了解资源、劳务或义务的转移价格的确定方法。会计上确认资源、劳务或义务的转移通常是基于双方协议价格。非关联方之间的价格是公允价格，而关联方之间的定价过程可能有一定的灵活性，这在非关联方之间是没有的。

CAS36 中没有提供交易的计价方法，原因是，在日常商业活动中，除国家对部分商品有特殊定价政策外，交易价格通常是由交易双方协商确定的，所以，准则中无法专门说明交易时的定价方法和定价政策。

关联方交易的类型通常包括：购买或销售商品；购买或销售商品以外的其他资产；提供或接受劳务；担保；提供资金（贷款或股权投资）；租赁；代理；研究与开发项目的转移；许可协议；代表企业或由企业代表另一方进行债务结算；关键管理人员薪酬，等等。

三、关联方及其交易的披露

按照 CAS36 的规定，企业财务报表中应当披露所有关联方及其交易的相关信息。对外提供合并财务报表的，对于已经包括在合并范围内各企业之间的交易不予披露，但应当披露与合并范围外各关联方的关系及其交易。

1. 关联方的披露

企业无论是否发生关联方交易，均应当在附注中披露与母公司和子公司有关的下列信息。

（1）母公司和子公司的名称。母公司不是该企业最终控制方的，还应当披露最终控制方名称。母公司和最终控制方均不对外提供财务报表的，还应当披露母公司之上与其最相近的对外提供财务报表的母公司名称。

（2）母公司和子公司的业务性质、注册地、注册资本（或实收资本、股本）及其变化。

（3）母公司对该企业或者该企业对子公司的持股比例和表决权比例。

2. 关联方交易的披露

企业与关联方发生关联方交易的，应当在附注中披露该关联方关系的性质、交易类型及交易要素。其中交易要素至少应当包括：交易的金额；未结算项目的金额、条款和条件，以及有关提供或取得担保的信息；未结算应收项目的坏账准备金额；定价政策，等等。

关联方交易应当分别关联方以及交易类型予以披露。类型相似的关联方交易，在不影响财务报表阅读者正确理解关联方交易对财务报表影响的情况下，可以合并披露。如果企业认为披露的关联方交易是公平交易，必须提供确凿证据。

练习题 1

目的：练习会计政策变更及其会计处理。

资料：乙公司于 2009 年 1 月 1 日设立后，对应收账款按照其年末余额的 5%计提坏账准备，2018 年起乙公司结合自己的实际情况，将坏账准备计提改按账龄分析法，并根据经验确定各种账龄下计提坏账准备的比例，如表 19-2 所示。

表 19-2　　应收账款各年余额、账龄及应提坏账准备计算表

账龄 a/年	比例/%	2015 年年末		2016 年年末		2017 年年末	
		余额/元	应提数	余额/元	应提数	余额/元	应提数
a≤1	5	800 000		1 000 000		1 500 000	
1＜a≤2	10			300 000		800 000	
2＜a≤3	30					100 000	
合计		800 000		1 300 000		2 400 000	

注：3＜a≤4 为 50%；4＜a≤5 为 80%；5＜a 为 100%。

乙公司适用所得税税率为 25%，按税后净利润的 10%计提盈余公积。

三、要求：

1. 请判断这是什么性质的会计政策变更，并计算 2018 年年初该项会计政策变更的累积影响数。

2. 按照追溯调整法的要求对该项变更编制有关会计调整分录。

3. 说明应当调整财务报表的有关内容及金额。

4. 为其编写附注的相关内容。

练习题 2

一、目的：练习会计估计变更的会计处理。

二、资料：2016 年甲公司购入的一项价值为 200 000 元的无形资产，原估计受益期限为 6 年，采用平均年限法摊销其价值。由于科学技术的进步，2018 年年初，经有关技术人员测算其受益期限最长不会超过 4 年。因此，在 2018 年年初立即改为 4 年受益期。

三、要求：说明上述会计估计变更对 2018 年有关财务状况和经营成果的影响，并为其编写 2018 年年报中附注的相关内容。

练习题 3

一、目的：练习前期差错及其更正的会计处理。

二、资料：乙公司 2018 年发现 2017 年漏记了一项固定资产折旧费用 150 000 元，漏结转了一笔已销售存货的成本 50 000 元。该公司适用的所得税税率为 25%，税后净利分别按其 10%和 5%计提法定盈余公积和任意盈余公积。

三、要求：

1. 根据上述资料计算说明该前期差错所造成的影响后果。

2. 针对上述前期差错按照追溯重述法进行有关更正的处理。

3. 说明需要调整的财务报表项目的有关内容及金额。

4. 为其编写附注的相关内容。

练 习 题 4

一、目的：练习资产负债表日后事项中调整事项的会计处理。

二、资料：甲公司 2017 年 10 月 4 日销售给 B 公司一批商品，发票价格为 250 000 元（暂不考虑增值税因素），该批商品的销售成本为 200 000 元，已作为收入确认，但货款尚未收到。2017 年 12 月 15 日接到法院通知，说明 B 公司对甲公司提出法律诉讼，原因是甲公司向其销售的上述商品存在严重质量问题，要求全部退货并赔偿经济损失 55 000 元，诉讼案件到 2017 年 12 月 31 日尚未判决。甲公司经核实只承认赔偿 40 000 元，并将其列入预计负债。甲公司还希望通过协商能够妥善解决，所以，将上述应收账款及预计负债列计在当年资产负债表中，并对应收账款按 5%计提了坏账准备，年度财务报表批准报出日为 2018 年 3 月 20 日。2018 年 2 月 25 日接到法院判决，甲公司败诉，需赔付 B 公司经济损失 50 000 元，B 公司应将全部货物及发票退回。甲公司不再上诉，2018 年 2 月 26 日收到上述退货及相应发票，2 月 28 日通过银行支付其赔偿金。甲公司适用所得税税率为 25%，计提法定盈余公积和任意盈余公积的比例分别为税后净利的 10%和 5%。

三、要求：

1. 根据上述资料，分别为甲公司编制有关资产负债表日后调整事项的会计分录。
2. 说明应调整的财务报表项目的有关内容及调整金额。
3. 为其编写附注的相关内容。

参考文献

[1] 财政部. 2014 年修订发布的企业会计准则第 2 号——长期股权投资、第 9 号——职工薪酬、第 30 号——财务报表列报、第 39 号——公允价值计量、第 40 号——合营安排，2017 年修订发布的会计准则第 14 号——收入、第 16 号——政府补助、第 22 号——金融工具确认与计量、第 23 号——金融资产转移、第 37 号——金融工具列报，新发布的企业会计准则第 42 号——持有待售的非流动资产、处置组和终止经营，2018 年发布的《关于修订印发 2018 年度一般企业财务报表格式的通知》等.

[2] 中国注册会计师协会. 会计[M]. 北京：中国财政经济出版社，2018.

[3] 刘永泽，陈立. 中级财务会计[M]. 5 版. 大连：东北财经大学出版社，2016.

[4] 戴德明，林钢，赵西卜. 财务会计学[M]. 10 版. 北京：中国人民大学出版社，2018.

[5] 王华，石本仁. 中级财务会计[M]. 3 版. 北京：中国人民大学出版社，2015.

[6] 周晓苏主编. 中级财务会计. 北京：科学出版社，2018.

[7] 杨有红，欧阳爱平. 中级财务会计[M]. 4 版. 北京：北京大学出版社，2015.

[8] 蒋尧明，荣莉. 中级财务会计[M]. 北京：中国财政经济出版社，2017.

教师服务

感谢您选用清华大学出版社的教材！为了更好地服务教学，我们为授课教师提供本书的教学辅助资源，以及本学科重点教材信息。请您扫码获取。

教辅获取

本书教辅资源，授课教师扫码获取

样书赠送

会计学类重点教材，教师扫码获取样书

清华大学出版社

E-mail: tupfuwu@163.com
电话：010-83470332 / 83470142
地址：北京市海淀区双清路学研大厦 B 座 509

网址：http://www.tup.com.cn/
传真：8610-83470107
邮编：100084